THE CARIBBEAN

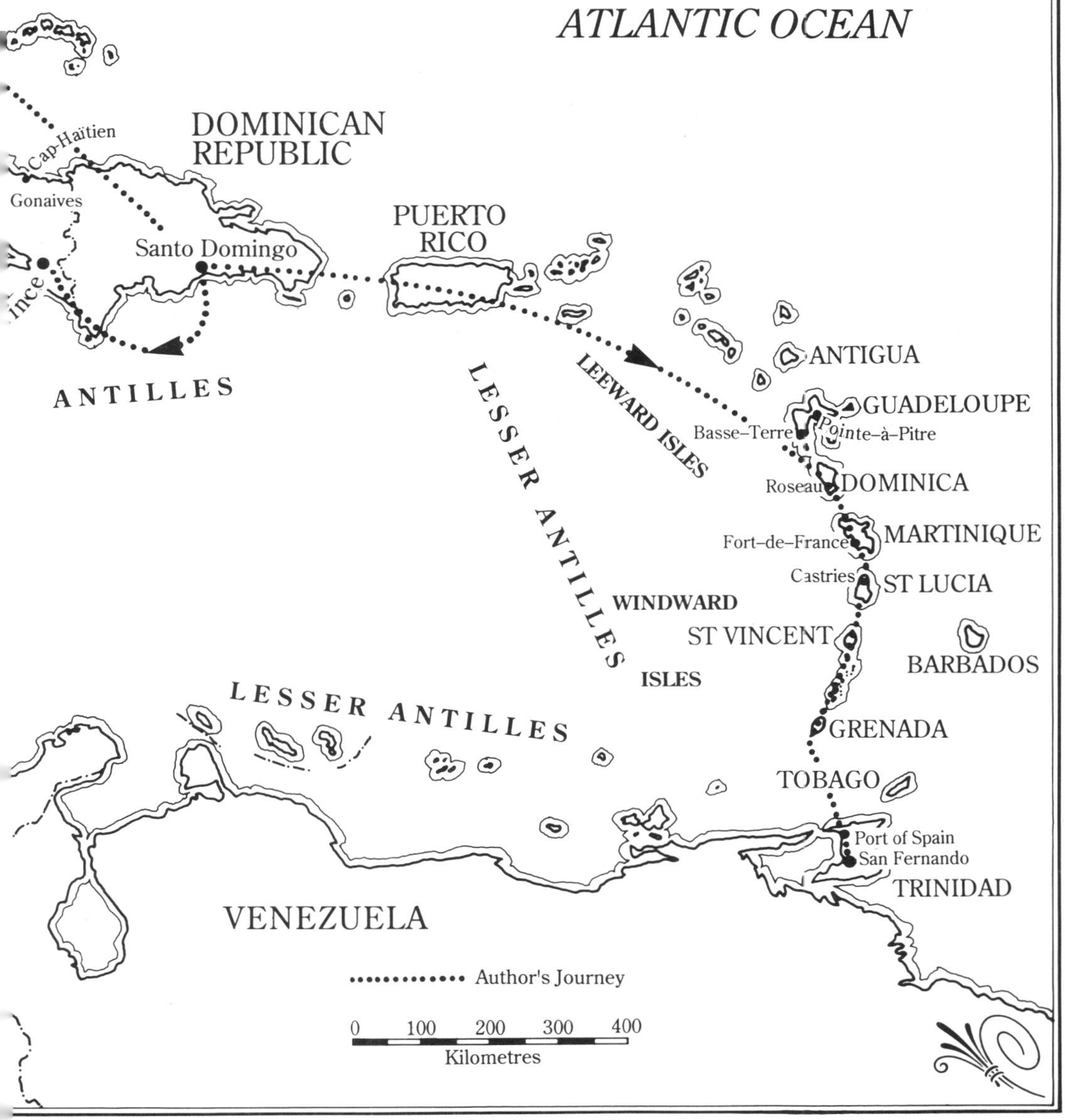

ATLANTIC OCEAN

DOMINICAN
REPUBLIC

Cap-Haïtien

Gonaives

Santo Domingo

PUERTO
RICO

ANTILLES

LESSER ANTILLES

LEEWARD ISLES

ANTIGUA

GUADELOUPE

Basse-Terre   Pointe-à-Pitre

Roseau   DOMINICA

Fort-de-France   MARTINIQUE

Castries   ST LUCIA

WINDWARD

ST VINCENT

BARBADOS

ISLES

LESSER ANTILLES

GRENADA

TOBAGO

Port of Spain
San Fernando

TRINIDAD

VENEZUELA

•••••••• Author's Journey

0   100   200   300   400
Kilometres

Und morgen dann auf Trinidad

Zenga Longmore

Und morgen dann auf Trinidad

Eine beschwingte Reise durch die Karibik

Deutsch von Waltraud Götting

Edition Erdmann in
K. Thienemanns Verlag

Inhalt

Abschied von Brixton

*S*chau dich nur an! Liegst da mit einem Gesicht wie ein abgelutschter Mangokern. Man sollte nicht glauben, daß du morgen in die Karibik aufbrichst! Hast du dir mal überlegt, wie du monatelang fast ohne Geld zurechtkommen willst, ohne Französisch- und Spanischkenntnisse und ohne eine Vorstellung, was du tun wirst?"

Ich zog mir die Decke über den Kopf und drehte mich zur Wand.

Marcia hatte den ganzen Abend an meinem Bett gesessen und ziemlich gnadenlos auf mir herumgehackt und mich drangsaliert. Ihre Eltern kommen aus Jamaika, und obwohl sie selbst noch nie dort war, weigert sie sich hartnäckig, mir zu verzeihen, daß ich nicht in Schwärmereien über die Heimatinsel ihrer Eltern ausbreche. Seitdem sie, vor langer Zeit, meine beste Freundin geworden ist, hat sie es sich zur Aufgabe gemacht, meinen Lebensstil mit dem der Leute „in der Heimat" zu vergleichen, zu meinem Nachteil. Seit Jahren zerbreche ich mir den Kopf darüber, warum ich das über mich ergehen lasse.

Der graue Winterabend ging in eine trostlose, eisige Nacht über, und die Fenster in meinem Wohnsilo in Brixton klapperten unheilverkündend. Ein Frösteln überlief mich.

Wie konnte ich Marcia erklären, wie sehr ich Angst hatte? Angst vor den Insekten, den Sprachbarrieren und vor allem vor den „Talipots".

7

Vielleicht sollte ich zu Hause bleiben und die ganze Sache vergessen.

„Du hörst überhaupt nicht zu, was?" fauchte Marcia. „Warum kannst du nicht stark sein wie die Frauen bei uns daheim? Unabhängig und ohne falsche Hemmungen, ungezwungen in Sprache und Verhalten, hart arbeitend und..."

Während sie mit ihrer Predigt fortfuhr, fiel ich in eine Art Traum, und in meinem trancehaften Zustand konnte ich den ausgeprägten würzigen Duft des Hauses, das ich in Jamaika bewohnt hatte, beinahe riechen. Diesen Geruch kräftiger Kräuter, vermischt mit dem süßen Duft der Blumen, der die Luft von Jamaika erfüllt.

Oh, Jamaika . . .

Eine kurze Anmerkung zu dem Wort „Talipot": Talipot ist ein Pseudonym für ein Wesen, vor dem ich eine so übermächtige Phobie habe, daß ich jedesmal schreie, wenn ich seinen Namen schreibe oder gedruckt sehe. Mein Nachbar hat mir, um seiner Nerven willen, geraten, eine andere Bezeichnung für dieses Wesen zu verwenden. Daher „Talipot". Meine aufrichtige Entschuldigung, wenn ich Ihnen irgendwelches Kopfzerbrechen bereitet habe!

Die Jagd nach der Montego Bay

*W*ie deutlich ich mich an den Flug von Miami nach Jamaika erinnerte! Ich saß mit Delson, meinem jamaikanischen Schwager, im hinteren Teil der Maschine. Meine Schwester Boko und ihre beiden Kinder hatten ihre Plätze weiter vorn. Boko war miserabel gelaunt, weil sie mit den Kindern in der Nichtraucherzone festsaß. Und jedesmal, wenn sie mich oder ihren Mann in schallendes Gelächter ausbrechen hörte, schickte sie ihren fünfjährigen Sohn nach hinten, der uns ausrichten mußte, wir sollten den Mund halten. Aus irgendeinem Grund gestand diese Fluggesellschaft ihren Passagieren eine unbegrenzte Menge freien Alkohols zu. Der Erfolg war, daß Delson und ich beängstigend schnell anfingen, unanständige jamaikanische Gassenhauer zu singen, begleitet vom Geklapper der Kaffeetassen. Schon bald rannte mein kleiner Neffe Elike im Gang hin und her und überbrachte uns dringliche Botschaften seiner Mutter, wir sollten „endlich still sein, sonst fliegt sie sofort nach London zurück, sagt Mami". Ich fürchte, er hat sich vergeblich seine kleinen Beine bis auf die Stumpen abgelaufen. Wenn ich mich recht erinnere, hatten wir inzwischen „Mattie Rag" (mit allen unanständigen Versen) angestimmt und in disharmonischem Geschrei von uns gegeben.

Es tat mir gut, mich mit Baileys Irish Cream zu betäuben, nicht nur wegen meiner Angst vor dem Fliegen, sondern auch, weil ich absolut keine Vorstellung hatte, was mich in Jamaika erwartete, und weil ich von einer unheilvollen Vorahnung besessen war. Das unbestimmte Gefühl, daß ich einem gräßlichen Mord zum Opfer fallen würde, beherrschte mich völlig. Aber es muß auch gesagt werden, daß ich mir jedes Mal, wenn ich verreise, vorstelle, daß mir jemand an den Kragen gehen wird.

Die Maschine schoß abwärts, und schon betraten wir alle ein dampfendes Jamaika.

Und wenn auch noch so viele Menschen das Fliegen verdammen, es gibt doch nichts, was sich mit dem Gefühl vergleichen kann, aus einem Flugzeug zu steigen und die Hitze eines neuen, fremden Landes im Gesicht zu spüren. Sie mögen noch so sehr für Schiffsreisen schwärmen: die sind vielleicht romantischer, aber es entgeht Ihnen das Erlebnis, an einem kalten, nieseligen Tag in ein Flugzeug zu klettern und wenige Stunden später in gleißenden Sonnenschein hinauszutreten.

Jamaikas feuchte Tropenhitze bewirkte allerdings, daß mir der Angstschweiß ausbrach. Diese schwüle, stickige Luft verkündete eines und nur eines – Talipots.

„Boko", flüsterte ich meiner Schwester mit leiser Stimme zu, damit Delson mich nicht hören konnte. „Es gibt Talipots hier, das spür ich genau."

Boko war zu jener Zeit gerade hochschwanger und deshalb zu erschöpft, um die erschreckende Neuigkeit aufzunehmen. Beide Kinder waren eingeschlafen, eins auf meiner Schulter, das andere auf Delsons. Während wir durch die Paßkontrolle gingen, schossen meine Blicke hin und her, auf der Suche nach Talipots. Die junge Frau, die sich um unsere Koffer zu kümmern hatte, setzte beim Anblick unserer kleinen Gesellschaft eine ausgesprochen mißmutige Miene auf. Ihre Empörung darüber, daß wir Jamaika als Aufenthaltsort gewählt hatten, war offenkundig.

Kuba, meine jüngste Nichte, wachte plötzlich auf, sah der Beamtin ins Gesicht und begann zu weinen. Die Beamtin lächelte, offensichtlich entzückt über die Wirkung, die ihr strenges Gesicht wenigstens auf eine von uns machte.

Nach einstündiger Befragung und Durchsuchung standen wir, umgeben von einem Wirbel hektischen Treibens, draußen vor dem Flughafengebäude. Taxifahrer, die um die Fahrgäste wetteiferten, schrien sich gegenseitig an; Geldwechsler und Kleinbusfahrer eilten auf der Suche nach Kundschaft umher. „Woher nehmen sie bloß die

Energie in dieser schwülen, drückenden Luft?" fragte ich mich insgeheim.

Ein großer, dicker Mann näherte sich uns und warf sich in Delsons Arme.

„Das ist mein Bruder Barclay!" brüllte Delson, und gleich darauf wurde Barclay mit überbordender Herzlichkeit von uns allen umarmt, abgeküßt und begrüßt.

Die Koffer wurden in einen Kleinbus geworfen, Kinder auf Schöße verteilt, weitere Begrüßungsrufe ertönten, und dann fuhren wir in die sternenklare Nacht hinaus.

Das also war Kingston.

Baracken aus rostigem Blech und Holz säumten in buntem Durcheinander die Straße, und vor ihnen standen, reglos und mit verschränkten Armen, Menschen und warteten auf nichts. Frauen in zerlumpten Kleidern saßen auf den Türschwellen und starrten mit verschlossenen Gesichtern vor sich hin, die Haare straff auf leuchtend gelbe Lockenwickler gezogen.Männer in zerschlissenen Shorts und ölverschmierten T-Shirts gingen schleppend in den baufälligen Häusern ein und aus. Manche lehnten an den kartonähnlichen Bauten, rauchten und starrten ins Nichts.

Die Innenstadt von Kingston kam mir in jener ersten Nacht unerträglich häßlich vor. Straße um Straße voller baufälliger Häuser, verlassener Läden und übelriechender Abfälle. Bauwerke, die früher einmal in glanzvoller Pracht erstrahlten, bröckelten jetzt schmutzig vor sich hin. In der Innenstadt gab es zu so später Stunde keinen einzigen Fußgänger mehr, was einen ziemlich beängstigenden Eindruck hervorrief. Eine unheimliche Geisterstadt, in die seit Jahrhunderten kein Mensch seinen Fuß gesetzt hatte und die allmählich zu Staub zerfiel.

Außerhalb von Kingston erwachte die Welt wieder zum Leben, und wir fuhren durch die Barackensiedlungen und sahen verdreckten kleinen Kindern zu, die bei den Häusern spielten – wenn sie überhaupt spielten!

Ihren ausdruckslosen Gesichtern konnte man unmöglich ansehen, was sie vorhatten – vielleicht machten sie irgendwelche Besorgungen für ihre Eltern.

Unvermittelt rasten wir durch schwarze Finsternis.

„Jetzt sind wir auf dem Land, Boko", erklärte Delson. „Riechst du das Zuckerrohr?"

Boko, die immer noch verärgert war, daß ihr sonst so schweigsamer Mann sich betrunken und „Mattie Rag" gesungen hatte, antwortete nicht.

Ich blickte mich in dem Kleinbus um. Hinter mir saß ein Junge und starrte mich mit großen, hellbraunen Augen an.

„Hallo", begrüßte ich ihn und fühlte mich ziemlich unbehaglich unter seinem unerschütterlichen Blick.

„Eh du!" bemerkte er plötzlich mit hoher Stimme. „Wie finssa Country-an'-Western-Music?"

„Nicht besonders."

„Ach Herrje! Dann finssa Kenny Rogers unda Jim Reeves net-a gut?"

Ich hatte solche Schwierigkeiten, sein Patois zu verstehen, daß ich ihn bitten mußte, jeden Satz mindestens siebenmal zu wiederholen.

„Nein", antwortete ich, nachdem er mir die Frage zum achen Male gestellt hatte.

„Ah, du meine Fresse! Die finssa net-a gut, eh Mann? Gibssa wohl net-a da Music in Hengland, maka ma 'n Tape inna Recorder, unda hörssa guta, guta Sound, Girl, alles klar?"

Ein paar Minuten später durchflutete Jim Reeves' schmalzige Stimme den Kleinbus und hieß uns in seiner Welt willkommen.

„Das is-a *der* Sound", flüsterte der Junge mit ehrfürchtiger Stimme.

„Wie ist dein Name?" fragte ich ihn.

„Wassa?"

„Wie ist dein Name?"

„Wassa sagen?"

„Wie ist dein Name?"

„Wassa-sie sagen?" fragte er Barclay.

„Sie hat gefragt, wie dein Name ist", erklärte Delson mit einem raschen Seitenblick auf Boko und in seinem gewohnten Delson-Hochenglisch. Boko seufzte vielsagend. Sie hatte die ganze Zeit über jedesmal vielsagend geseufzt, wenn Delson den Mund aufgemacht hatte.

„Ach, ma Nama? Dann check ma hier, eh. Ma Nama is-a Mannie, aba da People hier sag-ma Middle Mannie, see?"

„Middle Mannie, mein Name ist Zenga."

Middle Mannie antwortete nichts darauf, sondern starrte nur aus dem Fenster und wiegte den Kopf leise zu den Klängen von Jim Reeves. Vielleicht war es ihm gleichgültig, wie ich hieß, aber vermutlich hatte er eher meine Aussprache nicht verstanden. Zu jenem Zeitpunkt hatte ich noch keine Ahnung, daß ich während meines ganzen Aufenthalts in Jamaika nicht in der Lage sein würde, irgend jemanden zu verstehen, und daß auch kein Mensch mich verstehen würde. Das Patois, ein Gemisch aus Spanisch, westafrikanischen Sprachen und Englisch, ist für niemanden verständlich außer für den Eingeweihten.

Wir bogen um eine Kurve und befanden uns plötzlich genau vor dem Bungalow in einem Ort in Clarendon, wo wir wohnen sollten. Es war so stockdunkel, daß man die Hand nicht vor den Augen sehen konnte.

Während wir uns vorsichtig unseren Weg durch den ungepflegten Garten bahnten, lachte Barclay über irgend etwas. Argwöhnisch traten wir ins Haus, und mein Blick fiel auf zwei Frauen mit Lockenwicklern, die auf dem Sofa saßen und uns ausdruckslos entgegenstarrten. Drei Kinder schliefen auf dem Fußboden. Das Zimmer lag im Halbdunkel, und der Fernseher warf flackernde Schatten. Ich nickte einer der Frauen zur Begrüßung zu, aber dann gefror mir das Lächeln auf den Lippen. Ich hatte es gesehen! Über ihrem Kopf saß der größte Talipot, den ich je im Leben gesehen habe (ausgenommen diejenigen, die ab und zu im David-Attenborough-Programm in Erscheinung treten).

Einen Augenblick lang kippte das Universum weg und riß mich in einem allmächtigen Strudel mit sich.

„Boko", krächzte ich. „Hilf mir. Bring mich aus diesem Zimmer." Boko hakte mich unter und führte mich in das Schlafzimmer, das in Dunkelheit getaucht war und von dessen Decke ein winziges blaues Lämpchen herunterhing.

„Was ist los?"

„Ich habe einen gesehen." Ich merkte, wie mir der Schweiß in die Augen lief, und das Atmen wurde zu einer unsäglichen Anstrengung. Ich krümmte mich zusammen und atmete in schmerzhaften, keuchenden Stößen.

„Wo ist er?"

„Über dem Kopf dieser einen Frau."

Die tapfere Boko marschierte mit entschlossenem Blick ins Wohnzimmer hinüber, während ich zitternd im Schlafzimmer stehenblieb und nicht wagte, nach rechts oder links zu sehen.

„Zenga sagt, hier ist ein – AAAGH."

Ein Schlag ertönte, Türen knallten – und wieder Geschrei. Dann erhob sich die schrille, aufgeregte Stimme von Middle Mannie: „Was is' los? Hat sie 'nen Salamander gesehn?"

Einige Leute lachten, Barclay am lautesten von allen: „Die englischen Mädchen haben auch vor allem Angst."

„Das war's", sagte ich zu Kuba, die verschlafen in mein Zimmer getapst war und sich an meine Beine gehängt hatte. „Ich hasse Jamaika. Ich hasse, hasse, hasse es!"

„Du müßtest Talipots eigentlich mögen. Talipots sind unsere Freunde. Außerdem hat Daddy ihn sowieso totgemacht. Daddy hat gesagt, er hofft, daß du dich nicht immer so anstellst. Er sagt, du gehst ihm wirklich auf die Nerven, und die dicke Frau hat gefragt, ob du verrückt bist. Bist du verrückt?"

„Schh, sei still, Kuba."

„Aber bist du es?"

„Kscht."

„Sag's mir doch!"

„Kuba, leg dich ins Bett, dann erzähle ich dir eine Geschichte. Hol Elike."

Elike kam herein, durchsuchte das Zimmer für mich nach Talipots, und da er keine finden konnte, legten wir uns auf das Bett, und ich erzählte Einschlafgeschichten. Ich war jedoch nicht mit dem Herzen bei der Sache. Ich und Jamaika, so dachte ich bei mir, werden keine guten Freunde werden. Boko kam in das Schlafzimmer zurück.

„Er ist tot. Komm herüber und setz dich zu den anderen. Sie halten dich alle für unhöflich."

Ich trottete in das Wohnzimmer zurück, konnte mich aber nicht hinsetzen, weil ich vor Angst wie gelähmt war. Barclays Frau Janice, eine schlanke, dunkelhäutige Person, starrte mich unverwandt und schweigend an. Jedesmal, wenn ich ihrem Blick begegnete und lächelte, sahen mich ihre Augen genauso ausdruckslos an, bis ich mich vor Unbehagen wand. Über dem Haus lag ein modrig dumpfer Geruch, den zahllose riesige Insekten offensichtlich sehr anheimelnd fanden. In der Küche wimmelte es von Kakerlaken und winzigen Eidechsen, die in halsbrecherischer Geschwindigkeit über die schimmligen Wände huschten.

Janice folgte mir in die Küche und sah mir wortlos zu, wie ich Tee bereitete. „Ich habe ein paar Geschenke mitgebracht", erklärte ich. Sie bewegte keinen Muskel. „Ich werde sie euch morgen zeigen", fuhr ich verlegen fort. Ihre Augen wichen nicht von meinem Gesicht, und sie folgte mir ins Wohnzimmer zurück, wo sie es sich wieder bequem machte und mich anstarrte, bewegungslos und ohne eine Miene zu verziehen.

„Warum haßt sie mich so sehr?" fragte ich Boko in dieser Nacht. Nach dem Zwischenfall mit dem Talipot hatte ich darauf bestanden, mit Boko und den Kindern in einem Zimmer zu schlafen.

„Sie haßt dich nicht."

„Doch, das tut sie."

„Na ja, mach dir nichts daraus, he. Gute Nacht."

„Gute Nacht, Boko."

Mit Kubas verschwitzter kleiner Hand in der meinen, fühlte ich mich geborgen; und bald schliefen wir ein.

Am nächsten Morgen erwachte ich früh und in einer Stimmung heiteren Selbstvertrauens, einer Stimmung, wie man sie nur von Zeit zu Zeit erlebt. Es war diese Stimmung, in der man sich sagt, ja, man kann mit allem fertig werden, selbst mit einer Frau, die einen anstarrt, ohne ein einziges Mal mit den Augen zu blinzeln. Römische Kaiser waren, glaube ich, für diese Art von Stimmung sehr empfänglich, als sie damals, in den alten Zeiten, ihr *Veni Vidi Vici* praktizierten. Vor dem Frühstück veranstaltete ich für die acht Kinder, die im Hause wohnten, Wettrennen: ein schwieriges Unterfangen, denn ich mußte andauernd das kleine einjährige Kind von der offenen Kloake fernhalten, in die die älteren es um jeden Preis schubsen wollten. Die Kinder gerieten völlig außer Rand und Band und bissen und traten sich gegenseitig, so als wäre es eine nagelneue Erfahrung für sie, mit einem Erwachsenen zu spielen.

Als ich mich daranmachte, mein Frühstück einzunehmen, das aus gebackenen Bananen und gepökeltem Fisch bestand, drängten sich ungefähr sieben Kinder auf meinem Schoß. Janice beobachtete mich die ganze Zeit über mit finsterem Blick. Meine Bemühungen, diesem Blick auszuweichen, verursachten mir ein leicht flaues Gefühl im Bauch. Middle Mannie, der sich als ihr Bruder erwies, begann lebhaft in vollkommen unverständlichem Patois zu plaudern. In groben Umrissen ging es darum, daß er einige seiner Vettern dazu bringen wollte, mir die Attraktionen von Jamaika zu zeigen, die Dunns-River-Fälle, Negril, Montego Bay und all die anderen Köstlichkeiten, die der anspruchsvolle Tourist zu schätzen weiß. Die Vettern wurden später am Tag erwartet, und ich sollte das Haus nicht verlassen, bevor sie sich alle eingefunden hatten.

Die Sonne schien entschlossen, mein neu entwickeltes Selbstvertrauen zunichte zu machen, indem sie gewaltige Feuerstrahlen auf meinen Kopf herabschleuderte. Boko und Delson lagen im Schatten einer Tamarinde und saugten die Milch aus einer grünen Kokosnuß. Die Kinder bestanden auf weiteren Wettläufen und Gesellschaftsspielen. „Ringelreihen" erwies sich als durchschlagender Erfolg, ebenso wie „Der Plumpsack geht um".

Ein Dreijähriger, dem ich den Spitznamen „Petty" gab, war ständig an meiner Seite oder in meinem Schoß. Er sah mir mit der ganzen beunruhigenden Schärfe seiner Mutter Janice ins Gesicht. Nach ein paar Stunden gelang es mir, Übelkeit vorzuschützen und unter die Tamarinde zu entkommen, wo Boko und Delson saßen und eisgekühlte Limonade schlürften. Mein Kleid war zerrissen und schlammverkrustet, und in meinem Haar zeigten sich Spuren von Pettys Erbrochenem.

„Das Herrliche an diesem Urlaub", bemerkte Boko, indem sie schwungvoll ihre Sonnenbrille zurechtschob, „ist, daß man sich so richtig entspannen kann. Stell dir vor, ich wäre jetzt in London. Elike und Kuba würden mir den ganzen Tag zwischen den Beinen herumrennen, aber hier – ah!"

Wenn sie meinen mörderischen Blick bemerkt haben sollte, so ignorierte sie ihn jedenfalls mit heiterer Gelassenheit.

Die Vettern erschienen weder an diesem noch am nächsten Tag, und, abgesehen davon, auch nicht am übernächsten. Während der ganzen ersten Woche hatte ich die strikte Anweisung, mich nicht aus dem Haus zu rühren und auf diese flüchtigen Vettern zu warten, die offenkundig wesentlich Besseres mit ihrer Zeit anzufangen wußten, als Touristen herumzufahren.

Tag um Tag saß ich auf der zementierten Veranda im Garten und hatte nichts weiter zu tun, als mit Middle Mannie zu plaudern und mit den Kindern zu spielen, die immer frecher wurden. Es dauerte nicht lange, bis sie meine Angst vor Talipots herausgefunden hatten, und binnen kurzem fand ich Riesenexemplare in meinem Bett, meinen Haaren und auf dem Rücken meines Kleides. Wenn die Erwachsenen mein Geschrei hörten, verprügelten sie den Übeltäter mit einem Gürtel. Dann lief das Kind winselnd wie ein Hund in eine Ecke, wo es, noch immer schluchzend, einen noch größeren Talipot suchte, um

16

mir die Schläge heimzuzahlen. Das ungezogenste dieser Kinder war Desmond, ein Achtjähriger, der nie zur Schule ging. Nicht, daß es ihm im geringsten zu schaden schien. Er konnte zwar nicht lesen und schreiben, aber das konnten schließlich auch diejenigen Kinder nicht, die treu und brav die Schule besuchten. Desmond konnte, ebenso wie ich in jüngeren Jahren, keinen Sinn in der Schule entdecken, und so verließ er das Haus jeden Morgen in seinem untadeligen, förmlichen Grau, eine schlechtsitzende Schulmütze schief auf dem Kopf, lief eilig an der Schule vorüber und vertrieb sich den Tag mit Faulenzen.

„In den Ferien ist es langweilig", vertraute er mir einmal an.

„Aber du gehst doch ohnehin nie in die Schule", gab ich flüsternd zurück (es galt nämlich als streng gehütetes Geheimnis).

„Ich weiß, aber während des Schuljahres gibt es immer etwas zu tun, wie zum Beispiel Schuleschwänzen, und jetzt habe ich überhaupt nichts zu tun!."

Wie dem auch sei, Desmond war bei weitem das schlaueste von allen Kindern und beschäftigte sich an den langen, heißen Tagen damit, Flugzeuge, Autos und Motorräder aus Ton zu modellieren.

Die Nächte in Jamaika waren scheinbar endlos, erfüllt von stechenden und sirrenden Insekten, Fledermäusen, die im Haus herumflatterten und aus und ein huschten, und allen kriechenden Ungeheuerlichkeiten, die sich eine krankhafte Phantasie nur ausdenken kann. Von Zeit zu Zeit war sogar ein „Sss! Sss! Sss!" im Gestrüpp vernehmbar. Wir gaben der Quelle dieses Zischens den Namen „Sid der Zischer", obwohl wir nie herausfanden, um was oder wen es sich handelte.

Ich saß meistens auf der Veranda und trank Kokosmilch und weißen Rum. Am frühen Abend erzählte ich den Kindern Geschichten nach der Art von Martinique, die stets mit „*Et cric!*" beginnen, worauf die Kinder „*Et crac!*" antworten, dann fängt die Geschichte an. Ich begann ihnen Märchen im Rotkäppchen-Stil zu erzählen, aber die süßen Kleinen waren solch kindischer Banalitäten bald überdrüssig. Ich begriff schnell, daß sie vor allem denjenigen Geschichten mit atemloser Spannung lauschten, in denen Stiefmütter vorkamen, die die Köpfe kleiner Jungen unter steinalten Eichen verscharrten, und Hexen, die von Dämonen in tausend Stücke zerrissen wurden.

Wenn ich Geschichten von Tod und Verdammnis erzählte, saßen die Kinder vollzählig und mit verträumten Augen zu meinen Füßen.

Desmond hockte da, aufs äußerste gespannt wie ein Leopard, und zitterte vor aufgeregter Erwartung, was wohl als nächstes passieren würde. Dann konnte ihm plötzlich auffallen, daß er seit einiger Zeit viel zu brav war, worauf er eines der Kinder umstieß oder einen Lehmklumpen nach mir warf, nur um zu beweisen, daß er in Wirklichkeit ein Flegel sei.

Die Erwachsenen sogen geräuschvoll die Luft ein, wenn sie mich dabei ertappten, daß ich den Kleinen Geschichten erzählte, und gewöhnlich schickten sie ein Kind gerade dann fort, etwas zu erledigen, wenn die Story ihren dramatischen Höhepunkt erreichte. Sie hielten es für ein weiteres Symptom englischer Verschrobenheit, mit Kindern zu spielen (genauso wie das Bedürfnis, auszugehen und sich zu amüsieren, und die Zuneigung zu Hunden).

Oftmals kam Janice auf die Veranda heraus, hörte sich die Geschichten an und starrte mich durchdringend an. Nach ein paar Tagen begann sie, mit mir zu sprechen, und erbot sich, meine Wäsche zu waschen, mir die Haare zu flechten und meine Kleider zu bügeln. Bald wurden wir dicke Freundinnen und brachten die Tage damit zu, im Schatten zu sitzen, alle Bewohner des Hauses herunterzumachen und über alle und jeden herzuziehen, die wir kannten.

Mit Janice auf den Markt zu gehen, war immer ein alptraumhaftes Erlebnis für mich. Beladen mit Einkaufstüten, pflügten wir durch die dichte Menschenmenge, die uns von allen Seiten stieß und anrempelte. Marktfrauen saßen auf der Erde und feilschten mit den Käufern um die Preise für Süßkartoffeln und Bananen. Janice erstand gewaltige Mengen Gemüse, die sie dann, kühn ausschreitend, auf dem Kopf balancierte.

„Janice! Du hast den Mann nicht bezahlt!" mahnte ich sie einmal erschrocken, als sie einen Haufen Mangos nahm und in ihre Tasche stopfte.

„Ich zahl' schon noch", murmelte sie zur Antwort, worauf sie zu den Fleischerständen weitermarschierte, wo sich große Fleischbrokken auf blutigen Brettern türmten, die schwarz waren vor Fliegen. Meine Arme erlahmten und schmerzten vom Tragen, während wir unsere endlosen Runden über den Markt drehten, um einen Stand zu suchen, der die Süßkartoffeln einen Cent billiger verkaufte. „Ich werde mit keinem Wort erwähnen, daß sie eine ganze Ladung Mangos geklaut hat", murmelte ich leise vor mich hin, „es könnte ihr schließlich peinlich sein."

In eben diesem Augenblick machte sie auf dem Absatz kehrt und steuerte auf den Mangostand zu.

„Ich hab' sieben Mangos genommen, Mister."

„Sieben? Macht vier Dollar, Miss."

Janice bezahlte, und wir strebten in der sengenden Sonnenhitze von dannen.

Der Vorfall beeindruckte mich mächtig. Daß Janice die genaue Anzahl der von ihr genommenen Mangos nannte und der Mann ihrem Wort unbesehen Glauben schenkte, war der sichere Beweis dafür, daß es keinen ehrlicheren Ort auf der Welt gab als Jamaika. Hätte, so fragte ich mich, sich dasselbe auch auf einem Markt in Brixton abspielen können?

Auf dem Markt drehten sich viele Köpfe nach mir um, ausdruckslose Augen starrten mich an, freudlose Lippen murmelten „Ausländerin".

Es dauerte eine Weile, bis mir klar wurde, daß „Ausländerin" nicht als Beleidigung, sondern als bloße Feststellung gemeint war. Ich war keine Jamaikanerin, also war ich Ausländerin, und man fühlte sich genötigt, zu dieser Tatsache eine Bemerkung abzugeben. Sie erkannten an der Art, wie ich ging, und an der Kleidung, die ich trug, daß ich Ausländerin war, lange bevor ich den Mund aufmachte.

Als ich den Marktplatz verließ, muß mich die Sonne, die gnadenlos auf mich herunterknallte, in eine Art Trancezustand versetzt haben, denn ich lief mitten auf die Straße, genau vor ein Fahrrad. Der Radfahrer kam ins Wanken, und das ganze Gemüse, das er so sorgfältig vor sich aufgetürmt hatte, purzelte auf die Straße, wo es im Nu von Ziegen und Schweinen stibitzt wurde.

Der Radfahrer, der von seinem Rad gestürzt war, sprang auf und starrte mich drohend an; dann riß er ein Messer heraus und kam auf mich zu.

Eine dichte Menge von Käufern scharte sich um uns, und sie blickten ausdruckslos von mir zu dem Mann mit dem Messer, und zurück von ihm zu mir.

„Jetzt is' es aus mit der fremden Lady", bemerkte eine durchaus freudige Stimme in der Menge.

Ich trat hastig vor und raffte, indem ich einige Ziegen mit Fußtritten aus dem Weg beförderte, das Gemüse auf und häufte es wieder auf sein Fahrrad.

Der Mann fuhr fort, mich mit deutlichem Widerwillen zu mustern.

„Ich werde für jeden Schaden und Verlust bezahlen", stammelte ich.

Mürrisch klappte der Mann sein Messer zusammen und steckte es in die Tasche zurück.

„Is' okay, Mann, ich will deine Kohle nich' haben." Und seine Lippen verzogen sich zu etwas, was man vage als Lächeln bezeichnen konnte.

Als sie erkannten, daß heute kein Mord auf dem Programm stand, verzogen sich die enttäuschten Zuschauer, die Gesichter so ausdruckslos wie eh und je.

„Er wollte mich erdolchen, Janice!" sagte ich, mit verletztem Stolz, auf dem langen Marsch nach Hause.

„Jaaa, ich weiß."

„Es ist wirklich nicht nötig, daß du dich so darüber freust!"

„Naja, das hat's hier schon lange nich' mehr gegeben, daß eine Ausländerin Prügel bezogen hat. Normalerweise gibt's am Markt nix Aufregendes zu sehn."

Aber darin irrte sich Janice. Sehr häufig kam es zu faszinierenden Stegreifmessen auf dem Marktplatz.

Ein Prediger mit einer Bibel in der Hand, umringt von Weihrauch und brennenden Kerzen, verkündete mit durchdringender Stimme das Evangelium. Erschöpfte Käufer sammelten sich zum Gebet um ihn, und Gospelgesänge von reiner Schönheit hallten über den geschäftigen Markt: Gesänge vom Abschied von der Welt, von Feuer und Heiligem Geist . . .

> „Goodbye world! I am gone.
> Goodbye world! I am go-o-ne.
> It's the Holy Ghost and fire
> Telling me to go on.
> Goodbye world! I am gone."

Eine so bewegende Atmosphäre herrschte, daß es unmöglich war, nicht mitgerissen zu werden, zu singen, zu klatschen und zu weinen.

Der Prediger pickte wahllos Marktbesucher aus der Menge, die vor ihn treten und ein Glaubensbekenntnis ablegen sollten. Ich war wie gelähmt vor Angst, seine Wahl könnte einmal auf mich fallen. Alle anderen Anwesenden mit schweren Lasten auf dem Kopf, in ihren abgetragenen Kreppkleidern – strahlten eine so ursprüngliche

Frömmigkeit aus, daß man mir die abgefeimte Sünderin, die einer zehnminütigen Züchtigung unmöglich standhalten konnte, nur allzu deutlich ansehen mußte. Glücklicherweise wurde ich nie aus der Menge herausgefischt. Ohnehin wäre ich nicht in der Lage gewesen, zu verstehen, was man mir sagte, und hätte jedesmal mit „Was?" und „Pardon!" auf die Frage antworten müssen, ob ich den Teufel ausgetrieben hätte.

In Jamaika scheint alle Energie in die Kirche zu fließen, eine Schöpfung von Sklaven, eine Kraft, die wesentlich stärker ist als der Materialismus.

Sonntags geht jeder zur Kirche, und wer es nicht tut, wird niedergedrückt von der Last der Schuldgefühle und der Ausflüchte. Nur die „Quashie dem" gehen nicht hin. („Quashie" ist das Lumpengesindel, der Pöbel, und „dem" bezeichnet den Plural; Plural und Konjugation kommen bei den Jamaikanern nur ganz selten vor.)

Das Gotteshaus, zu dem Delsons Familie mich mitnahm, war bis auf den letzten Platz besetzt, und die weitaus meisten der Gläubigen standen draußen auf der Straße, und ihre weißen Kleider und ihre federgeschmückten Hüte leuchteten in der Sonne.

Unsere kleine Gesellschaft kam nur deswegen in den Genuß von Sitzplätzen, weil wir „aus dem Ausland waren".

Eine Predigerin gab ein schrilles Geschrei über die vielen Masken Satans von sich. Amen um Amen gellte durch die Luft.

Es war in einer Kirche an meinem ersten Sonntag in Jamaika, daß sich mein Zahnschmerz bemerkbar machte. Zuerst war es ein nagender Schmerz von der Sorte, die einen glauben macht, daß er gleich wieder verschwindet, wenn man seine Sünden bereut; aber dann brach er, wie die Vulkaninsel Krakatau, explosionsartig hervor.

„Stell dir vor", sagte ich zu Delson, „ich habe diesen Zahn schon immer in meinem Schädel, aber bis zum heutigen Tag habe ich ihn nicht bemerkt. Und jetzt erscheint es mir unglaublich, daß außer diesem Zahn überhaupt ein Teil meines Körpers existiert. Er nimmt jede Faser meiner Seele in Anspruch, so beherrschend ist er."

„Schh jetzt, und konzentrier dich auf den Gottesdienst", entgegnete Delson, ein wenig zu wichtigtuerisch für meinen Geschmack.

Früh am Montagmorgen taumelte ich in Bokos Begleitung zum Zahnarzt in der Stadt. Das Wartezimmer bot einen traurigen Anblick. Leidende Menschen saßen auf Holzbänken, Lappen um die Köpfe gebunden und Eisbeutel an die schmerzenden Molaren gepreßt.

Eine mütterliche Empfangsdame erblickte mich und schob mich ohne weitere Umstände in das Behandlungszimmer weiter. Gedämpftes Murren folgte mir, während ich sanft in den gefürchteten Zahnarztstuhl gedrückt wurde.

„Nun, junge Dame, welcher Ihrer Zähne ist daran schuld, daß Sie Ihr hübsches Gesicht wie eine geballte Faust verkrampfen?"

„Dieser hier."

„Der hier?"

„Nein, dieser hier."

„Ah, ich verstehe." Damit schob er mir eine Watterolle in den Mund. „Aus welchem Land kommen Sie, Miss?"

„Worng-wroulng."

„Ach! England! Da wollt' ich schon immer mal hin!"

Während dieser angeregten Plauderei bemerkte ich, daß der Mann eine Schublade öffnete und eine Zange hervorholte.

„Oungh-orouhl uyoumph!!"

„Lassen Sie den Mund weit offen, Miss, hinterher ist noch genügend Zeit für ein Schwätzchen."

Die Zange packte meinen Zahn. Entsetzt schloß ich die Augen. Als man mir das letzte Mal einen Zahn gezogen hatte, hatte ich eine Vollnarkose bekommen, und es waren drei Helferinnen nötig gewesen, mich festzuhalten. Außerdem hatte ich mich wochenlang auf das Ereignis vorbereitet. Und jetzt riß mir dieser Kerl einen Zahn heraus, ohne auch nur um Erlaubnis zu fragen. *Knirsch!* Der Zahn unternahm gewaltige Anstrengungen, sich zu befreien, und ich saß ergeben da, während mir die freundliche Empfangsdame die Stirn trocknete. Der ganze Eingriff dauerte nicht länger als eine Minute.

„Jetzt beißen Sie auf die Watterolle, meine Liebe, und wenn's im Laufe des Tages ein bißchen blutet, beißen Sie auf einen Teebeutel. Das macht vierzig Dollar, bitte, Miss."

„Aber wird mein Gesicht nicht anschwellen wie das letzte Mal, als mir ein Zahn gezogen wurde?"

„Nein."

Ich tastete mit der Zunge nach der Lücke.

„Müßte es nicht weh tun?"

„Manchmal ja, manchmal nein."

„A-a-aber wird es nicht in einer Minute anfangen, weh zu tun?"

„Nein, Schätzchen, Sie können für den Rest des Tages ein ganz normales Leben führen."

Ich starrte ihn in sprachloser Bestürzung an.

Der Zahnarzt behielt recht. Den ganzen restlichen Tag über spürte ich nicht den geringsten Anflug von Schmerzen. Dennoch hatte ich nach diesem Zwischenfall kein Bedürfnis mehr, in Jamaika einen Arzt aufzusuchen. Boko meinte, wenn ich wegen eines schmerzenden Armes zum Arzt ginge, würde der mich auffordern, mich zu setzen, worauf ich aus den Augenwinkeln beobachten könnte, wie er eine Schublade öffnen und daraus eine Säge zum Vorschein bringen würde, die er gleich darauf zu schleifen beginnen würde.

„Strecken Sie einfach den Arm aus, so, Miss. Es tut kein bißchen weh."

Die Leute, denen ich mein Erlebnis erzählte, sind überzeugt, daß der Zahnarzt „Obeah" angewendet hat, um den Schmerz zu betäuben.

Obeah löst bei den Menschen auf Jamaika, wie überhaupt auf den gesamten Westindischen Inseln, die allergrößte Furcht aus. Jedes Übel, das einen befällt, sei es, in einer wichtigen Prüfung zu versagen, oder, durch eine Krankheit niedergeworfen zu werden, wird Obeah, einer von Afrika beeinflußten Form der Hexerei, zugeschrieben.

„Linette lag nach der Geburt ihres jüngsten Kindes monatelang im Krankenhaus, weil irgend jemand sie obeaht hat . . . – „Obeah ist schuld, daß in Onkel Lindseys Garten die Pflanzen nie gediehen": solcherart waren die Sätze, die ich während meines Besuches immer wieder hörte. Niemand schien zu wissen, wer den Obeahfluch ausgesprochen hatte, aber Obeah war es in jedem Fall. Einige Leute erzählten mir, daß sie ein kleines Vermögen an gute Obeah-Mütter gezahlt hatten, um einen Fluch von sich abzuwenden. Obeah ist kein Aberglaube, es ist eine Tatsache. Nur wenige Jamaikaner behaupteten, daß sie nicht an Obeah glaubten, und die wenigen, die es taten, logen.

Obeah ist der Fluch, der auf dem jamaikanischen Leben lastet. Er erzeugt eine Welt des Argwohns, wo dein Nachbar für das geringste Unglück verantwortlich gemacht wird. Die einzigen Obeah-Leute, denen ich begegnete, waren nun seltsamerweise gute Obeah-Väter und Obeah-Mütter. Es waren dies kleine, geduckte Menschen mit stechenden Augen und überspanntem Gehabe. Ich kam schon bald zu dem Schluß, daß nur selten wirklich ein Obeah verhängt wurde, daß aber viel Geld damit verdient und dafür ausgegeben wurde, Obeahs aufzuheben.

„Aber die machen das ständig!", erklärte Middle Mannie beharrlich. „Ich hab' mal Frösche mit 'nem Schloß vorm Maul am Gerichts-
gebäude gesehn. Wenn die Hobeah-Mudda den Fröschen ein Schloß
vors Maul hängt, drehen die Zeugen durch und quatschen Blödsinn.
Das passiert ständig. Ich kenn' 'ne Frau, die wär' fast im Kindbett
gestorben, aber zum Glück konnte ihre Schwester den Fluch brechen, indem sie zu einer guten Hobeah-Mudda ging. Von der hat sie
'nen Haufen Kräuter und Gewürze gekriegt und Suppe draus gekocht. Die Frau hat sie sich reingepfiffen und war gesund."

„Sie hat hinein gepfiffen?"

„Neeee. Ich mein', sie hat sie gegessen."

„Ah, sie hat sie *gegessen.*"

„Ja, und paß mal auf. Einmal sind mir mein Job und mein
Mädchen in derselben Woche flötengegangen! Die Tage sind nix
ohne Arbeit, die Nächte sind nix ohne die Liebe. Ich saß ganz schön
in der Tinte, das sag' ich dir, Mann. Was mach' ich also? Ich geh zu
einer Hobeah-Mudda, und sie sagt mir, daß irgendein böser Geist
mich mit Neid und bösen Gedanken verfolgt. Dann sagt sie, ich soll
mich ausziehn und ins Bad gehen, und reibt mich mit Medizin und
allen möglichen Kräutern ab. Drei Tage später hatte ich 'nen neuen
Job, und meine Süße stand vor der Tür, siehste?"

„Aber woher willst du wissen, ob du deinen Job und dein Mädchen
nicht ohnehin wiederbekommen hättest?"

Middle Mannie biß sich achselzuckend auf die Unterlippe. Wir
hatten an diesem Morgen einen Katzenkopf im Garten entdeckt, und
Middle Mannie erzählte mir, dies sei das Werk eines Obeah, worauf-
hin ich steif und fest behauptete, ich hätte nicht eine Spur von Angst.
Middle Mannie blieb dabei: irgendeine Frau sei eifersüchtig und
versuchte, Unheil über mich zu bringen. Die Bewohner des Hauses
waren nur andeutungsweise besorgt. Sie glaubten, Ausländer seien
immun gegen Obeah, besonders Ausländer mit einem so hohen
Anteil weißen Blutes wie ich.

Manchmal zeigte mir Middle Mannie an warmen, drückenden
Abenden, welche Fledermäuse die Inkarnation irgendwelcher Verwandten waren.

„Vor der Fledermaus da hab' ich echt Respekt. Das is' mein Onkel,
weißte."

Die Vorstellung von Duppies und Torkelnden Kälbern versetzte
die Kinder in ungeheure Aufregung. Ein Feuer spuckendes Geister-

kalb mit zusammengeketteten Beinen zu sehen, zieht ein bedauerns-
wertes Übermaß an Pech nach sich. Ein Duppy ist ein Geist, der, dem
jamaikanischen Volksglauben nach, mit verkehrt aufgesetztem Kopf
auf einem Esel reitet und sich an dessen Schwanz festhält.

„Aber das is' Quatsch. Ein Duppy kann aussehn wie du und ich.
Wenn du die ganze Nacht dein Fenster offen läßt, steigt der Duppy
aus'm Grab und kommt durchs Fenster. Echt wahr! Vier Tage, bevor
du kamst, stand ein Duppy vor meinem Bett und hat mich mit so
gräßlichen Augen angeglotzt, daß ich nich' hinsehn konnte."

Boko verdrehte gelangweilt die Augen, wenn Middle Mannie von
Duppies, Fledermäusen und Torkelnden Kälbern anfing, aber ich
verbrachte nach diesen Unterhaltungen schlaflose Nächte in fieber-
haftem Schrecken. Ich bestand darauf, daß eines der Kinder bei mir
im Zimmer schlief – ein großer Fehler. Das Kind brachte die eine
Hälfte der Nacht damit zu, heulende Gespensterlaute und Monsterki-
chern von sich zu geben, und die andere Hälfte mit Neckereien wie:
„Ahh! Tante Zenga! So einen Riesentalipot hab' ich noch nie gesehn!
Da, gucka mal, er krabbelt dir über'n Rücken!"

Viele Bestandteile des Volksglaubens in Jamaika, seien es nun
Obeah, Vorzeichen, Sprichwörter oder Lebensweisheiten, stammen
aus Ghana und sind auf die Aschanti-Fanti-Völker zurückzuführen.
Bräuche der Yoruba und Ibo aus Nigeria sind zwar in Jamaika
erkennbar, sind aber nicht so beherrschend wie die ghanaischen
Einflüsse. Viele Patois-Ausdrücke können bis zu den Ghanaern
zurückverfolgt werden, die als Sklaven auf die Insel gebracht wurden.
Das Wort „Quashie" diente ursprünglich in der Sprache der Yoruba
zur Verspottung der Aschanti. Die Aschanti nennen die Yoruba
ihrerseits „Nago". Es hat wohl in den Tagen der Sklaverei viel Streit
zwischen den Aschanti und den Yoruba gegeben, denn ich habe
selbst heute noch in bestimmten Gegenden Jamaikas gehört, daß die
Menschen das Wort „Nago" auf Personen anwenden, denen nicht
über den Weg zu trauen ist.

Viele Bräuche, die mir in Jamaika begegneten, wie zum Beispiel
das Verschütten von Wasser oder Schnaps auf den Fußboden zu
Ehren der Vorfahren, erinnerten mich an meinen inzwischen verstor-
benen westafrikanischen Vater, der sie ebenfalls praktiziert hatte.

Die Sklaven, die im siebzehnten und achtzehnten Jahrhundert
nach Jamaika verschleppt worden waren, wurden von ihren englischen Besitzern mit äußerster Verachtung und Geringschätzung

behandelt. Die Gleichgültigkeit gegenüber dem Leben eines Sklaven zeigt die Tatsache, daß ein Master, der einen Sklaven vorsätzlich umbrachte, nur etwa zwei Drittel der Strafe bezahlen mußte, die auf das Verbergen eines davongelaufenen Sklaven ausgesetzt war. Die Sklaven waren nichts als eine bewegliche Habe, die von den Zuckerrohrpflanzern dazu eingesetzt wurde, soviel Geld wie nur möglich zu verdienen. Aufgrund der unmenschlichen Behandlung, der sie ausgesetzt waren, der Krankheiten und schlechten hygienischen Verhältnisse, unter denen sie lebten, belief sich die durchschnittliche Lebensdauer eines Sklaven auf ein paar armselige Jahre. Die Plantagenbesitzer machten sich darob keine übertriebenen Sorgen: für sie war es billiger, neue Sklaven von der afrikanischen Westküste importieren zu lassen, als sich die Mühe zu machen, ihre Sklaven am Leben zu erhalten.

Obwohl der westafrikanische Einfluß tief in der Kultur Jamaikas verankert ist, kann man auch mit Fug und Recht sagen, daß die „Sklavenkultur" ein überaus realer Bestandteil jamaikanischen Lebens ist.

Meine Schwester und ich wurden wie englische Herzoginnen behandelt, nur weil wir „hellhäutig" waren. „Hellhäutige" Schwarze bekamen unweigerlich die besten Posten und nahmen arrogante Verhaltensweisen an. Selbst in der Sprache wird – ein Vermächtnis der Sklaverei – das „Schwarzsein" verunglimpft.

„Sei nicht so dunkel!" hörte ich eine Mutter zu ihrer Tochter sagen, womit gemeint war, sie solle nicht so töricht sein. Von „vornehmer" Farbe heißt „hellhäutig", „gutes" Haar ist glattes Haar, und wenn dir gesagt wird, du hättest eine gerade Nase, so ist das nichts anderes als das höchste aller Komplimente.

Nach dem Fernsehen und der Plakatwerbung zu urteilen, konnte man sich kaum vorstellen, daß ich mich in einem Land von Schwarzen aufhielt. Die Mannequins in den Zeitschriften, die Geschäftsfrauen und wunderschönen Mädchen auf den Plakaten waren alle so hellhäutig wie nur irgend möglich, ohne wirklich weiß zu sein.

Janice und Barclays Schwester, die mit im Hause lebte, brachen jedesmal in schallendes Gelächter aus, wenn sie Boko oder mich dabei ertappten, daß wir die Wäsche machten oder Geschirr abwuschen; sie zogen uns dann fort und erklärten, wir seien Damen und dürften uns darum die Hände nicht schmutzig machen. Ich fand es außerordentlich irritierend, vom Spülbecken weggezerrt und als

„Dame" bezeichnet zu werden; aber bald ging es mir erheblich mehr auf die Nerven, unter den Augen eines erschrocken kichernden Publikums Geschirr zu waschen.

Unser Akzent und unsere Hautfarbe garantierten, daß wir in jeder Schlange vorgelassen wurden und einen Sitzplatz im Kleinbus bekamen. Es war ein überaus merkwürdiges Gefühl, in Jamaika wie königliche Hoheiten behandelt zu werden, nachdem man uns ein Leben lang zu Hause in England nicht einmal als Engländer betrachtet hatte.

Nach einer Weile litt ich ständig unter Schuldgefühlen. Immer wieder geschah es, daß in einer langen Schlange vor dem Bankschalter jemand sich zu mir umdrehte und mit einem höflichen Kopfnicken, das fast an eine Verbeugung grenzte, sagte:

„Sie gehn zuerst, Ma'm."

„Nein, Sie waren vor mir da."

„Ich weiß, aber Sie gehn zuerst."

„Nein, Sie sind zuerst dran."

„Nein, Sie."

„Nein, Sie."

Und so ging es immer weiter, während alle anderen Kunden in der Schlange mich vorwärts drängten und ich vor nervöser Verlegenheit rot anlief.

Ich versuchte alles in meiner Macht Stehende, um die Menschen davon abzubringen, mich auf diese Weise zu behandeln. Ich zog alte Kleider an und band mir die Haare in ungekämmten Strähnen zusammen, aber dennoch schien es, als würde der rote Teppich ausgerollt, wann immer ich oder meine Schwester in Erscheinung traten. Delsons Philosophie lautete „Akzeptieren und genießen". Nur ein einziger Mensch, dem ich in Jamaika begegnete und von dem ich später berichten werde, lehnte mich wegen meiner Hautfarbe und meiner Staatsangehörigkeit ab.

Es war mir ein vollkommenes Rätsel, wie irgend jemand in Jamaika England lieben konnte. England hatte jahrhundertelang Afrikaner entwurzelt und in die Sklaverei gezwungen, hatte unzählige Millionen von Menschenleben vernichtet, damit Großbritannien fett und reich werden konnte. Die Jamaikaner quälten sich noch immer unter einem Schleier der Armut und des Elends. Mutter Natur jedoch hat die Afrikaner und Westinder aus irgendeinem Grund mit der außergewöhnlichen Gabe der Verzeihung bedacht.

Die Großmütter, die das Leben in Jamaika beherrschen, saßen da und erzählten ihren Familien, daß England das Mutterland und Jamaika seine Tochter sei. Fast jeder, dem ich begegnete, hegte eine rührende Liebe zu England. Nach ein paar Tagen auf Jamaika fing ich an, England zu hassen, was aber nicht bedeutete, daß ich Jamaika geliebt hätte. Ich konnte mich nie mit den ausdruckslosen Gesichtern abfinden, die mir „Ausländerin" nachmurmelten, wohin ich auch ging.

Wenn ich durch ein Dorf wanderte, kam gewöhnlich ein Kind aus dem Haus gelaufen, gefolgt von einem weiteren Kind, gefolgt von einer Mutter mit Baby, bis es mir nach einer Weile so vorkam, als würden sämtliche Dorfbewohner vor den Häusern sitzen und mit verschränkten Armen an Mauern lehnen und mit ausdrucksloser Stimme „Ausländerin" sagen. Nicht, daß ich mir je Sorgen um meine körperliche Unversehrtheit gemacht hätte! Man hätte sich keinen gutmütigeren Menschen als den jamaikanischen Durchschnittsbürger vorstellen können.

Eines heißen, drückenden Abends hatte ich den Kindern endlose Stunden lang vorgelesen, und sie lagen sicher eingekuschelt im Bett. Das heißt, alle außer Desmond, der zu meinen Füßen lag, mit den Beinen nach meinem Gesicht strampelte und mir verkündete, ich sei genau so häßlich wie Tante Evadne (wer immer Tante Evadne sein mochte).

Das Abendessen stand auf dem Tisch, und von meinem Magen ausstrahlend, machte sich ein Gefühl bleierner Trübsal in mir breit.

In den vergangenen zehn Tagen hatten auf dem Speiseplan allabendlich Ziegencurry, Reis, Süßkartoffeln, Mehlbananen, grüne Bananen und Krautsalat gestanden. Das Essen war immer halb kalt, wenn es endlich aufgetragen wurde, und meistens wurde es so hoch auf den Teller gehäuft, daß, hätte sich ein Affe obenauf gesetzt, sein Schwanz den Boden nicht berührt hätte (wie mein Vater zu sagen pflegte). Es ging das Gerücht, daß sich irgendwo in der Stadt ein Dörrfleischstand befand, aber ich sollte ihn nie zu Gesicht bekommen. „Dörrfleisch" ist ein köstliches Gericht aus gegrilltem Schweinefleisch, das gewöhnlich am Straßenrand oder auf belebten Marktplätzen verkauft wird.

An diesem Abend sehnte ich mich jedenfalls, nachdem ich zehn Tage lang im Haus gesessen und auf die Vettern gewartet hatte, verzweifelt nach einer Abwechslung. Glitzer, Glimmer und ausgelassenes Leben waren es, wonach ich dürstete. Das einzige Partykleid, das ich mitgebracht hatte, war erst ein einziges Mal aus dem Koffer geholt worden, und dann auch nur, damit Janice es bewundern konnte.

„Laßt uns alle ausgehen heute abend!" schlug ich unvermittelt vor.

Barclay und seine Schwester prusteten in ihre Teller. Janice verschluckte sich an einem Bissen Krautsalat, und Desmond warf mir eine angeschimmelte Mango an meine sonnenverbrannte Schulter.

Nur Middle Mannie fuhr ungerührt fort, an einem Ziegenknochen zu knabbern. Ich nehme an, die Bemerkung war so unerhört, daß sie ihn in einen lähmenden Schockzustand versetzt hatte.

„Warum?" erkundigte sich Janice gute zehn Minuten später.

„Damit ich eine Ahnung vom jamaikanischen Nachtleben bekomme."

„Wo?" stieß Barclay ungläubig hervor.

„Irgendwo. Komm schon, Barclay, es wird dir gut tun."

„Aber man kann hier nirgends hingehen!"

Delson, der sich im angrenzenden Zimmer hingelegt hatte, erklärte, daß niemand irgendwohin gehen würde, weil es in der Stadt viel zu gewalttätig zuginge, als daß man nachts durch die Straßen laufen könnte. Wir dürften nur ausgehen, ordnete er an, wenn wir mit Barclays Kleinbus hingefahren und wieder zurückgebracht würden und uns Kingston nicht mehr als bis auf einen Zwanzig-Meilen-Radius näherten.

Unter viel Kopfschütteln und einer Menge besorgter Blicke in meine Richtung wurde beschlossen, daß Barclay losziehen und *Big Mannie* holen sollte, damit der uns in einen schicken Nachtclub irgendwo in der Umgebung begleiten konnte. Big Mannie wurde als Bungo-Man beschrieben, als Draufgänger, der sich in der „Szene" auskannte. Janices und meine Blicke trafen aufeinander. Sie hatte mir bereits in haarsträubender Ausführlichkeit von Big Mannies Heldentaten berichtet. Ein entfernter Vetter Barclays, hatte er offensichtlich seinen Teil dazu beigetragen, den Kinderreichtum in der Gegend zu sichern.

Mit blitzenden Goldzähnen und goldenen Medaillons, die aus der offenen Hemdbrust hervorschimmerten, stolzierte Big Mannie ins Zimmer. Der Ort, den man freitagabends besuchte, so verkündete er, war das „Pins and Needles", das Unvergleichliche Disko-Erlebnis. Boko stöhnte und erklärte, daß sich Kopfschmerzen bei ihr anbahnten. Barclay und seine Schwester *mußten* die Kinder hüten, und Middle Mannie mußte zu Hause bleiben und auf seine Freundin warten, die bis dahin keiner von uns allen je zu Gesicht bekommen hatte.

„Sieht so aus, als wärn wir zwei unter uns, süßes Kind." Und mit einem Schlag auf meinen Schenkel brachte mich Big Mannie vom Stuhl hoch.

„Delson!" rief ich entsetzt, „du kommst doch mit, oder?"

„Nicht, wenn Boko das Gefühl hat, daß sie Kopfschmerzen bekommt."

„Janice?"

Die Antwort war ein finsterer Blick in Big Mannies Richtung und ein mürrisches Kopfschütteln.

„Hab' ich doch gesagt, nur wir zwei." Ein metallener Backenzahn blitzte boshaft.

„Und Boko und Delson!"

„Und ich!" In Goldlaméhosen mit gähnenden Löchern an den Knien kam Desmond aus seinem Schlafzimmer.

„Verschwinde auf der Stelle", schrie Barclay und griff nach einem Gürtel; dann jagte er den kreischenden Desmond mit wütenden Schlägen in sein Zimmer zurück.

Während ich Barclay die Peitsche aus der Hand riß, hätte ich die ganze Unternehmung am liebsten als aussichtslose Angelegenheit aufgegeben.

Aber Big Mannie war unerbittlich. Nachdem er sich von dem ersten Schock erholt hatte, daß die schöne Boko mit einem Mann verheiratet war, der doppelt so groß war wie er selbst (Big Mannie war sehr klein), tröstete er sich mit dem Wissen, daß es sich mit mir anders verhielt; und wenn ich auch eher einen traurigen Ersatz darstellte, so hatte ich doch immerhin „helle Haut".

„Komm jetzt, Puppe, ziehn wir los!"

„Laß uns auf Boko und Delson warten."

„Ich komme nicht mit, und damit basta!"

„Boko", sagte ich ruhig und sah ihr dabei tief in die Augen. „Wer hat der Aufsicht in der Schule erzählt, du hättest dein Essensgeld der Kirchenkasse gestiftet, obwohl du in Wirklichkeit fünf Schokowaffeln ganz für dich allein davon gekauft hattest?"

Bokos feuchtbraune Augen umwölkten sich. Ihr Mund öffnete und schloß sich in einem ersticken Versuch, zu reden, aber es kam natürlich kein Wort heraus. Sie sah aus wie eine ertrinkende Ente auf einem dunklen, einsamen See.

„Einen – einen Augenblick, ich – ich bin in einer Sekunde wieder da."

Der Hinweis auf die „Schulaufsicht" hat seine Wirkung noch nie verfehlt.

Pins and Needles, das Unvergleichliche Disko-Erlebnis, erwies sich als kleine, schäbige Kneipe mit herunterhängenden Tapeten und gefährlich wackligem Mobiliar. Zwei alte Männer saßen an der Bar, tranken weißen Rum und starrten uns unaufhörlich an. Die Musik war ein Gemisch aus schnulzigen Balladen und Country-and-Western. Reggae wird in Jamaika nicht so häufig gespielt, wie man meinen könnte.

Die „ehrbaren Leute" nennen Reggae verächtlich die Musik der „Quashie dem".

So nahm der Abend mit zwei alten Männern, Jim Reeves in gedämpfter Lautstärke und einer Bar, die nur Rum und Coca-Cola zu bieten hatte, einen etwas trostlosen Anfang. Der Raum war in beinahe undurchdringliche Finsternis getaucht, was mir die Mühe ersparte, den Blick von Big Mannies Medaillons abwenden zu müssen.

Um meine gute alte Mutter, wenn sie dieses Buch liest, nicht in Verlegenheit zu bringen, werde ich die Flut deftiger Stall-Aphorismen, die mir ins Ohr geflüstert wurden, nicht wiederholen. Big Mannie war nicht der Mann, der seine Worte feinfühlig wählte. Er entsprach dem Typ Mann, den man gewöhnlich als „hinterhältig und gemein wie ein Krokodil" bezeichnet.

Gerade, als ich im Begriff war, mich an eine dringende Verabredung zu erinnern, betrat ein hochgewachsener, feingliedriger Mann den Raum und sah sich mit angewiderter Miene um. Für den Bruchteil einer Sekunde begegneten sich unsere Blicke, dann wandte er sich ab und spähte in die leere Ecke des Barraums.

„Das is' Little Mannie", knurrte Big Mannie.

„Wer ist das?"

„Ein Nachbar, was sonst?"

„Ah, was sonst?"

Little Mannie kam mißmutig an unseren Tisch geschlurft und begann in unverständlichem Patois vor sich hin zu brabbeln.

„Na, was geht ab, Schwester?" fragte er schließlich und warf mir einen raschen glutäugigen Blick zu.

„Nicht viel. Eine nette Kneipe hier, was?"

„Was?"

„Die Kneipe, sie ist nett."

Ich wollte unbedingt, daß er blieb, und da ich genau spürte, daß er Lust hatte, zu gehen, glaubte ich, die Unterhaltung so geistreich wie möglich gestalten zu müssen und so seine Aufmerksamkeit zu fesseln, damit er mich aus den Fängen von Big Mannie befreite.

„Was hat sie gesagt?"

„Sie hat gesagt, das hier wär' 'ne nette Kneipe."

„Nette Kn-kn-kneipe n-n-n-?" Und ein schallendes Gelächter zerriß die traumhafte Atmosphäre, die Jim Reeves so mühevoll geschaffen hatte. Boko begann zu kichern, und Delson lachte lauthals wie ein schepperndes Scheunentor. Nur Big Mannie blieb, das Kinn vorgeschoben und die Brust herausgereckt, unberührt von dem plötzlichen Heiterkeitsausbruch.

„Ich find' sie echt toll, die feine goldene Schwester, mit der du heute ausgehst, Big Mannie. Die ist wirklich komisch. Gutes Zeichen, 'ne Engländerin mit jamaikanischem Humor zu sehn."

„Fein und golden?"

„Du! Fein und golden, so nennen sie dich hier, weißte."

„Ah."

„Als ich dich mit Big Mannie gesehn hab', war mir schon klar, daß du 'ne Menge Humor haben mußt, aber als ich deinen Witz gehört hab', aooah!"

Big Mannie, der mich schon mehrmals gebeten hatte, ihn zu heiraten, damit er die britische Staatsangehörigkeit erlangen konnte, klopfte mir auf die Schulter und war mit einem munteren „Ich geh' schon mal vor" entschwunden. Niemand vermißte ihn. Ich plauderte mit Little Mannie über jedes unter der Sonne erdenkliche Thema. Keiner von uns beiden konnte den anderen verstehen, aber das schien überhaupt keine Rolle zu spielen.

Es stellte sich heraus, daß er arbeitslos war und jemanden suchte, der ihm die Reise nach England finanzierte. Jeder Jamaikaner im Alter zwischen sechzehn und sechzig hielt Ausschau nach einer Möglichkeit, Jamaika zu verlassen und in England oder Amerika zu leben. Jamaika war lediglich eine Zwischenstation, wo die Leute nur so lange blieben, bis ein Verwandter oder Freund sie rief und für ihre

Ausreise bezahlte. Little Mannie bildete keine Ausnahme. Er war gerade bei Verwandten in der Gegend zu Besuch, wohnte aber sonst zusammen mit seiner verkrüppelten Mutter in einer Holzhütte in den Blue Mountains. Sein nächster Nachbar war ein Vetter, der offenbar etwa eine Meile von Little Mannies Haus entfernt in einer kleinen Hütte in den Bergen wohnte.

Da saßen wir nun in der schäbigen Atmosphäre des Unvergleichlichen Disko-Erlebnisses. Little Mannie enthüllte mir seinen Ehrgeiz, ein „Heißer Typ" in London zu werden, und ich erzählte ihm von meinem Ehrgeiz, Montego Bay und die anderen Hits von Jamaika zu sehen.

Während des langen Heimweges blieben Little Mannie und ich hinter Boko und Delson zurück, erzählten uns gegenseitig Geschichten und kicherten. Ich fand ihn faszinierend. Er war der einzige Jamaikaner unter siebenundneunzig, der mich nicht gebeten hatte, ihn zu heiraten und in einem schicken Apartment in London unterzubringen. Was er suchte, war eine „reiche Alte", die ihn aushielt, und wer in einem so schändlichen Viertel wie Brixton lebte (ein Ort, den er aus dem Fernsehen zur Genüge kannte), war mit Sicherheit zu knapp bei Kasse, um ihm den Lebensstil zu ermöglichen, an den er sich zu gewöhnen hoffte.

„Außerdem will meine Freundin auch nach England kommen."

„Deine Freundin?"

„Eh heh."

„Ah, ich – ich verstehe."

Manchmal ist das Leben eben so.

Als wir an unserem Bungalow ankamen, war es stockdunkel. Little Mannie versprach, daß er am nächsten Tag mit mir zur Montego Bay fahren würde.

Ich konnte in dieser Nacht kaum schlafen, so aufgeregt war ich. Selbst ein widerlich aussehender Talipot rief nur einen mittelmäßigen Schrei hervor, nicht von der gewohnten Lautstärke, die das ganze Haus aufweckte und die dicke alte Frau im Nachbarhaus veranlaßte, an die Wand zu hämmern.

Am nächsten Morgen schlang ich die Makkaroni, den gesalzenen Fisch und das Trockenbrot hastig herunter. Als Desmond dann Little Mannie entdeckte, der in abgeschnittenen Hosen und einem nach Lawrence-von-Arabien-Art um den Kopf gewundenen Tuch den Weg herunterkam, veranstaltete er einen verwegenen Bauchtanz.

„Warum gehste nich' in die Schule, Mann?"

„Ich geh doch in die Schule."

„Ah, dann is' es ja gut. Wenn du nämlich in die Schule gehst, heißt das, daß du jetzt in der Schule bist."

„Stimmt genau, ich *bin* jetzt in der Schule, Mister."

„Das hör' ich gern. Einen schrecklichen Augenblick dachte ich, du würdest schwänzen. Etwas fehlt dir allerdings, mein Kleiner."

„Was denn?"

„Ein *Lehrer*!" Und damit ergriff Little Mannie den Stock, mit dem Delson zuvor Eidechsen gequält hatte, und jagte einen kichernden Desmond durch den Hof.

Little Mannie war mit der einen lebenswichtigen Eigenschaft ausgestattet, die jeder Jamaikaner braucht, um zu überleben – einem ausgeprägten Sinn für Humor. Er lachte, als wir den Zug nach Montego Bay an diesem Tag verpaßten, und er hielt sich die Seite vor Lachen, als wir am nächsten Tag erfuhren, daß er entgleist war.

„Also ist es wieder nichts mit der Montego Bay", jammerte ich, indem ich meinen noch ungetragenen Bikini zwischen den Händen drehte. Um mich zu trösten, versprach mir Little Mannie, am Abend mit mir essen zu gehen. Nach einer eintönigen Ziegencurry-Diät freute ich mich auf die Abwechslung.

Mit Verwunderung sah ich, daß Little Mannie sich durch einen gewaltigen Berg Reis und Ziegencurry arbeitete, als ich ihn am Abend in seinem Haus abholte. Als ich ihn daran erinnerte, daß wir zum Essen ausgehen wollten, entgegnete er kurz angebunden, er würde mit mir essen gehen, wenn er seine Mahlzeit beendet hätte. Ich lehnte sein Angebot, ihm dabei Gesellschaft zu leisten, wütend ab; und schließlich gingen wir in die warme Nacht hinaus zum „Stadtgespräch".

Die Außenfassade des „Stadtgesprächs" war eine blinkende Pracht hell- und dunkelroter Lichter. Das Innere dagegen war klein und schäbig und bestand aus einem Diskoraum und einem verwahrlosten (und menschenleeren) Speisesaal. Wir hockten auf durchgesessenen Stühlen und studierten die vierseitige Speisekarte. Im „Stadtgespräch" gab es offensichtlich alles: von Fisch und Chips bis hin zu geheimnisvollen malaysischen Pasteten. Die chinesische Spezialität war „Suey mein".

Endlich kam eine übertrieben mürrische Kellnerin herangeschlurft und wartete mit finster in die Ferne gerichtetem Blick. Ich bestellte

„Suey mein", worauf die Kellnerin eine Flut jamaikanischer Worte über uns ergoß, mich kichernd ansah und davonstampfte.

„Was hat sie gesagt?"

Little Mannie riß gedankenverloren kleine Schnipsel von der Speisekarte ab. „Sie sagt, sie haben jetzt nichts zu essen."

„Gar nichts?"

„Überhaupt nichts."

Wir saßen reichlich fünf Minuten in brütendes Schweigen versunken da, bevor wir in brüllendes Gelächter ausbrachen.

Bei unserem nächsten Anlauf zur Montego Bay nahmen wir ein Taxi zum Bahnhof. Unseligerweise lud der Fahrer den Wagen mit sechs weiteren Leuten voll, die darauf bestanden, zuerst an ihren weit entfernten Bestimmungsorten abgesetzt zu werden. Als wir endlich am Bahnhof anlangten, war das Unvermeidliche wieder passiert.

„Wein dir nicht die Augen aus, Girl", tröstete mich Little Mannie, als er meine Bestürzung bemerkte. „Wir nehmen den Bus nach Kingston und gehn in den Zoo."Ich willigte ein.

In dem überfüllten Kleinbus nach Kingston – über die Köpfe der Leute hinweg – unterhielten wir uns lachend darüber, was im Zoo alles schiefgehen konnte. Mit meinem beschränkten englischen Katastrophenbewußtsein mutmaßte ich, er könnte geschlossen sein. Little Mannie dagegen, mit seiner urwüchsigen jamaikanischen Intuition, tippte darauf, daß die Tiere nicht in Käfigen sein, sondern frei herumlaufen würden. Während der Bus mit neunzig Meilen in der Stunde über die schwindelerregend schönen Landstraßen kurvte, unterhielten Little Mannie und ich die Fahrgäste mit unseren Berichten von den bevorstehenden Schreckenserlebnissen im Zoo.

Man erreicht den Zoo, indem man die herrlichen Hope-Gärten durchquert. Die Hope-Gärten sind ein prachtvoller tropischer Park in den Außenbezirken von Kingston. Ich habe nie zuvor dergleichen gesehen: üppige Palmen, Seerosenteiche in leuchtender Blüte und köstliche Blumen. All diese Wunderdinge breiten sich am Fuße der nebelverhangenen Blue Mountains aus. Erstaunlicherweise waren wir die einzigen Besucher im Park.

Nach einem herrlichen Spaziergang gelangten wir zum Zoo und zahlten einen Dollar Eintritt (ungefähr fünfzehn Pence). Little Mannie und ich warfen uns einen Blick zu, und in unseren Gesichtern stand die Enttäuschung geschrieben. Nichts war schiefgegangen. Der Zoo war wunderbar angelegt, allerdings vollkommen menschenleer.

Er war nicht nur geöffnet, sondern es gab auch Käfige in Mengen darin.

Am ersten Käfig, den wir uns ansahen, befand sich ein großes Schild mit der Aufschrift „Indischer Funambulus". Wir hielten angestrengt Ausschau, konnten aber keine Spur von dem Funambulus entdecken.

„Was ist ein indischer Funambulus?"

„Keine Ahnung, er is' nich' da."

„Aber ist es eine Schlange, ein Elephant, ein Meerschweinchen, ein Fisch oder was?"

„Komm schon, Mr. Funambulus, zeig dich mir und der Lady!"

Aber der indische Funambulus litt offenbar an Lampenfieber in fortgeschrittenem Stadium. Der nächste Käfig hatte kein Namensschild zu bieten – und auch keine Tiere. Mit den übrigen Käfigen verhielt es sich genauso.

„Warum sind wir *vorhin* nicht drauf gekommen, was *jetzt* sonnenklar is'? In dem Zoo gibt's keine Tiere!"

Um die Wahrheit zu sagen, ich glaube nicht, daß mir ein Besuch im Zoo jemals soviel Spaß gemacht hat. All die leeren Käfige zu betrachten und mit Little Mannie zu lachen, war das reinste Vergnügen für mich. Auf irgendeine Weise war ein Tiger in einen der Käfige geraten, und ebenso eine riesige Python, aber abgesehen davon blieb unsere Freude daran, in leere Käfige zu starren, ungetrübt.

Nach diesem aufregenden Tag im Zoo gab ich den Gedanken an die Montego Bay auf. Kein Bus, kein Zug und kein Vetter würde uns hinbringen, daher hielt ich es für das beste, mich geschlagen zu geben. Ich würde einen Reiseführer über diesen unerreichbaren Strand kaufen, meinen Freunden in England das darin Gelesene beschreiben und behaupten, ich wäre dagewesen. Kein Tourist mit ein bißchen Selbstachtung kann zugeben, die Montego Bay nicht gesehen zu haben.

Aber Little Mannie überwand alle Hindernisse, und bald genossen wir einige der märchenhaften Wonnen, die Jamaika zu bieten hat. Die Dunns River Falls, ein Wasserfall von überwältigender Schönheit, und Ocho Rios, ein hübscher Ferienort im Norden der Insel. Aber es war schwierig, weit im Land herumzukommen.

Wenn man in Jamaika ohne Auto ist, gleicht der Versuch, von A nach Montego B. zu gelangen, in etwa einem Telefonat mit der Sozialversicherung wegen eines ausbleibenden Schecks: ein schwieriges Unterfangen, das sich aber am Ende lohnt. Die jamaikanische Landschaft bietet den allerschönsten Anblick der Welt. Üppige Palmen und Bananenbäume inmitten exotischer Blumen, alles in leuchtenden Farben. Man muß sich nur eine Minute weit von der Stadt entfernen, und schon sieht man phantastische Berge, Flüsse, Seen und Schluchten.

Da wir über kein Transportmittel verfügten, führte mich Little Mannie, der mein Dolmetscher und gutaussehender Begleiter wurde, entweder zu Fuß meilenweit herum, oder wir nahmen einen Kleinbus. Der Konkurrenzkampf unter den Kleinbusfahrern ist so hart, daß sie sich wie Geier auf die Kunden stürzen und rufen: „Kingston! Manderville! Spanish Town!" Der Stärkste von ihnen packt dich und schleift dich zu einem winzigen Bus, der bereits mit Fahrgästen vollgepfropft ist. „A-aber, ich will nicht nach Kingston!" protestierst du, während du zwischen eine dünnlippige alte Dame und einen Korb grüner Bananen gezwängt wirst. „Wohin fahren Sie?" – „May Pen!" Aber es ist zu spät. Der Bus saust in halsbrecherischem Tempo die Straße hinunter. Evil Knievel ist das Idol des jamaikanischen Autofahrers! Schließlich setzt dich der Bus in irgendeiner abgelegenen Stadt ab, und du bist beinahe zu benommen, um noch zu fragen, wie man dahin gelangt, wohin du ursprünglich fahren wolltest.

„Ich habe mir immer vorgestellt, Jamaika berste vor Rastas und Reggae, aber tatsächlich habe ich nicht viel mehr als zwei Rastas gesehen und so gut wie keinen Reggae gehört."

„Wenn du den Mann meinst, den wir eben gesehn haben, das war kein Rasta, das war ein Verrückter, der sich die Haare nich' kämmt. Un' Reggae – den Mist hören sich nur die Penner an."

„Außerdem gibt es hier keine Teenager."

„Klar gibt's die!"

„Nein, ich meine, daß hier jeder unter achtzehn ein Kind ist – und jeder über achtzehn ein Erwachsener. Ihr habt keine Halbstarken, die in der Nacht die Straßen unsicher machen und am Tag an den Ecken herumhängen und die Passanten belästigen wie in England. Ich bin überhaupt im ganzen Leben noch keinen anständigeren Teenagern begegnet. Stehen im Bus für dich auf und reden dich dauernd mit ‚Miss' an. Es ist wunderbar! Man kann sie auf der Straße sogar ausschimpfen, ohne daß sie zurückschreien."

„Was ist ein Halbstarker?"

„Ein Jugendlicher, der mit einer Bande herumzieht und Unruhe stiftet."

„Wie ein Revolverheld?"

„Nein, eher wie ein – also, wenn dich deine reiche Gönnerin nach England holt, wirst du sie überall in den Einkaufspassagen herumhängen sehen."

„Was ist eine Einkaufspassage?"

Alles, was mit England zu tun hatte, faszinierte und begeisterte Little Mannie, und alles, was mit Jamaika zu tun hatte, widerte ihn an. Jamaika ist ein ausgesprochen ungeliebtes Land. Nur sehr wenige Menschen machen etwas aus dem Leben dort. Anstatt ein besseres Jamaika aufzubauen, legen die Jamaikaner jeden Penny, den sie verdienen können, auf die hohe Kante, und dann machen sie sich nach England oder in die Staaten davon und lassen verbitterte Ehefrauen oder Ehemänner zurück. Little Mannie dagegen war versessen darauf, seine Freundin mitzunehmen. Ich hatte die Frau nicht kennengelernt, aber was ich von ihr hörte, gefiel mir. Von Zeit zu Zeit verschwand er für ein paar Tage, und wenn er dann zurückkam, erklärte er, daß er sie *unbedingt* habe besuchen müssen, weil sie sich sonst vernachlässigt fühlen würde.

An den Tagen, an denen er nicht da war, tat ich nichts weiter, als endlos mit den Kindern zu spielen und gemeinsam mit Janice auf den Männern herumzuhacken. Nach ihrer Philosophie sind die Männer wie Hunde: man muß sie immer gut unter Kontrolle haben.

„Wenn du dem Hund beizeiten zeigst, wer der Herr im Haus ist, respektiert er dich und gehorcht immer. Bist du zu freundlich zu dem Hund, wird er dich beißen. Genauso ist's mit den Männern. Sei gemein, dann sind sie dein!"

Vielleicht sollten wir alle nach Janices Philosophie leben, denn Janices Mann ging nie zur Arbeit, ohne vorher die Wäsche zu waschen, das Abendessen vorzubereiten und die vier Kinder im hölzernen Badehäuschen im Garten zu baden. Ich pflegte ihm mit halbgeschlossenen Lidern zuzusehen. Von mir erwartete Janice nie, daß ich etwas tat, außer daß ich ihr alle meine Kleider schenkte, an denen sie Gefallen fand.

Jamaika

Entführung in den Blue Mountains

*E*ines Tages, als ich auf Little Mannie wartete, erlebte ich eine böse Überraschung. Ein hoch aufgeschossener, schlaksiger junger Mann kam den Weg herunter in den kümmerlichen Garten geschlurft und blieb, im Sonnenlicht blinzelnd, mit bösem Blick vor mir stehen. Ich saß auf der Mauer, vier Kinder auf dem Schoß und Petty zwischen den Knien.

„Wer bist du, und was willst du?" rief Desmond mit seiner vorlauten, dünnen Stimme.

Der Fremde warf dem Jungen einen vernichtenden Blick zu und murmelte mit unterdrückter Stimme irgendeinen gehässigen jamaikanischen Fluch vor sich hin. Ein kleines schwarzes Schwein begann um seine Füße herum in der Erde zu wühlen, und seine ohnehin bereits geschwärzten Schuhe überzogen sich mit einer schleimigen Schmutzschicht.

„Wo ist Zvomba? Ich soll ein Mädchen abholen, soll-a suchen Girl, das Zvomba heißt."

Petty wurde augenblicklich hellhörig und klammerte sich, winselnd wie ein junger Hund, an meine Beine. Das Aussehen des jungen Mannes, der mitten im Garten stand – eine Rastakappe über die filzigen Haare gestülpt, das Gesicht zu einer dauerhaft mürrischen Miene verzogen –, gefiel Petty offensichtlich ebenso wenig wie mir.

„Wenn du Zenga meinst", sagte ich, indem ich Kuba und das jüngste Kind auf die Füße stellte, „dann bin ich das."

„Du?" fragte er ungläubig, als könnte er es nicht fassen, daß ihm jemand einen so üblen Streich gespielt und ihn zu einer so widerlichen Person, wie ich es war, geschickt hatte. „Du Zvomba?"

„ZENGA, ja."

Er warf mir einen langen, verächtlichen Blick zu, als ob er überlege, ob er sich gleich aus dem Staube machen oder aber seinen Auftrag erfüllen sollte.

„Also, die Sache ist die, Mann. Little Mannie kann heut nich' kommen, weil seine Freundin sauer is', daß sie ihn nich' mehr sieht, seit du auf der Bildfläche erschienen bist, klar? Darum schickt er mich, ich soll heut mit dir ausgehn. Er sagt, 's tut ihm leid (un' mir auch)."

Das letzte „un' mir auch" fand ich ziemlich überflüssig, sagte es ihm aber natürlich nicht.

„Du gehst also mit mir aus?"

„Little Mannie sagt, ich muß."

„Wohin willst du mit mir?"

„Waas? Ich versteh' deinen h-e-n-g-lischen Akzent nich'." Das „henglisch" zog er genüßlich in die Länge, damit ich die Verachtung voll auskosten konnte, mit der er dieses Wort und alles, wofür es stand, bedachte.

„,Wohin gehst du mit mir?' habe ich gefragt."

„Ah, Little Mannie hat gesagt, ich soll dich nach Negril bringen. Er hat mir auch 'n bißchen Knete gegeben. Er will, daß ich dich mit meinem Wagen fahre."

„Aha, so ist das."

„Geh nich', Tante, du sollst wieder mit uns Nachlaufen spielen!" sagte Petty, der kleine Schatz.

„Geh, geh! Und nimm mich mit!" brüllte Desmond.

Der junge Mann und ich beäugten uns mit gegenseitigem Mißtrauen. Einerseits gefiel mir sein Auftreten nicht, und ich wußte, daß ein Tag in Gesellschaft eines so böswilligen Menschen das reinste Fegefeuer sein würde, aber andererseits (und das war von ebenso großer Bedeutung) hatte Little Mannie dem Mann seine schwer verdienten Dollars gegeben, damit er mich ausführte: Dollars, die den Weg in Little Mannies Taschen nie zurückfinden würden, wenn ich den Jüngling jetzt in die Wüste schickte.

„Komm jetzt endlich, wenn du mit willst."

„Wer bist du? Ein Verwandter von Little Mannie?"

„Eh he, ein Vetter. Kommste jetzt oder nich'? Wie gesagt, du mußt jetzt kommen, wenn du mit willst."

Das entschied die Sache. Schon allein um ihm eins auszuwischen, würde ich mitkommen.

„Tut mir leid, Kinder, ich gehe jetzt."

Desmond begann, mit Steinchen nach mir zu werfen, und Petty weigerte sich, meine Beine loszulassen.

Ich ging ins Haus, um mich von allen und jedem zu verabschieden. Janice bestand darauf, mit hinaus in den Garten zu kommen und den jungen Mann zu inspizieren, um sicherzugehen, daß er kein Vertreter der „Quashie dem", ein Rowdy oder ein Grobklotz war.

Als wir in den Garten kamen, stellten wir überrascht fest, daß der Mann spurlos verschwunden war.

„Er ist wieder ins Auto gestiegen", erklärte Desmond, indem er auf einen zerbeulten alten Wagen deutete, der in einiger Entfernung geparkt war.

Janice lief zu dem Wagen hinüber und spähte forsch durch das Fenster hinein. Der junge Mann erwiderte stirnrunzelnd ihren Blick durch eine verspiegelte Sonnenbrille, die er in der Zwischenzeit vorsorglich aufgesetzt hatte.

„Der Mann is' ein mieser Typ", lautete Janices Urteil, als sie den Kopf aus dem Wagenfenster zurückzog. Der Bursche, der ihre Worte offensichtlich gehört hatte, nahm Janices Blitzanalyse seines Charakters mit ausdruckslosem Gesicht zur Kenntnis.

„Ich kenne ihn. Er heißt Lilbert."

„Ist er wirklich Little Mannies Vetter?"

„Eh heh, aber ich kann ihn nich' leiden. Der Mann ist dibidibi, weißte, stinkfaul und gehässig. Keiner kann ihn leiden. Nich' mal Little Mannie. Siehste, was er jetzt für ein Gesicht zieht? Lang und fies. Un' so is' er immer. Guck ihn dir an. Siehste? Sieh dir den fiesen Blick an, mit dem er dich mustert."

Lilbert schien der Verlauf, den die Unterhaltung nahm, nicht zu gefallen.

„Steig jetzt ein, Mann, sonst fahr' ich los."

„Mit so einem Kerl wirst du keinen Spaß haben. Paß auf deinen Goldschmuck auf, un' laß die Handtasche nich' eine Sekunde aus den Augen."

„Kommste jetzt oder nich'?"

„Okay. Auf Wiedersehen, Janice, danke für die Ratschläge."

„Schon gut", entgegnete sie, während ich in den Wagen stieg, der sich rumpelnd in Bewegung gesetzt hatte. „Und denk dran! Macht er Ärger, dann stich ihm einfach in die Augen!" überschrie sie den aufheulenden Motor. Ich drehte mich um und erhaschte einen letzten Blick auf Janice, die mit zwei Fingern Gesten des Zustechens machte. Ich stöhnte. Lilbert beugte sich vor, und wir holperten die staubige Straße hinunter.

„Wie – äh – wie weit ist Negril eigentlich?" erkundigte ich mich, nachdem wir eine halbe Stunde Fahrt schweigend hinter uns hatten. Die Landschaft um uns herum war wunderschön, Berge und Seen zu beiden Seiten der staubverhangenen Straße.

„Wie kommst du denn auf Negril?"

„Hast du nicht gesagt, daß wir dorthin fahren?"

„Klar, das hab' ich gesagt, aber erst müssen wir noch meine Cousinen besuchen."

„Welche Cousinen?"

„Wieso fragst du?"

„Wenn ich sie mit dir besuchen soll, möchte ich wissen, wer sie sind."

„Wieso willste das wissen, du kennst sie ja doch nich'."

„Wie weit wohnen sie von hier?"

„Kelletts."

„Wo ist Kelletts?"

„Hör zu! Warum stellst du dauernd diese lästigen Fragen? Ich hab' gesagt, wir besuchen jetzt meine Cousinen, un' wenn es dir nich' paßt, dann steig aus! Wenn du mitkommen willst, sitz einfach still un' spiel dich nich' auf."

Darauf folgte ein langes, qualvolles Schweigen.

„Wie kommt's denn, daß du so 'nen piekfeinen h-e-n-g-lischen Akzent hast? Denkst wohl, du wärst eine vornehme h-e-n-g-lische Lady, was?"

„Oh ja, genau wie Lady Diana."

„Das hättest du wohl gern."

„Nein, das meine ich nicht wirklich, ich habe nur einen Witz gemacht."

„Was glaubst du denn, wer du bist? Redest du so mit mir, weil du denkst, du wärst was Besonderes?"

„Nein, ich rede so, weil alle, die in Südengland geboren sind, so reden."

Lilbert murmelte irgend etwas vor sich hin, das verdächtig nach „Halt's Maul" klang, aber ich drang nicht weiter in ihn.

„Hör mal, Lilbert, eigentlich habe ich gerade ein wenig Kopfweh bekommen. Könntest du mich vielleicht nach Clarendon zurückbringen, ich glaube, mir ist nicht danach, deine Cousinen zu besuchen, mir platzt der Schädel."

„Alle Weißen haben diese Kopfschmerzen un' alles mögliche. Das is' nur ein Teil der gerechten Strafe dafür, daß ihr weiß seid."

„Aber Lilbert, du weißt genau, daß ich nicht weiß bin, sei nicht albern. Hör zu, ich bezahle dir etwas, wenn du mich nach Hause bringst, und erzähle Little Mannie, daß du mit mir nach Negril gefahren bist, wenn du willst."

Aber Lilberts Gehässigkeit trug den Sieg über seine Habgier davon. Er gab hartnäckig vor, nicht zu verstehen, was ich sagte, und setzte die Fahrt in kometenhaftem Tempo fort, haarscharf an zahllosen Bäumen und Büschen vorbei.

In mir machte sich ein prickelndes Angstgefühl breit, ein Gefühl von der Art, das man entwickelt, wenn man mit einem Verrückten durch das tiefste Jamaika fährt. Ich verlor jedoch nicht die Nerven, sondern hielt einfach Ruhe und war still.

Bald darauf hatten wir die überaus arme und heruntergekommene Stadt Kelletts erreicht. In der Stadtmitte dehnte sich ein großer, schäbiger Marktplatz aus, auf dem die Marktfrauen ein paar verschrumpelte Früchte armselig auf Lumpen ausgebreitet hatten.

„Äh – hem – Lilbert?"

„WAS?"

„Verzeihung – nichts."

„Wenn du nix zu sagen hast, warum machst du dann 's Maul auf?"

„Also, eigentlich *wollte* ich etwas sagen. Darf ich sprechen?"

„Mach keine Witze mit mir, Mann. Wenn du was zu sagen hast, sag's einfach. Was is' los? Haste Angst vor Schwarzen?"

„Eigentlich nicht. Du etwa?"

Der Wagen kam abrupt zum Stehen.

„So! Jetzt reicht's! Mir gefällt's nicht, wie du dich über mich lustig machst. Nimm deine Tasche, und dann raus! Hast du mich verstanden?"

„Ich habe dich schon verstanden, aber ich kann es nicht glauben. Ich steige nicht aus. Und überhaupt", fuhr ich mit berechtigter Entrüstung fort, „womit habe ich denn diesen Ausbruch von Mißmut

43

verdient? Ich habe dich bloß gefragt, ob du vor Schwarzen Angst hast, haargenau dieselbe Frage, die du mir gestellt hast, und der Teufel allein mag wissen, warum dich das so verärgert."

„So was fragt man 'nen Mann, der schwarz is', nich'."

„Ich sehe keinen Mann, der warzig ist."

Lilberts Lippen strafften sich unheilverkündend über seinen langen Zähnen.

„Was siehst du nich'?"

„Einen Mann mit Warzen."

„Was redest du da von einem Mann mit Warzen?"

„Ach, nichts Besonderes. Nur, daß ich keinen sehe."

Lilbert blinzelte verwirrt. „Du siehst keinen Mann mit Warzen?"

„Nein, warum? Siehst du einen?"

„Einen was?"

„Einen Mann mit Warzen."

„Was für einen Mann mit Warzen."

„Irgendeinen Mann mit Warzen."

Lilbert dachte einen Augenblick angestrengt nach, dann ließ er den Wagen wieder an. Es war uns beiden klar, daß die Unterhaltung an einem Endpunkt angelangt war.

Das Haus der Cousinen lag im Randbezirk von Kelletts. Es war eine kleine Hütte mit verrostetem Blechdach und heimeligem Wohnraum, prächtig ausgestattet mit rosaroten Spitzendeckchen und einem Bild vom Letzten Abendmahl, das so groß war, daß es fast eine ganze Wand einnahm.

Eine überaus freundlich dreinblickende Dame in mittleren Jahren, die eine kleidsame Lockenperücke trug, öffnete die Tür. Sie entblößte ihre goldblitzenden Zähne zu einem Begrüßungslächeln und führte uns auf eine winzige betonierte Veranda auf der Rückseite des Hauses. Zwei hübsche junge Mädchen – ihre Töchter, wie ich annahm – saßen auf der Steinmauer und sprangen augenblicklich auf, um mir Platz zu machen.

„Hallo, hallo, hallo", säuselte die ältere Frau. „Nur herein, setzen Sie sich. Lilbert! Warum so spät? Du solltest Oma um halb zehn zum Doktor fahren. Jetzt ist's schon lange nach Mittag. Sie hat den Termin nur wegen dir verpaßt. Es ist wirklich schlimm mit dir, Junge. Tut mir leid, daß wir so vor Ihnen zanken, Miss." Sie wandte sich zu mir um und bedachte mich mit einem strahlenden Lächeln. „Was wollen Sie trinken? Ein kaltes Bier? Limo?"

„Limo wäre sehr nett, danke."

„Eee! EH! Hört euch bloß die *reizende* englische Queen an!"

„Sind Sie aus England?" erkundigte sich eines der Mädchen mit ehrfürchtiger Stimme.

„Merkst du das nich', so etepetete, wie sie is'?" murmelte Lilbert mürrisch.

„Sprich nich' so vor der Dame!"

Ich konnte der Versuchung nicht widerstehen, Lilbert einen hochmütigen Blick zuzuwerfen.

„Geh ihr eine Limo holen."

„Was für 'ne Limo?" entgegnete Lilbert, indem er die Spiegelbrille abnahm und mich mit verengten Augen ansah.

„Die Limo! Hol sie schon!" Murrend und mit finsterem Blick schlurfte Lilbert zur Küche davon.

„Nun, meine Liebe. Woher kennen Sie Lilbert? Ich hätte nich' gedacht, daß eine Dame wie Sie so einen Grobian kennt. Ich weiß, er is' mein Neffe und so, aber er war schon immer ein grober Klotz."

„Ich kann auch ziemlich grob sein, wenn es mich packt!"

„Sie!" Es folgte ein geziertes mehrstimmiges Gelächter. „Haben Sie die Queen schon mal gesehen?" fragte das ältere der beiden Mädchen und schlug gleich darauf errötend die Augen nieder.

„Was redest du da von der h-e-n-g-lischen Queen?" Lilbert war wieder unter uns.

„Nein, ich habe die Königin noch nie gesehen."

„Wie sollte sie die Queen sehn? Die Queen verkehrt nich' mit solchen Leuten!"

„Halt den Mund, Digger! Was is' los mit dir? Und warum hast du der Dame keine Limo gebracht?"

„Ich hab' keine Limo gesehn."

„Winsome, dann hol du sie."

„Ja, Mama."

„Die Queen is' nix weiter als ein Parasit und ein Vampir. Eine Blutsaugerin. Ich hab' keinen Deut Respekt vor England und der englischen Königin."

Die Frau war nahe daran, sich zu bekreuzigen, angesichts der sich blasphemisch zuspitzenden Situation.

„Die Queen ist unser aller Mutter!"

„Was hat England denn je für uns getan, außer uns in Sklaverei und Armut zu halten? Was haben die weißen Engländer für uns getan",

45

fuhr er fort, indem er mir einen tödlichen Blick zuschleuderte, „außer
uns arm und unglücklich zu halten und als miese weiße Touristen in
unser Land zu kommen? Ich mag sie nich', Tante May, ich mag sie
ganz und gar nich'."

Tante May sah mich voller Entsetzen und Bestürzung an und
schien von mir zu erwarten, daß ich England verteidigte und Lilbert
so auf den Pfad der Tugendhaftigkeit führte, wohin er rechtmäßig
gehörte.

„Es tut mir leid, das zu sagen, wenn es Sie ärgert, Tante May, aber
ich stimme Lilbert zu. Was *hat* England je für Jamaika getan?"

„Aber wie können Sie so was sagen, Herzchen, Sie sind doch selbst
Engländerin!"

„Wie wahr, wie wahr! Sie ist *echt* englisch."

„Ich weiß nicht, was *echt* englisch ist, aber – "

„Also, ich zeig Ihnen die Photos, die mir mein Neffe von der
Wachablösung geschickt hat. Un' dann hab' ich noch ein schönes
vom London Tower. Augenblick." Damit lief sie geschäftig ins Haus.

Lilbert saß mit grimmig verzogener Miene da und steckte sich eine
Zigarette nach der anderen an.

„Ich heiße Wendy", sagte das Mädchen, das eben mit einem
Tablett zurückkehrte, auf dem ein pompöser Krug mit rotem Fruchtsaft und einige Gläser standen, „un' das is' meine Schwester Sarah."

„Die englische Dame heißt Zvimba", stieß Lilbert verächtlich
hervor.

„Zenga."

„Zenga! Is' wohl ein afrikanischer Name?"

„Ja."

Lilbert sog vernehmlich die Luft durch die Zähne. Für afrikanische
Namen, für die Queen und die Engländer konnte er sich offensichtlich nicht begeistern.

Wendy näherte sich mir schüchtern und fragte mit piepsiger
Stimme: „Werden Sie mich holen lassen?"

„Wie, nach England?"

„Eh heh."

Während ich verzweifelt nach einer Ausrede suchte, um ihren
Wunsch nicht rundweg abschlagen zu müssen, rauschte Tante May
wie ein frischer Windstoß herein und begann mit eselsohrigen
Ansichtskarten von London herumzufuchteln. In diesem Augenblick
erhob sich Lilbert und schlurfte mißmutig zu seinem Wagen hinaus.

„Ooh! Sehr hübsch, Tante May. Ja, da war ich schon einmal – eine äh – Sekunde – Lilbert! He, Lilbert!"

Lilbert beachtete mich nicht, sondern latschte weiter in Richtung auf seinen Wagen durch das Haus.

„Lilbert! Ich dachte, du hättest gesagt, du fährst mit mir nach Negril."

„Wohin?"

„Negril."

„Wer?"

„NEG-RIL."

„Nee, dahin fahr'– ich nicht."

„Aber – "

„Ich – fahr jetzt nach Hause. Bleib du hier, wenn du willst. Scheint dir ja wirklich Spaß zu machen, über England zu reden, und Tante May macht's auch *echt* Spaß, über England zu reden."

„Aber du mußt mich nach Hause fahren!"

„Warum?"

„Weil ich keine andere Möglichkeit habe, zurückzukommen."

Ein triumphierendes Lächeln erhellte einen Augenblick lang seine Züge und erlosch dann wieder in dem mürrischen Lilbert'schen Ausdruck, dem Normalzustand.

„Dann komm jetzt, wenn du mit willst."

Wenn ich den Mann nur ein bißchen besser kennen würde, murmelte ich in mich hinein, dann könnte ich ihm mit aller Kraft gegen das Schienbein treten; aber wie die Dinge liegen, ist er mir zu fremd, und woher soll ich im übrigen wissen, ob er nicht zurückschlägt?

„Laß mich nur noch Tante May auf Wiedersehen sagen."

Lilberts Reaktion darauf war, in den Wagen zu steigen und den Motor aufheulen zu lassen.

Die Verabschiedung von Tante May dauerte länger, als ich gedacht hatte. Ich gab ihr und ihren Töchtern meine Adresse, und das Geplauder über England, die Queen und Prinz Charles setzte sich noch gut zehn Minuten fort. Als ich endlich zum Wagen zurückkehrte – war er verschwunden. Und mit ihm Lilbert.

„Lilbert!" brüllte ich ohne große Hoffnung, wohl wissend, daß er bei seiner Fahrgeschwindigkeit inzwischen mindestens eine Meile weit weg sein mußte. Mir blieb nichts anderes übrig, als meinen mutlosen Körper wieder zur Veranda hinter dem Haus zu schleppen und weiter Limonade zu trinken, bis der Tag sich der Dämmerung entgegenneigte und die Grillen zu zirpen begannen.

„Machen Sie sich nichts draus, Schätzchen. Sie können die Nacht über hierbleiben. Wir haben ein bequemes Bett für Sie. Es macht dir doch nichts aus, der Lady dein Bett zu überlassen, was, Wendy? Nun sag schon!"

„Nein", erklärte Wendy eifrig. Ich hatte den Kampf längst aufgegeben und versprochen, daß ich zusehen würde, was sich machen ließe, um Wendy, Sarah und Tante May nach England „nachzuholen". Außerdem hatte ich Wendy meinen Strohhut geschenkt, den sie nun mit kokettem Charme trug. Jede Minute, ging es mir dauernd durch den Kopf, werden die Talipots herauskommen, und was dann? Wie soll ich unbesorgt schreien in Gegenwart dieser Menschen, die mich für so respektgebietend halten? Was werden sie von mir denken? Und was ist mit den Leuten zu Hause, die sich Sorgen um mich machen?

Um acht Uhr begaben wir uns gemeinsam ins Wohnzimmer, um fernzusehen. Und wer saß dort und starrte auf den ausgeschalteten Fernseher – wenn nicht Lilbert?!

„Komm schon. Ich fahr' dich jetzt heim."

„Digger, alles in Ordnung?" fragte Tante May obenhin.

„Cool", lautete die Antwort.

Jemand schaltete den Fernseher ein, und zu meinem Entzücken zeigten sie eine meiner Lieblingsserien.

„H-e-n-glischer Quatsch – blödes Zeug", gab Lilbert von sich und verließ mit schnellen Schritten den Raum. Ich hatte diesmal nicht die Absicht, ihn so mir nichts, dir nichts verschwinden zu lassen, und folgte ihm voller Eifer, nachdem ich mich hastig von allen Anwesenden verabschiedet hatte.

„Wieso sind Sie zurückgekommen?" erkundigte ich mich, als ich sicher im Wagen saß.

„Jetzt hör mir mal gut zu. Ich kann dein Geschrei und Getue über meinen Fahrstil nich' leiden, klar? Wenn du nich' aufhörst mit dem Theater, schmeiß' ich dich raus, un' du kannst laufen, verstanden?"

„Digger", sagte ich und versuchte, meiner Stimme einen so bestimmten Tonfall wie möglich zu geben.

„Nenn mich nich' so. Nur meine Freunde nennen mich Digger."

„Und deine Verwandten! Und wir sind doch praktisch verwandt, oder nicht?"

Lilbert gab keine Antwort. Statt dessen begann er vor sich hinzu-summen, und mein sechster Sinn sagte mir, daß in diesem Summen etwas Bedrohliches schwang. Es war nicht das heitere, frisch-fröhliche Summen eines Mannes, der sich an seinem Auto freut, sondern das tiefe, explosive Summen eines Mannes, der denkt: „Ich habe eine Frau im Wagen, die mir wirklich unsympathisch ist, aber das macht nichts, denn ich habe etwas wirklich Grauenvolles für die Kleine auf Lager."

Ich hielt es für das Klügste, mich in Schweigen zu hüllen.

Wir fuhren und fuhren drei Stunden lang durch pechschwarze Finsternis. Das konnte doch unmöglich der Weg nach Hause sein?

„Lilbert?"

Wir waren bisher durch keine Stadt und kein Dorf gekommen, und ich wurde allmählich sehr nervös.

„Lilbert? Wie lange dauert es noch, bis ich nach Hause komme?"

„Wer is auf dem Weg nach Hause?"

„Ich hatte eigentlich gehofft, ich. Weißt du, wir haben nichts von uns hören lassen. Sie werden anfangen, sich um mich Sorgen zu machen. Und außerdem", fügte ich, meinen Trumpf aus dem Ärmel ziehend, hinzu, „wissen alle, daß ich mit dir unterwegs bin, und machen sich vielleicht auch deinetwegen Sorgen und *rufen die Polizei an*, wenn sie feststellen, daß wir beide verschwunden sind."

„Das werden sie nicht tun", entgegnete er mit einem Grinsen, „weil Little Mannie mir gesagt hat, ich soll dich heute nacht in ein Hotel in Negril bringen."

Ich fiel sichtbar in mich zusammen. Lilberts Trumpf war unbe-streitbar höher als meiner.

„Aber Little Mannie wird sehr böse sein, wenn er merkt, daß du mich nicht nach Negril gebracht hast."

„Aber du wirst ihm sagen, daß wir in Negril waren."

„Nein, das werde ich nicht."

Der Wagen kam mit quietschenden Reifen in der drohenden Dunkelheit zum Stehen. Lilberts Augen bohrten sich funkelnd in die Nacht.

„Doch, das wirst du."

„Also gut, ich werde es tun. Tut mir leid, kleiner Versprecher und so."

Lilbert summte eine zufriedene Weise und ließ die alte Klapper-kiste wieder an.

„Tja, äh – tut mir leid, daß ich dich noch einmal störe, Lilbert, Sir, aber wohin fahren wir jetzt?"

„An dein Ziel."

„Ah – ich verstehe."

„Aber eins will ich dir vorher noch sagen. Deine Art gefällt mir nicht. Sie gefällt mir absolut nicht."

„Oh. Das ist schade, warum nicht?"

„Zu englisch."

„Also, natürlich spreche ich Englisch, ich kann eigentlich keine andere Sprache, bloß ein kleines bißchen Russisch. Wenn ich von jetzt an ein paar Brocken Russisch von mir gebe, fährst du mich dann nach Hause?"

„Mach keine Witze, Mann. Ich hab' nich' gesagt, du *sprichst* zu englisch, ich hab' gesagt, du *bist* zu englisch. Viel zu englisch."

„Na ja, dagegen kann ich leider nichts machen. Eine Frage übrigens, nur weil es mich interessiert: Hast du die Angewohnheit, alle Menschen zu entführen, die dir zu englisch vorkommen?"

„Ich entführ' dich nicht, Mädchen, ich bring dich an einen bestimmten Ort, dann werf' ich dich raus und tunk dich unter, bis du pfeifst wie'n Erdnußstand."

„Erdnußstand?"

„Erdnußstand."

„Ich wußte nicht, daß Erdnußstände pfeifen."

„Das wirst du bald feststellen, *wie* die pfeifen können."

Ich kann nicht behaupten, daß ich dem mit großer Vorfreude entgegensah. Der Mann war anscheinend vollkommen verrückt, und ich hatte oft genug gehört, daß Ruhe und Beherztheit gefragt sind, wenn man es mit vollkommen verrückten Leuten zu tun hat. Ich mußte versuchen, aus dem Wagen herauszukommen und zu fliehen. Wenn es in Jamaika auf dem Lande nur mehr Verkehrsampeln gäbe, hier und da eine, wie leicht wäre es dann, bei einer auf Rot springenden Ampel hinauszuschlüpfen!

„Deine Tante May macht einen netten Eindruck."

„Tante May is' zu nervig."

„Oh ja, das kam mir auch so vor."

Halt ihn bei Laune, dachte ich.

Bald kamen wir in eine Gegend, in der ich die Außenbezirke von Kingston erkannte. Ein paar Leute wollten mitgenommen werden und versuchten, uns anzuhalten. Ich schnitt verzweifelte „Hilfe! Holt mich heraus!"-Grimassen, aber alle schüttelten mitleidig den Kopf und murmelten: „Diese Ausländerinnen haben auch immer einen in der Krone!"

Er kann mich nicht umbringen oder mir etwas allzu Schreckliches antun, denn er müßte sich vor seiner ganzen Familie und außerdem noch vor Delsons Familie dafür verantworten, war mein einziger tröstlicher Gedanke. Diese Art Gedanken, fiel mir ein, hatte mich früher schon beruhigt, wenn ich vor der Tür, die zum Zimmer meines Schuldirektors führte, warten mußte. Er kann mich nicht umbringen, hatte ich dann gedacht; mich zum Krüppel schlagen, vielleicht, aber ich weiß, daß ich dieses Zimmer lebend verlassen werde.

Ein Blick in Lilberts Gesicht beunruhigte mich irgendwie. Seine Augen waren rot und vorquellend, und er zündete sich eben einen Joint übelster Sorte an.

„Ach, übrigens, Lilbert, wenn du durch Kingston fährst, könntest du dann irgendwo anhalten, wo ich etwas zu essen bekomme, ich sterbe vor Hunger. Dann, wenn ich etwas im Magen habe, kannst du mich zu dieser Stelle bringen, von der du ge-"

„Halt den Rand. Da, wo ich dich hinbringe, gibt's nichts zu essen und zu trinken, und auch nichts, woran du dein Auge erfreuen kannst. Außerdem – wenn ich fertig bin mit dir, denkst du an alles, nur nich' daran, dir den Bauch vollzustopfen."

Ich wischte mir ein paar Schweißtröpfchen von der gefurchten Stirn und schluckte schwer. Nicht, daß ich ihm wirklich geglaubt hätte, natürlich. Was immer er mir antat – ich war sicher, daß mir jetzt ein schönes Stück Hühnerfleisch nicht schaden konnte. Ich schluckte noch ein paarmal und blickte dann mit verschleierten Augen aus dem Fenster.

Nach einer schier endlosen Fahrt hielten wir am Fuße eines drohend aufragenden schwarzen Berges.

„Beweg deinen Hintern, Mann! Wir sind da."

„Wo?"

Lilbert sprang aus dem Wagen, öffnete meine Tür, packte mich mit eisernem Griff am linken Arm und zog mich in die beklemmende Dunkelheit hinaus.

„Geh den Berg rauf, Mädchen."

„Aber ich kann den Weg nicht erkennen!"

„Ich hab' gesagt, du sollst gehn!"

„Ja, Mister Lilbert, Sir."

Ungeschickt kletterten wir den Bergpfad hinauf, der auf beiden Seiten von dichtem Unterholz begrenzt war. Lilbert ließ die ganze Zeit über meinen Arm nicht los und zerrte mich eine Ewigkeit bergauf. Ich hatte das Gefühl, daß Gesicht und Kleider von zahllosen Zweigen und Ranken zerfetzt waren. Ich konnte absolut nichts sehen, bis auf den winzigen Goldschimmer des Joints, der zwischen seinen Zähnen klemmte. Für mein Leben gern hätte ich Lilbert gefragt, wohin wir eigentlich gingen, aber irgendwie schien es weder der richtige Ort noch der richtige Zeitpunkt, um ein oberflächliches Geplauder zu beginnen.

„Hier rein jetzt, Lady."

„Rein?"

„Mach, daß du ins Haus kommst, Mann. Bewegung!"

Ich starrte angestrengt in die Dunkelheit, bis es mir gelang, eine alte, baufällige Holzbaracke zu erkennen. Lilbert zog mich ins Innere und zündete gleich darauf eine Kerosinlampe an, die er auf einen Tisch stellte. Der Raum war klein und erbärmlich; es roch nach feuchtem Holz, und das Mobiliar bestand lediglich aus einer auf dem Fußboden liegenden Matratze, einem schweren Eichentisch und zwei Korbstühlen, deren Sitzflächen fehlten.

„Ich geh' jetzt irgendwas sehr, sehr Unangenehmes für deine Bestrafung suchen. Du bleibst hier in dem Zimmer, und versuch bloß nicht irgendwelche von deinen schlauen englischen Tricks, solange ich weg bin."

„Muß ich denn bestraft werden?"

„Wie gesagt, versuch nich', wegzulaufen, da wirst du nämlich kein Glück haben. Hier is' der Busch ganz, ganz dicht, und es gibt einen Haufen giftige Schlangen und giftige Eidechsen; glaub also nicht, du könntest einfach weglaufen. Außerdem is' der Busch so dicht, daß du nich' vorwärts kommst."

„Es geht also in groben Zügen darum, daß du das Werkzeug der Bestrafung holst, während ich das Feuer im Haus schüre, wenn ich es recht verstanden habe."

„Mach keine Witze, oder wärst du gern tot?"

Tot war genau das, was ich in diesem Augenblick nicht sein wollte. Darum preßte ich die Lippen fest zusammen und setzte mich gequält auf einen der sitzlosen Rohrstühle. Ich gab mir Mühe, die Verwüstung nicht zu beachten, die mein schönes türkisfarbenes Kleid erlitten hatte.

Lilbert klopfte sich den Staub ab und ging, auf der Suche nach unsäglichen Folterwerkzeugen, zur Tür hinaus. Ich saß am Tisch, starrte in den flackernden Lichtschein und fragte mich nicht nur, was ich tun sollte, sondern auch, warum ich überhaupt je in sein Auto eingestiegen war. Die nächtlichen Insekten veranstalteten einen furchtbaren Lärm. Klappertiere klapperten, Grillen, Frösche und Schlangen zirpten, quakten und zischelten. Ich warf einen Blick aus der Tür. Von Lilbert war keine Spur mehr zu sehen, nichts als Finsternis, die erfüllt war von den Geräuschen der tropischen Nacht.

Was, so fragte ich mich, war schlimmer? Von Lilbert bestraft zu werden oder sich den Bissen giftiger Schlangen und giftiger Eidechsen auszusetzen? Ich muß allerdings sagen, daß giftige Eidechsen ein wenig unwahrscheinlich waren. Wie dem auch sei, ob es sie nun gab oder nicht, ich war nicht gewillt, es zu riskieren.

Plötzlich fiel mein Blick auf etwas, das mir das Blut in den Adern gefrieren ließ. Ein Talipot von Gruselkabinett-Ausmaßen hockte neben der Kerosinlampe.

„Aaargh!" Ich packte meine Handtasche und stürzte in das Dickicht hinaus, gelegentlich in pechschwarzen Schlammpfützen versinkend. Blind vor Angst und Dunkelheit, rannte ich immer weiter. Plötzlich sah ich ein Licht durch die Bäume schimmern. War es nah oder sehr weit weg?

„Hilfe! HILFE!" Ich lief auf den flackernden Lichtschein zu. Aber ich hatte das schreckliche Gefühl, im Kreise herum gelaufen zu sein und mich gleich – durch eine grausame Wendung des Schicksals – an Lilberts Hütte wiederzufinden, wo ich bestraft werden würde, bis ich pfiff „wie ein Erdnußstand". Bevor ich mich versah, hatte ich die Holzhütte erreicht. Ein Mann stand in der Tür und hielt eine brennende Öllampe hoch.

„Helfen Sie mir! Ich bin entführt worden von einem –"

„Was is' los, Mädchen, warst du heute nich' in Negril?" sagte eine sehr vertraute Stimme.

Vielleicht war ich wirklich wieder bei Lilbert.

„Negril? Woher wissen Sie –"

„Woher ich das weiß, Zenga? Ich hab' Digger doch selbst gesagt, er soll mit dir nach Negril fahren. Aber spar dir die Tränen. Wenn du's dir anders überlegt hast, hast du's dir eben anders überlegt."

Ich stand sprachlos in der Dunkelheit. Wo hatte ich diese Stimme schon einmal gehört?

„Komm jetzt ins Haus. Steh nich' rum mit einem Gesicht wie ein verlorener Geist!"

„Little Mannie!"

Ich warf mich in meiner Begeisterung so heftig in seine Arme, daß er das Gleichgewicht verlor und die Öllampe herunterfiel.

„Immer mit der Ruhe, Schwester! Was soll die Aufregung? Geh jetzt ins Haus, Mann, dann mach ich dir 'nen schönen englischen Teebeuteltee, genau wie ihr ihn mögt, grau un' geschmacklos."

„Aber, Little Mannie! Mein Lieber, mein griechischer Held. Mein nordischer Gott aus dem Nebel! Wie kommst du hierher?"

„Was heißt: ‚Wie kommst du hierher?'? Wo sollte ich sonst sein?"

„Aber ich bin deinem Vetter Lilbert gerade mit knapper Not entkommen. Er wollte mich bestrafen."

„Lilbert? Welcher Lilbert? Ach, du meinst Digger!"

„Er wohnt dort oben!"

„Ja, sicher. Da wohnt auch meine Mutter, weißte. Schade, daß du nix von deinem Besuch gesagt hast, sonst hätte sie wachbleiben können, und ich hätte dich ihr vorgestellt. Ihr würdet euch prima verstehen. Also, wie kommt's, daß du so spät vorbeischaust?"

Wir traten in das Häuschen ein und setzten uns ins Wohnzimmer; es war ein kleiner Raum mit einem gemütlichen Sofa und einem hölzernen Büchergestell in der Ecke. Little Mannie zündete die Lampe wieder an, setzte sich neben mich und legte mir kameradschaftlich den Arm um die Schultern.

„Ach Herrje! Himmel auch! Meine Fresse, Mann!"

Er starrte mir mit ungläubigem Entsetzen ins Gesicht.

„Was ist los?"

„Was is' denn mit deinem Gesicht passiert, Mädchen? Siehst aus, als hätte dich jemand mit der Machete bearbeitet."

Diese freundlichen, mitfühlenden Worte lösten eine hemmungslose Flut von Tränen bei mir aus. Little Mannie brachte mir ein randvolles Glas mit weißem Rum und legte seinen brüderlichen Arm wieder um mich.

„War das Digger?"

„Nein, das ist passiert, als er mich den steilen Berg hinauf gezerrt hat."

„Oh, er hat versucht, dich zu schlagen! Jetzt versteh ich! Wie komisch!"

„Ich fürchte, ich verstehe nicht, was daran witzig sein soll."

„Nein, ich wollt damit nur sagen, wie komisch es ist, daß ich vergessen hab', wie sehr Digger die Engländer haßt. Seitdem er ausgewiesen wurde, ver-abscheut er die Engländer."

„Ausgewiesen?"

„Naja, er ist nach England gefahren und hat wegen der Aufenthaltsgenehmigung eine weiße Frau geheiratet. Er hat der Frau zweitausend Dollar bezahlt, aber ihr Freund ist zur Polizei gelaufen, die Polizei hat die Einwanderungsbehörde angerufen, und die haben ihn zurückgeschickt. Seitdem haßt der Mann die Engländer. Tut mir leid, daß ich das vergessen habe."

„Schon gut. Sprechen wir nicht mehr davon."

„Ich möchte nach Hause, ja."

„Tja, das geht leider nicht, weil ich nicht weiß, wie ich dich hinbringen soll, aber morgen früh nehmen wir zusammen einen Bus nach Clarendon zurück, einverstanden?"

Ich nickte.

„Also dann, leg dich aufs Sofa und ruh dich ein bißchen aus, während ich das Zimmer nach Talipots absuche."

Bald darauf wurde ein Mantel über mich gebreitet. Eine Tasse mit lauwarmem Tee wurde vor mich gestellt, und Little Mannie sang mir ein Schlummerlied:

Raise your hands if you wanna be sanctified,
Raise your hands if you wanna be sanctified.

Es war ein Schlager aus der jamaikanischen Hitparade, und von Little Mannies rauher Stimme gesungen, empfand ich das Lied als eben die Quelle des Trostes, deren ich bedurfte.

„He! Little Mannie?"

„Was denn?"

„Du glaubst doch nicht, daß Lilbert mit dem Folterwerkzeug zurückkommt?"

„Er is' ein toter Mann, wenn er das tut."

„Danke, gute Nacht. Ach, übrigens, ich hoffe, ich halte dich nicht aus irgendeinem Bett fern."

„Ich schlaf' bei meiner Mutter. Übrigens, wenn du meine Freundin siehst, verrat' ihr bitte nich', daß du heute nacht hier geschlafen hast. Sie is' ziemlich sauer wegen dir. Is' überhaupt nur wegen dir, daß sie mich gezwungen hat, heute mit ihr auszugehen, weißt du."

„Ach, du Armer! Wohin mußtest du mit ihr ausgehen?"

„Verwandte auf dem Land besuchen. War sterbenslangweilig, weißte. Ihre Cousine und ihre Tante tratschen un' tratschen un' quasseln un' quasseln, die Kinder ihrer Schwester rennen allen zwischen den Beinen rum und machen 'nen Höllenlärm; der eine hat 'ne Spielzeugtrommel, der andere 'ne Spielzeugknarre, und zusammen würden sie's schaffen, Graf Dracula zu wecken. Die ganze Zeit renn' ich zwischen Küche un' Wohnzimmer hin und her und bringe eine Platte mit Essen nach der anderen rein, das sich die Oma auf den Teller häuft. Dann geht der Oma das Essen aus, und sie schickt mich zum Markt, fünfzehn Pfund Ziegenfleisch un' zwanzig Pfund Reis zu kaufen. Als ich mit dem ganzen Zeug zurückkomme, sagt die keifzikkige Alte, ICH soll's für sie kochen! Also steh ich die nächsten zwei Stunden in der Küche und mach' das Essen für alle, und als ich fertig bin, sagt die ganze verdammte Familie: ‚Ne! Jetzt wollen wir nix mehr essen! Der Bauch is' schon voll.' Dann fängt die Oma auch noch an, mich anzukeifen, ich soll die Leute nich' zum Essen drängen, und sie sagt zu mir: ‚Junge! Willst du sie umbringen?' Zum Teufel! Ich war ganz schön sauer, das kann ich dir sagen, Mädchen. Aber jetzt halt mich nich' die ganze Nacht wach. Ich muß jetzt schlafen. Gute Nacht, ruhe sacht, dann wird morgen frisch erwacht."

„Gute Nacht, Little Mannie."

Die nächtlichen Geräusche, die mir zuvor wie das dämonische Gelächter von Höllengeistern in den Ohren geklungen hatten, lullten mich jetzt in seligen Schlaf.

Ein gleißender Sonnenstrahl hatte mir den ganzen Morgen über ins Gesicht geschienen, aber weil ich noch schlief, hatte ich ihn in meinen Traum hineingenommen: Gestapo-Leute leuchteten mir mit Scheinwerfern in die Augen und schnauzten mit schnarrender Stimme: „Erdnußschtand, Erdnußschtand, Erdnußschtand!"

Ich schlug die Augen auf und erblickte eine alte Dame in geblümtem Baumwollkleid, die eifrig mit einem Reisigbesen den Fußboden kehrte.

„Morgen, Herzchen. Das is' wirklich nett, daß Sie mal vorbeikommen und die alte Tante besuchen."

Wo war ich? Ach ja, in Little Mannies Haus, was bedeutete, daß ich mich in den Blue Mountains befinden und daß dies Little Mannies Mutter sein mußte.

„Guten Morgen, Madam. Vielen Dank, daß ich in Ihrem netten Haus übernachten durfte."

Little Mannies Mutter fuhr fort, den Boden mit einer Energie zu fegen, die ihre zerbrechliche Statur Lügen strafte. Sie erklärte, es gäbe nichts zu essen im Haus, lediglich ein Ei, das die Henne am Morgen gelegt hatte. Sie musterte mich scharf mit ihren grauen Augen.

„Sind Sie Afrikanerin?"

„Ja", erwiderte ich, „mein Vater stammt aus Westafrika."

„Das weiß ich, junge Dame. Aber jetzt ist er tot."

„Woher wissen Sie das?"

„Ich weiß vieles, und die hier . . ." damit deutete sie auf ihre Augen, „sehen viel. Waschen Sie sich im Fluß. Aaron kann Ihnen zeigen, wohin Sie gehn müssen."

Ich trat hinaus in ein wahres Paradies. Hinter dem Holzhaus stand ein Bretterschuppen, aus dem leise Stimmen drangen. Little Mannie und ein zwölfjähriger Junge hockten an einem Steinofen und kochten in einem Aluminiumtopf ein Ei.

„Zenga, Schwester! Wie geht's denn so? Das hier is' mein Neffe Aaron. Aaron, zeig Zenga, wohin sie wegen dem Bahrd gehen muß."

„Bart?"

„Eh heh."

„Wozu brauche ich einen Bart?"

„Hast du morgens kein Bahrd?"

„Ich habe nie einen Bart."

„Du hast *nie* ein Bahrd?"

„Nicht, daß ich wüßte."

„In England haben die Leute kein Bahrd?"

„Nicht die Frauen."

„Die Männer schon?"

„Manche schon, aber die meisten nicht . . ."

Ich will nicht weiter auf diese Unterhaltung eingehen, sie dauerte nämlich eine geraume Weile, und ich muß wohl leider sagen, daß ich bei mindestens zwei Mitgliedern der jamaikanischen Bevölkerung den Eindruck hinterließ, als seien die Engländer „die großen Ungewaschenen".

Der Fluß, in dem ich mich wusch, war ein felsiger Gebirgsbach, in dem es von kleinen roten und silbernen Fischen wimmelte. Aaron ging mit mir den Berg hinunter, gefolgt von einem gesprenkelten Schwein, das er „Schinken-Willi" nannte. Ein großer, schlanker

Kuhhirte, der aussah wie ein Rastafari, trieb, eine peitschenartige Gerte schwingend, eine Viehherde auf die Weide.

„Schau, das is' mein Onkel. Er wohnt nich' weit von hier", erklärte Aaron mit hoher Stimme.

Als wir zum Haus zurückkamen, bestand ich darauf, daß Little Mannies Mutter das Ei aß. Ihr Haus war so kärglich möbliert, und sie war so erbärmlich mager.

„Bitte, heiraten Sie meinen Sohn, Ma'am. Nehmen Sie ihn mit nach England und machen Sie ihn reich."

„Ich will sehen, was sich machen läßt."

„Holen Sie ihn nach England - und Aaron auch."

„Ich werde darüber nachdenken."

Little Mannie stimmte den Hochzeitsmarsch an und brach dann in lautes, verlegenes Lachen aus. Ich fiel, ebenso gequält, in sein Lachen ein.

„Guck doch, wie sie sich krümmt und gackert wie ein Huhn, das Eier legt. Dabei weiß sie nicht: Zu lachen im Angesicht der Not –" hier sprühten ihre Augen kleine weiße Funken, „bedeutet *Tod*!"

„Ruhig, Mama, wir lachen nicht über dich, wir lachen über uns selbst."

Seine Mutter hockte auf dem Fußboden, wiegte sich hin und her und wirbelte im Takt den Staub auf. Aaron holte einen nassen Lappen aus einem Eimer und wischte der alten Frau damit über die Stirn.

„Komm, Schwester. Laß uns gehn."

Little Mannie führte mich aus der Hütte, und in nachdenkliches Schweigen versunken, machten wir einen ausgedehnten Spaziergang durch die Blue Mountains. Keiner sagte ein Wort, aber alles hatte sich verändert. Wir konnten nicht länger miteinander lachen und scherzen, und von diesem Augenblick an fühlten wir uns nie mehr frei und ungezwungen in der Gegenwart des anderen.

„Laß uns den Zug nach Montego Bay nehmen", verkündete er plötzlich.

Ich stimmte zu, obwohl ich mit dem Herzen nicht bei der Sache war. Wir nahmen einen Kleinbus nach May Pen und fuhren von dort aus mit dem Zug zur Montego Bay. Es war einer jener verzauberten Tage, an denen alles, was man anfaßt, zu klappen schien.

Im Zug war es angenehm und kühl, und Händler liefen in den Gängen auf und ab und verkauften alles vom kalten Getränk bis zum

gebackenen Fisch mit geröstetem Brot. Als wir uns Montego Bay
näherten, bot sich mir ein Anblick, der mich aufs äußerste verblüffte.
Ein anderer Zug fuhr auf gleiche Höhe mit unserem auf, und in den
Waggons saßen weiße Touristen, denen Jamaikaner, in südamerikanische Folklorekostüme gekleidet und wild mit Maracas rasselnd,
Lieder wie „Island in de Sun" darboten. Junge Frauen liefen auf und
ab und verkauften sehr teure Batikstoffe an die Reisenden, die in
Schwärmereien über die „Ursprünglichkeit" des Ganzen schwelgten.
Rastas huschten zu Hunderten umher und verkauften Holzschnitze-
reien, Schmuck und ganz und gar unglaubliche Kitschgegenstände zu
überhöhten Preisen.

Ich wechselte einen erstaunten Blick mit Little Mannie. *Hier* waren
also die Touristen, und das war offensichtlich ihre Beschäftigung. Sie
besichtigten keine Kirchen und Märkte und liefen nicht durch die
Städte. Sie machten organisierte Besichtigungsfahrten und ließen sich
mit ganz und gar unechter „jamaikanischer Kultur" berieseln.

„Guck dir die Rastas dort an! Wir nennen sie ‚Berufs-Rasta‘.
Hängen nur bei den Touristen rum und versuchen, so jamaikanisch
wie möglich zu sein."

„Es sind keine echten Rastas?"

„Ach du meine Fresse, was is' ein echter Rasta? In meinen Augen
is' ein echter Rasta ein Typ, der allen Pot raucht, den er in die Finger
kriegt, und dann hängt er sich an die Touristen und bietet ihnen das,
was sie für Lokalkolorit halten. Außerdem ziehn die Rastas nur mit
weißen Mädchen rum."

„Ärgert dich das?"

„Nicht, solange sie mir nich' in die Quere kommen."

„Aber was für ein Jamaika bekommen die Touristen zu sehen?"

„Ein Phantasiegebilde."

Unser Zug hatte neben dem Touristenzug angehalten, worauf ein
paar Frauen in langen, blumigen Röcken und mit leuchtend bunten
Tüchern hoffnungsfroh zu unserem Waggon herüberschwärmten
und den Passagieren Schnickschnack aller Art zur Begutachtung
entgegenhielten. Da die Mehrzahl unserer Fahrgäste schläfrige ältere
Damen waren, fanden sie keinen Interessenten für ihre Waren.

Dann kam aus heiterem Himmel ein muskelstrotzender Rasta auf
mich und Little Mannie zustolziert und forderte uns mit herrischer
Stimme auf, eine abscheuliche Schnitzerei zu kaufen, die eine
schwachsinnige Ziege darstellte.

„Ich will die Ziege nich', Mann, die hat ja Dengafieber, und mir wird schlecht, wenn ich das verseuchte Vieh bloß anfaß, also hau ab", sagte Little Mannie unerschrocken.

„Kauf die Ziege, Mann, is' echt billig."

„Tu mir einen Gefallen, Mann, un' vergrab das Ding. Aber sieh zu, daß es ein christliches Begräbnis is', sonst verfolgt dich sein Geist bis an dein Lebensende."

„Was quatschst du da, Mann! Ich hab' die Ziege eigenhändig gemacht. Dein Gequatsche gefällt mir nich', weißte, du redest wie'n Weißer."

„Ha ha, Bruder Dreddy, da irrst du dich aber gewaltig. Wenn ich ein Weißer wär', hätt' ich die Ziege gekauft, und dann hätten sie mich mit der Ambulanz nach Miami fliegen und von der Krankheit kurieren müssen, die ich bestimmt von dem Vieh gefangen hätte."

Der Rasta gab auf und pries die Ziege anderswo an. Wenn Ihnen je der Fall eines Menschen zu Ohren kommt, der von einer Holzziege mit Denguefieber angesteckt wurde, dann wissen Sie, daß der Rasta schließlich doch einen Dummen gefunden hat.

Der Zug setzte sich schnaufend wieder in Bewegung, und nach fünfstündiger Fahrt erreichten wir Montego Bay. Ich kletterte aus dem Zug, nahm die Umgebung in Augenschein und schluckte. Eine unfreundliche kleine Stadt, von der übelsten Sorte des Tourismus gezeichnet. Menschen scharten sich um uns und versuchten, uns wertlosen Plunder zu verkaufen.

Es kostete Eintritt, den Strand zu betreten, und wir mußten uns dumm und dämlich bezahlen, um in den Genuß von Annehmlichkeiten wie Dusche und Liegestuhl zu gelangen. Um den Strand herum reihte sich ein graues, häßliches Hotel ans andere. Touristen lagen im Sand wie gestrandete Wale und jammerten in schrillen, amerikanisch gefärbten Tönen, daß sie den Strand nicht verlassen könnten, weil es in der Stadt zu viel Gewalttätigkeit gäbe. „Diese Leute, wissen Sie . . .", sagten sie und warfen dabei Little Mannie vielsagende Blicke zu. Little Mannie (der großartig aussah in seinem blumengemusterten Badezeug) schnalzte mit der Zunge.

„Lieber Himmel. Verstehst du jetzt, warum ich die Touristen nich' ausstehen kann?"

Ich verstand es, wies ihn aber darauf hin, daß ich ebenfalls zu den Touristen gehörte.

„Nee, du bist Ausländerin."

Dagegen konnte man nichts einwenden.

Nachdem wir also eine Stunde lang in der sengenden Hitze gelegen hatten, aufgeblasene Touristen auf der einen, drohende Wolkenkratzer auf der anderen Seite, kauften wir uns für viel Geld ein Eis und stürzten uns auf ein Taxi. Der Fahrer begann uns anzuschreien, als er feststellte, daß Little Mannie Jamaikaner war und daher nicht auf seine Geschichte hereinfallen würde, das Fremdenverkehrsamt hätte den Fahrpreis für eine Meile auf fünfzig Dollar festgesetzt. Dennoch schien uns fünfzig Dollar ein niedriger Preis, um aus Montego Bay herauszukommen, und wir sprangen in das Taxi, nahmen dann einen Zug und rauschten nach Clarendon zurück.

Am nächsten Tag nahm mich Little Mannie zum Kunstmarkt in Kingston mit, wo ich eine lächerlich große Zahl von Souvenirs erstand, vorwiegend Wasserkrüge und geschnitzte Köpfe.

„Der einzige Mensch, der so was schön Häßliches in seinem Haus haben will, is' meine Mutter, un' das auch nur, weil sie verrückt is' . . ."

„Na gut, dann kann deine Mutter sie haben."

„Im Ernst?"

„Im Ernst."

„Zenga."

„Was?"

„Du bist 'ne echte Lady."

„Ich weiß."

„Aber wenn du denkst, du kannst meine Mutter bestechen, daß du mich nich' zu heiraten brauchst, kannst du dir weiß Gott dein Geld sparen."

Aber er nahm die Sachen, stieg in einen Kleinbus zum Haus seiner Mutter in den Blue Mountains, und ich sah ihn niemals wieder. Und er schrieb mir nie auch nur ein einziges Wort, denn Little Mannie, einer der klügsten Menschen, denen ich im Leben begegnet bin, war Analphabet.

An unserem letzten Tag in Jamaika gab es ein gewaltiges Theater. Barclay mußte irgendwelche Fahrgäste in seinem Kleinbus herumfahren, so daß nur noch Big Mannie blieb, um uns zum Flughafen zu fahren. Big Mannie erklärte, er würde uns nicht für weniger als fünfhundert Dollar hinbringen. Da niemand auch nur annähernd so viel Geld in der Tasche hatte, sah es so aus, als ob wir auf ewig in Jamaika würden bleiben müssen.

Gerade, als wir uns anschickten, die Koffer wieder auszupacken und Patois zu lernen, klopfte die Glücksfee in der wohlbeleibten Gestalt einer alten Dame, die sich als Tante Evadne vorstellte, an die Tür. Nachdem sie Big Mannies Namen und den seiner Kinder verflucht hatte, brachte sie eine Rolle Geldscheine zum Vorschein und zählte fünf Hundertdollarscheine davon ab, die sie pflichtschuldig einem verblüfft dreinschauenden Big Mannie aushändigte.

„Hier, nimm das Geld, Junge; aber ich hoffe, es bringt dir kein Glück!"

„Danke, Tante Evadne, Miss", murmelte er, sichtlich geschrumpft.

Barclay, Janice, Middle Mannie und der freche kleine Desmond hatten sich vollzählig auf der Veranda versammelt, um uns zum Abschied zu winken.

„Ich hab' dir 'n Tantenabschiedsgeschenk in die Zigarettenschachtel getan", sagte Desmond trübsinnig. „Aber du darfst sie erst im Flugzeug aufmachen."

Desmond wirkte so unerträglich bedrückt. Nur ein vager Schimmer von Unverschämtheit regte sich in seinen Augen und bestätigte mir beruhigend, daß hinter allem äußeren Schein der alte Kampfgeist weiterlebte.

Ach, dachte ich, wie sehr ihr mir alle fehlen werdet, aber wie froh ich auch bin, euch zu verlassen. Oh, Jamaika, Land der gläubigen, sorgengeplagten Menschen. Während ich zum letzten Mal durch die heruntergekommenen Straßen von Kingston fuhr, war ich fest davon überzeugt, daß irgend etwas rasch geschehen mußte, aber was? Jemand muß die Jamaikaner dazu bringen, Jamaika, die Insel mit der herrlichsten Landschaft der Welt, zu lieben.

Boko schlief auf der Fahrt zum Flughafen ein, und Big Mannie fragte mich noch einmal, ob ich ihn heiraten würde.

In meiner Nervosität zündete ich mir eine Zigarette an – und was anderes hätte aus der Schachtel fallen können als ein riesiger Talipot?!

„Desmond!" brüllte ich. „Ich bringe ihn um, den verdammten Kerl!"

Verkannte Dichter und zu viele Tacos

*A*m Morgen des Tages, an dem ich zu den Westindischen Inseln fliegen sollte, weckte mich Marcia mit dem Frühstück, einer Tasse Tee und einem Aspirin. Ein Donnergrollen war aus der Ferne zu hören. Ein schlechtes Omen.

Es gibt immer irgendwelche Dinge, die man beim Packen vergessen zu haben glaubt. Sie finden sich gewöhnlich tief unten im Koffer, nachdem man das ganze Haus auf den Kopf gestellt hat; und dann gibt es noch die Dinge, die man tatsächlich einzupacken vergessen hat, und die liegen in der Regel ordentlich gefaltet neben dem Koffer bereit.

Da liegen sie dann, bis man wieder zurückkommt. Mein weißes Kostüm, das ich eigens für die Reise gekauft hatte, lag in einer Plastiktüte neben dem Bett. Es hat die Karibik nie gesehen.

Nachdem sie ihren Morgenkaffee getrunken hatte, wurde Marcia ausgesprochen nervös. Sie fuhrwerkte herum, legte meine Haare in ordentliche Zöpfe und steckte mir sogar ihren hübschen grünen Kamm seitlich in die Frisur. Ich zog ihn wieder heraus. Grün ist eine Unglücksfarbe.

„Hoffen wir, daß dir dein Aberglaube vergangen ist, wenn du nach England zurückkommst“, murmelte sie, indem sie sich den Kamm selbst ins Haar steckte.

Schrill! Das Taxi war da.

„Also, Zenga, es ist soweit.“

„Marcia, wie soll ich bloß ohne dich zurechtkommen? Darf ich dich jederzeit anrufen?"

„Nein."

„Danke. Ich werde dich anrufen, sobald ich in Santo Domingo bin."

Ein Donnerschlag erschütterte das Haus.

„Nein, es ist kein schlechtes Omen."

„Oh, Marcia –"

„Jetzt geh schon! Du wirst dich verspäten."

Ich nahm meinen kleinen Koffer und das Handgepäck, und während ich die Wohnung verließ, warf ich Marcia einen flehenden Blick zu. Ich hoffte, sie würde mich doch noch überreden, zu bleiben. Sie runzelte nur die Stirn, und so folgte ich dem mürrischen nigerianischen Taxifahrer die Treppe hinunter zum Aufzug.

„He!" Marcia riß die Tür auf. „Deine Flugtickets!" Sie warf mir ein mit einem Gummiband zusammengehaltenes Bündel Tickets nach.

„Ach du meine Güte, danke, Marcia. Auf Wiedersehen!"

„Auf Wiedersehen!"

„Adieu, Marcia!"

„Adieu."

„Mach jetzt, daß du aus dem Haus kommst, sonst verpaßt du dein Flugzeug."

Ich trat in den Aufzug.

„Auf Wiedersehen, Marcia!" brüllte ich. Die Tür ging zu. Ein gedämpftes „Auf Wiedersehen" drang an mein Ohr, während der Aufzug klirrend abwärts glitt. Meine Reise hatte begonnen.

Das Taxi mußte zuerst meine Mutter abholen, die in der Nähe von Ladbroke Grove wohnt.

Der Himmel war immer noch dunkel, und der Regen rauschte jetzt in Strömen herunter. Ich wußte genau, was meine Mutter sagen würde, wenn sie mich sah. Sie würde sagen: „Oje! Wie siehst du denn aus! Halt dich gerade, mein Kind!"

Meine Mutter, in Paris geborenes Kind osteuropäischer Eltern, ist unter dem Namen „Tigerin vom Kensal Green" bekannt. Die Liebe, die ich für sie empfinde, ist nicht ungetrübt von ehrfürchtigem Respekt.

Ihr Haus wirkte ausgesprochen niedlich und schmuck von außen. Schimmernde Lichter hinter Spitzengardinen, abblätternder Stuck über der Haustür. Obwohl die Fenster des Taxis fest zugekurbelt waren, drang das laute Geschrei meines Bruders deutlich zu uns. Ich warf dem Fahrer einen Seitenblick zu und hoffte, daß er es nicht gehört hatte oder den schrillen Lärm, falls er ihn vernahm, nicht mit mir in Verbindung brachte. Aber das Gesicht des Taxifahrers blieb unbeweglich und verschlossen. Vielleicht hatte er einen Bruder, der genauso laut brüllen konnte. Er drückte auf die Hupe und wartete, wobei er mit den Fingern im Takt der munteren Musik, die aus dem Kassettenrecorder dröhnte, auf das Lenkrad trommelte. Ein Mann mit Fistelstimme sang:

„When a woman get a shake up on a Saturday night,
Man wigga wigga, and everything all right."

Gewöhnlich macht es mir Spaß, Taxifahrern zu sagen, woher sie kommen, und über ihre überraschte Miene zu lachen, wenn sie fragen: „Woher wissen Sie, daß ich Ibo bin?" (oder was auch immer), aber heute war ich zu angespannt. Wenn nun mein Bruder noch eine Stunde damit fortfuhr, lauthals zu brüllen? Wie sollte ich je das Flugzeug erreichen?

„Aaagghh!"

Die Haustür flog auf, und vier Hunde stürmten auf die Straße hinaus, gefolgt von meiner Mutter, meinem dreijährigen Neffen und meinem Bruder Lancelot, der einen schrillen Schrei ausstieß. Meine Mutter griff nach dem behäbigsten der Hunde, einem King-Charles-Spaniel, und ich sprang aus dem Wagen und rief meine beiden kraushaarigen Bichons. Sie kamen auf mich zugesprungen, leckten mir kläffend das Gesicht und bedeckten mein Kleid mit schlammigen Pfotenabdrücken.

„Ich wußte, daß es so kommen würde! Ich wußte es! Das ist alles deine Schuld, Mamuschka. Ich habe dir ja gesagt, du solltest die Tür nicht so schnell aufmachen, bevor ich noch Zeit hatte, diese vermaledeiten Köter ans Treppengeländer zu binden! Heute ist ein verflixter Tag, das merke ich genau. Alles wird schiefgehen." Lancelot stand an der Tür und verfluchte laut die gefühllose Welt, und sein Gesicht war eine hohlwangige Maske der Verzweiflung.

„Ach, halt den Mund, mein Sohn und fang Genghis ein", sagte meine Mutter ungerührt.

„Blutsflüche! Welch ein schändlicher Verrat ist dies? Wenn ein Straßenköter frei und ungezügelt in einem Gewitter umherläuft,

65

folgen schwarze Missetaten auf dem Fuß. Oh Hölle! Oh Himmel! Aaagghh!"

„Ach, um Himmels willen, du bist genauso schlimm wie Zenga – oh, hallo, Zenga, oje! Wie siehst du denn aus! Abbas wird sich deiner schämen, wenn er dich sieht. Na egal, wenigstens wird mein Junge aus diesem ständigen Regen herauskommen."

„Aber Mamuschka, das ist ein Gewitter! Was ist das für ein Omen?"

„Ein verfluchtes Omen! Ich weiß, ich werde Zenga niemals wiedersehen." Und Lancelot lehnte den Kopf ans Holz des Türrahmens und weinte stumme Tränen. Meine Mutter, mein Neffe und ich beachteten ihn nicht und scheuchten den letzten der Hunde ins Haus. Schließlich gelang es uns, auch Lancelot und den Neffen hineinzuscheuchen, worauf wir die Tür zuknallten und dem Wagen zustrebten.

„Zenga!" Lancelot stand in der einen Spaltbreit geöffneten Tür. „Hast du das Hufeisen bei dir?"

„Ja."

„Das Kruzifix?"

„Ja."

„Den Davidsstern?"

„Ja."

„Trag sie um Gottes willen immer bei dir!"

„Das werde ich. Auf Wiedersehen, Lancelot."

„Oh Zenga – sieh mich nur noch ein einziges Mal an, damit ich mich wenigstens erinnere, wie du aussahst, wenn das verhängnisvolle Telegramm kommt."

Wir starrten uns eine Weile an, dann kletterte ich in den Wagen. Die Miene des Fahrers war so ausdruckslos wie eh und je. Als wir losfuhren, drehte ich mich um und winkte Lancelot, der ebenfalls winkte, und schwupp! Eine Meute von, wie es schien, siebzig Hunden jagte kläffend und jaulend auf die Straße hinaus, gefolgt von Lancelot, gefolgt von meinem Neffen.

„Bitte, schrei nicht, Lancelot, alles ist in Ordnung, ich passe auf dich auf", hörte ich meinen Neffen brüllen, während wir um die Ecke bogen und die Straße hinunterrauschten.

Der vornehme Teil von Notting Hill Gate war unsere nächste Station, wo wir meinen mittleren Bruder, Abbas Yusef, abholen mußten. Er sollte mich in die ersten drei Länder meiner Reise begleiten und nach ein paar gemeinsamen Tagen auf Dominica nach England zurückkehren.

Als wir an seinem luxuriösen Junggesellenapartment anlangten, war er natürlich nicht einmal annähernd auf unser Kommen vorbereitet.

Der Taxifahrer erklärte sich einverstanden, eine unbegrenzte Zeit zu warten, worauf meine Mutter und ich die nassen Stufen hinaufstiegen, die zu der Wohnung führten. Die Tür schwang huldvoll auf, und vor uns stand Abbas in einem grünseidenen Morgenmantel, der in der Taille mit gewaltigen Quasten zusammengehalten wurde. Bei unserem Anblick zog er eine Augenbraue hoch, als wären wir die letzten Menschen, die er erwartet hatte.

„Mmmmm?"

„Abbas, mein Junge! Du siehst krank aus! Wie geht es dir? Hast du auch genug gegessen?"

„Wie reizend von dir, mir solche Worte des Trosts zu sagen. Komm bitte herein, Mamuschka."

Abbas verschwand hinter einem pfauenblauen chinesischen Wandschirm und trat nach geraumer Zeit in einem weiten beigefarbenen Anzug und mit einem weißen Panamahut auf dem Kopf wieder hervor. Ich war viel zu nervös, um über ihn zu lachen. Bruchstücke meines Traumes kamen mir in den Sinn. Es hatte irgend etwas mit einem Flugzeug zu tun. Meine Mutter hingegen lachte aus vollem Halse, zuerst über Abbas und dann über den Taxifahrer, der eine halbe Stunde lang auf uns gewartet hatte.

Abbas hatte auch nicht mehr als einen kleinen Koffer, den er in den Kofferraum warf; und schon rasten wir davon, vorüber am Marble Arch und an Victoria. London war zu geschäftigem Leben erwacht und schwarz vor naßglänzenden Regenschirmen und Männern in dunklen Anzügen. Wie ich dich liebe, London! Um acht Uhr dreißig waren wir am Flughafen Gatwick.

Warum braucht man nur einen Flughafen zu betreten, und schon umklammert eine namenlose Angst das Herz mit unerbittlichen Krallen? Man kann sich seit Wochen auf die Ferien gefreut haben – aber sobald man diese hallende weibliche Stimme aus dem Lautsprecher etwas von Tor Sechs und Abflughalle Sieben schnarren hört, möchte man am liebsten auf der Stelle kehrt machen und nach Brixton oder wo immer man herkommt zurückeilen. Wenn auch nur ein einziger Flughafenbeamter von irgend etwas eine Ahnung hätte, wäre alles nicht so schlimm; aber daß sie ausnahmslos höhnisch die Oberlippe kräuseln, wenn man sie mit tränenerfüllten Augen nach dem Weg zum Abfertigungsschalter fragt, ist herzzerreißend.

Beim sehr teuren Frühstück im Flughafenrestaurant machte meine Mutter ein höchst absurdes Aufheben um Abbas.

„Armer Abbas! Bist du sicher, daß du genügend Nahrung ißt? Du siehst so mager aus."

„Natürlich esse ich genügend Nahrung, Mamuschka, ich esse nichts anderes."

„Hast du deine Malariatabletten dabei?"

„Jede Mücke, die sich in meine Nähe wagt, wird die Medikamente eher brauchen als ich."

„Hier, nimm mein Ei. Iß, mein Junge, iß!"

Wenn ich sehe, wie sie meinen Bruder behandelt, bin ich ausgesprochen froh, daß ich nicht als Junge geboren wurde. Abbas und ich saßen schweigend da, während meine Mutter wie ein Wasserfall plapperte: mir erklärte, was für ein Glück ich hatte, daß Abbas mich begleitete, und wie sehr ich darauf achten *mußte*, daß seine Kleider gewaschen wurden, daß er genug aß und daß er nicht von gerissenen Verführerinnen vom rechten Weg abgebracht wurde. Abbas stocherte in einem kalten Spiegelei herum, und ein versonnenes Lächeln spielte um seine Lippen. Der Gedanke an gerissene Verführerinnen hatte offensichtlich eine Saite in ihm angeschlagen.

Und dann blinkte ein Licht auf, und es war Zeit für uns, an Bord zu gehen. Mir wurde flau im Magen; und eine entsetzliche Angst, ich würde nie wieder zurückkehren, ergriff mich. Irgendwo, irgendwo würde ich mein Leben verlieren. Ich umarmte meine Mutter fest.

„Mama-léb, Zenga, pshol von! Paß auf Abbas auf – Abbas, ist alles in Ordnung?"

„Nicht, wenn ich weiß, daß Zenga sich die ganze Reise über so aufführen wird."

„Auf Wiedersehen, Abbas, paß auf dich auf, und achte darauf, was du ißt. Laß die Finger von Fisch, Milch und natürlich Würstchen. Und ruf mich bestimmt einmal wöchentlich an. Oy yoy oy yoy oy yoy. Lauf nicht jetzt schon herum wie ein Kakerlak. Auf Wiedersehen, auf Wiedersehen! Viel Spaß. Also, leb wohl, Zengchutska, ach, schmendrik!"

Abbas, der begierig war, wegzukommen, winkte abschiednehmend mit der Hand und verschwand in dem Piepsding, das eigenartige Geräusche von sich gibt, wenn man Schußwaffen oder teuren Schmuck bei sich trägt.

„Also, Mamuschka, es wird Zeit! Paß auf meine Hunde auf und schreib ganz viele Briefe, in denen du alles ausführlich erzählst. Du wirst mir fehlen."

„Ja, ja, achte darauf, daß Abbas genügend Schlaf bekommt. Mein kleiner Junge gönnt sich nie genug Ruhe. Ach, ach! Vielleicht hätte ich meinem Sohn niemals erlauben dürfen, mit einem Lehmgolem wie dir zu verreisen. Ach weh!"

Das waren nun die letzten Worte, die meine Mutter zu mir sagte. Vielleicht würde ich sie nie wiedersehen. Warum konnte ich nicht sein wie jeder andere und mich auf diese Reise freuen?

Abbas und ich sprachen nicht viel miteinander, als wir an Bord der Maschine gingen. Mir fiel kein anderes Gesprächsthema ein als die Angst, die ich vor der Reise hatte, und darum schien es mir am klügsten, den Mund zu halten.

Ich weiß nicht, ob ich es Ihnen schon erzählt habe (und wenn nicht, haben Sie es vielleicht bereits erraten), aber ich habe entsetzliche Angst vor dem Fliegen. Ich weiß nie, was schlimmer ist: der Start, die Landung oder der Flug. Ich bin überzeugt, daß es nur ein glücklicher Zufall ist, wenn das Flugzeug abhebt. Eine U-Bahn steigt ja auch nicht plötzlich in die Luft auf, warum also ein Flugzeug? Das Ganze ist zu abwegig, um wahr zu sein.

Ich war Abbas über alle Maßen dankbar. Was um alles in der Welt hätte ich ohne ihn angefangen? Als die Sicherheitsgurte zugeschnappt waren, blätterte Abbas in Flughafenbroschüren und sah mit schweren Lidern zu, wie die Stewardessen Schwimmwesten austeilten. Die Maschine surrte einen Moment, rollte langsam um ein paar Ecken und surrte wieder. Plötzlich machte sie einen Satz vorwärts, ruckelte und gab dann ein langgezogenes, unheilvolles Todesgeklapper von sich. Man wies uns an, auszusteigen. Ich hatte eine furchtbare Ahnung, daß man uns auffordern würde, zu schieben; aber zum Glück mußten wir lediglich sieben Stunden lang in der Flughafenhalle warten, bis die meisten Passagiere die Nase voll hatten und nach Hause gingen.

Von diesem Augenblick an ging selbstverständlich alles schief.

Wir flogen nach New York und warteten sechs Stunden am Kennedy Airport, dann weiter nach Miami, wo wir endlich um sechs Uhr MEZ eintrafen. Passagiere stritten sich mit kubanischen Flughafenbeamtinnen um ihr Gepäck. Wie ist eigentlich der Mythos entstanden, Lateiner seien aufbrausend und Engländer reserviert? Dicke, angetrunkene Engländer brüllten lautstark die zierlichen kubanischen Frauen an, die mit gelassener, höflicher Stimme antworteten. Vielleicht haben sich die Engländer geändert, aber ich vermute fast, daß sie schon immer sehr stürmisch waren, das aber sehr gut verheimlicht haben.

Immerhin, Abbas erinnerte mich, als er fest schlafend kerzengerade aufrecht saß, an Tut-ench-Amun in einem Augenblick schläfriger Erhabenheit. Wie konnte er nur schlafen? Das Leben ist viel zu nervenaufreibend.

Während wir am nächsten Tag die Dominikanische Republik überflogen, blickte Abbas von seinem Buch mit Dramen von Dryden auf und bemerkte: „Die Dominikanische Republik hat irgendwie etwas Merkwürdiges."

„Warum?" fragte ich, verwundert, daß Abbas mit einer solchen Bemerkung aufwartete.

„Weil niemand je davon gehört hat. Man nimmt an, daß sie entweder in Spanien, Mittelamerika, Afrika oder Asien liegt, doch darüber hinaus macht sich niemand Gedanken über ihren Verbleib."

„Was hat das Land zu seinem Ruhm aufzuweisen?"

„Es hatte einen schlimmen Diktator namens Trujillo, der 1930 an die Macht kam und in den sechziger Jahren, nach langer Schreckensherrschaft, ermordet wurde. Er haßte die Schwarzen und brachte Tausende von Haitianern um."

„Das klingt nicht gerade vielversprechend."

„Aber laut Amnesty International gibt es heute weniger politische Gewalt dort als irgendwo sonst auf der Welt."

Eine gutaussehende dominikanische Dame, die in der Reihe vor uns saß, erklärte uns in nahezu perfektem Englisch, wie deutlich sie sich an die Zeit der Unterdrückung unter Trujillo erinnerte. Er hatte alles getan, damit die Dominikanische Republik im Vergleich mit dem benachbarten Haiti besser abschnitt. Die Straßen, die von Haiti ins Land führten, waren untadelig, aber nur ein paar Meilen weit, so konnte der Besucher staunend den Unterschied zwischen den beiden Ländern wahrnehmen. Die Hauptstadt Santo Domingo war, wie sie sagte, unter seiner Herrschaft prachtvoll herausgeputzt worden, damit die Touristen sie vorteilhaft mit Haitis Hauptstadt Port-au-Prince vergleichen konnten.

„Herausgeputzt?"

„Ja, wissen Sie, überall wurden scheußliche Bauwerke errichtet."
Sie belehrte mich, daß ich in Santo Domingo niemals zurechtkommen würde, wenn ich kein Spanisch sprach, und erbot sich, mir die ersten beiden Worte dieser Sprache beizubringen. Unglücklicherweise hatte ich sie längst vergessen, als ich in Santo Domingo ankam.

Die Beamten an der Paßkontrolle waren freundlich und gesprächig; nur konnte ich nichts von dem verstehen, was sie so freundlich schwätzten, weil ihr Englisch kaum besser war als mein Spanisch. Im Unterschied zu mir hatten sie aber ihre ersten beiden Worte nicht vergessen.

Britische Pässe versetzten sie irgendwie in Erstaunen. Ein kleiner, gedrungener Mann schrieb meine Londoner Adresse auf ein Formular, setzte aber unter Staatsangehörigkeit in großen roten Buchstaben „Amerikaner" ein.

„Nein, *Señor*, Britin."

„*Sí, sí*", entgegnete er und bedachte mich mit einem anzüglichen Augenzwinkern, *„Americana."*

Abbas, der ebenfalls als amerikanischer Staatsbürger der Nachwelt überliefert werden würde, lachte nur, und wir traten aus dem Flughafengebäude hinaus, mitten in einen Pulk junger Männer. Sie zerrten an uns, zogen unsere Kleider aus der Form und flehten uns an, eines ihrer Autos zu mieten. So aufgeregt war ich darüber, *Señorita* genannt zu werden, daß ich aufs äußerste versucht war, einen Wagen von ihnen zu mieten.

„Wenn ich nach England zurückgekehrt bin", donnerte Abbas, indem er mich zum Taxistand schleifte, „kannst du bei einem gutaussehenden jungen Mann ein Auto mieten, auch wenn du überhaupt nicht fahren kannst. Du kannst von mir aus sogar Flugzeuge bei ihnen mieten. Aber in meiner Gegenwart muß ich darauf bestehen, daß du dir wenigstens den Anschein von vernünftigem Handeln gibst."

Ich hörte nur halb hin. Ich war viel zu sehr damit beschäftigt, aus dem Fenster zu schauen und die regennassen Straßen zu betrachten.

Vom Flughafen aus fuhren wir meilenweit über breite, palmengesäumte Straßen, auf denen nur wenige Menschen zu sehen waren. Und dann befanden wir uns plötzlich, von einer Sekunde zur nächsten, im Herzen von Santo Domingo. Alles sah so eigenartig und altmodisch aus wie in einer spanischen Geisterstadt aus dem sechzehnten Jahrhundert. Gewundene Sträßchen und Gäßchen krümmten sich zwischen leicht schiefen Häusern mit flachen Dächern. Die in fröhlichen Rot- und Grüntönen gehaltenen Gebäude kamen durch eine gewisse Baufälligkeit vorteilhaft zur Geltung. In malerischen, schmalen Gassen drängten sich Menschen, die an improvisierten Ständen Früchte, gebratenes Fleisch und Andenken verkauften. Mütter mit zerlumpten, barfüßigen Kindern hatten sich schutzsuchend in den Eingängen der verwitterten alten Läden untergestellt, und der Regen rann ihnen über das Gesicht und verwandelte ihre Haare in schlangenartige Tentakel. Eine Schar kleiner Schuhputzerjungen, deren Füße schwarz waren von nassem Schlamm, flitzten eilig in den Schutz eines Apfelsinenstandes. Dicht zusammengedrängt, lachten sie laut über ihre eigene Findigkeit. Die Menschen sahen sehr warmherzig und fröhlich aus mit ihrer braunen Haut, die die Dame im Flugzeug als *mestizo* oder die Farbe von Mischlingen bezeichnet hatte – ähnlich wie meine eigene, nur von der Sonne noch verstärkt.

„Es sieht so arm aus!" sagte Abbas.

„Es sieht so spanisch aus!" entgegnete ich, den Tatsachen entsprechend. Die Frauen trugen das Haar nach echter Carmen-Art straff zurückgestrichen, einige von ihnen mit einer seitlich am Kopf festgesteckten Hibiskusblüte.

„*Scusi Señor* – liegt unser Hotel sehr weit außerhalb der Stadt?" Der Fahrer zuckte die Schultern und schaltete laute südamerikanische Musik ein. Er war ein unerschütterlicher Mann mit so strahlender Haut, daß Abbas ein wenig grau und leblos neben ihm wirkte.

Das Taxi bog um eine Kurve, und wir befanden uns an der Strandpromenade, wo wir langsam hinter einem Strom alter amerikanischer Kisten hertuckerten, die gewaltige schwarze Abgaswolken ausstießen.

Meine Mutter hatte gesagt, die saubere karibische Luft würde Abbas guttun. Ich hätte alles darum gegeben, wenn sie jetzt hätte sehen können, wie Abbas die Fenster hochkurbelte und krampfhaft hustete. Ich zündete mir grinsend eine neue Zigarette an.

Die Strandpromenade war eine einzige Zusammenballung häßlicher moderner Bauwerke, die hinter Kokospalmen versteckt lagen. Auf der anderen Seite peitschte und schäumte ein düsteres, geheimnisvolles Meer. Es würde mich nicht überraschen, wenn es die ganze Zeit über regnete.

Unser Hotel, ein hohes Betongebäude, lag ungefähr eine Meile vom Stadtzentrum entfernt. Hinter dem Empfang standen betörend schöne junge Frauen, groß und braunhäutig, mit langen schwarzen Haaren und strahlenden Augen. Die hübscheste von allen teilte ihre leuchtend roten Lippen zu einem Lächeln und blickte Abbas unter flatternden falschen Wimpern an. Abbas schob seinen Hut mit einem dünnen goldenen Kugelschreiber zurück, lehnte sich auf die Theke und begann mit ihr zu plaudern, wobei er sie jedesmal mit einem Ts-ts-ts bedachte, wenn sie ein Wort falsch aussprach. Ich stand ziemlich verloren mit meinem Gepäck mitten in der Halle und fing an, mich zu fragen, ob mir Santo Domingo wirklich gefallen würde. Abbas hatte recht. Es mußte einen Grund dafür geben, daß niemand je davon gehört hatte, und ich war entschlossen, herauszufinden, was es war.

Mir fiel auf, daß die Ausstattung des Hotels erstaunlich behäbig und altmodisch war für ein so modernes Gebäude. Ein paar schwergewichtige Dominikaner saßen mit übergeschlagenen Beinen auf Ledersofas, rauchten und tranken Cognac und unterhielten sich in leise gemurmeltem Spanisch. Außer uns schien es nur einen einzigen Ausländer zu geben, ein sehr dunkelhäutiger Mann mit kahlgeschorenem Kopf und Goldsteckern in der Nase. Vielleicht war er Amerikaner.

Schließlich riß sich Abbas von der dunkelhäutigen Señorita los, und wir suchten unser Zimmer auf, ein muffiges Etwas mit schweren, geschnitzten Möbeln. Abbas verschwand im Bad, und ich ließ mich auf eines der Betten fallen und schaltete den Fernseher ein. Ein schwarzer Benny Hill mit Baskenmütze gab zu lautem Tonbandgelächter derbe Witze in flottem Spanisch wieder. Sein Anblick, wie er mit den Augen rollte und in die Kamera grinste, ließ mich die Tatsache beklagen, daß ich nie Spanisch gelernt hatte. Dann erschien eine wunderschöne Frau auf dem Bildschirm und begann mit schriller Stimme Salsa-Musik zu singen. Sie klang ein bißchen wie Lancelot an diesem Morgen – oder war es der gestrige Morgen gewesen? Die Zeit war plötzlich in meinem Kopf durcheinander geraten.

Abbas tauchte mit einem afrikanischen Hemd und dünnen blauen Hosen in der Badezimmertür auf.

„Wann sind wir aus England abgeflogen? Gestern, vorgestern oder heute morgen?"

„Mach dir darüber jetzt keine Gedanken", entgegnete er, indem er sich den Hut auf den Kopf stülpte, „laß uns gehen."

Ich nahm meinen spanischen Sprachführer, und dann gingen wir auf Erkundung. Der Regen hatte sich ein wenig gelichtet, und das Meer sah recht freundlich aus. Wie herrlich es war, keinen Mantel tragen zu müssen. Eine kleine, mit rotem Fransenbaldachin geschmückte und von einem Maultier gezogene Kutsche klapperte an uns vorbei. Als die alten Männer, die auf dem Kutschbock saßen, meinen Blick voll entrückter Begeisterung gewahrten, lenkten sie an unsere Seite und machten sich daran, uns mit einem spanischen Wortschwall zum Einsteigen zu bewegen. Ich zog den Sprachführer hervor und bemühte mich, unter aufgeregtem Blättern herauszufinden, wie ich sie fragen konnte, welchen Preis sie verlangten. Aber trotz all meiner Bemühung gelang es mir nicht, den richtigen Satz zu finden. Kein Problem bei: „Wo geht es zum Bahnhof?" – „Wo ist die amerikanische Botschaft?" und sogar: „Würden Sie mich bitte küssen?"; aber „Wieviel kostet es?" war weder für Geld noch für gute Worte zu finden.

„Vierzig Pesos", brach es plötzlich auf Englisch aus einem der beiden Alten hervor. Vierzig Pesos sind ungefähr fünf Pfund, also sprang ich auf und zerrte den widerstrebenden Abbas an meine Seite.

Wir fuhren zu einer Festung von erlesener Schönheit, wo der Sohn des Christoph Columbus einst lebte. Die Bauwerke in der Gegend waren ausnahmslos Jahrhunderte alt, und zwischen den großartig erhaltenen Häusern verliefen kopfsteingepflasterte Straßen. Das war so schön, so unverfälscht und atemberaubend, daß sich der Besucher in ein Zeitalter des Luxus und des angenehmen Lebens zurückversetzt fühlte.

Die Maultierkutscher warteten vor der historischen Festung, während wir von einem Fremdenführer, der ein vollkommen unverständliches Englisch sprach, über die gewundenen Treppen hinauf und hinab geleitet wurden.

Der Festung gegenüber lag ein im sechzehnten Jahrhundert erbautes Museum, das von verwegen aussehenden Soldaten bewacht wurde.

Nachdem wir ungefähr eine halbe Stunde lang herumgelaufen waren, kehrten wir zu der Kutsche zurück.

„Eh! Haalt! Haalt! Siin achte-ziig Pesos", rief uns der Fremdenführer nach.

„Achtzig Pesos?"

„*Sí*, achte-ziig Pesos."

Abbas mahnte mich, nicht soviel zu bezahlen, aber ich tat es ohne Widerrede.

Die Maultierkutscher verlangten zweihundert Pesos von uns, weil sie draußen auf uns gewartet hatten.

Abbas und ich beschlossen, ein bißchen herumzulaufen und der Stadt noch eine Chance zu geben, bevor wir endgültig zu der Ansicht kamen, daß Santo Domingo ein Reinfall sei und die meisten seiner Bewohner Gauner wären. Die Nacht war angenehm warm und sternenklar, und wir schlenderten an altertümlichen Gebäuden vorüber, die den Charme der Alten Welt ausstrahlten. Die Armee in Santo Domingo scheint so zahlreich zu sein, daß den kräftigen jungen Soldaten nichts anderes zu tun bleibt, als mit drohendem Blick und geschultertem Gewehr vor allen öffentlichen Gebäuden herumzustehen.

Der Soldat, der vor der Kathedrale Stellung bezogen hatte, sah außerordentlich prächtig aus und belehrte uns in arrogantem Spanisch, daß uns das Betreten verboten war. Unbeirrt schlichen wir zur Rückseite und liefen einer Gruppe von Nonnen über den Weg, die, weiß gekleidet und Kerzen in den Händen tragend, langsam unter himmlischen Gesängen in die Kathedrale schritten. Ehrfurchtsvoll sahen wir sie durch die gewaltige Eichentür des Gotteshauses schweben, bis der letzte flatternde Schleier im Innern verschwunden war.

Es waren ein Abbas und eine Zenga mit wesentlich ernsteren und vergeistigteren Gesichtern, die dann zum Herzen von Santo Domingo hinabgingen. Die Stadt ist an einem Hang erbaut, der zum Meer hinunter verläuft, und man kann von nahezu jeder Straße aus den glitzernden Ozean sehen.

Das Stadtzentrum war ein Hexenkessel geschäftigen Treibens. Winzig kleine Schuhputzerjungen rannten umher und bimmelten mit ihren Glöckchen, packten die Vorübergehenden am Ärmel und feilschten um Kundschaft. Halb verhungerte Kinder mit aufgeschlagenen Knien und bloßen Füßen verkauften jeden nur erdenklichen Schnickschnack, von Absätzen bis zu Jo-Jos, die sie mit Genuß vorführten. Das Leben in den Straßen war höchst verblüffend in seiner mitreißenden Ausgelassenheit. Verliebte Pärchen schlenderten Arm in Arm dahin und verschwanden immer wieder in den vielen Geschäften, die um acht Uhr abends noch geöffnet waren.

Südamerikanische Musik dröhnte aus nahezu jedem Haus, und wenn ein besonders lautes „Arriba!" herausdrang, bröckelte das uralte Gestein ein wenig. In den Straßencafés, Bars und Restaurants drängten sich auffällig gekleidete junge Leute. Die Türen und Fenster der leuchtend bunt gestrichenen Flachdachhäuser mit ihren vielen Rolläden und hübschen kleinen Gärtchen standen meinen Blicken offen und versüßten so einem Neugierigen wie mir das Leben. Ich vergnügte mich einen höchst angenehmen Abend lang damit, verstohlen alte Männer und Frauen zu betrachten, die, umgeben von religiösen Gegenständen und farbenfreudigem Tand, in der altertümlichen Fröhlichkeit ihrer Wohnstube saßen.

Abbas schien sich den ganzen Abend über in einem Schockzustand zu befinden. Als ich mich endlich erkundigte, warum er immer mehr wie ein betäubter Kabeljau aussah, stieß er einen schweren Seufzer aus und warf mir einen glasigen Blick zu.

„Jede von ihnen ist ein wandelnder Traum."

„Jede von wem?"

„Den Frauen. Nie zuvor habe ich eine so gewaltige Ansammlung schöner Frauen gesehen."

„Ach die, die sind wohl nicht schlecht."

„Wie Carmen, eine wie die andere. So tänzeln sie und wiegen sich über die kopfsteingepflasterten Straßen mit ihrer prachtvollen braunen Haut, der unvergleichlichen Figur, dem Gesicht von unübertroffenem Liebreiz –"

„Schon gut, schon gut, ich habe verstanden."

Ich konnte Abbas nicht widersprechen, die Frauen waren ohne Zweifel die bemerkenswertesten Sehenswürdigkeiten, die Santo Domingo zu bieten hatte. Die Männer dagegen waren klein, gedrungen und einen Hauch zu krummbeinig.

Zum ersten Mal in meinem Leben befand ich mich in einem Land, in dem alle Bewohner die gleiche Hautfarbe hatten wie ich, und abgesehen davon, daß ich wesentlich häßlicher war, unterschied ich mich kein bißchen von den anderen. Ich kann nicht sagen, daß mich dieser Stand der Dinge überglücklich machte.

Hier schien die starre Farbenhierarchie von Jamaika nicht zu existieren. Alle Tönungen von hellem Braun bis hin zu Mahagoni vermischten sich mit größter Selbstverständlichkeit.

Welche Geborgenheit das alles ausstrahlte, welche Heiterkeit und Schönheit, mit den exotischen Pflanzen, die die Straßen säumten, und den vollgestopften kleinen Andenkenläden. Orangensaft wurde vor den Augen der Umstehenden frisch gepreßt, und man bot echtes

Leder anstelle von Plastik an. So altmodisch zu sein, bedeutete auch das völlige Fehlen von häßlichen Dingen und Massenprodukten.

Alles, von der handgearbeiteten Ledertasche bis zur Tasse Kaffee, war lächerlich billig. Vielleicht befinde ich mich in einem Zeitraffer, und all das verschwindet gleich, ging es mir durch den Kopf. Die historischen Bauwerke, Frauen mit Blumen im Haar, Pferde und Kutschen – kann das Wirklichkeit sein? Ein paradiesisches Land, das von der Zeit vergessen wurde?

Eine Tacobar lockte, und bald saßen wir an einem kleinen Tisch auf der Straße, aßen ungeheure Mengen fleischgefüllter Tacos und schlürften Tequila-Cocktails. Abbas warf sich zurück, ordnete sein Hemd, so daß es über der Brust in lockeren Falten floß, und lehnte sich zurück, um die Señoritas zu betrachten, die vorüberflanierten und einen Hauch schweren Parfüms hinter sich herzogen.

„Vorsicht, Abbas, vergiß nicht, was Mamuschka dir über gerissene Verführerinnen gesagt hat! Und außerdem, ich gehe jede Wette ein, daß jede von ihnen einen heißblütigen männlichen Verwandten hat, der das Stilett zwischen den Zähnen trägt."

„Mach dir keine Sorgen um mich, ich komme allein zurecht. Da gibt es also sechs Millionen Menschen in diesem Land; wie fühlt man sich eigentlich als die Häßlichste von allen?"

Bevor ich Zeit hatte, diese grundsätzliche Frage zu beantworten, gesellte sich ein wild dreinblickender junger Mann zu uns und nahm zwischen Abbas und mir Platz. Da ich glaubte, er sei ein Bettler, begann ich unverzüglich nach meinem Portemonnaie zu fischen. Er stieß einen Schwall von tiefempfundenem Spanisch aus und blickte uns dann mit erwartungsvoll leuchtenden Augen an.

„*Non comprendo, Señor.*"

„Americano?"

„*Británico.*"

„Ah! Ich habe nicht gesehen, daß Sie Ausländer sind, bitte entschuldigen."

„Keine Ursache."

„Ich sehe nur, daß Sie beide sehr empfindsame Gesichter haben, und ich habe mich gefragt, ob Sie vielleicht ein paar von meinen Gedichten hören möchten?"

Abbas und mir hatten weder die Tacos geschmeckt noch die beiden Pizzas, die der Kellner uns übereifrig aufgedrängt hatte. Obwohl es meine Stimmung hob, daß die wunderschönen Frauen

nicht kochen konnten, brauchten wir dringend eine Ablenkung und
lehnten uns daher zurück, um den Gedichten zu lauschen.

„Bevor ich beginne, muß ich fragen, woher Sie kommen."

„England."

„Ich kenne England nicht, aber ich weiß einiges über Rußland."

„Mein Großvater war Russe, mehr oder weniger jedenfalls."

„Ah! Jetzt verstehe ich: das Gesicht! Das russische Gesicht, rein in
seiner Hingebungsfähigkeit, aber von Grausamkeit gezeichnet!"

Abbas und ich strafften uns ein wenig. Es geschieht nicht oft, daß
man einem Poeten begegnet, der so poetisch ist.

„Ich schreibe alle meine Gedichte in Englisch, aber ich schreibe
gern über Rußland – und über Afrika."

„Unser Vater stammt aus Westafrika."

„Ja! Ja! Jetzt verstehe ich. Jetzt verbirgt sich alles in seinem eigenen
kleinen Versteck, steigt dann empor und fällt! Die Grausamkeit des
Russen in Verbindung mit der Würde des Afrikaners, und so sitzen
sie vor mir, barbarisch in ihrer Herrlichkeit."

Er warf eine dunkelbraune Locke zurück und musterte uns unter
schweren Lidern. Seine Haut war fahl, ermattet in schlaflosen Nächten.

„Noch niemals habe ich meine Gedichte veröffentlichen lassen,
aber vielleicht können Sie", hier sah er mir direkt in die Augen, „sie
abschreiben, mit in Ihre Heimat nehmen und dort für mich herausbringen."

Im Nu zog ich Stift und Papier hervor und setzte mich wartend
zurecht.

„Ich gehe."

„Abbas! Du kannst jetzt nicht gehen! Wir haben hier einen
verkannten Dichter vor uns, der bereit ist, seine Seele vor uns
auszuschütten, und du gehst einfach weg! Wo bleibt die afrikanische
Würde, von der dieser Poet soeben gesprochen hat?"

„Afrikanische Würde, so ein Quatsch. Ich warte im Hotel auf
dich."

Beunruhigt stimmte ich zu. Ich hatte den starken Verdacht, daß ich
nicht allein zum Hotel zurückfinden würde, und konnte nur hoffen,
daß der verkannte Dichter das wert war.

„Bitte, geben Sie meine Gedichte in Ihrer Heimat in Druck. Ich
verlange kein Geld, nur Ruhm und Anerkennung. Ich heiße José
Lopez."

Ich schrieb seinen Namen nieder, und dann nahm die Dichtung
ihren Lauf:

„Unerschütterlich die weißen Schwingen schweben,
Schweben hin durch Zeit und Not;
Es entschwindet alle Freiheit, unser Leben,
Und nichts bleibt uns als der Tyrannei Gebot.

Auf wackligen Emporen er sich reckte,
Sah gewichtig aus und dick und rund,
Doch als sein Kinn herunterklappte,
Drangen diese Worte aus seinem Mund."

„Ja, das ist wirklich gut! Ich muß jetzt allerdings gehen, mein Bruder –
tut mir wirklich leid . . .“

„Vereinigt euch, der Welt russische Bauersleut!
Für die Freiheit und dergleichen mehr.
Kämpfen, Towaritsch, müssen wir heut
Ein wenig, aber nicht zu sehr."

„Mmmm, ja. Aber jetzt muß ich wirklich g –“

„Hurrarufe schwallen aus der schwellenden Menge,
Die Sklaven rasten vor –“

„Schwallen?“
„Ja, das heißt ,schwallen‘.“
„Aber das Wort ,schwallen‘ gibt es nicht.“
„Natürlich gibt es das Wort ,schwallen‘. Es existiert in der engli-
schen Sprache. Wie dem auch sei:

Hurrarufe schwallen aus der schwellenden Menge,
Die Sklaven rasten vor Glück.
Bis mit der Peitsch’ in der Hand der Herr im Gedränge
Trieb den Jungen mit Schlägen zurück."

„Also, ich muß sagen, das war wirklich gut. Muß mich jetzt beeilen,
vielen Dank, Ihre Dichtung hat mir wirklich gefallen.“

„Ober! *Dos cafés por favor.* Und jetzt möchte ich, daß Sie das Gedicht über Afrika hören."

„Aber ich kann nicht! Ich habe meinem Bruder versprochen, nachzukommen!"

„Es ist auch in Englisch; alle meine Gedichte sind in Englisch."

„Tja, es tut mir furchtbar leid, aber ich verstehe kein Englisch."

„Sie müssen sich dieses Gedicht ganz aufmerksam anhören, denn es enthält unendlich viele Schichten unergründeter Wahrheit."

„Aber ich bin –"

> „Der Löwe sprang, das Zebra lief
> Über die Steppen von Afrika.
> Die Leoparden springen
> Neben den Dingen,
> Die wandern vor dem Moor,
> Tut's auch der Mond?"

„Oh, das ist wunderschön. Es hat mich zu Tränen gerührt. Bis spä –"

> „Doch wie? Ich seh den Löwen krank,
> Reglos und schweigend geht er entlang
> Springt, wartet, lauert, nur –
> Wann treten die Wassertiger hervor?
> Krokodile der östlichen Steppen –"

„Danke, Señor Lopez, ich muß jetzt wirklich –"

> „Tut's auch der Mond?
>
> Die Bären gallompfen in stolzer Pracht,
> Auf den afrikanischen Tag die Sonne lacht.
> Tauben fliegen, wohin, weiß ich nicht.
> Ist denn der Grizzlybär in Sicht?
> Tut's auch der Mond?
>
> Doch offene Herzen voll matter Pein,
> Erwachet, laßt Himmel und Hölle ein.
> Lauscht und späht,
> Das Bächlein seht,

Das plätschernd aus den Mooren floß.
Ich seh' einen Mann, aber –"

„Lassen Sie mich raten; ‚tut's auch der Mond?'"
„‚Tut's auch der Mond?' Glauben Sie, daß meine Gedichte Aussicht haben, in einem Land wie dem Ihren veröffentlicht zu werden? Einem Land, in dem die Menschen vielleicht ein tieferes Verständnis für die Kunst haben?"
„Ich verspreche, daß ich alles in meiner Macht stehende tun werde, Mr. Lopez, aber jetzt muß ich leider wirklich gehen."
„Aber wollen Sie denn nicht noch mein Gedicht über die Kosaken im Nebel hören?"
Entsetzt sprang ich auf und eilte in forschem Trab die Straße hinunter.
„Liebend gern, aber ich bin furchtbar in Eile."
Seine Augen färbten sich rot vor Verzweiflung.
„Aber Madame! Haben Sie alles aufgeschrieben?"
„Ja", rief ich vom anderen Ende der Straße, „Wort für Wort!"
Ein zufriedenes Strahlen überzog sein Gesicht. „Danke, vielen Dank, und Sie kümmern sich darum, daß meine Poesien veröffentlicht werden?"
„Ich verspreche, daß ich mein Bestes tun werde." Und damit eilte ich davon, vorbei an den Prostituierten, die auf und ab trippelten und höchst einladend mit den Händen gestikulierten und mit den Fingern schnippten.
Ich hatte schon oft von verkannten Dichtern gehört, aber es war mir noch nie etwas von einem Dichter zu Ohren gekommen, der so sehr verkannt war!
Eine Schar strahlender Frauen hatte sich vor einem hochgewachsenen Mann versammelt, der Hof zu halten schien. Er hielt mit dröhnender Stimme einen Vortrag über den Niedergang der Landwirtschaft in der Dominikanischen Republik.
„Abbas! Da bist du ja! Ich bin froh, daß du noch in der Nähe bist."
„Was fällt dir ein, mir den ganzen Spaß zu verderben?"
Die Mädchen kicherten bei meinem Anblick und stoben rasch auseinander.
„Sie haben kein Wort von dem verstanden, was du gesagt hast. Nicht einmal *ich* habe etwas verstanden! Wie kommt es überhaupt,

daß du soviel über die Wirtschaft der Dominikanischen Republik weißt?"

„Allgemeinwissen. Du bist doch sicher genauestens über den Agrarexport der Dominikanischen Republik informiert?"

„Also, ja, das heißt, ja und nein."

Abbas fuhr sich mit der Hand über die Stirn, und wir setzten unseren Weg fort.

Als wir die Uferpromenade erreichten, war es fast Mitternacht, und die Welle geschäftigen Treibens machte keinerlei Anstalten, zu verebben. In vielen Bars gaben strahlend weiß gekleidete Sänger genußvoll und mit Schwung lateinamerikanische Weisen zum besten. Irgendwie sahen sie alle aus wie Big Mannie, was mir, wie Sie sich denken können, die Lust auf einen Barbesuch verleidete. Die schwülen Lüfte, die mir ins Gesicht wehten, ließen Wellen der Erinnerung an Jamaika in mir aufsteigen. Es kam mir merkwürdig vor, daß Jamaika so nah war. Wie hätten zwei Länder gegensätzlicher sein können? Die Jamaikaner mit ihrem sehr tiefgehenden afrikanischen Einfluß spiegelten in ihrer Kunst, Religion und Lebensweise den Kontinent ihrer Vorväter wider. Wo war hier, in der Dominikanischen Republik, das Erbe der afrikanischen Völker, die man auf die Insel gebracht hatte? Warum hatte die spanische Kultur die afrikanische unterdrückt, bis sie völlig ausgestorben war?

Bevor Abbas und ich zum Hotel zurückkehrten, ereignete sich ein unglückseliger Zwischenfall. Abbas trat auf einen lockeren Bordstein, stürzte zu Boden und blieb, seinen Knöchel haltend und sich windend vor Schmerz, liegen.

„Abbas! Um Himmels willen, was ist passiert?"

Er versuchte zu antworten, brachte aber nur ein Stöhnen heraus, und sein Gesicht war schmerzverzerrt. „Abbas!" Ich streckte die Hand aus und versuchte, ihm aufzuhelfen, aber er wälzte sich nur mit zusammengebissenen Zähnen herum, und Schweißperlen traten ihm auf die Stirn. Ich starrte ihn in hilfloser Bestürzung an und wußte nicht, was ich tun sollte.

Liebespärchen rauschten an uns vorüber, ohne Abbas mehr als eines Blickes zu würdigen.

„Ich rufe einen Krankenwagen", erklärte ich, wohl wissend, daß es ein Ding der Unmöglichkeit war, da ich weder Spanisch sprechen noch lesen konnte.

„Nein, nein, es geht schon", entgegnete er mit erstickter Stimme.

(So ist Abbas schon seit seiner Kindheit. Als er einmal an Lungenent-
zündung erkrankte, weigerte er sich zu glauben, daß etwas nicht in
Ordnung sei, bis er vor Entkräftung zusammenbrach!)

Es war herzerweichend, den sonst so eleganten Abbas wie einen
Fußballspieler rollen und zucken zu sehen; und warum eilten die
hassenswerten Einwohner von Santo Domingo einfach vorüber,
ohne sich noch nach ihm umzusehen?

Als ich versuchte, einen Wagen anzuhalten, mußte ich feststellen,
daß die Fahrer nach einem flüchtigen Blick auf Abbas ausnahmslos,
und ohne ein Wort zu sagen, weiterfuhren. Was sollte ich tun?
Schließlich hielt doch ein Wagen an, und ein untersetzter Mann mit
beginnender Glatze stieg aus und führte Abbas vorsichtig zum Auto.
Abbas hüpfte unter Schmerzen hinein und nahm unbeholfen auf dem
Rücksitz Platz. Wir hielten vor unserem Hotel, das nur zwei Fußmi-
nuten von der Unfallstelle entfernt lag.

„Ach, was für ein freundlicher Mensch", dachte ich, während er
Abbas gebieterisch aus dem Auto half und zum Hoteleingang führte.

„Eh! *Cinco Pesos*!" zischte er, als ich eben mein viertes „*Muchas
gracias*" stammelte.

Während ich ihn bezahlte, spielte ein zynisches Lächeln um meine
Lippen. Der einzige hilfsbereite Mensch hier war eben nur hinter
dem Geld her gewesen!

Niemand half Abbas zu unserem Zimmer hinauf; die hübsche
Empfangsdame, mit der Abbas vorher geflirtet hatte, kicherte sogar
und wedelte mit manikürten Nägeln vor ihren rotgefärbten Lippen.

„Entschuldige, daß ich dir das antun muß, Abbas, aber könntest du
das Zimmer nach Talipots absuchen, bevor ich hineingehe?"

Jeder Zentimeter ein vollkommener Kavalier, humpelte er hinein
und suchte – bei jedem Schritt aufstöhnend – unter dem Bett, an den
Wänden und, am wichtigsten von allem, im Badezimmer.

„Nein, aaaghh, es sind – autsch – keine – uff – Tali – oh – pots hier."

„Danke." Ich trat in das Zimmer, holte einen kalten Waschlappen,
um ihn auf seinen Knöchel zu legen, und gab ihm ein Kissen, damit
er sein Bein hochlagern konnte.

Er schlief bald darauf ein, und ich trat ans Fenster und betrachtete
das schwarze Meer, in dem sich die Sterne funkelnd spiegelten. Was
war, wenn Abbas sich ernsthaft verletzt hatte? Eine tiefe Angst ergriff
mich plötzlich.

Santo Domingo, so reizvoll, aber auch so unergründlich, ein Ort, am dem sich so viele interessante Dinge unter der Oberfläche abspielten, die ich niemals würde ergründen können. Ich fühlte mich ausgeschlossen, als würde ich alles durch eine Glasscheibe betrachten. Wie sollte ich je die wahre Seele eines Landes erkennen, dessen Sprache ich nicht sprach, in dem jede zufällige kleine Bemerkung sinnlos für mich blieb? Alles erschien mir überwältigend geheimnisvoll.

Und was lag vor mir?

„Hör auf, so laut zu denken, du weckst mich auf."

Ich zuckte zusammen. Abbas' Gesicht wirkte beklagenswert eingefallen. Ich gab ihm ein Aspirin und zwei Malariatabletten und ging zu Bett, nachdem ich den fruchtlosen Versuch unternommen hatte, Abbas laut vorzulesen, der mich nach jedem Satz angefahren hatte: „Jetzt halt endlich den Mund und laß mich schlafen!"

Der Schlaf kam langsam, aber er ist, wie jeder weiß, die Mutter der Weisheit.

Am nächsten Tag sah Abbas' Knöchel keinen Deut besser aus; es zierte ihn jetzt eine Schwellung von der Größe einer Tennisballhälfte. Es bedurfte meiner ganzen schwesterlichen Überzeugungskraft, ihn dazu zu bringen, daß er in ein Taxi hoppelte und sich zum nächstgelegenen Krankenhaus begab.

Als wir in dem Krankenhaus, einem ausgedehnten, grauen Gebäude, angelangt waren, führte ihn eine mittelalterliche Krankenschwester mit blondgefärbten Haaren zu einem Bett. Ein schaler Weihrauchgeruch erfüllte die Ambulanz, in der es dunkel und schmuddelig, aber behaglich war und an deren fleckigen Wänden Bilder von der Jungfrau Maria und dem Jesuskind schief aufgehängt waren.

Eine andere Schwester kam und rollte Abbas in das Röntgenzimmer, und der Anblick, der sich mir da bot, hätte mich um ein Haar veranlaßt, ihn umgehend wieder hinauszuschieben. Eine Frau stand in der Guillotine, die Arme nach vorne gestreckt und den Kopf durch die Kiefer der gräßlichen Vorrichtung geschoben. Einen fürchterlichen Augenblick lang glaubte ich, mich daheim im Central Middlesex Hospital zu befinden, bis mir einfiel, daß die Schwestern dort nicht soviel Lippenstift trugen. Die Guillotine entpuppte sich, wie Abbas am eigenen Leibe feststellte, als Röntgenapparat. Aber die Atmosphäre war so ungezwungen und entspannt, daß sich unsere Angst nach kurzer Zeit legte.

Nach einer beträchtlichen Wartezeit erfuhren wir von einem ernst und sorgenvoll dreinblickenden Arzt, daß der Knöchel lediglich unter einer *„inflamación"* litt. Er verschrieb uns ein paar Tabletten und wies uns an, an der Pforte zu zahlen.

Ein Taxi brachte uns zu einer Apotheke, und ich studierte eingehend die Rückseite des Rezeptes, um zu sehen, ob irgendein Hinweis darauf zu finden war, daß ich durch eine Sozialversicherung abgedeckt war, hatte aber kein Glück. Ich fühlte mich schon fast wie ein Araber im London der 70er Jahre, als die Straßenhändler in Knightsbridge 25 Pfund für ein halbes Kilo Äpfel verlangten.

Die junge Frau in der Apotheke sah genauso aus wie ich, nur zehnmal schöner. Sie hob den Blick ihrer feuchtschwarzen Augen und lächelte mir affektiert entgegen, als wollte sie sagen: „Na so was! Ich sehe genauso aus wie Sie, nur bin ich zehnmal schöner!" Nein, dachte ich, ich glaube nicht, daß ich Santo Domingo mag.

Auch am Abend hatte sich der Zustand von Abbas' Knöchel nicht gebessert. Sein geschwollener Fuß schwebte hoch über seinem Kopf, als er in seinem Bett lag, und ein hübsches Zimmermädchen goß ihm Tee ein und brachte ihm Spanisch bei. So versessen war er darauf, sich von meiner Gesellschaft zu befreien, daß ich mich aus dem Hotel schlich und auf der Promenade auf und ab wanderte, bis ich schließlich in einem Nachtclub landete. Zuckende Lichtblitze erhellten die Gesichter von Frauen mit strahlenden Augen, und die Männer schwenkten wie rasend ihre Hüften zu wilden lateinamerikanischen Rhythmen. In dem Lokal wurde ausschließlich Salsa gespielt, was ich sehr genoß. Obwohl ich im hintersten Winkel der Bar, tief im Schatten Platz genommen hatte, damit niemand mein Gesicht sehen konnte, schlug mir doch beträchtliche empörte Aufmerksamkeit entgegen, als entdeckt wurde, daß ich allein gekommen war. Nachdem ich ein paar Minuten lang ausgeharrt hatte – in der Hitze schwitzend und unter den entsetzten Blicken immer mehr in mich hineinkriechend –, verließ ich die Bar und trabte zum Hotel zurück. Es gibt Länder, in denen eine Frau allein in eine Bar gehen und sich bis zum frühen Morgen austoben kann; aber wie ich schmerzlich erfahren mußte, gibt es auch Länder, in denen sie das nicht kann.

Da Abbas dauerhaft ans Bett gefesselt war, fühlte ich mich oft einsam, und ich spürte, daß ich immer noch keinen wirklichen Zugang zum Wesen dieses Landes finden konnte. Ich hatte keine Freundschaften geschlossen, abgesehen von dem verkannten Dichter, was zum Teil daran lag, daß kaum jemand Englisch sprach. Die einzigen Menschen, mit denen ich mich gut verstand, waren die Schuhputzerjungen. Ich hatte mir vorher noch nie die Schuhe putzen lassen und stellte fest, daß mir diese Erfahrung so großen Spaß machte, daß meinen Schuhen schon bald drei- bis viermal täglich eine Politur zuteil wurde. Ich blinkte wie Glas vom Knöchel bis zur Sohle.

Eifrige kleine Jungen, zwischen sechs und zwölf Jahren, plapperten mit glockenhellen Stimmen über die laufenden Ereignisse, ihre Familien und alles, was ihnen gerade in den Kopf kam. Aus irgendeinem Grund konnte ich sie verstehen, und sie verstanden mich. Vielleicht liegt es daran, daß Kinder in ihren Gesten meist so viel ausdrucksvoller sind als wir abgestumpften Erwachsenen. Sie waren alle ausgesprochen ehrlich und verlangten nur etwa fünf Pence. Als ich einem von ihnen einmal umgerechnet fünfzig Pence anbot, wedelte das Kind entsetzt mit den kleinen Armen und rief: *„No! No!"*

Nur ein kleiner Junge, ein achtjähriger Bengel in zerlumpten Shorts, versuchte, mich übers Ohr zu hauen. Ich saß in einem Straßencafé auf einem hübschen Platz im Stil des sechzehnten Jahrhunderts. Ein kleiner, schnurrbärtiger Kellner wieselte um meinen Tisch herum, versorgte mich mit zusätzlichen Zuckerstückchen und lungerte in Erwartung eines besonderen Trinkgeldes herum. Plötzlich tauchten zwei kleine Jungen auf, ein Achtjähriger mit einem hölzernen Schuhputzkasten, und sein kleiner Bruder, ein bemerkenswertes Kind mit riesigen Augen und einem dichten Lockengewirr.

Der Kellner fuhr sie an, sie sollten seine Kunden in Ruhe lassen, aber ich streckte einen glänzenden Fuß aus, und das Kind machte sich an die Arbeit. Als ich dem kleinen Bruder eine Münze zuwarf, zeigte das eine recht erstaunliche Wirkung. Er fing die Münze auf, küßte sie, hielt sie gen Himmel und bekreuzigte sich dann damit. Ich war von diesem Schauspiel so begeistert, daß ich ihm alle dominikanischen Münzen zuwarf, die ich in meiner Börse hatte. Jedesmal aufs neue wiederholte der kleine Junge seine Nummer mit großer Leidenschaft und wartete dann in atemloser Spannung auf die nächste Münze.

Unterdessen erhöhte der Schuhputzerjunge seinen Preis mit jeder geworfenen Münze. Dem Kellner traten vor Neid die Augen aus den Höhlen. Er, der mich so untadelig bedient hatte, mußte sich mit ein paar Pesos begnügen, und diese beiden dahergelaufenen Gauner erhielten Unsummen von dieser verrückten Touristin – nur dafür, daß sie den Hanswurst spielten! Er stand da und beobachtete die Vorgänge in verletztem Stolz.

„Dein Schuhputzen ist *mucho caro*, sehr teuer", bemerkte ich zu dem Jungen, der die Augen aufriß und sein Gesicht auf aberwitzig groteske Weise verzerrte.

„*No, no!*" kreischte er mit nasaler Stimme, „*Barato! Barato! Barato!*"

„Ich gebe dir nur *dos pesos*", scherzte ich. Die Bemerkung hatte zur Folge, daß er sich über seinen Schuhputzkasten warf und in lautes, gespieltes Jammern ausbrach.

„Also gut, dann eben drei Pesos." Der Rücken des Jungen wurde von lauten, unechten Schluchzern erschüttert.

„Na gut, *cinco pesos*." Er sprang in die Luft und führte einen Tanz auf. Sein kleiner Bruder, der nun schon einige Sekunden lang keine Münzen mehr bekommen hatte, stand immer noch reglos wie ein Soldat da und starrte mich mit großen Augen an. Meine einheimischen Münzen waren verbraucht, daher gab ich ihm einen englischen Penny. Der Kellner, der, grün und gelb im Gesicht vor Neid, um den Tisch herumgeschlichen war, packte den Jungen plötzlich und rang ihm den Penny aus der Hand. Weit davon entfernt, sich auf den Boden zu werfen und in gespieltes übertriebenes Schluchzen auszubrechen, wie sein älterer Bruder es getan hätte, warf der kleine Junge dem Kellner nur einen Blick voll flehender Resignation zu und trat einen Schritt zurück.

„Geben Sie ihm seinen Penny zurück, Sie Grobian!" sagte ich, doch der boshafte Kellner grinste nur höhnisch und schlenderte mit wiegendem Gang davon.

„Hier hast du statt dessen ein Zweishillingstück, das ist viel mehr wert." Damit gab ich dem Jungen 10 Pence.

„*Gracias, gracias!*" Erneut vollführte er seine Kuß- und Bekreuzigungsorgie und stand wieder erwartungsvoll still.

Inzwischen hatte der Schuhputzerjunge meine Schuhe so strahlend poliert, daß ich mir eine Sonnenbrille aufsetzte, um sie mir anzusehen. Dann tat ich so, als sei ich erblindet, und begann im Café herumzutaumeln, angefeuert vom Gelächter der beiden Kleinen und all der anderen Kinder, die sich versammelt hatten, um die erwachsene Frau auszulachen, die sich zum Narren machte.

Nur der Kellner blieb völlig unberührt von der Komik der Situation.

Einige Tage später begab ich mich zu einem Reisebüro, um einen Flug nach Haiti zu buchen. Obwohl es zur selben Insel gehört, ist es unmöglich, das Land mit dem Schiff oder dem Bus zu erreichen. Mein Weg den Hang hinauf führte mich durch eine Barackensiedlung, in der fröhlich pulsierendes Leben herrschte. Frauen wuschen unter Geschrei und Gelächter die Wäsche in großen Bottichen. Kinder rannten in ihren Häusern aus Pappe und rostigem Blech ein und aus, und Händler, die Zuckerrohr, Schmalzgebäck, neue und gebrauchte Kleider verkauften, priesen den Kunden ihre Waren an.

Salsamusik dröhnte aus allen Winkeln. Man konnte ohne weiteres in die Häuser hineinsehen, sah die notdürftig zurechtgezimmerten Betten und die schmuddeligen Bücher, die hier und da auf dem Boden herumlagen. Der Geruch war einigermaßen furchterregend. Vielleicht hatte London im achtzehnten Jahrhundert ebenso gerochen, abgesehen natürlich von dem unerträglichen Abgasgestank der Autos. Die meisten der Wagen spuckten gewaltige schwarze Wolken aus, und daß sie sich vorwärtsbewegten, schien reine Zauberei. Der Pflanzenwuchs wirkte schmutziggrau und staubig. Tropische Vegetation beängstigte mich immer noch, sie wirkte so überaus undurchdringlich und lebendig.

Bevor ich zum Reisebüro kam, mußte ich noch etwas Wichtiges in der Drogerie besorgen.

Die Drogerie war der personell überbesetzteste Laden, der mir je begegnet ist. Ein Schwarm junger Frauen umringte mich, und sie erkundigten sich nach meinen Wünschen. Ich war so verlegen, daß ich es kaum zu verlangen wagte, wohl wissend, daß sie mein Englisch nicht verstehen würden und daß mein Spanisch so schlecht war, daß sie das vermutlich ebensowenig verstehen würden. Am Ende, nachdem ich lange in meinem Sprachführer gesucht hatte, murmelte ich: *„Paños higiénicos"*, und der ganze Laden brach zusammen vor Lachen. Zwei Frauen, die vor Lachen kaum noch Luft bekamen, hielten sich in hilflosem Vergnügen aneinander fest und wären um ein Haar umgefallen. „Wie ich euch hasse", dachte ich, während ich sie mit zusammengekniffenen Augen beobachtete. Nach einer fünfminütigen Spanne kreischenden Gelächters reichte mir eine der Frauen eine Schachtel, kicherte weiter, während ich bezahlte, und brach wieder in schallendes Lachen aus, als ich aus dem Laden stürzte.

„Was iist das füür ein Gelächter?" erkundigte sich ein junger Mann, als ich auf die Straße trat. „Haben Siie Wiitze erzäählt?"

„So ungefähr", entgegnete ich und eilte weiter zum Reisebüro.
Der Mann im Reisebüro konnte nicht glauben, daß eine geistig
gesunde Frau wie ich freiwillig nach Haiti reisen wollte.

„Aber warum?" fragte er andauernd und rieb sich verwundert die
roten Augen. Die Angestellten der Agentur schauderten bei der
bloßen Erwähnung des Wortes Haiti.

Mir war aufgefallen, daß jeder englischsprachige Mensch, in
dessen Gegenwart ich Haiti erwähnt hatte, den Kopf geschüttelt und
gesagt hatte, daß niemand mit gesundem Verstand sich in ein solches
Land wagen würde. Selbst der Hoteldirektor war von krampfhaftem
Zittern befallen worden, als er den Namen Haiti gehört hatte, und
dann hatte er gemeint: „Sie und Ihr Bruder müssen die einzigen
Menschen der Welt sein, die in ein solches Land reisen wollen."

Nicht, daß auch nur eine Menschenseele bereit gewesen wäre, zu
erklären, warum es ein so gräßliches Land sei, aber die bloße
Erwähnung von Haiti rief unweigerlich ein Schaudern hervor.

Es muß eine gewisse Feindseligkeit zwischen den beiden Ländern
herrschen, denn von den Dominikanern wurde zur Einreise ein
Visum verlangt, während die Briten einfach nur einen Flug zu buchen
brauchten.

Ich gab mir Mühe, nicht allzuviel an Haiti zu denken, denn wenn
ich es tat, durchlief mich eine tiefe, fürchterliche Angst und lähmte
mich beinahe.

Es würde eine Ewigkeit dauern, bis Abbas sich soweit erholt hätte,
daß er mich begleiten könnte. Ich mußte allein hinfahren.

Am Tage, bevor ich aus Santo Domingo abreiste, nahm ich ein
Taxi zum Zoo. Eine winzige Eisenbahn trug mich durch den tropischen Park, und es bot sich mir der herrliche Anblick einiger
prachtvoller, edler Tiere, die in geräumigen Käfigen umherstreiften.
Ein ferner Gruß aus Kingston, nur daß ich diesmal allein war und
kein Little Mannie mir Gesellschaft leistete.

Hinter dem Zoo erhob sich ein zerklüfteter Berg, an dessen Hang
das Gewirr von Pappe und Stangen einer gewaltigen Barackenstadt
hinaufkroch. Wenn es regnet, dachte ich, dann „plaatsch!" Ganz
sicher würde alles in einem einzigen Matschhaufen hinunterge-
schwemmt werden. Kinder spielten mit Stöcken und zusammenge-
rollten Zeitungen Kricket und purzelten den Hang hinunter. Wie
merkwürdig es war, daß die Menschen, die auf den schiefen Treppen
zu ihren notdürftigen Behausungen hinaufstiegen, tatsächlich dort

wohnten. Sie sahen so elegant und herausgeputzt aus: die Männer in sorgfältig gebügelten Hosen, die Frauen so auffallend gut gekleidet wie überall sonst auf der Welt; es fiel schwer, zu glauben, daß ihre Häuser nichts anderes als wacklige Pappkonstruktionen waren. Vielleicht ist es dort angenehmer zu wohnen als in einem Hochhausblock in Brixton. Wenigstens scheint die Sonne, und man hat nie das furchtbare Gefühl, an einem eiskalten Tag eingeschlossen zu sein.

Die Sonne ging mit rot-orangem Leuchten unter, und ein Stern begann zu funkeln.

Abbas lag in tiefem Schlaf, als ich zum Hotel zurückkehrte, und mich überkam unerträgliches Heimweh. Die Dominikanische Republik hatte sich mir überhaupt nicht geöffnet. Vielleicht würde ich keine der Inseln je begreifen. Ich versuchte zu schlafen, aber eine unheilvolle Stimme schien unaufhörlich „Haiti, Haiti, Haiti" zu knurren. Ich knipste das Licht an. Es war vier Uhr morgens.

„Abbas. Abbas. Abbas!"

„Hä, wer, wo, was?"

„Entschuldige, daß ich dich aufwecke."

„Was ist passiert?"

„Ich fliege morgen nicht nach Haiti. Ich habe zuviel Angst."

„Wir werden sehen."

„Na gut, ich fliege, aber ich warne dich: wenn es zu beängstigend ist, gehe ich keinen Schritt aus meinem Hotelzimmer."

„In Ordnung, gute Nacht."

„Das heißt, wenn es zu beängstigend ist, komme ich umgehend zurück."

Abbas öffnete ein gerötetes Auge.

„Wovor hast du solche Angst?"

Ich dachte einen Augenblick nach.

„Vor hemmungsloser Gewalt."

„Ach so, ich verstehe, dann mach bitte das Licht aus und schlaf. Gu' Nacht."

Trommeln in der karibischen Nacht

Nebelschwaden hüllten mich vollkommen ein, und mir wurde bewußt, daß ich mich im Wald verirrt hatte. Ich lief sehr langsam, und meine Füße versanken im morastigen Boden. Wo war Abbas? Plötzlich schoß ein leuchtend roter Dämon hinter einem Baum hervor, bohrte mir eine klauenartige Hand in die Schulter und sagte: „Willkommen in Haiti!"

„Wach auf, Zenga", sagte Abbas, indem er mich an der Schulter rüttelte. „Zeit, aufzubrechen, Haiti erwartet dich."

„Aber ich kann einfach nicht, besonders, nachdem ich Graham Greenes Buch über Haiti gelesen habe."

„Also, wenn du von Graham Greene auch nur im geringsten Notiz nehmen würdest, bekämst du zuviel Angst, um nach Brighton zu fahren."

Ich verstand, was er meinte.

Im Badezimmer stand ich ein paar Minuten lang vor dem Spiegel und übte meinen „Voodoo-Totenkopf"-Blick. Ich war schon seit langem entschlossen, mit gleicher Kraft zurückzuvoodoon, wenn irgend jemand versuchen sollte, mich mit Voodoo zu verhexen. Und bei dem Voodoo-Totenkopf-Gesicht, das ich von einem Moment zum anderen aufsetzen konnte, mußten die Haitianer unweigerlich in tiefer Furcht vor mir erzittern. Einen Voodoo-Totenkopf-Blick kann man sich ohne weiteres zulegen, aber er erfordert eine Menge Übung. Das Kinn wird fast bis auf die Brust gesenkt, das rechte Auge quillt hervor, während das linke zusammengekniffen wird, und die Lippen sind grausam verzerrt. In Londoner U-Bahnzügen, in denen ich den Blick immer wieder ausprobiert habe, war der Erfolg durchschlagend. Es wurde sogar bekannt, daß ein Geschäftsmann aus der City deswegen seinen Platz freimachte, so gewaltig war die Wirkung des Blickes.

Warum hatte ich solche Angst vor Haiti?

Der Grund lag auf der Hand.

Alles, was ich je über das Land gehört hatte, war schrecklich und furchterregend.

Was fällt einem ein, wenn man an Haiti denkt? Voodoo, Tontons Macoutes, wahnsinnige Diktatoren und Zombies. Überdies wurde mir vor meiner Abreise von wohlmeinenden Freunden verkündet, die Haitianer würden kurzen Prozeß mit mir machen, weil ich „Mulattin" bin und die schwarze Bevölkerung eine tiefe Abneigung gegen ihre hellhäutigeren Landsleute hegt.

„Die Schwarzen werden dich hassen, und die Weißen werden dich *verachten*", erklärte mir ein Freund, der das Leben immer von der heiteren Seite betrachtet, mit strahlenden Augen.

Bevor ich meine Reise antrat, prophezeite mir mein älterer Bruder Lancelot, der sich aus Büchern über Haiti informiert hatte, daß ich eines schönen Abends mit einem unerklärlich bohrenden Kopfschmerz zu Bett gehen würde. Und beim Aufwachen am nächsten Morgen — wäre ich ein Zombie.

Das klang vollkommen einleuchtend, denn es ist eine erwiesene Tatsache, daß es Zombies wirklich gibt.

Ein Voodoo-Priester verabreicht dem Opfer eine Droge, die, nach wahrer Shakespeare-Manier, alle Symptome des Todes hervorruft. Der Herzschlag verlangsamt sich so drastisch, daß kein Puls mehr feststellbar ist, und der Atem wird so flach, daß man ihn nicht mehr wahrnehmen kann.

Die unglückliche Person wird begraben und betrauert, als sei sie wirklich tot, doch nach ein paar Tagen gräbt der Voodoo-Priester den „Leichnam" wieder aus und flößt ihm eine andere Droge ein, durch die er wieder zum Leben erweckt wird. Der lebende Tote oder Zombie ist nun vollkommen willenlos und lebt bis in alle Ewigkeit als Sklave des Voodoo-Priesters.

Die Angst davor, ein Freund oder Verwandter könnte in einen Zombie verwandelt werden, veranlaßt viele Haitianer, jedem

Menschen, der plötzlich und unter unerklärlichen Umständen stirbt, die Beine zu brechen und das Herz zu durchbohren.

Ja, von allen karibischen Inseln hat Haiti mit Sicherheit den schlechtesten Ruf.

Kurz bevor ich das Hotel verließ, überreichte mir Abbas ein Geschenk. Ein Geschenk, so sagte er, das er eigentlich selbst hatte benutzen wollen, das er mir aber vermachte, da er im sicheren Santo Domingo zurückblieb. Es war ein Feuerzeug in Form eines Revolvers.

„Richte es auf die Tontons Macoutes, wenn sie dir auf die Nerven gehen. Trag es immer bei dir, aber sei nicht abergläubisch und hab keine Angst, daß dich das Glück verläßt, wenn du es verlierst."

In diesem Augenblick wußte ich, daß mich das Glück verlassen würde, wenn ich es verlor.

Es wäre gelogen, wenn ich behaupten würde, mir hätte das Herz nicht bis zum Halse geschlagen. Bevor ich England verließ, war das Fernsehen überflutet mit grausigen Bildern von dem Gemetzel, das hier während der Wahlen stattgefunden hatte. Wenige Tage nach meiner Ankunft sollte ein neuer Präsident sein Amt antreten. Ich hoffte nur, daß die Stimmung im Land nicht allzu hysterisch war.

„Also, Abbas, es wird Zeit."

Abbas saß aufrecht im Bett und plauderte mit einem üppigen Zimmermädchen, während er geziert ein Frühstück aus Pisangbrei verzehrte.

„Also, dann setz dich in Bewegung. Grüß Papa Doc von mir."

„Papa Doc ist schon lange tot."

„Na, macht auch nichts, du wirst bestimmt Leuten begegnen, die genauso schlimm sind."

Diese trostreichen Worte klangen mir noch in den Ohren, als ich ein Taxi anhielt, aber bald darauf saß ich im Flughafen von Santo Domingo. Es gab nichts anderes zu trinken als lauwarmes Seven-Up. Haiti die Stirn zu bieten ohne den Rückhalt einer guten Tasse Tee, erschien mir unerträglich. Tee ist der Quell der Hoffnung. Die anderen Passagiere waren nach Miami unterwegs: heitere Dominikaner, die ein gesundes, üppiges Leben führten.

Als die Maschine abhob, stellte ich fest, daß ich zum ersten Mal im Leben das Ankommen mehr fürchtete als das Fliegen selbst. Vor mir saßen zwei elegant gekleidete Haitianer, die aussahen wie gutsituierte nigerianische Jurastudenten. Ich sehnte mich danach, ihren Blick zu erhaschen und mit ihnen zu reden, aber sie strahlten eine solche Strenge aus, daß ich nicht wagte, sie anzusprechen. Alles machte mich nervös. Bei der Frage einer Stewardess, ob ich angeschnallt sei, fuhr ich fast aus der Haut vor Schreck, und ebenso erging es mir, als mich eine Dame auf der anderen Seite des Ganges flüsternd darauf hinwies, daß ich im Nichtraucherteil saß, und mich bat, meine Zigarette auszumachen. Ich hatte bisher noch keine Talipots gesehen, aber ich war sicher, daß sie alle, ebenso wie auf Jamaika, in Haiti versammelt waren.

Ich fing einen Brief an meine Mutter an.

„Ich sage dir gleich", schrieb ich, „daß ich beim ersten Zwischenfall, der mir Angst einjagt, zurückfliege. Du wirst sicher froh sein, zu hören, daß Doot-Doot (unser Kosename für Abbas) nicht mit mir gekommen ist."

Meine Mutter hatte sich solche Sorgen bei dem Gedanken gemacht, ihr „Jüngelchen" mit mir als einzigem Schutzengel nach Haiti fliegen zu lassen.

Als die Maschine hinabrauschte, wurde mir immer mulmiger zumute. Ich war also wirklich hier, in Haiti.

Aber als ich aus der Maschine kletterte, lächelte die herrliche Sonne tröstend auf mich nieder. Aus irgendeinem Grund hatte ich mir Haiti immer kalt und düster vorgestellt.

Die erste Amtshandlung der Paßbeamten war, mein Feuerzeug zu konfiszieren und mir energisch zu erklären, daß ich unter keinen Umständen eine so gefährliche, furchtbare Waffe mit ins Land bringen durfte.

„Nun, Madame, ist es das erste Mal, daß Sie in das Land Ihrer Vorfahren zurückkehren?"

„Meine Vorfahren stammten nicht von hier, sie sind aus Nigeria."

„Meine auch. Wenn Sie also nicht von hier sind, warum ist Ihre Wahl dann auf Haiti gefallen? Besonders jetzt — in einer solchen Zeit?"

„Äh —"

„Und auch noch allein? Ich werde beten, daß Ihnen nichts geschieht."

„Nichts geschieht? Warum sollte mir etwas geschehen?"

Der Beamte grinste dümmlich und machte sich mit den Formularen wichtig.

Mit meinem Koffer in der Hand verließ ich das Flughafengebäude und wußte nicht recht, was ich als nächstes tun sollte. Wie trieb ich am besten ein Hotel auf?

Als ich auf die sonnige Straße hinaustrat, fiel mir als erstes eine Parade leuchtend bunt bemalter Busse ins Auge. Die Malereien sahen aus wie die Bilder auf Rummelplätzen und die Kunst in U-Bahnschächten, nur viel schöner. Die Busse hatten kunstvoll geschnitzte Holzrahmen, verziert mit Fransen, bunten Lämpchen und Silberglöckchen. Sie fuhren in blendendem Farbenglanz die Straße auf und ab.

„Oh, wie wunderschön!" stieß ich atemlos hervor.

„Ihnen gefallen unsere Busse, *Mademoiselle*? Sie heißen Tap-Taps."

„Tap-Taps?"

„*Oui, Mademoiselle*. Sie wundern sich, daß ich Sie auf Englisch anspreche? Wie konnte ich das wissen, haben Sie sich gefragt? Well, *laissez-moi* erklären. Sie haben Ihren Paß auf dem Weg heraus verloren, und hier! Ich habe ihn für Sie aufgehoben, und hier! Da haben Sie ihn."

„Ach Herrje! Danke!"

„Sie haben in England einen Ausdruck, ist es nicht so? Ich glaube, er heißt ‚Das Värgnüügen ist ganz meinerseits‘."

„So ist es. Vielen Dank nochmal."

„Würden Sie mir erlauben, Ihren Namen zu erfahren?"

Ich sagte es ihm.

„Und ich, *Mademoiselle*, bin Jean-Claude de la Vallière."

„*Enchantée, Monsieur.*"

„Bitte, *Madame*, Sie sprechen sehr schlecht französisch, was außerordentlich unangenehm im Ohr klingt. Erlauben Sie sich selbst, englisch zu sprechen."

„Oh, na gut."

„Ich vermute, Sie warten auf den Wagen."

„Nein."

„*Le taxi?*"

„Nein."

„Was tun Sie denn dann hier mitten auf der Straße? Ich denke, es muß so sein, daß Sie darauf warten, durch die Hand eines Tap-Tap-Fahrers den Tod zu finden!" Hier brach er unvermittelt in fröhliches Gekicher aus, und ich drehte mich zu ihm um, überrascht über diese erste Kostprobe haitischen Humors.

95

Jean-Claude war ein hochgewachsener, hagerer und sehr hellhäutiger Mann, und der Anzug, den er trug, hätte geradewegs aus der Savile Row stammen können. Maßgeschneiderte graue Seide, mit Rüschen am Kragen und an den Ärmelaufschlägen.

„Kommt Sie jemand abholen?"

„Nein."

„Es kommt Sie niemand abholen, und Sie wissen nicht, wohin? Sind alle englischen Frauen Geschöpfe mit so eigenartigen Gewohnheiten?"

„Ich suche ein Hotel."

„Wenn Sie ein Hotel suchen, so werden Sie hier keins finden."

Er brach wieder in heiteres Gelächter aus, und ich fiel ein, stets bereit, mich den Landesbräuchen anzupassen.

„Bitte, *Madame*, bitte erlauben Sie mir, Sie in meinem Wagen mitzunehmen und ein Hotel für Sie zu suchen. Ich wohne in Pétionville, und ich bin sicher, daß ich ein hübsches Hotel für Sie finden kann."

Das schien mir eine gute Idee, und so setzten wir uns in seinem langgestreckten silbernen Wagen in Bewegung und glitten, einem Strom von Tap-Taps folgend, die Straße entlang.

„Ich denke, es wäre das beste für Sie, *Madame*, wenn Sie auf dem Weg dorthin die Augen schließen würden."

„Warum?"

„Weil der Anblick, der sich Ihnen bieten wird, nicht sehr angenehm ist."

Ein kalter Schauder lief mir den Rücken hinunter. Vielleicht hätte ich doch nicht herkommen sollen.

Blechhütten standen mitten zwischen Bergen von Müll und Schmutz. Große, eindrucksvolle Männer und Frauen verkauften alte Reifen, Lumpen und etwas, das aussah wie Klumpen verbrannten Plastiks. In ärmliche Fetzen gekleidete Frauen mit riesigen Strohhüten arbeiteten mit wilder Energie, die nicht fröhlich, nicht geschäftig war, sondern eher gehetzt und fast verzweifelt. Kleine Kinder, halb nackt und schmutzig, trugen große Blechkannen auf dem Kopf und bahnten sich einen Weg über die schlammigen Pfade, wo zwergenhafte Ziegen auseinanderstoben, wenn sie über die Müllhaufen stolperten.

Haiti ist nicht viel größer als Wales und bildet zusammen mit der angrenzenden Dominikanischen Republik die zweitgrößte Insel in der Karibik. Konnten zwei Länder, die so dicht beieinander lagen, wirklich so unterschiedlich sein? Wo waren die lachenden Gesichter und die Scherze, die Kinder mit ihren phantasievollen Spielen, von denen es in Santo Domingo nur so wimmelte?

Die Barackenviertel in Haiti sind öde und trostlos und in einem Zustand überwältigender, niederdrückender Verwahrlosung.

„Halten Sie an", sagte ich plötzlich, „ich möchte aussteigen."

Jean-Claude, der den Wagen schweigend gelenkt hatte, starrte mich fassungslos an.

„Aussteigen? Sie meinen, aus dem Wagen? Aber wir sind in einer sehr üblen Gegend. Sie wissen nicht, wie diese Menschen sind. Es sind keine netten, wohlerzogenen Leute wie Sie und ich."

„Bitte, *Monsieur*, bitte halten Sie an, damit ich mir selbst ein Bild machen kann."

Jean-Claude hielt am Straßenrand, wo ein mit offenen Wunden bedeckter Mann, den Kopf auf einen Haufen verkohlter Stöcke gebettet, auf dem Boden lag.

„Die werden Sie in Stücke reißen, wenn Sie zu denen gehen."

Aber ich knallte die Tür zu und stieg über eine säugende Mutterziege, die halb schlafend auf dem staubbedeckten Gehsteig lag, während ein Zicklein gierig an ihrem kleinen, verschrumpelten Euter saugte.

„Lassen Sie wenigstens die Handtasche im Auto. Sonst werden Sie die niemals wiedersehen!" schrie mir Jean-Claude aus dem Wagenfenster nach, und sein helles Seidenhemd leuchtete grell in der Sonne.

Ich setzte meinen Weg vollkommen unbeirrt fort. Ich wußte, daß mir kein Leid geschehen konnte. An keinem Ort der Welt werden Touristen von der Bevölkerung grundlos verprügelt, und abgesehen davon, trug ich den Davidsstern.

Zuerst starrten mich ein paar Kinder in heilloser Verwunderung an, dann rannten sie plötzlich alle gleichzeitig auf mich zu und schrien: „Ssss! Dollar! Dollar!" Ich wich zurück, rutschte gegen ein verrostetes Fahrrad und stürzte in die Arme einer alten Frau, die mir aufhalf, dann ihre Gesichtszüge zu einer flehenden Miene zurechtzog und sagte: „Sssss. Dollar." Drei Männer stürzten, angezogen von dem Lärm, auf mich zu und fielen augenblicklich in das „Ssss! Dollar"-Gejammer ein. Bald sah es so aus, als ob mich die ganze Welt umzingelte und nach Dollars schrie.

Die Leute kamen aus ihren Häusern gerannt, um sich die verrückte Weihnachtsfrau anzusehen, die offenbar mit Dollars um sich warf wie mit Konfetti.

Ein kleines Kind bekam einen Dollar von mir und rannte kreischend vor Glück zu seiner Mutter, nur um von einem Mann am Schlafittchen gepackt zu werden, der behauptete, sein „Onkel" zu sein, und ihm den kostbaren Dollar gewaltsam aus den schmutzigen kleinen Fingern wand. Wie schon der alte Spruch besagt:

> Der Regen fällt hernieder auf
> des Gerechten wie des Ungerechten Haut.
> Meist jedoch auf den Gerechten, denn
> Dem Gerechten hat der Ungerechte den Schirm geklaut.

Traurig, aber wahr, daß es immer der Größte und Kräftigste war, der sich in den Vordergrund schob und am lautesten bettelte, während die Bedürftigsten geduckt im Hintergrund kauerten. So schien es mir immer, als würde ich das Geld an die Wohlgenährtesten verteilen, die erst einen Blick auf das Gegebene warfen, dann auf mich, als wollten sie sagen: „Du hast alles. Ich habe nichts. Ist dieses schäbige bißchen alles, was du ausspucken kannst?" Die Gourde ist die offizielle Währung in Haiti, aber US-Dollars sind es, wonach die ganze Nation giert.

Es war unmöglich, herumzuschlendern und sich umzusehen, weil ich von allen Seiten belagert wurde. Nachdem ich ein paar Minuten lang angeschrien und angebettelt worden war, bahnte ich mir einen Weg zum Wagen zurück.

„Sie müssen eine Anhängerin des Königs sein."

Ich drehte mich um und erblickte eine alte Frau mit Armen so dünn wie Stöckchen, die an ihrer Hütte lehnte.

„Ich weiß nichts von einem König", entgegnete ich.

„Sind Sie nicht hierher gekommen, um den König zu besuchen?"

„Was für einen König?"

„Na, den König von Haiti natürlich."

„Haiti hat keinen König."

Ein junger Mann brach in höhnisches Gelächter aus.

„Natürlich hat Haiti keinen König", grinste er. „Der Mann, von dem sie spricht, ist verrückt. Sie sieht dich, und sie denkt, du mußt seine Freundin sein. Bitte einen Dollar."

Ich hatte inzwischen nur noch Travellerschecks, und so riß ich die Wagentür auf und stieg ein. Ungefähr ein Dutzend Hände schoben sich durchs Fenster und verschmierten Jean-Claudes perlfarbene Sitze mit Schmutz und Dreck.

„Drehen Sie das Fenster hoch!" schrie er angstvoll, und schon schossen wir davon. Kinder jagten hinter dem Auto her und schrien nach Dollars, bis sie von Staubwolken verschluckt wurden.

„Was habe ich Ihnen gesagt, *Madame*. Diese Leute sind arm und unwissend. Sie wollen nichts als Ihr Geld, aber sie hassen Sie dafür. Geben Sie ihnen Geld, aber wo ist dann die Grenze? Es ist nicht ratsam für Sie, allzu oft in solche Gegenden zu gehen."

„Aber, Jean-Claude, ich habe etwas gesehen, das mich grenzenlos beeindruckt hat!"

„Was haben Sie gesehen? Eine Leiche?"

Ich beachtete die Bemerkung nicht.

„Die *Kunst*. Selbst in der erbärmlichsten Hütte gab es irgendein Kunstwerk, und wenn es nur eine Tischdecke aus ausgeschnittenen Zeitungsmustern oder Kreidezeichnungen auf dem Boden war. Ich habe noch nie etwas so Schönes gesehen."

„Ich verstehe. Sie lieben also naive Kunst."

„Ich hasse den Ausdruck ‚naive Kunst', auch wenn es die offizielle Bezeichnung dafür ist."

„Wie empfindlich Sie sind, *Madame*. Diese Menschen haben nicht dieselbe Kultur wie Sie und ich. Sie sind Europäerin, und ich bin ein Mitglied der Gesellschaftsschicht, die man als die Elite von Haiti kennt. Wir teilen die Kultur der Europäer, aber diese Leute hier brauchen noch Jahrhunderte, um uns einzuholen."

„Ich erinnere mich an einen... südafrikanischen Buren", murmelte ich, „der genau dasselbe in einer Bar am Piccadilly zu mir gesagt hat. Jetzt hören Sie mal, Jean-Claude. Wenn Sie wollen, daß ich mich von Ihnen herumfahren und mir ein Hotel suchen lasse, dann mäßigen Sie sich mit diesem ‚Ich bin so überlegen'-Unsinn. Es geht mir auf die Nerven."

„Aber es gibt so etwas wie eine Theorie von den überlegenen und unterlegenen Rassen. Haben Sie nie Darwin gelesen?"

„Darwin kann zum Teufel gehen."

„Aber Darwin hat gesagt, daß —"

„Darwin hat gesagt, daß die Inzucht der Rassen zu halb schwachsinnigen Mutanten führt. Soviel zu Darwin. Ich glaube jedenfalls nicht, daß die Rasse einer Person in irgendeiner Weise ihre Intelligenz oder andere Eigenschaften bestimmen kann. Alles, was davon bestimmt wird, ist die Hautfarbe und bestimmte körperliche Merkmale."

„Was sind Sie eigentlich, vielleicht eine Christin, Sozialistin oder was?"

„Warum fragen Sie?"

„Weil Sie höchst eigenartige Vorstellungen haben. Was Sie nicht begreifen, ist die Tatsache, daß jemand die Menschen an ihrem Platz halten muß. In Haiti gibt es mehr als fünf Millionen Einwohner, das sind fünfhundertzwanzig Menschen pro Quadratmeile, und die Bevölkerung wächst rasch an. Fünfundsiebzig Prozent können nicht lesen und schreiben, und das Land wird als das ärmste der westlichen Hemisphäre betrachtet. Die Mulatten machen nur ein Zehntel der Gesamtbevölkerung aus. Der neue Präsident, Madigat, ist ein sehr guter Mann. Er unterstützt die Freundschaft mit den Amerikanern und versteht, daß man nur mit militärischer Macht das Volk unter Kontrolle halten kann."

„Mochten Sie Papa Doc?"

„Ah ja, er *aussi* war ein guter Mann. Er hatte zuerst die Vorstellung, ein ,*noirist*' zu sein, äh, entschuldigen, wissen Sie, was ich mit ,*noirist*' meine?"

„Ja, ,für die Schwarzen'."

„Genau. Meine Familie war zuerst außer sich vor Angst, als er an die Macht kam, aber dann heiratete er eine Mulattin, und als sein Sohn Baby Doc an die Macht kam, heiratete der auch eine Mulattin, bis die ganze Regierung von der Mulattenelite gestellt wurde. Uns ging es sehr gut, als diese Familie an der Macht war."

„Solange es Ihnen also nur sehr gut geht, halten Sie die Diktatur für eine gute Sache?"

„Bitte, *Mademoiselle*, bitte seien Sie nicht so hart zu mir. Was soll man mit diesen Leuten machen? Wußten Sie nicht, daß fünfundachtzig Prozent dem Voodoo-Kult anhängen?"

„Na und?"

Jean-Claude warf mir einen Seitenblick zu. „Sie müssen wirklich Sozialistin sein", sagte er.

Ich starrte aus dem Wagenfenster und dachte nach über das, was Jean-Claude gesagt hatte, und auch über die Bemerkung jener Frau über den König von Haiti.

Pétionville, die Heimat der haitianischen Oberklasse, ist ein Vorort von Port-au-Prince und liegt feindselig auf dem Gipfel einer felsigen Anhöhe.

Unser Wagen kroch hinter einem Tap-Tap die Straße hinauf, das dicke, rußige Abgaswolken ausspie. Die Häuser in Pétionville lassen sich mit Worten kaum beschreiben. Villen von grotesker architektonischer Gegensätzlichkeit erheben sich hinter Eisengittern, werden bewacht von geifernden, furchterregenden Hunden. Arabisch anmutende Paläste, mächtige stucküberladene Häuser und marmorne Tadsch Mahals flogen an uns vorüber, als wir die staubigen Straßen entlangholperten.

Die Oberschicht war nicht zu sehen. Nur Männer und Frauen, die, unglaublich große Körbe auf dem Kopf balancierend, anmutig über die steinigen Straßen schritten.

Unter uns bot sich der Anblick eines atemberaubenden Hafens mit Palmen und Blumen, dem allerdings die aufsehenerregende Pracht von Jamaika fehlte.

„Hier ist ein recht hübsches Hotel. Sie können hier bleiben, wenn es Ihnen gefällt. Ich würde Sie einladen, in meinem Haus zu wohnen, aber ich fürchte, Sie würden nur Theater machen, wenn Sie meine Dienerschaft sehen, und Verwirrung stiften, indem Sie ihnen Geld geben."

„Wie umsichtig Sie sind, *Monsieur*."

„Ich nehme an, Sie werden als nächstes verkünden, wie sehr Sie alle Weißen dafür hassen, daß sie die Schwarzen so schlecht behandelt haben."

„Ich könnte niemals einen Menschen dafür hassen, wie er aussieht oder wo er geboren ist."

Manchmal kann ich von unerträglichem Edelmut sein.

Das Hotel war ein von hellroten Blüten und Palmen umgebenes hübsches weißes Gebäude im Kolonialstil.

„Vielen Dank fürs Mitnehmen."

„Mein Vergnügen, *Madame*. Ich würde mich freuen, wenn Sie heute abend zu mir zum Essen kämen. Dann könnten wir anschließend ins Kasino gehen."

Er reichte mir eine Visitenkarte, die ich einsteckte, dann kletterte ich aus dem Wagen. Ein paar Männer machten Anstalten, mein Gepäck zu tragen, aber ich wehrte sie mühelos ab. Da ich nur eine einzige kleine Tasche hatte, verloren sie bald den Mut. Ein großer, würdevoller Mann begrüßte mich und stellte sich als Monsieur Le Roi, der Hoteldirektor, vor.

„Haben Sie für ein paar Tage ein Zimmer frei?"

„Ich habe sieben Zimmer für den Rest Ihres irdischen Lebens frei."

„Ein Zimmer für ein paar Tage reicht mir vollkommen."

Monsieur Le Roi zeigte mir ein Zimmer und bereitete mir dann eine Tasse Tee im Salon. Während ich das köstliche Gebräu trank, fiel mir plötzlich auf, wie sehr ich mich nach einem chinesischen Essen sehnte.

„Haiti ist im Augenblick sehr unglücklich", bemerkte der Direktor trübe. „Die Opposition hat wegen des neuen Präsidenten zum Streik aufgerufen. Niemand hat ihn gewählt. Es ist nicht so, daß er ein schlechter Mann wäre. Er ist sehr intelligent. Er hat die Universität besucht und ist hochgebildet und viel zu klug, um sich mit Politik zu befassen. Ein so schlauer Mann hätte Arzt oder Anwalt werden sollen."

An den Wänden hingen Bilder aus dem achtzehnten Jahrhundert von haitischen Frauen, die in georgianische Gewänder gekleidet waren.

„Wer sind diese Frauen?"

„Vorfahren", entgegnete er und setzte seine Rede über das unaufhörliche Leiden Haitis fort.

Der Grund, warum Haiti einen so starken afrikanischen Einfluß bewahrt hat, erklärte er mir, lag darin, daß die Lebenserwartung eines afrikanischen Sklaven im Jahr 1798, als Toussaint L'Ouverture die Revolution in Gang setzte, drei Jahre betrug. Daher befanden sich die meisten Bewohner, als die Franzosen aus Haiti vertrieben wurden, erst eine sehr kurze Zeitspanne im Lande. Weil so wenige Menschen Zeit hatten, irgendwelche europäischen Sitten zu übernehmen, hat sich in Haiti eine unverfälschtere afrikanische Kultur erhalten als irgendwo sonst in der Karibik.

Dennoch muß gesagt werden, daß Haiti etwas an sich hat, was ein wenig englisch wirkt, weit mehr als Santo Domingo, obwohl andererseits schwer zu erklären ist, warum Haiti, das nie irgend etwas mit England zu tun hatte, mit einem englischen Fluidum umgeben sein sollte. Viele Menschen schienen Englisch zu sprechen, und auch eine große Anzahl der Schilder und Plakate waren in englischer Sprache. Monsieur Le Roi war außerordentlich gut über England informiert und erkundigte sich sogar besorgt nach den Straßenschlachten in

Brixton. Den Dominikanern dagegen war England so obskur, daß sie vermutlich alle dachten: „Was ist eigentlich los mit diesem merkwürdigen England? Wie kommt es, daß noch nie jemand etwas davon gehört hat?"

„Und welche Sehenswürdigkeit würden Sie sich in Haiti gern als erstes anschauen? Sie müssen meine Neugier entschuldigen, aber Sie sind mein erster Gast seit langer Zeit. Es will einfach niemand mehr kommen, wegen der Gewalttätigkeiten während der Wahl und wegen Aids, von dem die Amerikaner glauben oder zu glauben behaupten, daß es in Haiti seinen Anfang genommen hätte. Ich kenne niemanden, der an Aids leidet, aber die Weißen schieben gern jedes erdenkliche Übel den Schwarzen in die Schuhe."

Wir saßen eine Weile schweigend da.

„Also? Was möchten Sie sehen?"

„Den Eisenmarkt."

„Sie sind verrückt, dorthin zu gehen, *Madame*. Es wird Ihnen nicht gefallen."

„Warum nicht?"

„Wenn Sie sich in Haiti besser eingewöhnt haben, würde ich es Ihnen empfehlen, aber jetzt, nein."

Aber ich wußte, daß es mir genauso schwer fallen würde, mich an Haiti zu gewöhnen, wie es mir schwer fallen würde, mich an einen augenrollenden Schizophrenen zu gewöhnen. Ich war erst ein paar Stunden hier, und schon hatte sich die Umgebung, hatten sich Menschen und Atmosphäre mit wahnwitziger Geschwindigkeit verändert. Wie könnte mich ein einfacher Markt nach den Schrecken der Barackensiedlung am Vormittag erschüttern? Insbesondere der Eisenmarkt, der in den Reiseführern als eine exotische, schmiedeeiserne, ursprünglich für einen Basar in Bombay gefertigte Markthalle angepriesen wurde?

Während also Monsieur Le Roi noch den Kopf schüttelte, machte ich mich beschwingt von dannen und wartete an einem vornehmen Platz auf einen Bus.

„Würden Sie für mich bezahlen?" fragte mich ein hübsches Mädchen, das neben mir stand.

„Was denn?"

„Das Tap-Tap. Ich habe kein Geld."

„Natürlich bezahle ich."

„*Merci, Madame*."

Eine Weile standen wir in geselligem Schweigen da und beobachteten eine alte Frau, die einen Ölkanister auf dem Kopf balancierte.

„*Madame*", das Mädchen bedachte mich mit einem strahlenden
Lächeln. „Ich habe überhaupt kein Geld. Ich bin sehr arm. Darf ich
Ihr Dienstmädchen sein? Ich wasche Ihre Wäsche, putze Ihr Haus
und passe auf Ihre Kinder auf."

„Es tut mir leid, ich brauche kein Dienstmädchen, ich bezahle
lediglich für das Tap-Tap."

Ein Glockengebimmel ertönte, und schon tauchte ein Tap-Tap mit
Namen *Le Réaliste* auf. Auf den Seitenflächen aller Tap-Taps prangten
irgendwelche religiösen oder moralischen Botschaften.

Ich quetschte mich in den hinteren Teil des Busses und sah aus
dem Fenster. Meine Mitreisenden schienen in ihre eigenen düsteren
Gedanken versunken. Nur der Mann vor mir wandte sich mit einem
Lächeln um. Ich erwiderte sein Lächeln bereitwillig. Sein hübsches,
breites Gesicht weckte warme Erinnerungen an einen temperamentvollen Bluessänger, in den ich mich einmal in New Orleans verliebt
hatte.

„Woher kommen Sie?" erkundigte er sich, und Lachfältchen spielten um seine Augen.

„Aus London."

„Ah! Und wohin wollen Sie?"

„Zum Eisenmarkt."

„Ah, oh!" rief er in sehr nigerianischem Tonfall aus. „Ich auch! Ich
bin auf dem Weg zum Eisenmarkt! Wir werden zusammen hingehen."

„Oh ja! Wie wunderbar! Wie freundlich von Ihnen!"

„Alles, alles würde ich tun, um einer Schwester aus Übersee zu
helfen; es macht Ihnen doch nichts aus, wenn ich Sie Schwester
nenne?"

„Aber ganz und gar nicht, Bruder."

„Schwarze müssen sich gegenseitig helfen, nicht wahr?"

„Ganz gewiß."

„Sind Ihre Eltern aus Haiti?"

„Nein."

„Aber Sie sehen haitisch aus, Schwester. Und sehen Sie, in welch
wichtigen Zeiten Sie hierher gekommen sind. Ein neuer Präsident ist
im Begriff, sein Amt anzutreten, und alle Geschäfte sind wegen des
Streiks geschlossen."

Mir kam es so vor, als wären alle Geschäfte geöffnet, aber ich hielt es für das beste, diese Tatsache nicht zu erwähnen, um nicht einen Freund und Bruder zu kränken. Was für ein angenehmes Land Haiti doch ist, dachte ich. Und wie grausam ist es von der Welt, Lügen darüber zu verbreiten!

Unvermittelt rumpelte unser Tap-Tap — Peng! — mitten in ein brodelndes Gedränge. Ich stieg erwartungsvoll aus und hätte um ein Haar das Bewußtsein verloren. Der Gestank war so überwältigend, man hätte die Luft mit einer Machete schneiden können. Verfaultes Gemüse, Exkremente und allgemeiner Schmutz und Müll, all das zusammen erzeugte einen Geruch, der den Erzengel Gabriel aus dem Himmel hätte vertreiben können. Mächtige, fette Frauen mit riesigen Strohhüten saßen dichtgedrängt auf der Straße und verkauften Mais, Maniok, Reis und Tabak aus gewaltigen Säcken. Männer stießen und schubsten sich gegenseitig in ihrer Versessenheit, alles, was es unter der Sonne gab, zu verkaufen: von gebrauchter Kleidung bis hin zu winzigen rosa Ferkeln. Kinder flitzten auf der Suche nach Kundschaft herum und boten Schrottartikel an, während ihre Augen hin und her huschten wie Elritzen.

Die Atmosphäre war so drückend, daß ich einer Ohnmacht nahe war. Tap-Taps tasteten sich zögernd die Hauptstraße hinunter und stießen mächtige Rauchschwaden aus, die einen beständigen grauen Smog erzeugten.

„Sehen Sie, dort", ertönte eine Stimme hinter mir, „Gemüse." Ich fuhr herum und erkannte meinen Freund aus dem Tap-Tap. Ich hatte vollkommen vergessen, daß er neben mir stand.

„Und das", erklärte er, indem er ein Vorhängeschloß hochhob, das uns ein Kind zur Begutachtung entgegenstreckte, „ist ein Vorhänge-schloß."

Vorsichtig über Ströme von Abwässern staksend, die in den Rinnen am Straßenrand flossen, schob ich mich vorwärts. Als ich den Blick hob, sah ich, ein schrecklich beeindruckender Anblick, ein schmiedeeisernes Bauwerk vor mir, das wie ein gewaltiges Gespenst drohend aufragte. Ich kam nur unter Schwierigkeiten voran, was nicht nur an dem Gedränge der Händler lag, die auf der Straße hockten, sondern auch an den Bettlern, die mich offenbar wie Hunde gewittert hatten und jetzt über eine Barrikade aus Menschenleibern kletterten, um an mich heran zu gelangen und mir ihre runzeligen Hände vors Gesicht zu strecken.

Laßt mich nur erst den Innenmarkt erreichen, dachte ich, während ich einem räudigen Hund auf den Schwanz trat, dann ist alles in Ordnung. Wenigstens dörrt mir dort die Sonne nicht das Mark in den Knochen aus.

„Das ist eine Frau, die Sachen verkauft", hörte ich den Bruder aus dem Tap-Tap murmeln, während ich in die Markthalle hineintaumelte.

„Schwanger, schwanger!" rief ein alter Mann am Eingang und wedelte mit einer platten Schildkröte vor mir herum, „Sie werden bald schwanger sein!"

Ich widerstand dem Drang, ihm eine Ohrfeige zu versetzen, und torkelte, mehr tot als lebendig, vollends in die Halle. Mit einem entsetzten Rundblick stellte ich fest, daß es im Innern wesentlich schlimmer war als draußen! „Vom Regen in die Traufe zu kommen", war nichts, verglichen hiermit. Die Markthalle war von einer feuchten Düsterkeit erfüllt, und noch mehr Menschen drängten sich auf begrenztem Raum und schrien, schoben und stießen mich in die Rippen.

Ohne Vorwarnung ergriffen ungefähr fünf stämmige junge Männer je eines meiner Gliedmaßen (sofern das möglich ist) und fingen an, mich in verschiedene Richtungen zu zerren.

„Hilfe!" gurgelte ich mit erstickter Stimme.

„Ich habe Kunst zu verkaufen! Kommen Sie und sehen Sie es sich an."

„Nein, nein, *Madame*. Meine Kunst ist schöner, sehen Sie, sehen Sie!"

„Nicht, bevor Sie nicht *meine* Bilder gesehen haben!"

„*Seine* Bilder! Er hat nur Schund, *meine* Kunst ist es, woran Ihr gutes Herz Gefallen finden wird!"

„Hilfe! Hilfe!"

„Das ist eine Frau, die Sachen verkauft", murmelte Mr. Tap-Tap erneut.

„Helft mir doch! Irgend jemand!" Mein linkes Bein wurde aus der Form gezerrt, und ich spürte, wir mir eine Schulter aus dem Gelenk gedreht wurde. Wenn ich daran denke, daß ich früher einmal in den Londoner Folterkeller gegangen bin und beim Anblick der Puppen auf der Streckbank gelacht habe!

Gerade, als ich dachte, mein Schicksal wäre endgültig besiegelt, übertönte eine volle weibliche Stimme das Getöse.

„Laßt sie in Ruhe! Was seid ihr für Männer, daß ihr eine arme Frau nur wegen ein paar Gourdes belästigt!"

Die Worte wirkten Wunder. Augenblicklich wurden zwei Arme und zwei Beine fallengelassen, als wären es glühende Eisen, und ich wurde von einer starken, mütterlichen Hand sanft davongeführt. Mit empörter Verwunderung starrten die Männer uns nach, als wir in einer winzigen Kabine verschwanden.

„Sehen Sie, *Madame*, Sie sind eine Frau, ich bin eine Frau. Wir verstehen einander. Dies sind meine Bilder. Bitte kaufen Sie, so viele Sie wollen."

„Ihre B-b-b-bilder k-k-k-k-"

„Ja, das ist Kunst."

Ich betrachtete die Bilder, die an den feuchten Wänden hingen. Erlesene Ölgemälde in einer Farbgebung, die mir das Herz stillstehen ließ. Ich kam mir vor wie in einem alten ägyptischen Heiligtum, wo müde Pharaonen sich nach einem langen Tag der Froschplage ausruhten. In einer betörenden Mischung aus Rot- und Orangetönen waren dörfliche Idyllen, Fabeltiere und religiöse Feiern abgebildet.

Die Frau setzte sich auf einen Holzstuhl, und während sie mich mit Habichtsaugen beobachtete, rannen ihr kleine Schweißbächlein über die Stirn.

„Welche gefallen Ihnen?"

„Also, *Madame*, da Sie mir das Leben gerettet haben, nehme ich das mit dem Leoparden und dieses hier mit der Frau, die im Reisfeld arbeitet."

„Fünfzehn Dollar pro Stück — heh! Raus mit euch! Raus! *Allez-vous-en!*" Damit sprang sie von ihrem Stuhl auf und stürzte, einen Besen schwenkend, zur Tür. Zu meinem Schrecken sah ich, daß es in der Tür von Gesichtern wimmelte, die mich mit leuchtenden Dollarzeichen in den Augen anstarrten. Als sie die Frau erblickten, stoben sie auseinander wie Kanarienvögel in einer Katzennummer, und ich kaufte meine Bilder.

Die Frau, die „ihre Kunst" vorher so sanft wie ein neugeborenes Baby behandelt hatte, nahm jetzt die Bilder, wickelte sie in schmieriges altes Zeitungspapier und warf sie mir nachlässig zu. Die wohltuende Liebenswürdigkeit wurde abgestellt wie ein Wasserhahn.

„Jetzt bin ich dran", dachte ich, während ich aus der Kabine hervortrat und mich unter die Menge mischte, wo ich mich von Minute zu Minute immer mehr wie Rotkäppchen fühlte.

„Madame! Madame! Madame!" Das Gedränge war jetzt so dicht und so brodelnd, daß mir meine langen Nägel sehr gelegen kamen, als ich mich, halb ohnmächtig von dem giftigen Gestank, mit Zähnen und Klauen durchkämpfte.

Ich konnte nur noch denken: „Ich muß hier raus; noch eine Sekunde, und ich sterbe."

„Da ist ein Mann", ertönte eine bekannte Stimme hinter mir, „der Reis kauft." Mr. Tap-Tap war dicht an meiner Seite und sandte ein betörendes Lächeln in meine Richtung.

„Tap-Tap!" schrie ich, torkelte aus der Markthalle und sprang in das erste Tap-Tap, das ich sah.

„Heh! Warten Sie! Ich war Ihr Fremdenführer. Sie schulden mir fünfundzwanzig Dollar."

„Was?" Das Tap-Tap stand bewegungslos — es war unmöglich, einen Weg durch das dichte Menschengedränge zu erzwingen!

„Ich habe Sie herumgeführt. Sie schulden mir Geld."

„Herumgeführt?"

„Ja, ich habe Ihnen fachkundig alles erklärt, was es zu sehen gab. Bitte, geben Sie mir Geld."

Die jungen „Künstler", die mich bis auf die Straße verfolgt hatten, brachen in lautes Gelächter aus und weideten sich an der Komik der einfältigen Touristin, die soeben übers Ohr gehauen wurde. Zum Glück machte das Tap-Tap einen Satz vorwärts, und eine schwarze Rauchwolke verschluckte Mr. Tap-Tap und die Kunsthändler, als wir die Straße hinunterzuckelten.

Ich hatte keine Ahnung, und es war mir auch gleichgültig, wohin das Tap-Tap unterwegs war.

„Wohin fahren Sie, junge Dame?"

Der Mann, der diese Frage stellte, saß mir gegenüber und hielt einen Säugling im Arm, der nicht älter als drei Tage sein konnte. Wie ungesund für das arme kleine Wesen, ging es mir durch den Kopf, in einem Tap-Tap zu liegen, das hemmungslos giftige Rauchschwaden in die Luft schleudert.

„Sie wollen den König besuchen, ja?"

„Wer ist der König?"

„Sie kennen den König nicht?"

„Nein."

„Entschuldigung." Und das war alles, was ich aus ihm herausbekommen konnte. Auch nach etlichen Minuten eingehender Befragung war er nicht gewillt, irgendwelche Informationen über diesen König preiszugeben.

Das Tap-Tap schaukelte eine lange, mit baufälligen Häusern bestandene Straße hinunter, in der Menschen hinter glühenden Holzkohlefeuern saßen und geröstete Erdnüsse und Streifen gebratenen Schweinefleischs feilboten.

Als wir im Hafen anlangten, stieg ich aus und schloß augenblicklich Freundschaft mit vier ausgesprochen nichtsnutzigen Jungen, von denen einer sich splitternackt auszog und kopfüber in das schmutzige Wasser sprang. Ein großes Schiff, das so prächtig aussah wie eine Galeone aus dem siebzehnten Jahrhundert, tuckerte klagend davon.

„Ich bin der Vater der Jungen", erklärte ein zahnloser Alter. „Wenn Sie ihnen Geld geben wollen, geben Sie es bitte mir. Woher kommen Sie?"

„England."

„England. Wieviele Kinder hat Prince Charles inzwischen?"

„Zwei." Da hast du es wieder, sagte ich mir, sieh dir die Verbundenheit der Bewohner von Haiti mit England an! Die kleinen Jungen hatten sogar englische Namen: George, Albert, Clive und Benjamin.

Lange Zeit saß ich so am Hafen und starrte aufs Meer hinaus. Als sich die Dunkelheit herabzusenken begann, kehrte ich dorthin zurück, wo ich ein Tap-Tap zu finden hoffte. Mein Weg führte mich durch eine breite Straße, in der ein paar Kunsthändler Bilder verkauften, von denen einige erstaunlich hübsch waren. Sie bedrängten mich so sehr mit ihrer Bettelei, daß ich mich zu fragen begann, warum sie mir nicht einfach die Handtasche entrissen und damit fortliefen. Es wäre so einfach gewesen. Es waren nirgendwo Polizisten in Sicht, und ich war ganz offensichtlich allein und wehrlos. Wenn sie glaubten, ich hätte einen unermeßlichen Geldbetrag in der Tasche, warum nahmen es sich dann nicht einfach? Aber derartige Gedanken waren den Menschen hier vollkommen fremd. Rauben und Stehlen stand in unvereinbarem Gegensatz zu ihrem Wesen. Nur ein so verdorbener Geist wie meiner konnte eine solche Idee ausbrüten.

Erst als es vollkommen dunkel war, wurde mir klar, daß ich die Adresse meines Hotels vergessen hatte. Nicht nur das, auch der Name des Viertels, in dem es lag, war mir entfallen. Ich hatte eine unbestimmte Ahnung, daß es mit „V" anfing, aber abgesehen davon herrschte vollkommene Leere in meinem Kopf. Ich stöberte nach der Visitenkarte, die Jean-Claude mir gegeben hatte, bis mir dämmerte, daß ich sie in die Jackentasche gesteckt hatte und daß meine Jacke, wie hätte es anders sein können, im Hotel hing.

Port-au-Prince wirkte plötzlich sehr bedrohlich. Es waren nur noch sehr wenige Menschen unterwegs, und die Straßen waren nur schwach beleuchtet.

Nach einiger Zeit war nichts anderes mehr zu sehen als die Glut eines gelegentlichen Holzkohlefeuers am Straßenrand. Ich wanderte auf und ab und grüßte jeden, der mir begegnete. „*Bonjour*", erwiderten die Leute höflich meinen Gruß. Eigentlich wollte ich ihnen sagen, daß ich mich verirrt hatte, und sie bitten, mir bei der Suche nach einem Hotel zu helfen, dessen Namen ich leider vergessen hatte. Aber es schien mir eine Zumutung, diese Frage überhaupt irgend jemandem zu stellen, ganz zu schweigen von Menschen, deren Englisch ein wenig zögernd war. „Am besten", sagte ich mir, „kehre ich zum Hafen zurück und schlafe in den Grünanlagen am Meer. Am Morgen sehe ich dann klarer und weiß, was ich tun soll." Am Morgen sah immer alles rosiger aus, das wußte ich.

Also schleppte ich mich, Pakete alter Zeitungen unter dem Arm, zurück zum Meer, das jetzt boshaft im Mondschein glitzerte. Der Mond war in dieser Nacht riesengroß und gelb. Es war niemand in der Nähe, als ich den Rasen erreichte, was mich bitter enttäuschte. Gesellschaft war das, wonach ich mich jetzt am meisten sehnte.

Ich rollte mich im feuchten Gras zusammen, legte den Kopf auf meine Handtasche und richtete mich auf eine Nacht unter freiem Himmel ein.

Wie großartig ist's, in lauen dufterfüllten Nächten unter den Sternen zu liegen! Man fühlt sich wie ein Kind der fruchtbaren Erde, eingelullt in der Wiege von Mutter Natur.

Ich erreichte gerade den Gipfel meiner poetischen Träumerei, als eine Redeflut in unverständlichem Kreolisch auf mich herunterprasselte.

„*Je suis très* untröstlich, aber ich kann Sie leider nicht verstehen."

„*Español?*"

„Engländerin."

„Sie sind Engländerin?"

„*Oui.*"

„Warum ist es dann, daß Sie Französisch sprechen?"

Ich blinzelte in die Dunkelheit hinauf und konnte die undeutlichen Umrisse eines alten Mannes erkennen, der mit einer roten, anliegenden Hose und einer wattierten Jacke bekleidet war. Sein Haar schimmerte im Mondlicht silbern.

„Mein Englisch ist nicht gut. Warum liegen Sie allein abseits von aller Welt? Ist es, daß Sie krank sind im Kopf?"

„Ich habe mich verirrt."

„Sie sind nicht beängstigt, in der gefährlichsten Gegend von Port-au-Prince zu liegen?"

„Na ja, jetzt, da Sie es erwähnen, ohhh! Ich habe *schreckliche* Angst!"

„Was wünschen Sie mit Ihrer Angst zu tun?"

Die Frage verblüffte mich.

Ich erhob mich und blickte in sein Gesicht. Seine Wangenknochen standen in unterschiedlichem Winkel hervor und warfen bizarre Schatten um seine Augen.

„Wenn Sie wissen nicht wohin, dann kommen Sie zu mir und meiner Dame, wir werden Sie bei uns schlafen lassen heute nacht. Es ist viel schlecht, daß Sie mit Geld unter dem Kopf schlafen. Kommen Sie, gehen Sie mit mir."

Wir machten uns auf den Weg; es wurde eine lange Wanderung durch das nächtliche Port-au-Prince, durch schmale Gassen und am Eisenmarkt vorbei. Drei Frauen, die um die Reste eines Holzkohlefeuers hockten, brachen in Gelächter aus, als sie mich und den alten Mann sahen, und nahmen spöttische Posen ein, als wir an ihnen vorbeitrotteten.

„Ich weiß, warum die Frau das macht. Kennt sie Sie?"

„Nein, warum?"

„Weil sie sagt, sie weiß, daß Sie eine Freundin von mir sind."

Ich war zu benommen, um auf ihre Worte zu achten. Alles um mich herum erschien mir mit einem Mal surreal und unwirklich. Daß diese Frauen grundlos über mich lachten, schien sich ohne weiteres in die natürliche Ordnung der Dinge in Haiti zu fügen.

„Was wissen Sie über den König von Haiti?"

„Den König? Ständig reden die Leute über den König. Was hat das alles zu bedeuten? Wer ist der König von Haiti?"

„Der König von Haiti ist selbstverständlich Toussaint L'Ouverture. Wie kommt es, daß Sie nichts von Toussaint L'Ouverture wissen, dem vollkommensten und gesegnetsten Mann Ihrer Völker? Es ist *dégoûtant*, daß Sie es nicht wissen!" Der alte Mann, der leicht hinkte beim Gehen, blieb stehen und fluchte leise vor sich hin, als ein paar

Leute, die uns begegneten, sich umdrehten und höhnisch lachten. Ein leises „Ssss! Dollar!" war aus der Dunkelheit zu hören.

„Wir besiegten die Franzosen vor langer Zeit, 1801 war das erste volle Regierungsjahr. So groß war die militärische Macht, daß Toussaint L'Ouverture ganz Santo Domingo eroberte. Die ganze Insel war unter schwarzer Herrschaft, und die Weißen hatten Angst und Respekt vor uns. Wir waren stärker als sie alle. Die Franzosen wollten nicht, daß Haiti eine mächtige schwarze Nation wird. Wir warben Dessalines an. Dessalines war ein schneidiger Leutnant, und er half, die Franzosen zu vertreiben."

Je mehr der alte Mann sprach, um so schneller humpelte er, bis ich kaum noch mit ihm Schritt halten konnte. Wir eilten durch heruntergekommene Straßen mit alten Backsteinhäusern, deren Wände mit zerrissenen Wahlplakaten bedeckt waren. Die gedrungenen grauen Gebäude strahlten die ganze verkommene Reizlosigkeit des Dickensschen London aus. Der alte Mann hatte etwas Fanatisches, etwas so überaus Unheimliches, daß ich mich zu fragen begann, ob ich richtig daran tat, ihm zu folgen. Es war keine gewöhnliche Geschichtsstunde, die er mir erteilte. Aber was war es? Was versuchte er mir zu beweisen?

„Napoléon schickte Leclerc nach Haiti, um einen Pakt mit L'Ouverture zu schließen. Leclerc heiratete Napoléons Schwester Pauline. Sie lebten in Cap-Haïtien. Leclerc und Pauline waren sehr böse Menschen. Sie nahmen gefangen und brachten nach Frankreich."

„Wen nahmen sie gefangen?"

Wir hatten ein schäbiges Haus erreicht. Der alte Mann öffnete langsam eine quietschende, verwitterte Holztür. Er rief etwas in kreolischer Sprache, und wir traten ein. Mir gefror das Blut in den Adern bei dem Anblick, der sich mir bot. Der Raum, in dem wir uns befanden, war von oben bis unten mit Holzschnitten, Bildern und Statuen von Toussaint L'Ouverture vollgepfropft. Nachbildungen von Kanonen und Gewehren lehnten an den Wänden und strahlten in frisch poliertem Glanz. Grinsende Wachspuppen waren mit Dreispitzen und georgianischen Kostümen ausstaffiert. Etwas war sehr eigenartig an diesen Puppen. Augenscheinlich selbstgemacht, hatten ihre Gesichter einen unübersehbaren, bestürzenden Ausdruck von Wahnsinn und Bosheit.

Mir wurde in diesem Augenblick klar, daß alles in diesem Raum merkwürdig und mißgeformt wirkte. Auf den Bildern an den Wänden, die auf den ersten Blick vollkommen normal schienen, wimmelte es von schauerlichen Gestalten.

Ich wandte mich zu dem alten Mann um und bemerkte erst jetzt, daß er selbst ebenfalls im Stile des achtzehnten Jahrhunderts gekleidet war. Er nahm einer der Puppen schwungvoll den Hut ab und stülpte ihn über sein silbernes Haar.

Ich war völlig verwirrt, und die Knie wurden mir weich.

„Sie nahmen mich gefangen! Aber ich sage nein zu weißer Herrschaft. Sie bringen mich nach Frankreich, aber ich fliehe und komme nach Haiti zurück. Jetzt ist meine Heimat hier, wo ich König bin."

„Ja, Euer, äh, Majestät." Ich machte eine tiefe Verbeugung und sah ihm dann aufmerksam ins Gesicht. Die fanatische Grimasse war einem weichen, erhabenen Lächeln gewichen. Ich zog mich ganz langsam zur Tür zurück, wurde aber von einer schrillen Frauenstimme, die aus dem Nachbarzimmer drang, unvermittelt aufgehalten.

„Meine Dame", erklärte der König und nahm eine majestätische Haltung an.

Eine Frau von außergewöhnlicher Schönheit segelte ins Zimmer und musterte mich mit strahlenden, dunklen Augen. Sie trug ein ärmliches weißes Kleid, und ein weißer Schal war ordentlich um ihren Kopf geschlungen. Eine Hand auf eine bronzene Kanone gestützt, sprach sie mich in weichem Kreolisch an und starrte mich dann wieder mit einem Gemisch aus Furcht und Neugier an.

Ich fühlte mich mittlerweile völlig ausgelaugt.

„Es tut mir leid, *Madame*, aber ich spreche weder Kreolisch noch Französisch."

„Sie sind fremd hier?" Ihr Englisch war nahezu akzentfrei.

„Ja."

„Warum kommen Sie in mein Haus? Sind Sie aus Interesse an meinem Vater hier?"

„Nein, ich habe mich verirrt, und er bot mir an, hier zu übernachten."

„Sind Sie hier, um zu lachen?"

„Lachen?"

Die Vorstellung, zu lachen, schien mir nach allem, was sich ereignet hatte, so abwegig, daß ich beinahe gelacht hätte.

„Natürlich bin ich nicht hier, um zu lachen. Ich konnte mein Hotel nicht finden und wollte am Hafen im Freien schlafen. Ihr Vater hat mir geholfen, das ist alles."

Sie sah mich sehr aufmerksam an, dann wich plötzlich die Spannung von ihr, und ein tieftrauriges Lächeln breitete sich über ihre Züge.

„Bitte, setzen Sie sich, *Madame*. *Papa*, setz dich auch hin."

Wir ließen uns gleichzeitig auf dem Fußboden nieder.

„Mein Vater ist kein gesunder Mann. Ich hasse es, wenn die Leute über ihn lachen. Ich bin immer traurig. Bitte, bleiben Sie nicht über Nacht. In der Nacht geht es ihm schlechter."

In gewisser Weise war ich froh, daß sie das sagte, denn ein Haus, das so voller Geister und Merkwürdigkeiten steckte, war der letzte Ort, an dem ich gern geschlafen hätte.

„Setzen Sie sich ein Weilchen zu uns, aber gehen Sie, bevor die Eulen fliegen."

„Das werde ich tun."

Wir saßen schweigend auf dem Boden und lauschten den leisen Klängen haitischer Musik, die aus dem Nachbarhaus herüberdrangen.

„Sie sprechen ausgezeichnet Englisch, haben Sie es in der Schule gelernt?"

„Sie sehen ja, daß wir nicht reich sind. Ich bin nicht zur Schule gegangen. Das Englisch, das ich kann, habe ich in dem Hotel, in dem ich arbeite, von den Gästen gelernt."

Beim Klang des Wortes „Hotel" durchlief mich ein warmes Rieseln.

„Aber Sie können nicht viele Gäste haben. Der Direktor des Hotels, in dem ich wohne, hat gesagt, ich sei der erste Gast seit langer Zeit."

„Mein Hotel auch. Nur einen Gast haben wir, der heute morgen ankam. Monsieur Le Roi war sehr erfreut."

„Monsieur Le Roi?"

„Ja, das ist der Direktor meines Hotels. Ich bin dort Zimmermädchen."

„Sagen Sie mir, wo sich Ihr Hotel befindet, es ist nämlich das, in dem ich wohne."

„Pétionville."

„Pétionville! Natürlich! Wie kommt man nach Pétionville?"

„Tap-Tap. Ich begleite Sie, und wir werden das Tap-Tap finden."

Ich fühlte mich wie betrunken, als ich mit dem Mädchen zusammen auf die Straße hinaustrat und durch eine langgestreckte Straße dem Eisenmarkt zustrebte. Männer und Frauen blieben stehen und machten sich mit ihrem starken und ausdrucksvollen Kreolisch über sie lustig. Die Frau ging mit königlicher Würde an ihnen vorüber und ignorierte die gehässigen Worte so vollkommen, daß ich mich zu fragen begann, ob sie sie überhaupt gehört hatte.

Bald hatten wir wieder den Eisenmarkt erreicht, und wenige Minuten später kam ein Tap-Tap angerollt. Die Frau bat den Fahrer auf kreolisch, mich an der richtigen Haltestelle herauszulassen, und schickte sich zum Gehen. Ich drückte ihr ein Bündel Geldscheine in die Hand, die sie mit stiller Verachtung betrachtete.

„Danke, *Madame*, auf Wiedersehen."

Der Tap-Tap-Fahrer stieß seinen Freund an, und beide feixten das junge Mädchen unverblümt an, als es mit hocherhobenem Kopf davonschritt. Wie grausam die Menschen doch sein können, dachte ich, während ich der einsamen weißgekleideten Gestalt nachsah, die sich langsam entfernte.

Die Männer im Tap-Tap begannen, um Geld zu betteln und mir so aufdringliche und lüsterne Blicke zuzuwerfen, daß ich zu dem Schluß kam, dies sei der Augenblick, um meinen Voodoo-Totenkopf-Blick einzusetzen. Ein Auge zusammengekniffen, das andere hervorquellend, senkte ich den Kopf und durchbohrte sie alle mit einem furchterregenden Blick.

Zuerst starrten mich die Burschen in begeisterter Spannung an, dann brachen sie wie ein Mann in hemmungslose, schallende Lachsalven aus.

„Sie versucht, uns zu beängstigen!" brüllte ein Mann, der von unbezähmbarer Heiterkeit geschüttelt wurde.

„Uns zu beängstigen? Versucht sie das wirklich? Oh, ja, tatsächlich! Ha ha ha!"

Ich zuckte die Achseln, kratzte mich am Kopf und zündete mir eine Zigarette an. Wenigstens hatte ich einen Versuch gemacht, es hatte immerhin insofern gewirkt, als sie so herzlich über mich lachten, daß sie vergaßen, mich um Geld zu bitten. Haiti mag wohl das ärmste Land in der westlichen Hemisphäre sein, aber nirgendwo sonst auf der Welt können die Menschen so aus vollem Herzen lachen.

Als ich endlich beim Hotel anlangte, war es verschlossen.

Ich hämmerte so lange laut an die Tür, bis sie mir endlich von dem leidgeprüften Monsieur Le Roi, der ein langes Nachthemd trug und eine Schlafmütze auf dem Kopf hatte, geöffnet wurde.

„Oh, Sie sind's", bemerkte er mit entmutigender Ruhe. „Ich dachte schon, man hätte Sie umgebracht."

„Nein, nein, ich bin quicklebendig. Es tut mir leid, daß ich Sie so spät geweckt habe. Gute Nacht."

Kurz danach fiel in der Stadt der Strom aus. So verbrachte ich einen Teil der Nacht damit, meinen Blick fernzuhalten von der geheimnisvoll im Kerzenlicht flackernden Bronzeplastik an der Wand: die Figur eines Teufels, der eine Mutter mit Kind gebar. Die Hörner des Teufels schienen ihre Umrisse ständig zu verändern, und das Licht spielte so merkwürdige Streiche mit seinen Beinen, daß ich zu einem Zeitpunkt hätte schwören können, er laufe auf mich zu.

„Du bist ein merkwürdiges altes Fleckchen, was, Haiti", sagte ich, bevor ich in einen traumlosen Schlaf fiel.

Die Teufelsfrau und der Zombie

*I*ch brauchte nicht lange, um mich an Port-au-Prince zu gewöhnen. Ich begann die rauhe Art der Haitianer fast zu mögen, und nach kurzer Zeit verliebte ich mich in jedes Kind, das mir begegnete. Überdies traf man einfach überall auf Kunst, was ich ziemlich verblüffend fand. Selbst im bescheidensten Café waren die Stühle und Tische geschnitzt, die Decken verziert und jeder Zentimeter der Wände mit Malereien und Stuck in den köstlichsten Mustern bedeckt.

Den ganzen Tag wartete ich auf die Tochter des Königs von Haiti, aber ich sah weder sie noch ihren Vater je wieder. Es wurde Zeit, daß ich mich aufmachte, die Insel zu erforschen, aber ich hatte keine Ahnung, wie ich herumkommen sollte. Es gab anscheinend kein Fremdenverkehrsamt; darum beschloß ich am Ende, daß es das beste sei, wenn ich meine kleine Tasche packte, mich an die Straße stellte und wieder einmal per Anhalter reiste. Ziel: Cap-Haïtien im Norden der Insel.

Monsieur Le Roi war untröstlich über meine Abreise; er bat mich zu bleiben und ging sogar so weit, mir kostenlos Tee anzubieten. Doch ich erklärte ihm, daß ich einen kranken Bruder in Santo Domingo zurückgelassen hatte, der mich brauchte, so daß ich nicht allzu lange fortbleiben konnte.

„Santo Domingo, hah!" Monsieur Le Roi spie das Wort in seiner Verachtung förmlich aus.

Trampen ist gewöhnlich eine ausgesprochen demütigende Angelegenheit. Autos halten neben dir, der Fahrer wirft einen Blick auf dich und braust dann mit höhnischem Grinsen davon. Allmählich kommst du dir vor wie ein Irrer der verrücktesten Sorte, den nur ein Narr in seinem Wagen dulden würde. Für Haiti gilt jedoch das Gegenteil. Das erste Auto, dem ich zuwinkte, hielt neben mir, und die Tür flog auf. Ein Mann in mittleren Jahren, dem alle Zähne fehlten, stieg aus, warf mein Gepäck in den Kofferraum und half mir aufmerksam beim Einsteigen in sein zerbeultes kleines Fahrzeug. Es gab nur sehr wenige Autos — das beliebteste Verkehrsmittel war das stets zuverlässige Tap-Tap —, und so dankte ich meinem glücklichen Stern, daß der Fahrer des ersten vorüberkommenden Wagens Mitleid mit mir empfunden hatte.

Es war ein heißer, trockener Tag, und ich hatte das Gefühl, ich hätte keinen Schritt weitergehen können.

„Sprechen Sie englisch?" fragte ich den Fahrer, nachdem ich ihm bereits endlose Minuten lang in englischer Sprache gedankt hatte.

„*Non, non.*" Der Fahrer schüttelte den Kopf und kicherte leise in sich hinein.

„Ich bin auf dem Weg nach Cap-Haïtien, kommen Sie irgendwo in der Nähe vorbei?"

„Cap-Haïtien", wiederholte er im gleichen Tonfall wie ich, dann schüttelte er wieder den Kopf und kicherte.

„Sie kennen Cap-Haïtien nicht?"

„Sie kennen Cap-Haïtien nicht? Ha, ha, ha!"

Na schön, mach dir nichts draus, he, sagte ich mir, wenigstens bekommst du das Land zu sehen. Und ich bekam das Land zu sehen. Die Szenerie, zuerst Wüste, wechselte rasch zu üppigem Grün; dann folgten kahle Berge, und bevor ich mich recht versah, befanden wir uns wieder in einer kargen Gegend, in der nur Kakteen wuchsen. An der Küste schimmerte das Meer wie eine Kristallfläche und war so leuchtend türkis, daß es fast unecht wirkte.

Die Dörfer, durch die wir fuhren, waren ganz und gar afrikanisch in ihrer Erscheinung. Dicht aneinandergebaute Hütten mit strohgedeckten Dächern und in den Höfen hübsche kleine Hühnerställe. Abgesehen von einer gelegentlichen Zwergziege und Geflügel, gab es in Haiti (anders als in Jamaika) kein üppiges Tierleben. Ein paar aufdringliche Silberreiher jagten die Rinder und Ziegen, die sie mit trägem Schwanzschlag abwehrten.

Die meisten Häuser auf dem Lande waren in hübschen Farben bemalt; über manchen Türen prangte sogar ein kleiner Giebel, was dem Ganzen ein wenig russische Landhausatmosphäre verlieh.

Es war nicht zu übersehen, wer in Haiti die schwere Arbeit verrichtete. Während die Männer in Scharen herumstanden und Hahnenkämpfe beobachteten oder sich herumtrieben und versuchten, Touristen „herumzuführen", machten die Frauen meilenweite Fußmärsche, um ihre Produkte, die sie auf dem Kopf transportierten, auf den Märkten zu verkaufen. Auf den Reisfeldern arbeiteten ausnahmslos Frauen, tief gebückt, die zerlumpten Kleider bis zu den Schenkeln hochgebunden. Auf den Westindischen Inseln ist die Sklaverei noch nicht vollkommen abgeschafft, nur haben die Sklaven heutzutage keinen Master mehr. Aber warum bearbeiteten die Frauen das Land? Sicher lag es nicht daran, daß die Männer faul waren: ich bin nie so viel Energie begegnet wie in Haiti; nein, die Männer müssen, ähnlich wie in Jamaika, von einem Gefühl der Nutzlosigkeit besessen sein. Im übrigen waren es sicherlich die Männer, die all die Tap-Taps bemalten und die herrliche Kunst schufen, die in diesem merkwürdigen und bezaubernden Land so sehr ins Auge sprang.

Ich stellte fest, daß viele der Frauen mit nacktem Oberkörper umherliefen, was mich einigermaßen erstaunte. Ich mußte mir immer wieder sagen, daß ich in Westindien war und nicht in Afrika. Selbst die Landschaft wirkte afrikanisch!

„Je suis très durstig, Monsieur."

„Très durstig, Monsieur."

Ich machte die Gebärde des Trinkens und umklammerte dann meinen Hals, doch der Mann sah mich nur an und lachte, als wollte er sagen: „Ja, sehr witzig, welche Scherze haben Sie sonst noch auf Lager, um mich zu unterhalten, während ich fahre?"

Ich gab es auf. Die Hitze war trocken und beklemmend, und ich war sicher, daß meine Zunge anzuschwellen begann, wie es Zungen in Büchern über die Sahara stets zu tun pflegen. Und wenn wir überhaupt nie anhielten, wenn ich austrocknete und verdurstete? Ich sah den Mann vor mir, wie er lachte, wenn ich auf dem Boden des Wagens zusammenbrach — und er würde mich wahrscheinlich auch noch nachäffen. Warum bloß konnten die Fremdenführer und Bettler immer dann perfekt Englisch, wenn es eigentlich besser für mich gewesen wäre, sie hätten kein Wort davon verstanden, während diejenigen, die mich meilenweit zu unbekannten Zielen kutschierten, zu nichts anderem fähig waren, als zu kichern? Das Leben ist ein grausames, bitteres, trostloses Spiel.

Unvermittelt begann der Mann, in einem lebhaften Kreolisch auf mich einzureden, das für das Ohr des Uneingeweihten einer westafrikanischen Sprache sehr ähnlich klingt. Ich antwortete mit „oui" und hoffte, daß er mir keine Frage gestellt hatte, auf die „non" die angemessenere Antwort gewesen wäre. Nach einer weiteren halben Stunde Fahrt, vorbei an Frauen, die ihre Wäsche im Bach wuschen, wurden die Fragen des Mannes drängender. „Oui, oui, monsieur." Vielleicht fragt er mich, ob ich aussteigen wollte, und würde mich dann mitten auf der holperigen, von Schlaglöchern übersäten Straße absetzen — wer weiß!

Und dann tauchte, wie ein Leuchtturm in dichtem Nebel, ein prachtvolles Hotel vor meinen Augen auf. Der Mann hielt davor, sprang aus dem Wagen und öffnete mir ritterlich die Tür.

Bald darauf saßen wir an dem kristallenen Meer, nachdem wir kurz zuvor noch das beste kreolische Mahl meines Lebens beendet hatten. Mein Begleiter hatte die ganze Zeit über geschwiegen und sich nicht die Mühe gemacht, eine Unterhaltung in Gang zu bringen, sondern genußvoll in den köstlichen Fisch gebissen.

Ungefähr siebzehn Männer in Kellneruniform saßen auf der anderen Seite des Saales, rauchten und unterhielten sich. Ich und der freundliche Mensch, der mich in seinem Wagen umherfuhr, waren die einzigen Gäste. Ich nahm die Chance wahr, herauszufinden, was mit mir geschah, und bat einen der Kellner, für mich in Erfahrung zu bringen, wohin wir fuhren.

„Ich bin pleite, geben Sie mir einen Dollar", lautete die Antwort des Kellners.

Ich gab ihm einen Dollar und beobachtete ihn, während er eine lange Unterhaltung mit dem Zahnlosen führte. Von Zeit zu Zeit drehten sie sich zu mir um und starrten mich an, dann steckten sie die Köpfe wieder zusammen und setzten ihr Gespräch fort.

Nach einer Weile blickte der Kellner mit schmachtenden Augen zu mir auf.

„Er sagt, er will Ihr Fremdenführer sein, solange Sie ihn brauchen. Er möchte, daß Sie ihm eine Menge Geld geben, dann wird er sehr viel für Sie tun. Geben Sie mir noch einen Dollar."

„Aber sagen Sie ihm, daß ich nicht viel Geld habe..."

„Hmmmmm." Der Kellner steckte den Dollar in die Tasche und unterhielt sich murmelnd mit dem Mann. Sie wandten sich mir zu und schüttelten die Köpfe.

„Er sagt, Sie *sind* reich. Er sagt, er weiß, wie reiche Leute ausse-hen."

„Ah, ich verstehe. Na ja, fragen Sie ihn, ob er mich nach Cap-Haïtien bringt."

„Wohin?"

„Cap-Haïtien."

„Oh! Ha, ha! Le Cap." Er beugte den Kopf nieder, und als er sich einige Minuten später wieder aufrichtete, sagte er: „Er fährt ohnehin zum Cap. Er möchte Ihren Namen wissen. Er heißt Ricard. Geben Sie mir noch einen Dollar."

Ich händigte ihm pflichtschuldig einen weiteren Dollar aus, gab den übrigen Kellnern ein Trinkgeld und eilte mit Ricard davon. Weitere Kellner tauchten aus dem Nichts auf und jagten lärmend und mit ausgestreckten Händen auf mich zu.

Als wir Ricards Wagen erreichten, sahen wir, daß kleine Jungen Palmwedel über die Windschutzscheibe gebreitet hatten, um zu verhindern, daß die Sonne den Innenraum in einen wahren Backofen verwandelte. Ich hatte keinerlei Bedenken, ihnen ein reichliches Trinkgeld zu geben.

Weiter und weiter ging unsere Fahrt, in das Herz von Haiti. Als sich die Dämmerung herabsenkte, drangen die schweren Klänge von Trommeln aus den Dörfern herüber. An die Mauern einiger Häuser waren bunte Teufel gemalt; Teufel, in Karnevalsmanier mit leuchten-den Bändern geschmückt, die ihnen um die Köpfe flatterten.

Kleine Kinder jagten hinter unserem Auto her und schrien das vertraute „Ssss! Dollar!" Ältere Kinder spielten auf langen, afrikani-schen Flöten, die einen hohlen, gespenstischen Ton von sich gaben. Frauen, die von den Feldern heimkehrten, sangen in vollendeter Harmonie westafrikanisch anmutende Weisen, klatschten dazu in die Hände und balancierten riesige Säcke auf dem Kopf. Hahnenkämpfe waren ein beliebter Zeitvertreib. Zweimal sprang Ricard aus dem Wagen und gesellte sich zu einer Gruppe von Männern, die am Straßenrand hockten und vor Vergnügen brüllten beim Anblick der Hähne, die sich gegenseitig in Stücke hackten. Einmal faßte er mich sogar bei der Hand und wollte mich aus dem Auto zerren, damit ich mir das großartige Schauspiel ebenfalls ansehen konnte. Aber ich blieb standhaft sitzen und bedauerte die Hähne außerordentlich, und mich selbst auch ein kleines bißchen, weil ich allein in der Dunkelheit saß.

Sich selbst überlassen, werden die Männer zu wilden Tieren, dachte ich mißmutig. Nur wenn Frauen da sind und sie in Zaum halten, werden sie annähernd menschlich, aber bei diesen Hahnen-kämpfen waren weit und breit keine Frauen zu sehen.

Als die Dunkelheit vollständig hereingebrochen war, wurden die Trommeln lauter und deutlicher, und das Buum-ta-ta-buum stieg aus dem Herzen eines jeden Dorfes auf.

Die Friedhöfe waren monumentale Anlagen, fast ebenso groß wie die Dörfer selbst, mit hochaufragenden, in lebhaften Farben bemal-ten Grabsteinen. Ich habe gehört, daß die Grabsteine absichtlich so gestaltet sind, um die Voodoo-Priester daran zu hindern, aus den Toten Zombies zu machen.

Es heißt, daß Baron Samedi, der Herr über die Toten, bei Nacht über die Friedhöfe wandelt, mit einem Zylinder bekleidet und einem langen schwarzen Umhang. Als ich die eigenartigen Schatten sah, die von den Gräbern im Mondschein geworfen wurden, schien mir das nicht abwegig. Baron Samedi entspricht weitgehend der christlichen Vorstellung vom Teufel, er ist ein schelmischer, verschrobener Kerl, der voller hinterhältiger Streiche steckt. Niemand wagt es, nach Einbruch der Dunkelheit über einen Friedhof zu gehen; nicht nur aus Angst vor einer Begegnung mit Samedi, sondern auch aus Angst vor den Zombies, die nach vollbrachter Sklavenarbeit von ihrem Zaube-rer in die offenen Gräber zurückgebracht werden.

Die Straßen in Haiti sind sehr schlecht. Tiefe Löcher tun sich da auf, wo man sie am wenigsten erwartet. Eine weite Strecke des Weges folgten wir einem Tap-Tap, das zum Bersten gefüllt war mit Männern und Frauen, von denen viele endlose Meilen lang stehen mußten. Die meisten Tap-Taps hatten vorne ein Abteil für Tiere, da sie im Pendelverkehr den Markt bedienten. Der Tap-Tap-Fahrer schien alle Schlaglöcher zu kennen, daher rutschten und holperten wir um sie alle herum, indem wir jedem Manöver des Tap-Taps folgten. Nach einer Weile hatte ich mich so sehr an die Abgase des Tap-Taps gewöhnt, daß es mich ganz benommen machte, frische Luft zu atmen.

In der Ferne tauchten blasse Lichter auf, verschwanden dann wieder und wirkten, als sie nach langer Zeit erneut sichtbar wurden, ebenso weit entfernt wie zuvor. Wir waren jetzt seit zwölf Stunden unterwegs.

„Le Cap?"

Ich bekam keine Antwort.

Ricard mußte mich fahren, und ich sollte ihm Summen Geldes geben, die alle Träume der Habsucht übertrafen. Unterhaltung war in dem Handel nicht inbegriffen.

Nach und nach verstummten die Trommeln. Wir befanden uns in den Außenbezirken von Le Cap. Immer vornehmer wirkende Häuser tauchten gespenstisch aus der Dunkelheit auf, als wir durch die Straßen jagten. Ricards kleines Auto erwies uns vorzügliche Dienste. Unvermittelt gelangten wir an zwei mächtige Torflügel, und mit einem Satz waren wir in Cap-Haïtien. Nie habe ich ein solches Leben in den Straßen gesehen! Alle Welt war auf den Beinen, man redete, scherzte, handelte und stand um brennende Holzkohlenfeuer herum. Kirchen jeglicher Provenienz säumten die Straßen. Katholische und evangelische, Pfingstkirchen und die von Sekten, die mir unbekannt waren, wie zum Beispiel die Kirche der Himmlischen Väter und die der Bruderschaft der Zwölf Märtyrer. Viele der Namen an den Gebäuden waren in Französisch oder Kreolisch, und so blieb mir das Wissen um die Religionen der Massen verwehrt, die auf die Straßen hinausströmten, um zu beten. Ich hatte den Wunsch, anzuhalten und den Gesängen zu lauschen, aber Ricard fuhr weiter.

„He!" Ein stämmiger Polizist hielt unseren Wagen an und sprach kreolisch auf Ricard ein. Ich saß zitternd auf dem Beifahrersitz und hoffte, daß er keine Notiz von mir nehmen würde. Langsam beugte er sich zu meinem Fenster hinunter und sagte etwas in kreolischer Sprache zu mir.

„Non, monsieur, je ne pas parle Français."

„Non Français! Je parle Créole", knurrte er und fuhr auf seinem Motorrad davon.

Ich nahm mit Freude zur Kenntnis, daß die Haitianer eine gesunde Abneigung gegen die Franzosen hegen, die sie in der Vergangenheit so schlecht behandelt haben.

In der Grünanlage der Stadt war wildes Treiben im Gange. Trommeln dröhnten, Flöten schrillten, und die Menschen sangen in gespenstisch gellenden Tönen. In der Dunkelheit konnte ich Gestalten erkennen, die tanzten und Luftsprünge vollführten. Handelte es sich womöglich um eine Voodoo-Zeremonie?

Ricard fuhr sehr schnell am Ort des Geschehens vorüber, als wollte er verhindern, daß ich die Zeremonie auch nur eine Sekunde länger betrachtete. Nach kurzer Fahrt durch die schmalen Straßen stoppte er den Wagen schließlich vor einem grauen, viktorianischen Gebäude, das etwas zurückgesetzt in einem mit Palmen und hohem Gras bewachsenen Garten stand. Ein schaukelndes Schild über dem Tor verkündete, daß es sich bei diesem Haus um ein Hotel handelte. Ricard warf mir ein breites Lächeln zu, half mir aus dem Wagen und führte mich umsichtig durch den überwucherten Garten in das Hotel.

Die Bar war ein einziges Sammelsurium afrikanischer Kunstgegenstände. Vom Fußboden bis zur Decke türmten sich holzgeschnitzte und bemalte Frauen in afrikanischen Trachten, Krüge auf dem Kopf balancierend, die einen fröhlich, die anderen weinend.

Weil wieder einmal der Strom ausgefallen war, gab es zur Beleuchtung nur weiße Kerzen und Öllampen. Ein junger Bursche, der furchtbar schielte, kam aus der Küche geschlichen und starrte uns, auf einem Kaugummi kauend, ausdruckslos entgegen.

Ricard sprach ein paar Minuten lang mit ihm, dann nickte der Junge.

„De Mann will Sie bleiben hier Nacht, läßt er Sie wissen. Sagt, Sie setzen, essen und trinken in de Hotel, und er Sie holen in einer Stunde, läßt er Sie wissen."

„Vielen Dank. *Au revoir, Monsieur Ricard.*"

Aber Monsieur Ricard hatte sich unbemerkt davongeschlichen.

Der Junge stand immer noch kauend und mit halb geringschätzigem, halb spöttischem Blick an der Küchentür.

„Bonsoir, bonsoir, Madame." Ein dicklicher kleiner Mann kam in die Bar getrippelt, die Arme voller verstaubter Wein- und Sherryflaschen.

„Sprechen Sie Englisch?"

„Ich spreche Englisch besser als irgend jemand, der Ihnen in diesem traurigen Land über den Weg laufen wird. Haben Sie die Wahlen verfolgt? Sehen Sie, wie die Amerikaner wieder einmal eine ihrer Marionetten an die Spitze unseres Landes gestellt haben. Wir mögen den Mann nicht, aber da ist er und versucht, uns alle zu ruinieren wegen Amerika. Macht Sie das nicht traurig?"

„Oh ja, sehr traurig. Wieviel kostet ein Zimmer?"

„Wissen Sie, mein Kind, ich verstehe nicht, warum die ausländischen Frauen allein reisen, wenn sie nicht einmal die Sprache lernen.

124

Sie beschwören das Unheil geradezu auf sich herab. Sie dürfen nicht so vertrauensselig sein. Zehn Dollar."

Ich saß lange an der Bar und plauderte mit dem Direktor, und von Zeit zu Zeit warf ich einen beunruhigten Blick auf die schwarzen Spinnweben in der Ecke. Kleine rote Käfer und Kakerlaken huschten umher und vergnügten sich im Staub. Jedesmal, wenn ich Feuer für meine Zigarette brauchte, holte mir der schwerfällige Junge ein Stück glühende Kohle aus dem Herd und verlangte einen Dollar.

„Warum nur wird Haiti von der übrigen Welt gehaßt?"

„Weil ihnen die Vorstellung einer schwarzen Republik, der es gut geht, nicht gefällt, und darum versuchen sie uns in die Knie zu zwingen."

„Aber", fragte der Direktor, den meine Antwort nicht zufriedenzustellen schien, „warum gefällt ihnen die Vorstellung von einer schwarzen Republik nicht? Wie können wir je zu einer starken Nation werden, wenn der Rest der Welt sich weigert, mit uns Handel zu treiben? Wenn sie uns meiden wie Parias?"

Ich erklärte ihm, daß in England das alte Vorurteil herrscht, die Afrikaner könnten sich nicht selbst regieren, eine Einstellung, die durch die Grausamkeiten General Amins noch verstärkt wurde. Daß sich etliche europäische Regenten in Vergangenheit und Gegenwart ähnlicher Massaker schuldig gemacht haben, scheint der Aufmerksamkeit vieler selbstgerechter Europäer entgangen zu sein.

Der Direktor nickte weise und machte mich mit seiner Tochter bekannt, einem Teenager mit mürrischen Zügen.

„Sie wird für Sie kochen. Was möchten Sie gern essen?"

„Etwas mit viel Reis und Fleisch und so etwas."

„Aber, *Madame*! Sie wissen, daß Sie der einzige Gast sind, den wir hier haben. Was glauben Sie, woher wir Fleisch und Reis für Sie nehmen sollen?"

Der Junge kicherte und verschluckte sich an seinem Kaugummi.

„Na ja, was haben Sie zu essen?"

„Alicia könnte die Straße hinunterlaufen und Ihnen Erdnüsse, Zuckerrohr oder Orangen holen. Das ist alles, was ich für Sie tun kann."

Ich zog es vor, an der Bar zu sitzen, Bier zu trinken und mir Zigaretten an glühenden Holzkohlen zu einem Dollar pro Stück anzuzünden, und schlug sein freundliches Anerbieten aus. Die Verwendung der Holzkohle zum Kochen und Heizen hat sehr viel dazu beigetragen, die Waldbestände in Haiti zu vernichten. Die Bauern haben einen großen Teil des Landes in unfruchtbares Ödland verwandelt.

Ricard war auf die Sekunde pünktlich, als er, mit einem breiten Lächeln auf seinem munteren Gesicht, in die Bar marschiert kam.

„Er fragt, wohin Sie mit ihm gehen wollen", erklärte der Direktor nach einer kurzen Unterhaltung mit meinem Begleiter dieses Abends.

„Zum Tanzen", kam die Antwort wie aus der Pistole geschossen.

Heute abend wollte ich mich austoben und die lebenssprühende Atmosphäre hemmungsloser Fröhlichkeit nach westindischer Art genießen. Nachdem ich also in mein „Ausgehkleid" geschlüpft war, das ich für Abende wie diesen mitgenommen hatte, stakste ich hinter Ricard in die verheißungsvolle Nacht hinaus. Obwohl es inzwischen fast Mitternacht war, ging das Leben auf den Straßen ungemindert fort. Ich eilte zu der Grünanlage, in der das Singen und Trommeln erklungen war, doch alles war leer. Der kleine Park mit dem in der Dunkelheit kaum sichtbaren Musikpodium lag jetzt verlassen und unheimlich still da.

Durch die abgelegenen Straßen der Stadt, an eleganten Häusern vorbei, gelangten wir zu einer steilen Klippe, die das Meer überblickte. Wie schön die Dinge aussahen, vom Mondlicht aller Farben beraubt! Winzige Segelboote schaukelten auf den funkelnden schwarzen Wellen. Selbst Ricard schien von dem Anblick überwältigt, und er stand, verträumt die Ebenholzfluten betrachtend, wortlos an meiner Seite.

Es war ein himmelweiter Unterschied zwischen dem Nachtclub, den wir jetzt besuchten, und der rasenden Hektik der Diskothek in Santo Domingo.

Auf einer Tanzfläche unter freiem Himmel drehten sich die Paare in Zeitlupentempo zu tiefen, melancholischen Klängen. Vornehmheit war das Gebot des Abends. Ricard hielt schlaff mein Handgelenk, ich legte flüchtig den Arm auf seine Schulter, und dann wiegten wir uns schläfrig unter den Sternen.

Als es mich nach ein paar Stunden langweilte, verabschiedete ich mich von Ricard und teilte ihm durch die Übersetzungskünste des Barmanns mit, daß ich ihn am nächsten Tag sehen würde. Ricard erbot sich, mich zum Hotel zu begleiten, aber ich lehnte ab. Ich konnte mich diesmal erinnern, wo sich mein Hotel befand, und im übrigen hatte ich den Eindruck, daß ich stets mehr Abenteuer erlebte, wenn ich allein war. Abenteuer! Ich hatte ja keine Ahnung, was mir in dieser Nacht bevorstand.

Eine ausgedehnte, baumbestandene Fläche lockte mich, und da ich das Gelände für einen öffentlichen Park hielt, betrat ich es, ein Lied im Herzen und Rhythmus in den Beinen.

Wie schön, dachte ich, mitten in der Nacht in einem hübschen Park spazierenzugehen. Warum nur sind sie in England alle verschlossen, warum ist es den Menschen versagt, sie zu ihrer besten Zeit, im Duft der Nacht zu sehen? Vielleicht befand sich hier der Königspalast, oder ich bewegte mich auf dem Gelände einer Kathedrale.

Ich stapfte jetzt durch dichtes Unterholz, kämpfte mich über verschlungene Baumwurzeln und durch Gestrüpp. Unerwartet stolperte ich über etwas, das ich für einen Haufen Brombeerranken hielt.

Ein riesenhafter Mann, der ein bedrohliches Gewehr trug, trat aus dem Gebüsch und donnerte mich an: „*Où allez?*"

Ich taumelte zurück und blieb dann wie angewurzelt stehen.

„*Où allez?*" fragte er noch lauter und faßte das Gewehr fester. Ich konnte ihn nur blöde anblinzeln.

„*Où allez?*" Klick. Er senkte den Gewehrlauf und richtete ihn auf meine Brust.

Es heißt immer, man würde aufhören, Angst zu haben, wenn man wirklich überzeugt ist, daß man sterben muß. Ein Gefühl der Ruhe, heißt es, durchdringt dich, und du winkst dem Leben, das wie eine Dia-Show an dir vorbeizieht, einen fröhlichen Abschiedsgruß zu. Glauben Sie kein Wort davon. Lassen Sie es sich von einer gesagt sein, die es wissen muß: Wenn Sie wirklich überzeugt sind, daß Sie sterben müssen, sind Sie gelähmt vor Angst.

Jetzt ist es aus, dachte ich, als ich das Klicken hörte. Mir war immer bewußt gewesen, daß ich eines Tages sterben mußte, aber wer hätte gedacht, daß es in Haiti sein würde, durch die Hand eines schießwütigen Wahnsinnigen, und alles nur, weil ich die Sprache nicht beherrschte! Erst als ich den Druck des Gewehrlaufs an meiner Brust spürte, fand ich meine Zunge wieder.

„Touristin", krächzte ich. „Ich bin eine ahnungslose Touristin und habe mich verirrt." Mein Mund fühlte sich unangenehm trocken an, und ich hatte die schreckliche Befürchtung, ich müßte mir in die Hose machen.

„Je ne comprends pas. Parle Francqis!"

Parle Francqis? Was sollte das heißen? Natürlich hieß es „sprich französisch" — aber ich konnte kein Französisch. Ich zitterte jetzt wie Espenlaub. Plötzlich kam mir in einem Geistesblitz einer der Sätze in den Sinn, die ich in der Schule gelernt hatte.

„Esk er vous avez de le petit animal?"

Er hatte mich aufgefordert, französisch zu sprechen, und unglücklicherweise für uns beide war dies das einzige Französisch, das ich konnte.

„Le petit animal?"

„Es tut mir leid, aber ich fürchte, mehr Französisch kann ich nicht. Darf ich jetzt gehen?"

Das Gewehr bohrte sich mir schmerzhaft zwischen die Rippen.

Ich hielt die Stellung, während Wogen der Übelkeit in mir aufstiegen.

„Erch! Allez-vous!" Und mit einem letzten Ruck seines Gewehres bedeutete mir der Mann gereizt, zu gehen. Sehr langsam und auf tauben Füßen entfernte ich mich von dem bewaffneten Kerl.

Sobald ich das Tor erreicht hatte, fiel ich in Laufschritt und jagte durch die Straßen der Stadt, bis ich beim Hotel anlangte. Der kaugummikauende Junge stand immer noch am selben Fleck bei der Küchentür.

„Geben Sie mir einen Schluck Wasser", keuchte ich, „und ein Glas Brandy zum Herunterspülen!"

Der Junge schenkte das Verlangte betont langsam ein.

Wer war der Mann gewesen, und warum hatte er mich umbringen wollen?

Ich war entschlossen, es am nächsten Tag herauszufinden. Die Hauptsache war, daß ich noch lebte und mir, besser noch, nicht in die Hose gemacht hatte.

Als Ricard am nächsten Tag auftauchte, bestand ich darauf, mit ihm zu dem Park zurückzugehen, in dem mir der Gewehrschütze so grob gekommen war. Als wir dort anlangten, stellte ich fest, daß der „Park" das Gelände eines Regierungsgebäudes war, auf dem es von bewaffneten Wachposten nur so wimmelte. Ich war froh, daß mir die Dunkelheit in der Nacht zuvor das Gesicht des Soldaten verborgen hatte, denn als ich an diesem Morgen ihre Züge sah, schienen sie mir erschreckend in ihrer Grausamkeit.

Cap-Haïtien ist eine sehr arme Stadt, die wenig Industrie hat. In der Stadtmitte befand sich ein schäbiger Markt, der es in seiner Verkommenheit fast mit dem Eisenmarkt in Port-au-Prince aufnehmen konnte. Leuchtend rosafarbene Ferkel wurden, gebunden und gefesselt, grob in Lieferwagen und auf Pferdekarren geworfen. Die einheimischen schwarzen Schweine von Haiti sind von den Amerikanern ausgerottet worden, die glaubten, die Tiere hätten die Schweinepest. Meiner Meinung nach ein Jammer, denn die Schweine, die von den Amerikanern heute nach Haiti geliefert werden, sind nicht annähernd so robust und, nach Aussagen einer Marktfrau, viel weniger schmackhaft.

Keines der Häuser war frisch bemalt, sondern sie verwitterten in vornehmer Baufälligkeit. Ich schwor mir auf der Stelle, daß ich, sollte ich einmal zu märchenhaftem Reichtum gelangen, nach Haiti zurückkehren und alle Häuser in freundlichem Weiß anstreichen würde. Cap-Haïtien hat das Zeug zu einer bemerkenswert schönen Stadt mit einer an New Orleans erinnernden, „französischen" Pracht.

Eine Frau, die aussah, als wäre sie mindestens sechsundneunzig mit ihrem kahlen Kopf und dem von Falten überzogenen Gesicht, saß neben einem Stand auf dem Marktplatz. Ihre Brust, der einzige jugendliche Teil ihres Körpers, war entblößt, und ein etwa fünfjähriges Kind saugte gierig daran. Die Frau, die in Wirklichkeit wohl an die dreißig war, streckte den Passanten mitleidheischend die Hand entgegen und verscheuchte von Zeit zu Zeit die Fliegen. Neben ihr saß eine Frau mit einem Blechtopf, in den ich beiläufig einen Blick warf. Ohren und Haut türmten sich in blutiger, mit schwarzen Fliegen besetzter Masse darin. Ich starrte wie gebannt darauf. Das übelriechende, faulige Fleisch war der Gipfel aller meiner Alpträume. Die Frau lächelte mich an.

„Acheter? Qui, madame?"

Ich taumelte als eine gebrochene Frau in den Wagen zurück.

Als ich sicher darin saß, schloß ich die Augen, atmete tief durch und seufzte schwer.

„Madame! Madame!"

Ich riß die Augen auf.

Große faulige Fleischfetzen wurden durch das Fenster hereingeschoben. Ich schrie auf. Ricard warf den Motor an, und wir setzten uns klappernd in Bewegung, vorbei an den Schuhputzerjungen, die mit klingelnden Glöckchen umherflitzten.

Wir machten uns auf den Weg zum Schloß Sans-Souci, dem königlichen Palast, den König Henri-Christophe in Auftrag gegeben hatte, der aber unglücklicherweise bei einem Erdbeben im Jahre 1842 zerstört wurde. König Henri hatte die Absicht gehabt, die üppige Bauweise der damaligen Schlösser in Europa nachzuahmen, und beides, Name wie Bauweise, waren dem Schloß Friedrichs des Großen in Potsdam nachempfunden. Obwohl Haiti zur damaligen Zeit vollkommen verarmt war, wurden beim Bau des Schlosses keine Kosten gescheut. Erlesene Hölzer für die Wände der Innenräume, Leuchter aus geschliffenem Kristall, Marmorfußböden und aus Europa importierter Putz waren dazu angetan, die verschwenderische Wirkung zu vertiefen. Heute steht es, all seiner Kostbarkeiten beraubt, als leere Hülle da.

Henri-Christophe war eine der schillerndsten Gestalten in der Geschichte Haitis. 1767 als Sklave in St. Kitts geboren, das damals britische Kolonie war, arbeitete er noch viele Jahre als Hofgardist in Cap-Français. Seine Kühnheit und sein militärisches Können traten erst ans Licht, als der Kampf um die Unabhängigkeit begann, worauf er sehr bald ein hochrangiger General wurde. 1806 wurde er Präsident des Nordstaates der Insel und ernannte sich 1811 selbst zum König. Dem höfischen Adel verlieh er phantasievolle Namen wie Duc de Marmelade und Comte de Limonade. Von den neun Schlössern, die Henri erbauen ließ, stehen heute nur noch die Ruinen.

In seinem letzten Lebensjahr litt Henri unter zunehmender Geistesverwirrung. Er feuerte bei tropischen Gewittern Kanonen ab, um seinen Untertanen seine Macht über die Natur zu zeigen. Besessen von der Furcht, Napoleon würde sich seinen Staat einverleiben, baute er immer mehr Festungen und Schlösser, um ihn abzuwehren. Napoleon fiel nie in das Land ein.

Als wir Milo erreichten, die kleine Stadt unterhalb des Schlosses Sans-Souci, teilte mir Ricard durch den Mund eines kleinen Mädchens mit, daß wir uns in einer Stunde am Stand des Zuckerrohrverkäufers wiedertreffen würden. Eine Stunde reichte natürlich nicht aus für den Weg nach Sans-Souci und die zwölf Meilen bis zur Zitadelle. So sehr ich mich auch bemühte, ich konnte Ricard nicht überreden, länger zu warten oder mich zu begleiten.

Als ich den Berg zu den großartigen Schloßruinen hinaufstieg, kam ich mir ein bißchen wie der Rattenfänger von Haiti vor. Zerlumpte Kinder folgten mir über weite Strecken des Weges und hielten mir glitzernde Schmuckstücke entgegen. Kleinkinder, die in England weder laufen noch sprechen könnten (weil sie eben Kleinkinder sind), laufen und sprechen in Haiti nicht nur, sondern betteln auch noch in einer fremden Sprache um Geld. Es ist außerordentlich beeindruckend.

„Voodoo-Puppen, Voodoo-Puppen", skandierte eine Schar Frauen, die zerbrechliche Flickenfigürchen hochhielten. Die Frauen in ihren fließenden Baumwollröcken hatten von Hoffnungslosigkeit geprägte Gesichter. Ich war die einzige Touristin weit und breit, und offensichtlich sah ich nicht aus, als gehörte ich zum Voodoo-Puppen-Typ, denn sie behelligten mich nicht weiter. Die Behelligung besorgten, wie vorauszusehen, die Männer, die mich umschwärmten wie Aasgeier eine tote Katze.

„Sie müssen einen Führer nehmen, *Madame*, das ist Gesetz."

„Gesetz! Geben Sie's auf, Kumpel."

„Aber ich sage die Wahrheit! Sie müssen einen Fremdenführer haben!"

Ich ließ einen prüfenden Blick über sie schweifen und ernannte resigniert den bestaussehenden von ihnen zu meinem Fremdenführer. Er war ein großer, drahtiger Dreißigjähriger mit hageren, berechnenden Zügen.

„Es ist gut, daß Sie mich gewählt haben. Ich bin derjenige, der am meisten über diesen Ort weiß. Ich werde Sie in Schloß Sans-Souci herumführen, dann müssen wir ein Pferd zur Zitadelle hinauf nehmen. Wenn wir an der Zitadelle sind, führe ich Sie herum, dann reiten wir wieder hierher zurück, und Sie, Sie geben mir dann zehn Dollar."

Ich nickte. Zehn Dollar — ungefähr fünf Pfund. Nicht schlecht. Ich freute mich auf den Ritt, denn ich war in meinen jugendlichen Jahren eine leidenschaftliche Reiterin gewesen und hatte die Dörfler mit meinem überragenden Können im Sattel in Erstaunen versetzt.

Ich wanderte mit Yacoub, dem Fremdenführer, durch die Schloß-ruinen; die meiste Zeit schwiegen wir, doch dann und wann erzählte er mir Dinge über das Bauwerk, die ich ohnehin wußte. Er zeigte mir den genauen Ort, an dem Henri-Christophe mit einer Silberkugel Selbstmord beging, und lachte dann lauthals über die Dummheit einer solchen Handlungsweise.

„Seine Palastwächter schlossen sich 1820 den Aufständischen an, und weil der Mann verrückt war, glaubte er, der Tod wäre der einzige

Ausweg. Ich hätte mich ebenfalls den Aufständischen angeschlossen und mich dann zum König des Rebellenheeres ernannt."

„Gute Idee, das hätte ich auch gemacht."

„Selbstmord ist keine ehrenvolle Art, zu sterben." Yacoub warf mir einen langen, verschlagenen Blick aus den Augenwinkeln zu. Ich hatte nicht viel Geld bei mir, aber ich spürte, daß Yacoub meine Handtasche als das Füllhorn des Reichtums betrachtete.

„Warten Sie jetzt hier, ich hole die Pferde."

Eine halbe Stunde später kamen, geführt von sechs Männern, zwei müde alte Klepper auf uns zugelatscht.

„Ich hoffe, Sie sind eine gute Reiterin, denn es ist ein weiter Weg, aber das hier sind gute Pferde. Ich kenne sie. Sie reiten auf Boogie."

„Was sind das für Männer, die die Pferde bringen?"

„Das sind auch Führer. Sie führen uns hinauf."

„Können wir nicht allein reiten?"

„Natürlich nicht!"

„Aber wie können sie zwölf Meilen bergauf laufen?"

„Das ist ihr Beruf."

Ich blicke heute auf diesen Ritt zur Zitadelle mit einem Gemisch aus Schrecken und Erleichterung zurück. Erleichterung deshalb, weil ich weiß, daß ich ihn nicht noch einmal zu machen brauche.

Die Bewohner der an diesem Berg gelegenen Dörfer ließen uns während des ganzes Rittes nicht in Ruhe; sie kamen aus ihren Hütten gerannt und schrien nach Geld. Nie bin ich mir alberner vorgekommen als im Sattel der altersschwachen Mähre: ein Mann vorn, der die Zügel hielt, ein Mann in der Mitte an den Steigbügeln und ein Mann hinten, der mit einer Lederpeitsche brutal auf das arme Tier einschlug. Einige Male wäre das Pferd um ein Haar unter den schmerzhaften Peitschenhieben den steilen Hang hinuntergerutscht, und je lauter ich den unbarmherzigen „Führer" anbrüllte, um so kraftvoller wurden die Schläge, mit denen er das Pferd unter schadenfrohem Gelächter traktierte.

„*Madame!* Sssss! Dollar!"

Frauen, deren Gesichter von Elend und Hunger gezeichnet waren, eilten mir bettelnd entgegen und boten mir wertlosen Plunder zum Kauf an. Ich wußte, daß es sinnlos war, anzuhalten und ihnen Geld zu geben, denn dann wären sie alle über mich hergefallen, wie ich es im Eisenmarkt erlebt hatte; und selbst wenn *ich* das Gedränge hätte aushalten können, mein Pferd war ganz gewiß nicht dazu in der Lage.

132

Wenn der Ausblick nicht gewesen wäre, hätte ich die ganze Sache abgeblasen. Die Palmen, Hibiskusblüten und Kolibris, die im Lichtschein prachtvoll schimmerten, entschädigten mich für die Schrekken um mich herum. Es war ein glühendheißer Tag mit strahlend blauem Himmel.

„Ich muß irgendwo anhalten und Kokoswasser kaufen", rief ich Yacoub zu, der weit vor mir ritt. Seine Augen leuchteten auf.

„Ja, natürlich. Halt! Halt!"

Die Männer machten es sich unter einer Palme bequem und gaben gleich darauf ihre Bestellungen auf. Der eine wollte Orangen, ein anderer Zuckerrohr, und die übrigen vier bevorzugten gelierte Kokosnüsse. Ich hoffte inständig, daß ich mir das alles leisten konnte, denn ich hatte absichtlich nur einen kleinen Geldbetrag mitgenommen.

Lächelnde, bettelnde Kinder umringten mich. Ein kleines Mädchen fesselte meine Aufmerksamkeit. Es war ein zauberhaftes Geschöpf mit rundem Gesicht und blitzenden Augen und fing an, sich wie ein Kätzchen an mich zu schmiegen.

„Na, du kleines Hühnchen", säuselte ich, indem ich das Kind schwungvoll hochhob und kitzelte. Ich schätzte sie auf zweieinhalb. Ihre Mutter, eine hochschwangere Frau, kam herbeigerannt.

„Ich bin die Mutter. Mein Name ist Mildred. Meine Tochter heißt Angela. Geben Sie uns Geld. Wir sind arm. Vergessen Sie mich nicht."

Angela zappelte niedlich in meinen Armen, und ich lächelte gerührt. Dann stellte ich sie wieder auf die Füße und gab ihr einen Dollar. Sie lächelte weiter mit schiefgelegtem Kopf, und dann geschah etwas Merkwürdiges. Ihr älterer Bruder näherte sich uns und stellte sich ebenfalls grinsend vor mir in Pose. Angela, das winzige Kind, stieß ihn mit verschwörerischem Gehabe beiseite, flüsterte ihm aufgeregt etwas ins Ohr und gab ihm dann einen letzten entschlossenen Stoß. Gleichzeitig schenkte sie mir wieder ihr unschuldiges Lächeln und rieb sich an meinem Bein. Ich war bestürzt.

„Laß sie in Ruhe!" hatte sie offensichtlich zu ihrem Bruder gesagt. „Ich bin diejenige, die sie wirklich süß findet. Überlaß sie *mir*, dann sind wir fein raus!"

Daß ein so kleines Kind über so viel Durchtriebenheit verfügen konnte, erschütterte mich bis ins Mark. Hatte man ihr beigebracht, süß zu sein, um Touristen zur Ader zu lassen, oder war ihr die Kunst der geschickten Verstellung von Natur aus gegeben? Wenn sie sich von mir unbeobachtet glaubte, ruhten ihre Blicke mit so wacher Intelligenz auf mir, daß ich meinen Augen kaum trauen wollte. Wenn sie merkte, daß ich sie ansah, verwandelte sich ihr durchdringender Blick sofort in einen Ausdruck liebreizender, weicher Unschuld.

Ihre Mutter Mildred kam wieder angeklappert, ihre sieben Kinder vor sich herschiebend. Sie stolperten mit süßem Lächeln auf mich zu.

„Geben Sie mir nur soviel, daß ich ein Kleid kaufen kann. Sehen Sie, das hier ist das einzige, das ich habe, und jetzt in meinem Zustand ist es zu klein."

Ihr Kleid stand von der Taille aufwärts weit offen und ließ einen riesigen Bauch sichtbar werden, der ihre ausgemergelten Arme nur um so bemitleidenswerter erscheinen ließ.

„Wenn ich Geld hätte, *Madame*, würde ich Ihnen alles geben, aber ich habe nur fünfzehn Dollar, und die brauche ich für meine sieben Führer", sagte ich, wenn auch mehr an mich selbst gerichtet.

Nachdem ich für meine und der Männer Erfrischungen bezahlt hatte, stieg ich wieder in den Sattel des müden alten Kleppers Boogie, und los ging es!

Mildred rannte mir mit Angela nach und sagte, wir würden uns auf dem Rückweg wieder begegnen, dann würde ich ja, vielleicht, großzügiger sein.

„Vergessen Sie mich nicht", rief Mildred.

Als ob ich das je könnte.

Nach vierstündigem Ritt tauchte hoch über uns zwischen den Bäumen eine gotische Scheußlichkeit auf. Der Berg wurde steiler und immer steiler, und bald knickten dem armen Boogie auf dem Geröll schmerzhaft die Beine ein, und er wurde für seine Schmerzen auch noch mit wütenden Peitschenhieben bedacht.

Die Zitadelle bot wahrhaftig einen eindrucksvollen Anblick. Napoleon wußte, was er tat, als er einen Bogen um diesen Ort machte. Es heißt, daß zweihunderttausend Männer an der Erbauung mitgewirkt haben, von denen mindestens zwanzigtausend dabei ihr Leben ließen.

Es ist eine mächtige, stahlgraue Festung, die wie eine weiße verwunschene mittelalterliche Burg auf dem Gipfel des herrlichen Berges steht. Einmal ließ König Henri, um vor einem britischen Diplomaten mit dem Gehorsam seines Heeres zu protzen, einen Trupp Soldaten über den Mauerrand der Zitadelle marschieren. Die

Männer folgten blindlings und fanden einen gräßlichen Tod. Man kann die Zitadelle nicht ansehen, ohne zu erschauern. Böse Geister hausen darin, und kaum war ich angekommen — müde und wundgeritten —, bedauerte ich auch schon zutiefst, daß ich mich auf diesen langen, gefährlichen Weg gemacht hatte.

Yacoub ließ sich behaglich auf einer alten Eisenkanone nieder und bestellte Coca Cola für sich und die Männer, indem er einem einsamen Händler seine Wünsche entgegenschrie und kräftige Flüche in urwüchsigem Englisch ausstieß.

„Los, los, Lady, zahlen Sie die Getränke! Denken Sie, meine Männer wollen umsonst arbeiten?"

Zu erschöpft, um Widerstand zu leisten, rückte ich das Geld heraus und versuchte, nicht daran zu denken, was Yacoubs „Männer" an Dollars und Erfrischungen brauchen würden, wenn dieser Höllenritt erst vollbracht war.

„Sind Sie verheiratet?"

„Nein, Yacoub, bin ich nicht."

„Ich bin verheiratet und habe drei Kinder, aber das hindert mich nicht daran, viele Geliebte zu haben. Sie gefallen mir. Sie sind ein guter Mensch. Da Sie nicht verheiratet sind, können Sie mich vielleicht nach London kommen lassen."

„Werden Sie mich nicht herumführen?"

„Reden Sie nicht so eine Dummheit! Ich bin müde. Ich muß trinken und essen. Mir gefällt Ihre Figur. Sie sind gebaut wie die Zitadelle, stark und solide. Das gefällt mir."

„Danke. Führen Sie viele Touristen hier herauf?"

„Nein, Sie sind der erste seit langer Zeit. Sie sind ganz allein hier oben, nur Sie, ich und die Männer."

„Ah."

Ich betrachtete meine Nägel mit gespielter Sorglosigkeit.

„Also, wann wurde die Zitadelle erbaut?"

„Hören Sie, Lady! Ich habe Ihnen gesagt, Sie sollen mich mit diesem Blödsinn in Ruhe lassen. Ich kann nicht in der Hitze herumsitzen und mir den Mund fransig reden über Daten und Zeiten und so. Lassen Sie mich essen!"

Ein Mann war mit einem Teller Reis und Erbsen, garniert mit zartem, gedünstetem Fleisch, aus dem Nichts aufgetaucht. Yacoub aß mit Genuß und schob sich verirrte Stückchen mit seiner hübschen rosigen Zunge in den Mund. Er gefiel mir gegen meinen Willen, und ich beharrte darauf, mit ihm zu essen. In echt afrikanischer Manier aßen wir mit unseren staubigen Fingern vom selben Teller.

„So, ist Ihr Bauch nun zufriedengestellt?"

„Ja."

„Dann gehen wir jetzt und schauen uns diese Zitadelle an."

An einer Reihe verrosteter Kanonen vorbei stiegen wir weiter den Berg hinauf. Sobald wir uns dem Bauwerk näherten, befiel mich unüberwindbare Übelkeit. Etwas Unheimliches und Gespenstisches schien mich zurückzudrängen. Zu verängstigt, um in die geisterhafte Ruine einzutreten, blieb ich im Eingang stehen.

„Kommen Sie herein, Lady, was ist los mit Ihnen?"

„Ich habe Angst."

„Was? Kommen Sie, kommen Sie herein, dann zeige ich Ihnen die Stelle, an der die Männer von der Mauer gefallen und gestorben sind."

„Sie gehen hinein, ich warte hier."

„So einen Blödsinn habe ich in meinem ganzen Leben noch nicht gehört."

Ich wußte jedoch, daß die Geister, die in der Zitadelle hausten, nichts als das schrecklichste Unheil für mich bereithielten; so setzte ich mich auf die moosbewachsene Steinmauer und bewunderte die Aussicht.

Lachend und fluchend zugleich schlenderte Yacoub zu seinem Platz auf der Kanone zurück und fing an, mit den Männern zu plaudern.

Ein elfenhafter kleiner Junge, in dessen zartem Gesicht riesige Augen leuchteten, kam auf mich zu und reichte mir ein kleines Sträußchen wilder Blumen.

„*Merci*", sagte ich, „aber ich kann dir leider kein Geld geben, ich habe keins."

In melodischem Kreolisch erklärte er mir, daß er kein Geld haben wolle, und er begreife, daß ich arm sei. Aufgrund seines geschickten Mienenspiels konnte ich jedes seiner Worte verstehen.

Ich war fassungslos. Ein haitischer Junge, der kein Geld haben wollte und tatsächlich *begriff*, daß ich arm war? Wo war der Haken? Aber ich war zu zynisch geworden, und die Sache mit diesem kleinen Jungen hatte keinen Haken. Wir unterhielten uns über seine Familie und seine Freunde, und ich erfuhr, daß er zwar nicht zur Schule ging, jedoch von einem alten Mann, der in den Wäldern lebte, lesen und schreiben gelernt hatte. So saßen wir lange Zeit und blickten auf Haiti hinunter, das sich im Grün der Palmen und im Braun des Ödlandes vor uns ausbreitete. Das Blumengeschenk erfüllte mich mit solcher Rührung, daß mir die Tränen in die Augen stiegen.

„He! Lady! Wenn Sie aus feigem Aberglauben nicht einmal in die Zitadelle hineingehen wollen, dann kommen Sie wenigstens wieder herunter."

„Ich komme, wenn ich meine Unterhaltung mit diesem süßen Kind beendet habe."

„Was für ein süßes Kind? Sind Sie etwa nicht nur feige, sondern auch noch verrückt?"

Das Kind war verschwunden. Ich rief nach ihm, sah zwischen den Kanonen nach und suchte hinter der Mauer, aber es hatte sich in Luft aufgelöst. Vielleicht war es ein Feenwesen, der Geist eines der in vergangenen Zeiten ermordeten Kinder.

Das Sträußchen aber war frisch und duftend und blieb es auch noch lange Zeit.

Beim Abstieg scheute Boogie immer wieder und bäumte sich auf. Irgendwann verlor ich die Geduld und brüllte den Führer an, das Tier in Ruhe zu lassen.

„Warum sind Sie überhaupt mitgekommen? Es ist vollkommen überflüssig, daß Sie hinter dem Pferd herlaufen und es so mißhandeln. Wir brauchen Sie nicht."

„Oh doch! Das ist in diesem Land gesetzlich vorgeschrieben. Wenn Touristen auf einem Pferd reiten, brauchen sie einen Begleiter vorne, einen am Sattel und einen hinten. Ich schwöre es, ich sage Ihnen die Wahrheit."

Ich schnaubte mit Boogie im Chor.

„Ich mag Sie, ich mag Sie, ich mag Sie." Yacoub hatte sein Pferd an meine Seite gelenkt und griff nach meinem Sattel.

Ich gab mir alle Mühe, ihn nicht zu beachten. Wir waren wieder in Mildreds Dorf angelangt, und ich hatte das Gefühl, sterben zu müssen, wenn ich nicht etwas zu trinken bekam. Ich bestellte sieben Kokosnüsse für die Männer, und die Männer bestellten Orangen, Mangos und Wassermelonen für sich selbst. Ich öffnete meinen Geldbeutel und sah zu meinem Entsetzen, daß sich nur noch zwei Dollar darin befanden. Die Frauen, die uns die Früchte verkauft hatten, verlangten mindestens einen Dollar pro Stück. Ich saß wahr und wahrhaftig in der Klemme.

„Ich muß in die Stadt fahren und Travellerschecks einlösen, und dann komme ich mit dem Geld zurück", erklärte ich ihnen schuldbewußt.

Den Frauen schien das überhaupt nichts auszumachen. Ehrlichkeit ist in Haiti ebenso selbstverständlich wie in Jamaika, und so wurde ich unter Lächeln und Winken mit meinem Pferd verabschiedet, und weiter ging es im Stolperschritt den Berg hinunter.

„Machen Sie sich keine Sorgen, Lady. Ich weiß, daß Sie sich überlegt haben, wie Sie mit dem Pferd in das Dorf zurückkommen sollen, aber ich sehe, daß Sie ein guter Mensch sind. Ich begleite Sie in die Stadt, und wenn Sie das Geld gewechselt haben, bringe ich es den Frauen hoch. Mögen Sie mich?"

„Sie sind schon in Ordnung, denke ich." Er sah sehr gut aus, fast wie ein Filmbösewicht.

„Warum haben Sie keine Angst vor mir?"

„Ich habe eigentlich keine Angst vor Menschen. Eher vor kleinen Tieren."

„Und vor Geistern?"

„Ja, vor Geistern auch."

„Aber ich hätte da oben alles mögliche mit Ihnen machen können. Ich möchte, daß Sie meine Freundin sind, sonst werde ich vielleicht grob zu Ihnen."

Ich lachte ihn aus vollem Halse aus. Ich hatte überhaupt nichts gegen ihn in der Hand, war absolut wehrlos. Ich fragte mich, wie es wäre, weiß zu sein und über „angeborene" Macht zu verfügen. Wäre ich eine Weiße gewesen, so hätte er sich sein aufdringliches Benehmen mir gegenüber zweimal überlegt. Die haitische Regierung hätte es einem Fremdenführer übel vermerkt, wenn er eine weiße Touristin belästigte, aber als Farbige fühlte ich mich außerordentlich verwundbar. Zeig niemals deine Angst, lautet die goldene Regel, und so fuhr ich fort, Yacoub auszulachen, bis er nach einer Weile mit schuldbewußter Zurückhaltung in das Lachen einfiel.

Als wir am Fuße des Berges anlangten, fingen alle Männer gleichzeitig an, auf mich einzuschreien: Jeder von ihnen wolle zwanzig Dollar haben, und sie würden sich nicht vom Fleck rühren, bevor sie die nicht erhalten hatten.

Yacoub erklärte ihnen eifrig, daß er beabsichtige, mit mir zur Bank in Cap-Haïtien zu fahren, darüber zu wachen, daß ich die Schecks einlöste, und dafür zu sorgen, daß sie alle ihr Geld erhielten. Die

Männer warfen mir finstere Blicke zu und murmelten seltsame haitische Flüche vor sich hin.

„So ist das eben!" Einer der Männer hob verzweifelt die Hände gen Himmel. „Manchmal werde ich für meine Arbeit bezahlt und manchmal nicht. Jetzt verstehe ich es. Ich gehe."

Und weg war er.

Wenn ich ihm gesagt hätte, daß ich der Meinung gewesen war, das ganze Abenteuer würde insgesamt zehn Dollar kosten, hätte er mir nicht geglaubt.

Eine einsame Gestalt stand neben einem zerbeulten blauen Auto. Es war Ricard. Sein runzeliges Gesicht hellte sich auf, als er mich sah, und er riß den Wagenschlag auf.

„Das ist Yacoub. Yacoub, Ricard."

Die beiden Männer bedachten sich mit bösen Blicken wie zwei streunende Katzen. Weit davon entfernt, während der Fahrt miteinander ein Gespräch zu beginnen, starrten sie abweisend zu ihren jeweiligen Fenstern hinaus.

Als wir ungefähr eine Meile zurückgelegt hatten, befahl Yacoub Ricard, anzuhalten und seinen Freund, einen Heeresoffizier, mitzunehmen.

Der Offizier setzte sich in den Fond des Wagens, ohne nach rechts oder links zu blicken, und wir fuhren weiter.

Auf einem schweren Motorrad hinter uns saß ein düster gekleideter Mann mit einer großen dunklen Brille. Er folgte unserem Wagen dichtauf und zeigte jedesmal, wenn mein Blick seine beschirmten Augen traf, ein unheilvolles Lächeln.

„Wenn ich es nicht besser wüßte", flüsterte ich Yacoub mit unterdrückter Stimme zu, „würde ich meinen, er wäre ein Tonton Macoute."

„Schhh!"

„Warum sagen Sie ‚schhh'?" fragte ich begriffsstutzig.

Yacoub warf dem Armeeoffizier einen raschen Blick zu und verzog den Mund.

Ich drehte mich nach dem Motorradfahrer um. Er konnte doch nicht zu den gefürchteten Tontons Macoutes gehören, die waren schließlich mit Papa Doc verschwunden — oder nicht?

Als wir Cap-Haïtien erreicht hatten, stieg der Offizier aus und entfernte sich die Straße hinauf; der Motorradfahrer blieb ihm hart auf den Fersen.

139

„Was hat das alles zu bedeuten?" fragte ich Yacoub in der Bank. „War das wirklich einer von den Tontons Macoutes?"

„Sie lachen, aber es stimmt! Sie sind hinter meinem Freund her."

„Was wird Ihr Freund denn tun?"

„Vielleicht wird er sterben."

„Meinen Sie das ernst?"

„Wie könnte ich in einer solchen Angelegenheit scherzen?"

Wir verließen die Bank und schlenderten auf Ricards Wagen zu.

„Die Tontons Macoutes sind dasselbe wie bei Ihnen der ‚Butzemann'. Wenn die Kinder frech sind, sagen wir zu ihnen: ‚Wenn du nicht brav bist, kommt der Tonton und steckt dich in seinen Macoute!' Ein Macoute ist eine Art Tasche, die man über der Schulter trägt, und Tonton heißt Onkel. Mir gefällt es nicht, was sie mir und meiner Familie angetan haben."

„Was haben sie getan?"

„Stellen Sie niemals Fragen. Die törichten Fragen, die Sie im Wagen gestellt haben, hätten uns alle beinahe umgebracht. Geben Sie mir jetzt das Geld, dann kehre ich damit zurück und bezahle die Leute."

„Sorgen Sie dafür, daß Mildred und ihre Familie viel bekommen, und auch die Frau, die uns die Kokosnüsse verkauft hat."

Darauf händigte ich Yacoub einen Betrag aus, der so hoch war, daß ich den Gedanken daran nicht ertragen kann.

„Ah! Sie sind ein sehr gute Leute, sehr gut. Ich werde für Sie beten. Ich werde lange für Sie beten. Kann ich mit Ihnen ins Hotel kommen, oder wird dieser zahnlose Bock dort sein?"

Der arme Ricard stand bei einem Bilderverkäufer und lächelte höflich.

„Yacoub, kehren Sie zu den Fremdenführern zurück, bevor sie uns die Polizei auf den Hals hetzen."

„Zu den Fremdenführern? Machen Sie Witze? Zuerst muß ich meine Freundinnen besuchen, die hier leben, und zwar eine nach der anderen."

Yacoub warf den Kopf in den Nacken und lachte. Das letzte, was ich von ihm sah, war seine hagere Gestalt, als er durch eine Gruppe von Künstlern stolzierte, Grußworte nach allen Seiten rief und altehrwürdige englische Flüche von sich gab. Er mochte wohl ein Gauner sein, dennoch hoffte ich, daß ich ihn nicht zum letzten Mal gesehen hatte. Seine schurkenhafte Großspurigkeit beeindruckte mich so sehr, daß es mein Herz höherschlagen ließ. Bei alledem hoffte ich inständig, daß das Geld in die richtigen Hände gelangen würde.

Nachdem wir uns von Yacoub getrennt hatten, beschlossen Ricard und ich, ein wenig in der Stadt umherzuschlendern. Durch die Fenster eines der eleganteren Gebäude konnten wir schöne Klassenzimmer erkennen. Auf den Zehenspitzen zu stehen und hineinzuspähen, fand ich schon nach kurzer Zeit ausgesprochen ermüdend, und daher klopften wir ein paar Minuten später an das Arbeitszimmer der Rektorin und baten um die Erlaubnis, uns in der vornehmen kleinen Schule im Herzen der Stadt umsehen zu dürfen.

Die Kinder waren so wohlerzogene kleine Musterschüler, daß ich sie am liebsten geohrfeigt hätte. Ordentliche Uniformen, fehlerfreies Englisch und eine Schar hochgereckter Hände, wann immer der Lehrer ihnen eine Frage stellte. Dies waren die Kinder der Oberschicht, und wie es sich für die *Crème de la crème* gehört, waren sie in jeder Hinsicht vollkommen.

In den haitischen Schulen wird ausschließlich Französisch gelehrt und nicht die vorherrschende Sprache des Landes, aber das schien ohnehin keine Rolle zu spielen, da die kreolischsprachigen Kinder keine Schulen besuchten. Was die Sechsjährigen in Mathematik durchnahmen, ein verwirrendes Durcheinander von Quadratwurzeln und Brüchen, überstieg meinen Horizont bei weitem.

Alle Kinder, denen ich begegnete, sprachen in überaus ehrerbietigem Tonfall mit mir. Ricard war außer sich vor Glück, als er in makellosem Englisch gefragt wurde: „Wie geht es Ihnen?" Man nahm an, daß er mein Ehegatte aus London sei, und er war nicht gerade versessen darauf, den Irrtum richtigzustellen. Er wanderte wichtigtuerisch in den Klassenzimmern auf und ab, die Hände hinter dem Rücken verschränkt, die Lippen fest zusammengepreßt.

An diesem Abend aßen wir bei einer Freundin von Ricard, die in der Stadtmitte unweit der Kathedrale wohnte. Unsere Gastgeberin, eine gebeugte junge Frau, die sich in niedergeschlagenes Schweigen hüllte, servierte uns Reis und Erbsen. Ich versuchte, sie auf französisch anzusprechen; aber nachdem sie meine Frage, ob sie im Besitz eines kleines Tieres sei..., ignoriert hatte, gab ich meine aussichtslosen Bemühungen auf. In einem Winkel des kleinen, dunklen Zimmers befand sich ein Altar, der über und über mit golden angemalten Pappmachéfiguren geschmückt war. Statuen der Jungfrau Maria und zahlreicher katholischer Heiliger standen zwischen weißen Kerzen. Genau in der Mitte des Altars lag ein kleiner Schädel. Ich versuchte, ihn nicht anzusehen, aber etwas zwang meine Blicke immer wieder in seine Richtung, sobald ich vom Essen aufsah.

Der Katholizismus ist in Haiti so untrennbar mit Voodoo verschlungen, daß sie eine einzige Religion bilden. Madame St. Michelle hätte sich als Katholikin bezeichnet. Die Voodoo-Elemente in ihrer Religion wurden nicht benannt, aber praktiziert.

Die Nacht verbrachte ich in einer Pension, einem großen Backsteingebäude oberhalb der Kathedrale. Ein müder junger Mann, der nichts trug als eine alte Unterhose und ein Stirnrunzeln, öffnete die Tür und ließ mich ein. Mein Zimmer war, abgesehen von einem Bett ohne Decke und Laken, vollkommen kahl. Ich lag auf der fleckigen Matratze und grübelte über die Annehmlichkeiten des Lebens nach, beispielsweise, wie schön es sein mußte, ein Kissen zu haben, und fragte mich, warum eine Kakerlake auf dem Fußboden einen Breakdance aufführte.

Haiti war ein faszinierendes Land, und ich wäre gern sehr lange dort geblieben, aber man muß sehr reich sein, um in diesem bizarren Inselstaat Ferien zu machen, und meine Reserven gingen rasch zur Neige.

Ich würde am nächsten Tag in die Dominikanische Republik zurückkehren müssen, und mit etwas Glück und für sehr viel Geld würde mich der zuverlässige Ricard hinbringen.

Vom Balkon meines Zimmers aus sah ich am nächsten Morgen zu, wie Cap-Haïtien zum Leben erwachte. Kinder in Schuluniformen eilten zum Unterricht, und Frauen schritten, alle möglichen Waren auf dem Kopf balancierend, hochaufgerichtet und stolz durch die Straßen. Ein Medizinmann in einem groben, grauen Gewand, der einen Beutel mit Kräutern um die Taille geschnürt hatte, schlenderte gemächlich über den Platz. Die Atmosphäre war von zielstrebiger Geschäftigkeit geprägt.

Ich hatte mich mit Ricard zum Frühstück im Speisesaal des Hotels Christophe verabredet, dem Haus, in dem Pauline Bonaparte einst gelebt hatte, dem Haus, von dem der König von Haiti vor so vielen Tagen gesprochen hatte. Selbst als gutmütige Marktfrauen mir das Hotel zeigten, vermochte ich es nicht zu finden. Unmöglich konnte es hinter der dicken Mauer liegen, die mit häßlichen politischen Graffiti bedeckt war.

„*Oui, oui.*" Damit packte mich eine kräftige Frau am Arm und schob mich durch das Tor. Ich blinzelte beim Anblick des prachtvollen Herrenhauses, das von einem Meer aus Palmen und Blumen umgeben war. Die Räume waren von einer solchen Üppigkeit, daß man sich ohne weiteres das luxuriöse Leben vorstellen konnte, das Pauline Bonaparte und ihr Mann Leclerc hier einmal geführt hatten.

Ricard war nirgends zu sehen. Ich war der einzige Gast im Speisesaal, eine Situation, an die ich mich in Haiti längst gewöhnt hatte. Ein kleiner, dürrer Kellner wieselte um mich herum, scheuerte die leeren Tische und füllte mir Tee nach. Wie langweilig muß der Beruf eines Kellners sein, wenn es keine Gäste zu bedienen gibt!

Ich wischte mir zum Abschluß mit der Serviette über den Mund, dann eilte ich hinaus, um zu sehen, ob Ricard aufgetaucht war, aber nein. Zwei Stunden lang wartete ich auf den säumigen Mann, ohne Erfolg. Laut seinen Namen rufend, lief ich die Straße hinauf und hinunter. Kinder und Zuckerrohrverkäufer stellten sich ein, um sich über mich lustig zu machen, aber kein Ricard.

Keine Sorge, keine Sorge, keine Sorge, wiederholte ich blödsinnig. Ein Tap-Tap würde mich nach Port-au-Prince bringen, und wenn nicht, konnte ich immer noch ein anderes Auto anhalten. Ich trottete aus der Stadt hinaus und fragte mich, warum Ricard mich im Stich gelassen hatte, obwohl er noch nicht einmal sein Geld erhalten hatte. Hier ist eine spannende Kriminalgeschichte im Entstehen, dachte ich. Nach einer Weile erreichte ich das Stadttor und ging an einer Gruppe von Männern vorüber, die breitkrempige Strohhüte trugen und auf den langen afrikanischen Flöten spielten, die ich schon bei den Kindern in den Dörfern gehört hatte. Und dann drang ein anderer Laut in mein Bewußtsein.

„Zanar! Zanar!"

Ich blickte mich nach allen Seiten um, konnte den Rufer aber nicht entdecken.

„Zanar!" Eine langgestreckte silberne Limousine kroch zwischen einer Reihe von Tap-Taps dahin, und Jean-Claude streckte den Kopf aus dem Fenster.

„He, hier bin ich!" Jean-Claude sah frisch und heiter aus, und sein strahlendes Lächeln wetteiferte mit dem Glanz seines Wagens.

„Wohin gehen Sie zu Fuß wie eine arme Frau?"

Ich war so froh, ihn zu sehen, daß ich mich nur mit Mühe davon zurückhalten konnte, in seine Arme zu stürzen.

143

„Nach Port-au-Prince."

„Und ist es so, daß Sie die Absicht haben, zu laufen? Ha, ha, ha."

„Nein, ich werde ein Tap-Tap nehmen."

„Aber warum wollen Sie nicht, daß ich Sie zurückbringe? Ich mache mich in diesem Augenblick auf den Weg nach Port-au-Prince."

„Naja", sagte ich gedehnt, um nicht allzu übereifrig zu wirken, „wenn Sie ohnehin zurückfahren, und wenn es Ihnen bestimmt nichts ausmacht..."

„Etwas ausmachen? Aber wieso denn, meine liebe junge Dame!" Und schon wurde mir die Tür in kavalierhaftester Weise aufgehalten.

„Ich war geschäftlich hier, und jetzt ist es erledigt. Wenn wir schnell fahren, sind wir in weniger als vier Stunden in Port-au-Prince."

Wenn ich mein Flugzeug erreichte, das um drei Uhr startete, war es mir eigentlich gleichgültig, um welche Zeit wir ankamen.

Während der ersten zwei Stunden unserer Fahrt ereignete sich nichts Bemerkenswertes. Jean-Claude war schweigsam und ein wenig verdrossen und deutete vage an, daß seine Geschäfte nicht so erfolgreich gewesen waren, wie er es sich erhofft hatte. Ich hielt es für das beste, nicht allzu gründlich in seine Angelegenheiten zu dringen, und hüllte mich in Schweigen, bis mich die holperige Straße und die Hitze der Sonne einlullten.

„Zanar! Zanar! Wachen Sie auf, schnell. Sehen Sie."

Ich schlug die Augen auf und starrte Jean-Claude an, der auf eine schwarze Gestalt vor uns deutete.

„Was ist das?"

„Eine Frau, die sich als Teufel verkleidet hat. Ich dachte, Sie würden sie gern sehen. Lustig, ja?"

Lustig, nein!

Eine Gestalt in einem zerlumpten, langen schwarzen Gewand schritt majestätisch am Straßenrand dahin. Auf ihren Schultern saß eine gewaltige Maske.

Die Maske war es, die mich endgültig aus meinem friedlichen Schlaf hochschrecken ließ.

Sie war aus Ziegenleder, hatte rote Schlitzaugen, riesige Zähne und lange, gekrümmte Hörner, die sich grotesk nach oben schraubten. Noch nie hatte ich etwas so Scheußliches gesehen. Jeder, der dem Teufel begegnete, streckte ihm die Hand entgegen. Die Teufelsfrau schlug in zeremonieller Weise in die Hände der Vorübergehenden ein und setzte dann ihren Weg fort.

Kaum hatte die Teufelsfrau unseren Wagen erblickt, machte sie eine unheimliche Handbewegung in unsere Richtung.

Betroffen von der gewaltigen Kraft, die von ihr ausging, bekreuzigte ich mich.

„Es ist gut, wenn wir umkehren und sie uns genauer ansehen."

„Nein, Jean-Claude. Nein."

Aber es war zu spät. Jean-Claude hatte kehrtgemacht, und wir schossen die staubige Straße entlang auf die Teufelsfrau zu.

Als wir näherkamen, machte sie wieder eine Handbewegung in unsere Richtung, diesmal noch weiter ausholend. Die Leute auf dem Weg blieben stehen, und ihre Blicke huschten ängstlich zwischen unserem vorüberfahrenden Wagen und der Teufelsfrau hin und her.

Mir war klar, daß wir noch einmal an ihr vorbei mußten, denn es gab nur diesen einen Weg. Ich hatte furchtbare Angst. Etwas in meinem Innern sagte mir, daß dies hier kein Spiel war; das Böse, das die Frau ausstrahlte, war sehr real.

Als wir zum dritten Mal an ihr vorüberfuhren, warf sie bei unserem Anblick die Arme mit so kraftvollem Schwung in die Höhe, daß sie aussah wie ein kriegerischer Racheengel. Ihre roten Zähne funkelten in der Sonne. Und als sie die Arme hob, flatterten ihre ausgefransten schwarzen Ärmel wie Fledermausflügel. Die Menschen am Straßenrand blieben wie angewurzelt stehen und starrten uns und die Frau erschrocken an.

„Fahren Sie schneller", flüsterte ich, „lassen Sie uns hier so schnell wie möglich verschwinden."

„Ich fahre so schnell ich kann."

„Aber nein, das tun Sie nicht! Sie werden langsamer."

„*Mais oui*, das verstehe ich nicht. Vielleicht ist das Benzin alle!"

Ich fing an zu zittern, zuerst nur ein wenig, doch dann wurde mein ganzer Körper wie von Krämpfen geschüttelt. Der Wagen kam in unmittelbarer Nähe der Teufelsfrau zum Stehen, die in ihrer Haltung erstarrt war, die Arme immer noch hoch erhoben, den Blick starr auf uns gerichtet.

„Fahren Sie", krächzte ich. „Jean-Claude, um Himmels willen, versuchen Sie, dieses Auto dazu zu bringen, daß es fährt."

Im Rückspiegel sah ich, daß die Frau jetzt sehr langsam und steif auf uns zukam; ihr Gesicht war so furchteinflößend, daß ich unmöglich glauben konnte, sie sei ein Mensch — und nicht ein dämonischer Geist aus der Hölle.

Auch die anderen Leute auf der Straße näherten sich unserem Wagen, manche lächelnd, manche todernst.

Ich konnte mittlerweile kaum noch atmen. Ich zitterte so heftig, daß ich kein Wort herausbrachte, und ich wußte, daß meine Beine zu schwach waren, als daß ich aus dem Wagen hätte steigen und die Flucht ergreifen können.

Gerade, als die ersten Passanten unseren Wagen erreichten, drückte Jean-Claude das Gaspedal durch, und wir schossen davon, dabei Staubwolken aufwirbelnd, die so dicht waren, daß wir nichts mehr von dem erkennen konnten, was auf der Straße vor sich ging.

„Das Benzin ist nicht wirklich alle, *Madame*. Nur ein Scherz, um Sie ein wenig nervös zu machen."

Es dauerte lange, bevor ich darauf etwas erwidern konnte.

„Ah, Zanar. Warum haben Sie Angst? Ist doch nur Hokuspokus."

Aber die gewaltige Ausstrahlung der Frau hatte eine langanhaltende Wirkung auf mich. Schaurige, unergründliche Träume von ihr verfolgten mich nach diesem Erlebnis noch viele Nächte lang, und um die Wahrheit zu sagen, es dauerte sehr lange, bis ich wieder bei klarem Verstand war, nachdem ich dieses Satansgespenst gesehen hatte.

Jean-Claude jedoch hörte nicht auf, zu lachen und die ganze Sache als nebensächlich abzutun und zu behaupten, das sei nichts anderes als ein Symptom der Unwissenheit, in der die Landbevölkerung lebte.

Auf dem Weg nach Port-au-Prince kamen wir durch eine wunderschöne Stadt namens Gonaives. Der Hafen war voll mit Schiffen aller Formen und Größen. Ausgesprochen malerische kleine Fischerboote schaukelten Seite an Seite mit großen prachtvollen Schiffen alter Bauart, die mit biblischen Szenen herrlich bemalt waren. In den Booten saßen die Menschen dicht gedrängt, vorwiegend Frauen und Kinder, die ihre Tiere in viel zu kleine Taschen gequetscht hatten.

Über der Stadt lag eine elisabethanische Atmosphäre; es herrschte eine Geschäftigkeit, wie man sie sich im London der Shakespearezeit vorstellen könnte. Gutaussehende Weiber trugen Körbe auf dem Kopf und priesen mit melodischer Stimme ihre prachtvolle Ware an. Kinder mit strahlenden Augen lehnten aus den Fenstern der windschiefen Holzhäuser oder spielten bei den leuchtend bemalten Booten. Jenseits des Hafens erhob sich ein heimeliges kleines Fischerdorf, in dem es von Männern mit riesigen haitischen Strohhüten wimmelte, die dicke Taue einholten oder am Pier saßen und nachdenklich an der Pfeife sogen.

Gonaives war so verschwenderisch in seinem Reiz, daß ich es als ein vollkommenes Gegenmittel gegen die Teufelsfrau empfand; und nach einer üppigen Mahlzeit aus Fischpüree und Reis spürte ich, wie der alte Kampfgeist zurückkehrte.

Jean-Claude hatte in einem kleinen Café am Rande der Stadt auf mich gewartet.

„Der Geruch ist so furchtbar, wenn man in die Nähe des Wassers kommt", jammerte er.

Als ich zum Wagen zurückkehrte, fragte ich ihn, ob er je im Eisenmarkt gewesen sei.

„Aber nein! Natürlich nicht!"

Ich kann nicht behaupten, daß ich ihm einen Vorwurf daraus machte; dennoch schien es mir ein wenig merkwürdig, daß er ein Bauwerk, das in dieser Weise seine Stadt beherrscht, noch nie betreten hatte.

Auf dem Rückweg von Gonaives hielten wir an einer Bar in der Nähe eines winzigen Dorfes, um etwas zu trinken. Niemand schien Wasser oder Tee zu verkaufen; so blieb mir nichts anderes übrig, als ein Coke zu nehmen, aber glauben Sie mir, nichts ist weniger erfrischend an einem heißen Sommertag als eine warme Coca-Cola!

Das Dorf bestand aus hübschen kleinen, strohgedeckten Hütten mit afrikanisch anmutenden Schnitzereien an den Wänden. Ein paar Hühner gackerten, und hin und wieder meckerte eine Ziege, aber ansonsten war kein Laut zu hören, nicht einmal das sonst übliche Schreien eines Säuglings.

„Wo sind all die Leute geblieben?" fragte ich Jean-Claude, der zur Erwiderung die Nase rümpfte.

Wir stöberten im Dorf herum, konnten aber immer noch keine Spur menschlichen Lebens entdecken.

Plötzlich torkelte ein ungewöhnlich großer, in elende Lumpen gekleideter Mann hinter einer alten Steinmauer hervor. Er kam mit flehend ausgestreckter Hand auf uns zugestolpert. Ich ging ihm entgegen, um ihm einen Dollar zu geben — und dann fiel mein Blick auf seine Augen. Die Augäpfel waren vollkommen nach hinten verdreht und das Weiße so aufgedunsen, daß es ihm aus den Höhlen

147

zu quellen schien. Jean-Claude stieß einen erschreckten Schrei aus und galoppierte zum Wagen zurück. Ich drückte dem Unglücklichen ein paar Geldscheine in die Hand und jagte Jean-Claude nach.

Der kranke Mann torkelte zum Straßenrand und murmelte uns etwas zu, als wir davonfuhren. Ich drehte mich nicht noch einmal um. Seine Augen waren so furchtbar, daß ich nicht hineinsehen konnte.

„So, das war es also. Jetzt haben Sie einen gesehen. Nicht schlecht für einen einzigen Tag. Erst eine Teufelsfrau, und jetzt auch noch ein Zombie."

„Zombie! Erzählen Sie mir nicht, daß er ein Zombie war."

„Natürlich nicht. Es gibt keine Zombies."

„Warum haben Sie mir dann gesagt, er sei ein Zombie?"

„Weil ihn die Leute hier so nennen würden. In Wirklichkeit hat der Mann eine Augenkrankheit."

„Aber es *gibt* doch Zombies."

„Manchmal sind Sie genauso einfältig wie eine Bauersfrau."

Einfältig wie eine Bauersfrau oder nicht, ich werde immer glauben, daß der Mann, den ich in jenem Dorf sah, ein Zombie war. Es wird immer eine geheimnisvolle Angelegenheit bleiben, ebenso wie die Sache mit dem verschwundenen Ricard.

Auf dem Weg zum Flughafen bestand ich darauf, daß Jean-Claude noch einmal am Eisenmarkt vorbeifuhr, dem ich Lebewohl sagen wollte. Ich war nun schon so lange in Haiti, daß ich mich weitgehend an seine Eigenheiten gewöhnt hatte, und selbst die Scheinkämpfe, die meine Gegenwart auslöste, machten mir nicht mehr viel aus. Die Künstler schienen sich alle an mich zu erinnern, und die energische Frau, die mir die Bilder verkauft hatte, bekam mich wieder zu fassen. Als sie hörte, daß ich abreiste und niemals mehr eines ihrer Bilder kaufen würde, setzte sie eine abweisende Miene auf, mit dem Lächeln war es vorbei.

Ich wußte nicht recht, ob ich erleichtert oder traurig darüber war, Haiti zu verlassen. Santo Domingo mit seinem jazzigen, lateinamerikanischen Schwung schien unendlich weit entfernt. Manchmal schien es mir ganz wirklich, und Haiti kam mir dann wie eine Phantasie vor, und manchmal war es umgekehrt, aber niemals konnte ich die beiden miteinander in Verbindung bringen.

Während Jean-Claude mich am Flughafen verabschiedete, sprudelte er ununterbrochen gute Ratschläge hervor, die alle darauf hinausliefen, daß ich aufhören sollte, nett zu den Menschen zu sein.

Ich hielt ihm entgegen, daß er doch sehr nett zu mir gewesen sei, worauf er das Gesicht zu einem schiefen Lächeln verzog.

Als ich in der Wartehalle saß, kam mir der Gedanke, daß Haiti wie ein Feuerwerkskörper ist, der Energieblitze versprüht, die in alle Richtungen zucken, ohne eine feste Form anzunehmen. Haiti ist von so viel Kraft und Spannung erfüllt, daß man sich dort vorkommt, als würde man auf dem Rücken eines mächtigen, faszinierenden Tieres reiten. Aber wohin geht Haiti?

Das erste, was dem Besucher bei seiner Ankunft ins Auge fällt, ist nicht die Armut, sondern die Kunst. In Haiti wird die Kunst nicht in Museen und Galerien verschlossen. Sie ist in den Straßen, den Dörfern, den Häusern der Menschen lebendig. Aus diesem Grund vor allem hatte ich einen tiefen Respekt vor Haiti entwickelt.

Wilde Zeiten in den Bergen

*W*ie seltsam, wieder in der Dominikanischen Republik zu sein, zurück im Gedränge und Geschrei der vertrauten Autoverleiher. Bin ich denn überhaupt jemals in Haiti gewesen?

Ich nahm ein Taxi zum Hotel und eilte zu unserem Zimmer hinauf, um Abbas zu begüßen, der, wie ich annahm, irgendeine Überraschung als Willkommensgruß für mich parat haben würde. Das Zimmer war leer, abgesehen von einer Flasche Wein und drei Gläsern.

„Haben Sie meinen Bruder gesehen?" erkundigte ich mich bei der Empfangsdame.

„Ihr Bruder ausgegangen mit Consuelo und Maria. Er nix sagen wohin. Er hatte viel Spaß, seit Sie weg."

„Wie geht es seinem Knöchel?"

„Er nehmen Krankenschwester, um Fuß zu pflegen, und mit Krankenschwester gehn ihm besser. Jede Nacht Krankenschwester kommen, und jetzt ist kein Problem mehr mit Fuß."

Ich wollte nichts mehr davon hören, also fuhr ich wieder in mein leeres Zimmer hinauf und wartete vergeblich auf Abbas.

Früh am nächsten Morgen klingelte das Telefon schrill und munter. Ich nahm den Hörer ab und zündete mir gleichzeitig eine Zigarette an. Anrufe am frühen Morgen oder spät in der Nacht kann man nur beantworten, wenn man eine Zigarette zur Hand hat.

„Ha, ha, ha, ha! Ooooo! Hör *auf* damit!" Sollte das irgendein dummer Witz auf meine Kosten sein?

„Khallo? Khallo?"

„Hallo, wer ist da?"

„Oooo! Hör auf! Khallo! Autsch!"

„Was wünschen Sie!"

„Miis Zenga?"

„Am Apparat."

„Hiier Rezeption. Abbas iies hier unten. (Oooo! Abbas! Das kitzelt!) Er sagen, kommen runter jetzt. Er haben Auto für Sie, Leihwagen; und er sagen, kommen runter jetzt und — au — machen Spazierfahrt." Wieder tönte Gekicher und Geschimpfe durch die Leitung, und ich hängte schnell ein.

An der Rezeption stand die wunderschöne Empfangsdame und flirtete hemmungslos mit Abbas.

„Schh! Laß das. Deine Schwester hiier!"

„Hallo, hallo, hallo! Ich habe einen Wagen gemietet, und wir machen einen kleinen Ausflug zu einem Ort namens Constance. Schau, hier siehst du es auf der Karte. Ich hatte eigentlich gehofft, mit Rosiana zu fahren. Aber als sie mir sagte, daß du wieder da bist, dachte ich, du könntest ebensogut mitkommen — besonders weil die arme Rosiana heute keinen Urlaub bekommt." Die reizende Rosiana gurrte gewinnend.

Constance wurde auf der Karte als Touristengebiet angepriesen, eine schöne, prachtvolle Reise weit entfernt, durch Gebirge und über Flüsse, mit kleinen Abbildungen von Tieren und Bäumen gesprenkelt.

„Es ist ein Ausflugsgebiet", erklärte Abbas. „Der Mann im Fremdenverkehrsbüro sagte, daß jeder dorthin fährt. Es wird eine wunderbare Tagestour sein."

Oh weh und ach! Hätte ich zu diesem Zeitpunkt auch nur geahnt, was ich später erfahren sollte, so hätte ich ein sorgloses Lachen von mir gegeben und so etwas gesagt wie: ach nein, laß uns lieber einen Einkaufsbummel machen. Aber wie die Fliegen, die unbekümmert eine Venusfalle umschwirren, sprangen wir freudigen Herzens in den gemieteten Mazda. Die Morgensonne schien schräg auf uns herab. Unser Schicksal war besiegelt.

Aus dem pulsierenden Santo Domingo hinauszugelangen, war ein leichtes. Die Straßen wurden holpriger, aber das erhöhte nur den

Spaß. Es führten zwei Straßen nach Constance, und wir hatten uns entschlossen, auf dem Hinweg die Panoramaroute zu nehmen und dann auf der Hauptstraße zurückzufahren. Nach einer angenehmen Fahrt zwischen Hügeln hindurch, die immer höher wurden, kamen wir durch hübsche kleine Dörfer, die haitischer wirkten als alles, was ich außerhalb Afrikas je an Dörfern gesehen hatte. Die Menschen ritten auf Eseln, die mit den Produkten des Landes beladen waren und gemächlich auf die strohgedeckten Hütten zutrotteten.

Bald darauf gelangten wir in ein hochgelegenes, wunderschönes Tal, ein wahres tropisches Inselparadies. Kalksteinfelsen, über die sich sanfte Wasserfälle ergossen, ragten zwischen den Palmen auf. Kinder kamen aus ihren winzigen Hütten gerannt und winkten uns zu. Es fiel ins Auge, daß die armen Menschen außerhalb von Santo Domingo eine wesentlich dunklere Hautfarbe hatten als die geschniegelten Stadtgecken.

Je höher hinaus wir kamen, um so schlechter wurde die Straße. „Sollen wir umkehren?"

„Nein", verkündete Abbas entschlossen.

Plötzlich gelangten wir an einen donnernden Fluß von mehr als zehn Metern Breite, der zwischen dichter Vegetation hindurchbrauste. Unser Wagen stand oben auf einem Steilhang in der Schwebe, und wir sahen zu unserem Schrecken, daß die Brücke, ein verrottetes Holzgebilde, in dem reißenden Gewässer zusammengebrochen war.

Ein Lastwagen rollte langsam den Hang hinunter auf den Fluß zu, beschleunigte mit einemmal, und platsch! tauchte er mit einem gewaltigen Klatscher in die Fluten, warf hohe Wasserschwaden zu beiden Seiten auf und rauschte dann, schwupp, am anderen Ufer wieder hinauf.

„Na los, Abbas, ihm nach!"

Abbas, der nicht merkte, daß ich einen Witz machte, schoß in haarsträubendem Tempo die Straße hinunter; aber im Gegensatz zu dem Lastwagen blieb unser Auto auf halbem Wege im Fluß stecken. Immer wieder gab Abbas Gas, mußte aber feststellen, daß sich der Wagen keinen Zentimeter von der Stelle rührte. Doch plötzlich machte der kleine Mazda, in einem Anfall von Wohlwollen, einen Satz nach vorn aus dem furchterregenden Gewässer hinaus und kroch langsam den Hang hinauf. Wir hatten es geschafft. Aber ich war inzwischen wie betäubt. Ich empfand weder Furcht noch Freude. Vielleicht hatte der Schock meiner Erfahrungen in Haiti meine Sinne abgestumpft. Wie dem auch sei, wir schlichen den Berg hinauf und hofften dabei inständig, daß der Wagen nicht in den reißenden Fluß zurückrutschen würde. In vorsichtigem Zickzack erreichten wir den Gipfel der Anhöhe und blickten in das Tal hinunter.

Ein paar kleine Mädchen kamen aus den Häusern gelaufen und starrten uns an, doch sie preschten davon wie Rehe, als wir versuchten, sie anzusprechen. Es war inzwischen halb drei geworden, und wir hatten noch nichts gegessen. Die Karte gab keinen Hinweis, daß wir auf so unmögliche Berge treffen würden, und ein forschender Rundblick sagte uns, daß das Gebirge noch höher werden würde, bevor wir Constance erreichten. Fest stand, daß wir wegen des Flusses nicht umkehren konnten; also setzten wir unsere Fahrt schweigend fort und bestaunten die großartige Landschaft.

Die Berge wurden immer steiler, und nach zwei Stunden tauchten wir in frostigen Nebel ein, der unheimlich um unseren Wagen wogte. Alles war mit Tau überzogen. Ich fröstelte leicht und kurbelte die Wagenfester hoch. Wir befanden uns in den Wolken. Ein paar Menschen standen trübsinnig vor ihren Hütten und sahen unserem Auto finster entgegen. Mittlerweile glichen die Dörfer denen in Haiti aufs Haar: dicht beieinanderstehende, von einem dicken Strohdach gekrönte Hütten; aber hier lag eine drückende Hoffnungslosigkeit im Nebel.

Gegen fünf Uhr waren die Nebelschwaden so dicht geworden, daß man nichts mehr erkennen konnte. Wir wußten lediglich, daß sich zu beiden Seiten der Straße ein Abgrund befand. Ganz vorsichtig durch Schlaglöcher holpernd, die einen halben Meter tief waren, setzten wir unsere endlose Aufwärtsfahrt fort.

Wo war dieses Constance? Existierte es überhaupt? Um sechs Uhr zog die Dämmerung herauf, und der dichte, nebelartige Wolkenschleier war undurchdringlicher denn je. Wogende Schwaden stiegen von der Erde auf und erzeugten eine wahre Höllenatmosphäre. Wir spähten angestrengt durch das Fenster hinaus, und uns wurde bewußt, daß wir seit einer Stunde schon keine Menschen, keine Pflanzen und auch keine anderen Zeichen von Leben mehr gesehen hatten; nichts als nackter Fels, der sich in die tosenden, eisigen Windstöße hochreckte. Unser Wagen schlingerte beständig, und wir bewegten uns mit der qualvoll langsamen Geschwindigkeit von 20 Stundenkilometern vorwärts. Und dann ging es ganz plötzlich bergab.

„Wir müssen da sein!"

„Mach dir keine allzu großen Illusionen", stöhnte Abbas.

Stunden später fuhren wir immer noch bergab, bis wir, von einem Augenblick zum anderen, feststellten, daß es wieder aufwärts ging, und diesmal, wenn das überhaupt möglich war, höher hinauf als zuvor. Es war jetzt stockfinster, eisig kalt und totenstill; die Gegend schien vollkommen ausgestorben.

Der kleine Mazda ließ uns nicht im Stich. Nach einem mehrstündigen Aufstieg fuhren wir wieder endlos den Berg hinunter, ohne daß wir mehr vor uns erkennen konnten als den diesigen Lichtschleier um unsere Scheinwerfer.

Am Horizont tauchten Lichter auf, die in unserem ruckelnden kleinen Auto zu einem Überschwang unbändiger Freude führten. Drei Stunden später glänzten die Lichter anscheinend immer noch am selben Fleck, tauchten auf und verschwanden, funkelten lockend, bewegten sich jedoch niemals von der Stelle. Ein paar Grasflecken wurden jetzt, ins Licht unserer Scheinwerfer getaucht, sichtbar. Lebendige Natur war an die Stelle von Felsen, Wolkennebel und Wind getreten. Doch die Atmosphäre war immer noch unheimlich und kalt. Irgendwie traute ich der undurchdringlichen Finsternis der Nacht nicht.

„Bestimmt müssen wir noch einen riesigen Fluß durchqueren", scherzte ich gedankenlos, „bevor wir endlich dieses Constance erreichen."

Die Straße war in ebenso schlechtem Zustand wie eh und je. Hier und da tauchte eine Hütte in der Dunkelheit auf, die durch den Lichtschimmer, der unter einer Tür hindurchdrang, undeutlich zu erkennen war.

„Was ist das für ein Geräusch?" fragte ich Abbas. Ein Grollen drang zu uns herauf.

Als wir vorsichtig um eine scharfe Kurve bogen, bot sich uns ein Anblick, bei dem Abbas der Atem stockte und ich zu lachen begann. Unter uns brodelte, tosend im Mondlicht, ein reißender Fluß und wirbelte dichten Sprühnebel in die Höhe. Unser Wagen rollte hinunter an den mächtigen, schäumenden Strom und hielt an. Abbas blickte starr geradeaus und überlegte auf die ihm eigene unnachahmliche Weise, was zu tun sei. Ich konnte ihm keinen Rat geben, denn ich war mittlerweile nicht mehr sicher, ob das Ganze eine Halluzination oder ein Alptraum war.

155

Aus einer kleinen baufälligen Hütte am Fluß trat ein stämmiger, schnurrbärtiger Mann. Er rief uns mit resignierter Stimme etwas zu, zog die Schuhe aus und watete bis zu den Oberschenkeln ins Wasser.

Unser Wagen folgte ihm zu einer Insel in der Mitte des Wasserlaufes, wo er innehielt und an die Scheibe hämmerte. In Spanisch, aber gleichzeitig in außerordentlich deutlicher Zeichensprache, erklärte er uns, daß er uns erst weiterführen würde, wenn wir bezahlt hätten. Abbas zog seine Brieftasche hervor und blätterte eine Handvoll Scheine hin. Ich weiß nicht genau, wieviel — ungefähr hundert Pfund oder so –, und dann wies uns der Mann den Weg. Daß wir nicht durch den Fluß schwammen, war alles, doch schließlich erreichten wir sicher das andere Ufer. Nach weiteren zweieinhalb Stunden langten wir in einem Dorf an. Tiefe Erdspalten taten sich in der Straße auf und stellten die Belastbarkeit unseres Wagens auf die Probe.

Eine dreiviertel Stunde später erblickten wir eine Autowerkstatt am Straßenrand. Ein überaus freundlicher Mann wusch unseren Wagen und füllte lächelnd und plaudernd den Tank auf.

„Wo geht es nach Santo Domingo zurück?" erkundigte sich Abbas. Die Hauptstraße, die, nach der Karte zu urteilen, geradewegs in die Stadt führte, konnte nicht mehr allzu weit entfernt sein.

„Dort oben", erklärte der Mechaniker und deutete in die Richtung, aus der wir gekommen waren. Wir hielten den Atem an. Nachdem wir einen elfstündigen Hinderniskurs über steile Berge und durch brodelnde Stromschnellen hinter uns gebracht hatten, sollte der einzige Weg zurück durch diese entsetzliche Hölle führen?

„Nein", verkündete Abbas entschlossen, „es muß noch eine andere Möglichkeit geben." Und mit diesen Worten setzten wir unsere Fahrt über die zerfurchte Straße fort, bis wir das so schwer zu findende Constance erreichten.

Wenn auch die Häuser ausgesprochen ärmlich wirkten, herrschte im Dorf doch ausgelassenes Leben. An den Straßenecken brannten offene Feuer, um die sich Menschen versammelt hatten, die voll fröhlicher Unbekümmertheit Stöcke in die Flammen warfen. Die Bars und Tacostände waren noch geöffnet, obwohl Mitternacht längst vorüber war.

Das dominikanische Essen schmeckte uns in dieser Nacht köstlich, was nur den großen Hunger beweist, der Abbas und mich inzwischen plagte.

Ein dunkelhäutiger Mann erklärte uns, daß der Rückweg nach Santo Domingo über die Straße vor uns führte, die von den Lastwagen benutzt wurde; also hefteten wir uns pflichtschuldig den Lastern an die Fersen und folgten ihnen über die kurvenreiche Strecke. Vor uns erhellten schimmernde Lichter den Himmel, eigenartig bunte Lichter, die fast zu pulsieren schienen. Mir ist nie zu Ohren gekommen, daß die Karibik ihre eigene Variante eines Nordlichts aufzuweisen hat, und ich habe keine Ahnung, was diese unheimliche Erscheinung bedeutete.

Nachdem wir eine Stunde lang den Rücklichtern eines Lastwagens um haarsträubende Kurven herum gefolgt waren, trafen wir endlich auf die Hauptstraße. Schwupp! In weniger als drei Stunden waren wir gesund und wohlbehalten wieder im sprühenden Herzen von Santo Domingo.

„Da sind wir also, abgesehen von einem platten Reifen, unversehrt zurückgekehrt!"

„Platter Reifen! Der Wagen ist in ausgezeichneter Verfassung. Das ist nur die Straße, die so schlägt und holpert, kein Loch im Reifen."

Wir fuhren auf einer uns unbekannten Strecke zum Hotel zurück, und zu meiner Überraschung sah ich vor einer heruntergekommenen Markthalle ein Tap-Tap stehen. Ungläubig starrte ich es an. Der Markt, in das morgendliche Zwielicht getaucht, hätte der Eisenmarkt sein können. Was machte ein Tap-Tap mitten in Santo Domingo?

„Das hier ist das haitische Viertel!" ertönte eine Stimme von draußen. „Kann ich Ihnen behilflich sein?"

Ein großer, kräftiger Schwarzer spähte zum Wagenfenster herein.

„Können Sie uns den Weg zu unserem Hotel zeigen?" bat Abbas.

„Klar!" Der Mann richtete sich auf, als wollte er Anstalten machen, in den Wagen zu steigen.

„Laß ihn nicht herein", sagte ich.

„Warum nicht?"

„Nur so, mir ist einfach nicht danach zumute."

„Warum nicht, weil er Haitianer ist?"

„Nein, nicht weil er Haitianer ist. Es ist nur so, wir haben heute so viele Beinahe-Katastrophen erlebt, daß ich das Gefühl habe, die Anwesenheit dieses Mannes in unserem Auto wird der Strohhalm sein, der dem Mazda das Genick bricht."

„Wie du meinst, Schwester."

Mit einem entschuldigenden Ruf fuhr Abbas los.

Der Mann stimmte ein lautes Gebrüll an; er jagte unserem Wagen noch eine ganze Weile hinterher und schrie uns herrisch nach, daß wir ihm Geld schuldeten; doch wir bogen schwungvoll um eine Kurve und ließen den zornigen jungen Mann zurück.

„Nun, ich hoffe, daß diese kleine Reise dich von Haiti kuriert hat", sagte Abbas, als wir am Hotel angelangt waren.

„Nein", gab ich zurück, „das ist völlig unmöglich, aber sie hat mich mit der dringenden Sehnsucht erfüllt, Hispaniola zu verlassen und neuen Weidegründen entgegenzuziehen."

Abbas, der Haiti nie gesehen hatte, erklärte, dieser Tag sei der aufregendste seines Lebens gewesen.

Dominica

Karnevalszüge

*I*ch freute mich sehr auf Dominica, weil ich wußte, daß bei unserer Ankunft der Karneval in vollem Gang sein würde. Es war viel zu aufregend, um wahr zu sein. Ich hoffte, daß es ein angenehmer Karneval würde, beruhigend für die Nerven und wohltuend fürs Auge.

Der Flug über das stürmische Karibische Meer ließ mich jedoch den Karneval vergessen, genaugenommen auch alles andere, abgesehen von dem Wunsch, am Leben zu bleiben.

Wir reisten in einer viersitzigen Maschine, und draußen schien ein Sturm mit Windstärke acht zu toben. Das Flugzeug schoß wie ein wildes, entfesseltes Tier auf und nieder, und die Passagiere wurden in ihren Sitzen vor und zurück geworfen.

Zuerst lachten alle über meine Angstschreie, doch dann wurden sie gelangweilt und gereizt und drehten sich um und warfen mir böse Blicke zu.

„Wie kommt es nur, daß sie keine Angst haben?" mußte ich mich immer wieder fragen, bevor ich die Augen schloß und laut einen hoffentlich gnädigen Gott anrief.

Abbas saß zufrieden am Fenster und forderte mich fröhlich auf, hinauszuschauen und die Aussicht zu bewundern. Die Szenerie bestand aus einem kleinen Punkt in der Ferne. Als wir näherkamen, verwandelte er sich in eine bergige Insel, die mit üppiger grüner Vegetation bedeckt war.

Unser kleines Flugzeug tauchte in den winzigen Flughafen hinunter, und wir waren am Ziel. Ich wankte mit weichen Knien hinaus und nahm einen langen, tiefen Atemzug. Die Luft war um vieles klarer und frischer als in der Dominikanischen Republik, und es wehte eine kühle Brise.

Die kleine Calypso-Band von bunt kostümierten Männern, die sich zur Begrüßung der Touristen aufgestellt hatte, verfehlte ihre Wirkung auf mich vollkommen. Hübsche junge Frauen verteilten tänzelnd Karnevalsprospekte, aber ich war viel zu entnervt, um die freundliche Geste zu würdigen, und stampfte mürrisch an ihnen vorüber, ohne den Musikern auch nur einen zweiten Blick zu gönnen.

Das erste, was mir durch den Kopf ging, als ich aus dem Flughafengebäude hinaustrat, war: „England“.

Die Autos fuhren auf der richtigen Straßenseite, die Telefonzellen waren rot und mit monarchischen Motiven geschmückt. Der Taxifahrer sprach Hochenglisch, jedoch mit einem köstlich anzuhörenden leichten Lispeln.

Rastafaris schlenderten in der Dämmerung umher und aßen gebratene Hähnchen und Kroketten. An diesem Abend in Roseau sah ich mehr Rastas als in all den Wochen in Jamaika. Die Vorstellung, in Haiti oder Santo Domingo einem Rasta zu begegnen, war vollkommen abwegig.

Unser Hotel, ein viktorianischer Holzbau, befand sich im Zentrum der Stadt.

„Willkommen daheim in Dominica! Ich bin *über*glücklich, daß Sie sich entschlossen haben, in unserem Hotel zu wohnen. Sind Sie zum Karneval nach Hause gekommen?“

„Wir sind zum Karneval gekommen, aber wir stammen nicht aus Dominica.“

Die Hotelangestellten warfen uns einen erstaunten Blick zu. Was taten wir hier, wenn wir nicht aus Dominica waren? Abgesehen von den Besuchern, die dominicanischer Abstammung waren, machten hier nur Touristen Urlaub, und Touristen waren weiß.

Die Bediensteten des Hotels waren ausnahmslos und äußerst zuvorkommend, und ich fühlte mich geborgen in ihrer mütterlichen Fürsorge. Ich war zu Hause.

Im Speisesaal wurde ordentliches Essen serviert, Ziegencurry mit Reis und mit „italienischen“ oder einfachen Soßen. Wie gut es tat, wieder einmal die englische Sprache zu hören, den Gesprächen anderer Leute zuhören zu können und jedes Wort zu verstehen. Ja, ich kam zu dem Schluß, daß mir Dominica gefiel, daß es mir sehr gut gefiel.

An diesem Abend legte sich Abbas früh ins Bett und telefonierte mit seinen Freundinnen in London, und so machte ich mich allein auf, um die Früchte des Karnevals zu genießen.

Roseau mit seinen Holzhäusern in kreolischer Bauweise und den verschwenderisch mit Blumen und Wimpeln geschmückten Sträßchen machte auf mich einen sehr anziehenden Eindruck. Karnevalsstimmung lag bereits überall in der Luft. Nachtschwärmer in allen erdenklichen zusammengestückelten Kostümen spazierten durch die Straßen, und aus den kleinen Bars drang laute Socamusik in die warme Nacht heraus. Pärchen hakten sich an den Fingern ein und schwenkten ihre Hüften im Takt; alle waren sie unterwegs zur Wahl des Karnevalskönigs, die unter freiem Himmel, in einem riesigen Stadion stattfinden sollte.

Als ich in dem gewaltigen Stadion eintraf, hatte ich den Eindruck, daß sich die gesamte zwanzigtausendköpfige Einwohnerschaft von Roseau dort versammelt hatte, um den diesjährigen Calypsokönig zu wählen. Eingeklemmt zwischen zwei betrunkenen alten Männern saß ich im trockenen Gras.

Nun haben die betrunkenen alten Männer auf Dominica wirklich Stil. Sie können die Karibik von unten nach oben durchkämmen und werden nichts finden, was ihrer Beredsamkeit gleichkommt. Selbst als die Show begonnen hatte, weigerten sie sich, mit dem Reden aufzuhören. Nicht, daß es mich gestört hätte.

Die Lieder, die die Calypsosänger herausschmetterten, hatten durchweg mehr politischen Inhalt als rhythmischen Schwung.

Beinahe fünf Stunden lang predigten mir gewichtig klingende Calypsokünstler über die wirtschaftlichen Faktoren der Bananenproduktion, über Steuern und Kapitalanlagen sowie über Margaret Thatchers Anteil an dem ökonomischen Würgegriff, in dem England Dominica gefangenhält. Anfangs gab ich mir Mühe, zu verstehen, worum es ging; doch bald gab ich bereitwillig und heiter den Versuch auf und machte es mir bequem, um mit den beiden Alten zu plaudern, pikanten Fisch zu essen und kaltes Bier zu trinken.

„Ich vermute also, daß Sie zum Tanzen hier sind, kleine braune Miss?"

„Tanzen?"

„Ehgn! Sieh nur, wie wenig sie über ihre eigene Insel weiß. Wenn die Wagen durch die Straßen ziehen, folgen ihnen die Leute und tanzen herum. Himmel Herrgott! Nur, weil Sie seit einer Weile in England leben, heißt das doch nicht, daß Sie nichts – hick – über das Land wissen sollten, aus dem Sie ur-sprüng-lich kommen."

„Aber ich bin nicht ur-sprüng-lich aus Dominica."

„Aber Schätzchen. Sie sollten sich Ihrer Wurzeln nicht schämen. Hören Sie zu. Sie wissen, was Karneval ist und warum es ihn gibt?"

„Ja."

„Dann sag's mir."

„Es hat etwas mit Faschingsdienstag und der Fastenzeit zu tun."

„Dumm. Dumm. Dummes Mädchen, das. Meinst du, wir sollen uns noch länger mit einer so dummen Person unterhalten?"

Sein Freund musterte mich von oben bis unten und schüttelte dann den Kopf, aber der alte Mann plauderte unbeirrt weiter.

„Nach der Fastenzeit, wenn die ganze Fasterei zu Ende war, wurden ein großes Fest und eine Maskerade veranstaltet, und diese Feier nannte man Karneval."

„Das habe ich doch gerade gesagt!"

„Lügnerin, Sie Lügnerin! Sie haben Weihnachten gesagt!"

Ein Rasta gab ein Lied zum besten, das an Miss Charles, die Premierministerin, gerichtet war und alles, was sie je getan hatte, verunglimpfte; doch der Refrain lautete: „Wir lieben dich, wir beten dich an".

„Und wie gefällt Ihnen unsere Musik?"

„Zu politisch, das meiste davon."

„Sie mögen keine Politik?"

Bevor ich antworten konnte, stimmte der Alte eine überaus engagierte Rede über den beklagenswerten Zustand der niedergehenden dominicanischen Wirtschaft an, für den er allein Margaret Thatcher verantwortlich machte; aber er liebe die Königin, wie er immer wieder verkündete.

„Die Queen, oh yeah! Die Königin ist gut. Ich liebe die Königin über alles, aber die alte Thatcher, sie haßt die Schwarzen wie unsereins, und sie gibt sich viel Mühe, das Land zu ruinieren. Wir verkaufen alle unsere Bananen nach England. Unsere gesamte Kakao-Ernte geht ebenfalls nach England; aber wenn der Kakao unter dem Namen Milo wieder zu uns zurückkommt, bezahlen wir zehnmal mehr, als wir beim Verkauf bekommen haben – he, Danny –"

„Ja, Mann."

„Zehnmal soviel, stimmt's nicht?"

„Ja, Mann."

„Sehn Sie. Sie kommen aus einem reichen Land von Sukujas,
wissen Sie, Vampire, und ich bin aus einem armen Land mit
ehrlichen Menschen, die wegen der Habgier einer fernen Nation
nicht genügend zum Leben verdienen. Was halten Sie davon? Kommen Sie heute nacht zur mir nach Hause, dann stelle ich Ihnen meine
Frau vor und gebe Ihnen einen guten, anständigen Unterricht. Sie
kommen mir ein bißchen naiv vor."

„Danke vielmals für das Angebot, aber ich habe einen kranken
Bruder, der im Hotel auf mich wartet."

„Na ja, kommen Sie eben ein anderes Mal, dann können wir uns
unterhalten."

Ich dankte ihm und schickte mich zum Gehen. Ich hatte erwartet,
daß bei dem Konzert getanzt würde; statt dessen hatte ich ein
gelangweiltes Publikum vor mir, das oftmals nicht einmal applaudierte, wenn ein Lied zu Ende ging. Es hatte mich einigermaßen
gekränkt, als naiv bezeichnet zu werden, und ich bedurfte der
Lektüre eines erbaulichen Buches, um den Glauben an meine kleinen
grauen Zellen wiederherzustellen. Abgesehen davon war ich mächtig
müde und mehr als ein kleines bißchen beschwipst.

Auf dem Heimweg blieb ich lange stehen und betrachtete staunend das hübsche kleine Flüßchen, das durch die Stadt lief. Nicht
eine Menschenseele ging an mir vorüber, ohne mich in irgendeiner
Weise zu grüßen. Ich war plötzlich so glücklich, daß ich glaubte,
platzen zu müssen, spürte aber gleichzeitig die Last einer Schuld auf
mir, die das Glück stets mit sich zu bringen scheint. „Womit habe ich
das verdient?" fragte ich mich immer wieder. Vielleicht war es der
Gegensatz zu Haiti und der Dominikanischen Republik, der mich in
diesen unnatürlichen Zustand freudiger Erregung versetzte. Mein
Glauben an die Karibik war wiederhergestellt.

Am nächsten Tag bot sich mir ein aufregender Anblick. Polizisten
schlenderten *unbewaffnet* durch die Straßen! Ich hatte vergessen, daß
es diese Art von Polizisten überhaupt gab, und die Erinnerung daran
erfüllte mich mit Befriedigung.

In der islamischen Welt ist man überzeugt, daß nichts vollkommen
sein sollte. Ein kunstvoll gewebter Teppich, dessen Fertigstellung
Jahre in Anspruch genommen hat, wird vom Weber absichtlich mit

einem Fehler versehen, denn man glaubt, daß ein von Menschenhand geschaffener, in jeder Hinsicht makelloser Gegenstand eine Beleidigung Allahs darstellen würde, der allein der Schöpfer des Vollkommenen sein sollte. Überall scheint die Menschheit das Gute und Schöne, sei es von Gott oder den Menschen geschaffen, willentlich zu verderben, und die Dominicaner bilden hierin keine Ausnahme. Ich brauchte nicht lange, um den einen Makel Dominicas herauszufinden – die Touristen.

Die Touristikindustrie ist der Fluch eines jeden Landes. Abgesehen von den häßlichen Hotelbauten und der zerstörten Landschaft, die dieses Geschäft unvermeidlich mit sich bringt, besteht das Problem darin, daß alle, die mit den Touristen zu tun haben, sich ein gekünsteltes Gehabe zulegen, weil sie der Meinung sind, die Fremden könnten die ursprünglichen Eigenschaften ihres Landes nicht würdigen. Die Engländer verfallen stets in lächerliches Cockney oder Worcester-Englisch, sobald amerikanische Touristen in der Nähe sind, weil sie glauben, daß es das ist, was den Amerikanern gefällt; und die traurige Wahrheit ist, daß es tatsächlich das *ist*, was ihnen gefällt. In Zimbabwe sind die unechten „afrikanischen Dörfer", die man eigens für die Touristen errichtet, brechend voll mit gackernden Europäern und klickenden Kameras, während die *echten* afrikanischen Dörfer vollkommen links liegengelassen werden, so als würden sie gar nicht existieren. Überall auf der Welt haben es sich die Einheimischen zur Praxis gemacht, Nachgeahmtes anzubieten, um die Touristen zufriedenzustellen.

Im allgemeinen bemühe ich mich, den Touristengebieten fernzubleiben, aber in Dominica war das ein nahezu aussichtsloses Unterfangen.

Ich saß mit Abbas in einem der eleganten Hotels am Strand, und wir waren einigermaßen entsetzt darüber, mit welcher Arroganz die Touristen sich gegenüber den Einheimischen verhielten; zu meinem Bedauern muß ich sagen, daß die Engländer die schlimmsten von allen waren. Kellnerinnen, die schon den Tränen nahe waren, wurden gnadenlos und mit schroffer Stimme von Männern und Frauen zurechtgewiesen, die sich über so alberne Kleinigkeiten wie einen stecknadelkopfgroßen Fleck auf der Tischdecke beschwerten. Dieser schreckliche Zustand wurde noch durch die kriecherische Haltung verschlimmert, die von den Dominicanern gegenüber ihren europäischen Kunden eingenommen wurde.

Keiner der Touristen mochte mich. Zuerst pflegten sie mich zu fragen, aus welchem Teil Dominicas ich käme; und wenn ich dann zu erkennen gab, daß ich genauso Touristin war wie sie, wurde ich mit argwöhnischen Blicken gemustert. Schwarze waren nur dazu hier, um einen Hauch Lokalkolorit zu verbreiten und ihnen Rumcocktails zu servieren, nicht um unter ihnen zu sitzen wie ihresgleichen. Das war „verkehrte Welt".

Da es unglücklicherweise, bedingt durch den Ansturm von Karnevalsbesuchern, keine Mietwagen gab, waren Abbas und ich gezwungen, an organisierten Besichtigungsfahrten über die Insel teilzunehmen.

Dominica ist die bergigste Insel der Karibik, sie hat 365 Flüsse, für jeden Tag des Jahres einen, und es gibt keinen Fleck auf der Welt, der sich mit ihrem Liebreiz messen kann. Es ist unmöglich, sich dem Zauber dieser wunderschönen Insel zu entziehen.

Trafalgar Falls mit seinen zwei mächtigen Wasserfällen bot einen überwältigenden Anblick. Kleine Jungen führten uns einfühlsam herum und benannten alle Pflanzen, die im Umkreis der Wasserfälle in Hülle und Fülle zu finden waren, wobei sie gelegentlich mit den Fingern in das Gehölz fuhren, um zu zeigen, wie sich die Blätter zusammenrollten.

„Das ist die Wasserfall-Frau, und das ist der Mann", erklärte ein eifriger kleiner Junge.

„Warum ist das eine die Frau, und das andere der Mann?"

Das Kind errötete ein wenig. „Weil die Frau dicker ist." Er hatte recht. Der eine der herunterstürzenden Wasserläufe war kurz und breit, der andere lang und schmal, beide aber waren sie schwindelerregend in ihrer Schönheit.

Eine weitere Naturschönheit, die Abbas und ich besichtigten, war der Smaragdteich. In der Pracht eines Urwaldes gelegen, ist der türkisfarbene See von einer merkwürdig unheimlichen Stimmung umgeben. Tarzanhafte Lianen winden und schlängeln sich um das vorzeitliche Gestein, und man ist sich der Waldgeister bewußt, die in der diesigen Luft lauern. Leider wimmelte es jedoch, als wir den Smaragdteich erreichten, so von französischen Touristen, die sich die Haare im Wasserfall wuschen, daß der Anblick gänzlich verdorben war.

An den Stränden drängten sich Einheimische und Touristen gleichermaßen und schwammen in dem klaren Meer. Zahlreiche winzige Fischerboote schaukelten neben den teuren Yachten, mit denen die Touristen in den Hafen eingelaufen waren. „Berufs-Rastas" (wie Little Mannie sie genannt hatte) halfen den Ankömmlingen beim Ankerwerfen; viele von ihnen wurden für ihre Dienste mit einem Rumcocktail belohnt.

Einer der Rastas, ein großer, hagerer Bursche mit sehr dunkler Haut und rötlichem Haar, hängte sich an Abbas und mich. Er forderte uns auf, seinen Freund dafür zu bezahlen, daß er uns die Insel zeigte.

„Laßt euch von meinem Freund herumfahren, Mann, ziert euch nicht so."

„Nein", scherzte ich, „wir wollen bloß drei Wochen im Hotel herumsitzen, wir wollen die Insel nicht sehen."

„Ach, kommt schon, Mann, ihr könnt doch nicht dauernd im Hotel rumhocken! Das ist ja langweilig, fahrt rum, Mann, und schaut euch die Sehenswürdigkeiten an. Wart ihr denn überhaupt schon irgendwo?"

„Nein."

„Ihr wart noch nicht an den Trafalgar-Fällen oder am Smaragdteich oder sonstwo?"

„Nein, und wir wollen auch nicht hin. Es ist viel schöner, im Hotel zu bleiben und überhaupt nicht wegzugehen."

Der junge Mann schüttelte entrüstet den Kopf. Abbas saß sehr verlegen neben mir und fragte sich, wie ich dazu kam, mich als derartig beschränkte Touristin darzustellen.

„Ihr wollt euch nicht mal das Indianerreservat ansehen?"

„Nö."

„Woher kommt ihr, England?"

„Genau."

Der Rasta warf mir einen bedeutungsvollen Blick zu, als wollte er sagen: typisch!

Gleich darauf hechtete er ins Wasser und schwamm zu einer der Yachten hinüber, und im nächsten Augenblick schon lehnte er an der Reling des Schiffes, einen Rumcocktail in der einen, ein aufgespießtes Würstchen in der anderen Hand.

Nachdem wir unseren Drink beendet hatten, gingen wir zur Schule des Ortes, um uns ein wenig umzusehen.

Aus der Aula schrillte laute Socamusik, und hinter den dicken Vorhängen konnte man undeutliche Schattengestalten erkennen.

„Das sind die Jungen, die ihren eigenen kleinen Karneval dort drin feiern. An Karneval verkleiden sich alle Jungen als Mädchen, und wir haben viel Spaß zusammen", sagte ein kleines Mädchen.

Dann meinte das Kind, daß es in Ordnung ginge, wenn wir uns ein wenig in der Schule umsehen würden.

Im ersten Klassenraum, den wir betraten, stand mit Kreide an der Tafel: „Es ist Partyzeit, es ist Diskozeit!"

Ah, so ist es schon besser, dachte ich und rief mir mit einem Schauder die rätselhaften Mathematikaufgaben in der haitischen Schule in Erinnerung. Die dominicanischen Lehrer hatten ganz klar fortschrittlichere Vorstellungen darüber, worauf es in der Schule ankam.

„Morgen, Kinder!" rief ich streng zu einer Gruppe von Jungen hinüber, die auf dem Spielplatz mit einem Ball kickten.

„Morgen, Ma'am", gaben sie im Chor zurück und unterbrachen ihr Spiel, um mich zu begrüßen.

Gerade als mich eine Gruppe kleiner Jungen zu ängstigen begann, weil sie sich nicht hinter meinem Rücken über mich lustig machte, hörte ich, während ich mich dem Tor zuwandte, gedämpftes Kichern hinter mir.

„Geschieht dir ganz recht, wenn du dich für Joyce Grenfell hältst", lachte Abbas. Abbas ging an diesem Abend mit einem schüchternen Mädchen namens Rita zum Karneval. Es war sein letzter Abend auf den Westindischen Inseln, und er war entschlossen, die Reise mit einer rauschenden Nacht, die er in vollen Zügen genießen würde, zu beenden.

Nach einem üppigen Mahl in einem vornehmen Hotel, in dem Jean Rhys einmal gewohnt hatte, gingen Abbas und ich getrennte Wege.

Die schmalen Straßen waren mit Fähnchen und Blumen geschmückt, und Festwagen aller Art, die jeder für sich unter berauschenden Harmonien erzitterten, fuhren auf und ab. Karnevalsprinzessinnen in glitzernden, volantverzierten Kostümen lächelten geziert im Schatten ihrer aufwendigen Blumenhüte. Ein eindrucksvoller Motivwagen, der Gullivers Reisen darstellte, schob sich langsam durch die wogenden Massen; auf den Boden des Gefährts war eine riesige Gulliverfigur festgebunden, umringt von hüpfenden, kunterbunt gekleideten Liliputanern. Immer mehr Wagen, einer phantasievoller als der andere, drängten sich durch die feiernde Gesellschaft.

167

Die Menschen tanzten in wilder Selbstvergessenheit, manche fuchtelten ekstatisch mit den Armen in der Luft. Was macht sie nur so fröhlich? fragte ich mich immer wieder. Und dann wurde ich plötzlich vom Geist der Ausgelassenheit angesteckt, der die Menge beherrschte. Das Gedränge war so dicht, daß es, war man einmal darin gefangen, unmöglich war, ohne Gerangel wieder herauszukommen; aber ich empfand die Atmosphäre nicht etwa als klaustrophobisch, sondern als schwindelerregend und mitreißend und war ganz trunken vor Freude, Teil dieses großartigen Strudels der Ausgelassenheit zu sein.

Manche Leute hatten sich als Gladiatoren verkleidet, andere als Harlekin; das beliebteste Kostüm war jedoch der Teufel. In alten Überlieferungen heißt es, daß Musik und Tanz das Werk des Satans seien, und darum ist ein Karneval nur vollständig, wenn der Fürst der Finsternis ein Auge auf die Dinge hat. Rote Strumpfhosen und Hörner beherrschten die Nacht, und manch einen hübschen Teufel konnte man bis in die Morgendämmerung die Hüften schwenken sehen.

Großmütter, alte Männer und Kinder, alle fielen sie in das Feiern ein; und angesichts der Art, wie manche der Alten miteinander tanzten, mußte man sich schon fragen, ob das Leben nicht etwa erst mit siebzig beginnt.

„He, komm und tanz mit mir."

Ein untersetzter, rotäugiger junger Mann packte mich um die Taille und tanzte nach dominicanischer Art mit mir, wobei der Mann hinter der Frau steht und sie umklammert, als ginge es ums liebe Leben, und beide in wildem Shimmy die Hüften kreisen lassen.

„Weißt du, warum du mir gefällst? Wegen deiner Hautfarbe. Ich mag nur Schwarze, und mir gefallen nur Leute mit deiner Hautfarbe. Du hast ja keine Ahnung, wie sehr ich mir wünschte, ich hätte deine Hautfarbe."

„He, was hast du denn geraucht?"

„Nur Tabak. Ehrlich! Meinst du, mir gefällt es, daß ich so dunkel bin? Nein, nein, nein. Ich möchte deine goldene Hautfarbe haben."

„Na, wenn das nicht komisch ist. Ich wäre liebend gern dunkler, das beweist also nur, daß wir niemals mit dem zufrieden sind, was wir von Geburt an haben."

Ein dünner Sprühregen, der in dem waldreichen Dominica niemals aufhört, senkte sich herab und diente mir als Ausrede, den unzufriedenen jungen Mann zu verlassen und einen Drink in der nächsten Bar zu nehmen.

Eine junge Frau bat mich um meinen Hut und meine Sonnenbrille und gab mir zwei Dosen Bier dafür. Sie erzählte mir mit melodischer Stimme von ihrem Haß auf die Politik der Engländer und ihrer Liebe zu Dominica.

„Ich war mal in London; ist überfüllt, häßlich und stinkt. Alle Menschen sind unhöflich, und niemand hilft dem anderen. Eine Frau kann nackt auf der Straße liegen, und die Leute gehen vorbei und tun so, als hätten sie nichts gesehen. Es geht nur um Geld, Geld, Geld. Schönheit und Freundlichkeit haben sie völlig vergessen. Ich gebe der Regierung die Schuld. Schlimm, stimmt's nicht, eh?"

„Alles andere als gut", entgegnete ich.

Ihr Freund stellte sich als Colbert vor und bestand darauf, daß ich mit ihm tanzte.

„Warum verschwendest du deine Zeit beim Karneval damit, mit Frauen zu schwatzen, wenn die Leute doch hier sind, um zu tanzen?"

Wir tanzten endlose Stunden lang hinter den Festwagen her. Von Zeit zu Zeit zog er mich beiseite und sagte: „Laß uns abhauen. Hier gibt es Weiße, und ich mag sie nicht in meiner Nähe haben."

Die Weißen wirkten eher befangen, glühten aber vor Stolz, als dächten sie: „Wie aufregend, unter so vielen Schwarzen zu sein. Wenn ich das den Leuten zu Hause erzähle!"

Vielleicht tat ich ihnen unrecht, aber ich kann nicht sagen, daß ich auch nur von einem der Touristen, die mir begegneten, allzu angetan gewesen wäre.

„Magst du die Weißen?" fragte mich Colbert, indem er mir einen eindringlichen Blick zuwarf.

„Manche sind in Ordnung. Meine Mutter ist wirklich nett."

„Deine Mutter ist w – oh, entschuldige, tut mir leid. I-i-ich wußte nicht –"

„Ist schon gut, solange es nicht noch einmal vorkommt."

Obwohl Colbert den Kopf senkte und schwor, daß er sich lieber die Zunge abbeißen würde, als mich zu kränken, behielt er seine Angewohnheit bei, mich von den Weißen fortzuziehen. Ich selbst wurde den leisen Verdacht nicht los, daß ich ebenfalls eine Abneigung gegen Weiße entwickelt hätte, wenn ich in Dominica leben würde und keinem anderen Weißen begegnete als den selbstgefälligen Touristen dort.

Colbert war schwer betrunken. Um Mitternacht hielt er um meine Hand an, und weil ich ebenfalls einen über den Durst getrunken hatte, willigte ich ein.

„Ich will einfach den Rest meines Lebens mit dir verbringen. Wollen wir heiraten?“

„Na gut, wenn es schein musch.“

„Ich muß jetzt zu meiner Freundin gehen. Komm um ein Uhr morgens zur Bienenstock-Bar, dann können wir die Einzelheiten der Hochzeitsnacht besprechen.“

„Machen wir.“

Ganz schändlich betrunken schwankte ich zum Hotel zurück. Ein muskelbepackter Rasta schwenkte eine Phyton vor meinem Gesicht, als ich an der Hoteltreppe anlangte. Frauen schrien entsetzt auf, ich aber schob Mann und Schlange müde beiseite. Colbert würde sich heute nacht eine andere Verlobte suchen müssen. Ich war entschlossen, geradewegs ins Bett zu gehen.

„*Du* bist das!“ ertönte eine überraschte Stimme hinter mir. „Hast du nicht gesagt, du würdest nicht aus dem Hotel gehen, nicht einmal zum Karneval?“

Ich wandte mich um und erkannte verschwommenen Blicks die Gestalt des Rastafari vom Strand.

„Ich hab's mir anders überlegt.“

„Also, jetzt kannst du nicht ins Bett gehen. Komm und mach mit beim Karneval.“

„Tut mir leid, aber noch eine Minute, und ich sterbe.“

„Du stirbst nur, wenn du schläfst. Wenn du tanzt, dann lebst du.“

„Wirklich?“

„Äh häh.“

Wir tauchten wieder in die Menge ein und „hüpften“ lange Zeit mit den anderen herum. Der Rasta, der sich Halbert nannte, hatte recht: ich lebte.

Viele der Tänzer waren durch Verwachsungen entstellt. Die Beine einiger waren so krumm, daß sie wie nach außen gerichtete Vs aussahen. Aber ob sie nun rachitisch waren oder nicht, sie nahmen am allgemeinen Trubel teil und fielen in die Tonbandmusik ein.

Inzwischen war die Atmosphäre außerordentlich erotisch aufgeladen. Paare tanzten so intim miteinander, daß sie nur noch einen Schritt davon entfernt schienen, sich auf offener Straße zu lieben. (Das Geschmuse auf Londoner Blues-Parties ist nichts gegen das

Wiegen und Schieben beim dominicanischen Karneval.) Hüften prallten auf die anzüglichste Weise aufeinander, und ein junges Mädchen machte irgend etwas ziemlich Anstößiges mit den Rädern eines Lastwagens. Sie wandte sich um und rief Halbert zu, daß er zu grob für mich sei. Halbert lachte laut und überschüttete sie mit einem Schwall Patois.

Das dominikanische Patois ist eine Art von gebrochenem Französisch, das mit einigen englischen und afrikanischen Brocken durchsetzt ist. Wie in Jamaika ist die Bevölkerung zweisprachig.

Eine Hand faßte mich am Arm, und als ich herumfuhr, um zu sehen, wer der Grapscher war, begegnete ich einem gequälten Augenpaar. Die Augen gehörten meinem „Verlobten" Colbert. Lange nicht gesehen!

Einen Augenblick lang standen wir wie hypnotisiert da, dann starrte Colbert ungläubig auf Halbert.

Ich konnte nicht behaupten, Halbert sei mein Bruder, und unter keinen Umständen konnte ich erklären, warum ich hier auf der Straße war und nicht im Bienenstock, also tat ich das Nächstliegende.

Mit einem fröhlichen Winken in Cols und Halberts Richtung sprang ich über ein schlammverschmutztes Mäuerchen und rannte, so schnell mich meine müden Beine tragen konnten, blindlings zum Hotel zurück.

Ich stürmte in die Eingangshalle und prallte mit der Empfangsdame zusammen, die mir den Arm mütterlich um die Schultern legte und sich erkundigte: „Vor wem laufen Sie davon?"

„Ich habe äh – eine Schlange gesehen."

„Eine Schlange?"

Ich spähte vom Hotel aus in die Menge, um zu sehen, ob eine Spur von dem aufgebrachten Colbert zu entdecken war.

Halbert trieb sich an der Eingangstreppe herum und blickte mir traurig mit großen, glänzenden Augen entgegen.

„Warum bist du weggerannt?"

„Tut mir wirklich leid, aber mir ist plötzlich eingefallen, daß ich etwas auf dem Herd vergessen hatte."

„Ich weiß, warum du so gerannt bist. Du bist diesem Kerl begegnet, und dir ist eingefallen, daß du dich heute nacht mit ihm verabredet hattest. Aber ich kenne den Mann, er ist vom Land, er wird dir nichts tun. Komm, wir gehen in den Bienenstock."

„Ich kann nicht."

171

„Hör zu, Mann, wenn er da ist, sagst du einfach: reg dich ab, Mann."

„Tut mir leid, kann ich nicht machen."

„Dann komm mit mir in eine andere Bar."

„Wo?"

„Nicht allzu weit von hier, wir können trampen oder einen Bus nehmen."

Ich willigte ein.

Roseau ist wie ein Dorf, in dem jeder jeden kennt, so daß es Halbert und mir nicht schwerfiel, vom ersten Vorüberkommenden, der das Glück hatte, ein Auto zu besitzen, mitgenommen zu werden.

„Zuerst gehen wir zu mir nach Hause, da kannst du dich abregen, einverstanden?"

Halbert wohnte ungefähr eine Meile vom Stadtzentrum entfernt, und in der mondlosen Nacht war es unmöglich, weiter als ein paar Zentimeter weit zu sehen. Die Nacht war erregend still und ruhig, abgesehen von den Geräuschen tropischer Insekten und dem leisen Rauschen des unsichtbaren Meeres.

Halbert nahm mich bei der Hand und führte mich in sein Dorf hinunter. Mit den Füßen konnte ich Steine und Sand ertasten, und immer wieder trat ich auf eine Ziege oder einen mißmutigen verschlafenen Hund. Vorsichtig bewegte ich mich abwärts. Wie Halbert in der Dunkelheit den Weg fand, war mir vollkommen rätselhaft.

Ein dumpfer Schlag ertönte, und ich merkte, daß eine Tür aufgestoßen worden war.

„Beug den Kopf jetz' ganz tief, die Decke is' nämlich viel, viel niedrig."

Ich bückte mich fast bis zum Boden und blieb dann wie angewurzelt stehen, bis Halbert eine Kerosinlampe entzündete, die uns augenblicklich in warmes, bernsteinfarbenes Licht tauchte.

Als ich mich umblickte, sah ich, daß ich mich in einer schäbigen Hütte mit gestampftem Lehmboden, Wänden aus Holz, einem verrosteten Wellblechdach und viel, viel niedriger Decke befand.

Es gab kein Mobiliar bis auf ein Bett aus Schaumstoffresten, über das ein alter Armeemantel als Decke gebreitet war. In der Ecke lehnte ein aus einem Bündel Zweigen gefertigter Besen, und in einer Plastiktüte, die in der Mitte des Raumes lag, befanden sich Halberts Kleider und seine anderen irdischen Besitztümer. Ich staunte nicht schlecht. Halbert gab eine so stattliche Figur ab, daß es schwerfiel, zu glauben, daß er so arm war. Er war modisch im Rastastil gekleidet, mit Khakishorts und einem sorgfältig gebügelten Hawaiihemd, und seine hellen Locken waren mit einem rot-grün-goldenen Band zusammengehalten.

Halbert zwinkerte mir fröhlich grinsend zu, und in diesem Augenblick dämmerte mir zweierlei. Zum einen nämlich, wie unerträglich gut er aussah, und zum anderen, daß ich mich nicht so bereitwillig mitten in der Nacht darauf hätte einlassen sollen, mit ihm nach Hause zu gehen.

Ich räusperte mich.

„Schöne Bilder hast du an der Wand..."

Die Wände waren über und über bedeckt mit großen Abbildungen von Haile Selassie und dem Löwen von Juda, und dazwischen zogen sich in verschnörkelter Schrift Ausschnitte aus der Rastabibel.

„Du bist also ein echter Rasta, und das sind keine Modelocken?"

„Ich bin ein wahrer Rasta. Ich verehre Haile Selassie. Ich habe nichts zu tun mit Babylon und unnatürlichen Lebensweisen. Alles in meinem Leben ist rein, und ich rühre niemals Fleisch an. Ich bin ein friedlicher Mensch, Abkömmling der Israeliten wie alle meine schwarzen Brüder, und mein Stamm ist der Stamm des Levi. Jah Ras Tafari, König der Könige."

Ich fand es unpassend, ihn zu fragen, warum seine Sprache plötzlich eine jamaikanische Färbung angenommen hatte, und so nickte ich nur und gab mir Mühe, weise dreinzublicken.

„Rauchst du Pot?"

„Ich rauche das Gras der Wahrheit, ja."

„Aha."

„Komm zuerst einmal hinüber zu meiner Mutter, da können wir ein bißchen fernsehen, und dann gehen wir in die Bar."

Wir stiegen die pechschwarze Treppe wieder hinauf, bis wir erneut auf der Straße standen. Halbert sang einen improvisierten Karnevals-Rap, und gemeinsam schnalzten wir mit den Fingern im Takt.

Seine Mutter wohnte in einem verwahrlosten Wohnblock, ungefähr eine halbe Stunde zu Fuß entfernt.

Im Innern war es jedoch ordentlich und anheimelnd. Wie so oft, hatten die Bewohner den bösen Absichten des Architekten die Stirn geboten, und es war ihnen tatsächlich gelungen, dem scheußlichen Gebäude ein vernünftiges Aussehen zu verleihen, zumindest im Innern.

173

Die Fußböden waren mit leuchtend weißem Kunststoff belegt, und auf einem der Schaumstoffsofas lag lang ausgestreckt eine Männergestalt.

„Mein Bruder, das. Meine Mutter, meine Schwester und ihre beiden Kinder schlafen im Nachbarzimmer. Schrei nicht, wenn du noch mehr Kakerlaken siehst, sonst weckst du sie alle auf. Wenn du meinen Bruder weckst, macht es nichts."

Der Bruder grunzte im Schlaf.

„Willst 'ne Tasse Tee?"

„Ja, bitte."

Ich schaltete den Fernseher ein und starrte wie im Koma auf eine amerikanische Krimiserie.

Halbert kam, einen Becher mit einem dampfenden Gebräu in der Hand, ins Zimmer zurück. Ich nahm einen Schluck und spuckte ihn in den Becher zurück. Nicht, daß ich unhöflich sein wollte, aber meine Geschmacksnerven waren zutiefst beleidigt. Wenn man eine gute, ehrliche Tasse Tee erwartet, aber ein wäßriges Gemisch bekommt, das nach Schokolade und Chemikalien schmeckt, gehen die guten Manieren den Weg allen Fleisches.

„Was ist los, eh? Magst du keinen Tee?"

„Ich liebe Tee, aber das..."

Und dann fiel es mir natürlich blitzartig ein. Auf den Westindischen Inseln werden alle heißen Getränke „Tee" genannt, und schlimmer noch, es wird ihnen so viel Zucker zugesetzt, wie die Tasse fassen kann.

In diesem Fall war der Tee ein mit lauwarmem Wasser übergossener Schokoladen-Nesquick-Tee.

Halbert und ich saßen da und unterhielten uns über seinen faulen Bruder. Wir waren beide überzeugt, daß er in Wirklichkeit trotz seines lauten Schnarchens wach war, und so nahmen unsere abfälligen Bemerkungen über ihn immer unverschämtere Formen an. Es endete damit, daß Halbert sich gehässig über den Schädel des unglücklichen Mannes äußerte, und just in diesem Augenblick erwachte der Bruder mit flammenden Augen. Halbert und ich stürzten aus dem Zimmer in die heiße Nacht hinaus.

„Mein Bruder will, daß ich mir die Locken abschneide, weil ihm meine Religion nicht gefällt; aber lieber will ich tot sein, als von meinem Glauben an Selassie I. zu lassen. Wenn ich erst einmal anfange, Fleisch zu essen, bin ich so gut wie fertig."

Nach einem langen Spaziergang kamen wir zu der Bar, oder besser gesagt, wir kamen zu einem winzigen, unbeleuchteten Raum ohne Gäste. Ich weiß nicht genau, ob es Kellner gab, ich kann mich nicht daran erinnern. Es tönte jedoch laute Musik aus einem Lautsprecher über der Theke: altmodischer jamaikanischer Reggae.

Wir saßen in der Ecke und tranken Bier aus zerbeulten Dosen.

Plötzlich flog die Tür auf, und ein Mann mit glasigen Augen stürzte herein und schüttelte Halbert an den Armen.

„Captain Hook kommt!"

Halbert tauchte mit einem Satz hinter die Bar, und der Glasige Blick drückte sich flach an die Wand.

Ein Wagen raste mit quietschenden Reifen vorüber, und bald verhallte das Motorengeräusch in der Ferne.

Zwei Augen spähten über den Rand der Bar und schwenkten nach links und rechts. Der Neuankömmling löste sich vorsichtig von der Wand, und dann kamen die beiden Männer an meinen Tisch.

Eine Weile saßen wir schweigend da.

„Also – äh – was hat das alles zu bedeuten?"

„Was zu bedeuten?" kam die Entgegnung fünfzehn Minuten später.

„Diese ‚Captain-Hook'-Geschichte."

„Captain Hook kann uns nich' leiden, und wenn er uns hier sieht, versucht er vielleicht, uns umzubringen."

„Aber wer ist Captain Hook?"

„Ein Polizist. Er mag keine Rastas. Wenn er uns hier beim Trinken in einer illegalen Bar erwischen würde, würd' er uns verprügeln wie das letzte Mal. Der Mann is' böse. Er ist ein Teufel. Weißt du, was er mit meinem Freund hier gemacht hat? Er hat 'nen Stock genommen und ihn damit in den Hals gestochen. Er hat immer noch die Narben. George, Mann, George, zeig ihr die Narben."

George schleuderte seine Locken zurück, knöpfte seine Hemdbrust auf und deutete auf seinen Hals. Ich spähte angestrengt in die Dunkelheit, konnte aber nur den schwachen Schimmer seiner Goldkette erkennen.

„Siehst du die Narben? So ein Kerl is' das."

George nahm einen tiefen Zug von meinem Bier und sagte: „Und wenn er sieht, daß wir hier mit 'ner Touristin rumsitzen, wird er noch saurer. Er liebt die Touristinnen, und er wird wahnsinnig, wenn er sieht, daß wir uns mit dir unterhalten. Deshalb bin ich gekommen, um Halbert zu warnen."

175

Halbert ergriff Georges Hand voller Dankbarkeit.

Vielleicht hatte ich mich in bezug auf die gutmütige dominicanische Polizei geirrt.

Halbert und ich fuhren mit einem Minibus zu meinem Hotel zurück, und wir vereinbarten, uns früh am nächsten Morgen wieder zu treffen.

Der Karneval schlug noch immer heftige Wogen; aber obwohl es auf den Straßen von tanzenden Menschen wimmelte, hatte ich nur Augen für Halbert, dessen hagere Gestalt sich zwischen den Tänzern entfernte.

Um halb fünf Uhr morgens weckte mich Abbas, um mir zu sagen, daß er aufbrechen mußte.

„Wie war es mit Rita?"

Ein Lächeln, das einem anzüglichen Grinsen nahekam, spielte um seine Lippen.

„Ich verstehe, du brauchst nichts weiter zu sagen. Grüß England von mir, und vergiß nicht, Mamuschka zu erzählen, wie gut ich auf dich aufgepaßt habe."

„Abbas! Beeil dich, Liebling, sonst verpaßt du dein Flugzeug. Es ist schon vier Uhr dreißig, Mann", ertönte eine zuckersüße, schnurrende Stimme von der anderen Seite der Tür.

Ich ließ mich aufs Bett zurückfallen und stöhnte. Abbas nahm unbekümmert seinen Koffer und strebte der Tür zu. Er hätte wenigstens eine angemessen verlegene Miene aufsetzen können!

„Leb wohl, Schwester, und denk daran: halt dich von den Yacoubs fern!"

Damit war er verschwunden.

Erst als die Tür ins Schloß gefallen war, wurde mir klar, wie sehr er mir fehlen würde. Wenn wir auch nicht viel Zeit miteinander verbracht hatten, so war doch seine bloße Gegenwart ein Fels der Sicherheit für mich geworden. Jetzt reiste er ab, und ich blieb ganz allein zurück.

Am nächsten Tag war Valentinstag. Ich stand auf dem Balkon und sah den vorüberziehenden Festwagen zu. Kleine Kinder, die sehr süß aussahen, wie sie es immer tun, wenn sie so herausgeputzt sind, standen in ihren weißen Rüschenkleidchen auf dem Wagen.

„Teetablett-Phantasie", „Mrs. Winsten präsentiert die Puderquasten-Parade" und eine Werbung für eine Seifenmarke – das ist nur eine kleine Auswahl der eindrucksvollen Motive, mit denen die Festwagen aufzuwarten hatten.

Ich schlenderte, den Karnevalsgeist in mich aufsaugend, durch die Stadt und sehnte mich nach Abbas. Ein Minibus brachte mich zum Strand, wo ich mich mit Halbert verabredet hatte. Als ich aus dem Bus stieg, war er schon da und in eine Unterhaltung mit zwei amerikanischen Touristen vertieft.

Halbert warf mir einen flüchtigen Seitenblick zu, dann kehrte er mir den Rücken und setzte ganz ruhig sein Gespräch mit den Amerikanern fort.

Jetzt haßt er mich, dachte ich niedergeschlagen, nachdem er mich im kalten Licht des Tages gesehen hat.

„Warum lassen Sie sich nicht von meinem Freund die Insel zeigen, Mann?"

„Nein, ich will eigentlich erst ein bißchen in der Stadt herumlaufen."

„Aber Sie wollen doch sicher all die schönen Plätze sehen?"

„Nein, nein, wir sind im Augenblick ganz zufrieden."

Halbert ließ nicht locker und führte sie in den Schatten, weil ihnen die Sonne, wie er behauptete, nicht guttat. Die Amerikaner erklärten, daß sie die Sonne liebten. Die Sonne, sagten sie, sei überhaupt der Grund, warum sie auf die Insel gekommen seien. Ich sah, daß Halbert ihnen allmählich auf die Nerven ging; daher zog ich mich zum Strand zurück und setzte mich zwischen ein paar Felsbrocken.

Einige Minuten später gesellte sich ein mißmutiger Halbert zu mir, blieb hinter meinem Rücken stehen und starrte auf das Meer hinaus.

Ich hatte das deprimierende Gefühl, daß er nicht mit mir reden wollte und daß er sich im Grunde wünschte, ich würde fortgehen.

„Du siehst aus wie eine Touristin", sagte er schließlich. Ich trug einen breitkrempigen Hut und ein weißgepunktetes Kostüm.

„Na ja, mach dir nichts draus, eh. Was sollen wir heute anstellen?" Ich versuchte, meiner Stimme einen möglichst munteren Klang zu geben.

Halbert deutete auf einen karibisch aussehenden Mann in einem winzigen Ruderboot.

„Wir fahren mit dem Boot meines Freundes nach Pointe Michel und Soufrière Bay. Dann essen wir bei meiner Mutter zu Mittag. Wenn du dir heute über irgend etwas Gedanken machen mußt, dann weiß ich, daß mein ganzes bisheriges Leben umsonst war."

177

„Du nimmst den Mund sehr voll für jemanden, der mich nicht einmal begrüßt hat, als ich kam."

„Bis jetzt verstehe ich dich nicht, und du verstehst mich nicht, aber mit der Zeit wirst du begreifen, warum ich so bin. Komm jetzt ins Boot, Mann."

Wir wateten ins Wasser und setzten uns ins Boot. Unser Ruderer saß schweigend und mit eingezogenen Schultern da.

„Hiß die englische Flagge, John, wir haben ein Mädchen aus England an Bord!"

Ein winziger Union Jack wurde hochgehalten, bis ich ihn herunterzog.

Als wir in den Wellen schaukelten, schossen fliegende Fische in schwarzen Schwärmen aus dem Wasser. Dominica sah großartig aus, wie es, einem grünen Tortenguß gleich, in mächtigen Felsspitzen aus dem Meer aufstieg.

Als wir Pointe Michel erreicht hatten, kletterten wir aus dem schaukelnden Boot ins Wasser und wateten an Land.

Pointe Michel ist ein hoher, schlanker, mit scharfen Felsen übersäter Berg. Ich kann nicht sagen, daß er nach meinem Geschmack war.

„Komm, wir steigen jetzt auf den Berg, Mann. Wenn wir oben sind, kannst du Martinique sehen."

„Ich mache dir einen Vorschlag: du gehst hinauf, und ich sehe zu."

Halbert war empört und setzte zu einer furchterregenden Schmährede auf meine gekünstelte Art an. Warum, so fragte er mich, trug ich einen engen Rock und Stöckelschuhe?

„Ich weiß, warum; du willst schick aussehen! Schick! Aber was hat es für einen Sinn, schick auszusehen, wenn man auf 'nen Berg klettern will, Mann? Man soll immer natürlich sein, ein ungekünsteltes Leben, das ist das richtige, nicht Lippenstift und schwarze Augen! Jetzt komm den Berg rauf!"

Ich machte einen Schritt und knickte mit meinem Stöckelabsatz an einem Stein um.

Halbert schenkte mir einen mitleidigen Blick, dann kam er auf mich zu, nahm mich in die Arme und trug mich den Berg hinauf. Ich war sicher, daß seine schlanken Gliedmaßen unter der Last meines üppigen Gewichts zerbrechen würden; aber er bewältigte seine Bürde mit leichtem Schritt, und bald darauf hatten wir den Gipfel des Berges erreicht und blickten auf den grauen Klecks, der Martinique war, hinunter.

Tief unten konnte ich erkennen, daß wir uns zwischen zwei Meeren befanden. Das Karibische Meer lag blau und friedlich da, aber der Atlantik wütete und schäumte wild in seinem rostigen Grau. Warum es so ist, bleibt mir ein vollkommenes Rätsel, aber auf allen karibischen Inseln ist ein deutlicher Unterschied zwischen dem ruhigen Karibischen Meer und dem mißgelaunten Atlantik festzustellen.

Halbert gehörte zu einem starken, schweigsamen Menschenschlag. Ein mürrisch schwermütiger „Rasta ohne Kompromisse". Der Stoff, aus dem Filmstars gemacht sind: hohe Wangenknochen, volle aufgeworfene Lippen und Augen, die das Herz höher schlagen lassen, alles andere aber lähmen.

Wir stiegen den Berg wieder hinunter und fuhren in unserem Boot weiter nach Soufrière Bay, einem malerischen kleinen Fischerdorf. Dort saßen wir, Halbert an meiner einen Seite, der karibische Seemann schlaff an meiner anderen, und tranken viel trüben, sauren Fruchtsaft.

Auf der Rückfahrt begann unser Boot sachte zu schwanken, und ganz plötzlich schaukelten wir so heftig, als würde jemand verzweifelt an dem Schiffchen ziehen. „Haie!" dachte ich voller Panik. „Ein Hai hat unser Boot erwischt, und morgen wird es in einer winzigen Meldung in der *Times* heißen: ‚Drei Menschen, unter denen sich auch eine britische Staatsbürgerin befand, wurden vor der dominicanischen Küste von einem Hai gefressen.'"

Aus unerfindlichem Grund war mein einziger Gedanke, als das Wasser in das wildschaukelnde Boot zu schwappen begann, meinen Hut zu retten, und so fuhr ich, anstatt mich an der Bordwand festzuklammern, mit den Händen an meinen Kopf und hielt den Hut fest, als hinge mein Leben davon ab. Meine Angst hatte mich blind gemacht für die Tatsache, daß meine beiden Begleiter weit davon entfernt waren, sorgenvoll dreinzublicken, und sich in einem Zustand ausgelassener Erregung befanden.

„Wir haben's geschafft, wir haben's geschafft, Mann!"

„Hurra! Ja, he! Wir haben einen gefangen!"

„Und was für einen großen! Juhuu!"

„Langsam, jetzt, ganz ruhig, Mann, er kommt! Jetzt zieht er wieder rein."

Das Boot rauschte und hüpfte dahin. Mein Herz klopfte wie wild, der Schweiß stand mir auf der Stirn. Ich duckte mich.

Plötzlich gab seitlich neben dem Boot der größte Fisch, den ich je gesehen hatte, ein kurzes Gastspiel. Ich schrie aus vollem Halse. Wir waren todgeweiht.

„Zinga, Mann, immer mit der Ruhe, rutsch nach hinten ins Heck, bleib sitzen und halt dich fest. Schau dir den schönen Fisch an, den wir gefangen haben!"

Ich stierte ihn verständnislos an. Ich hatte nicht einmal gemerkt, daß es irgendwo in der Nähe eine Angelschnur gab, und jetzt zerrten sie diesen monströsen Fisch an Bord. Mindestens einen Meter zwanzig lang, lag er auf den Planken des Bootes und wirkte so heiter und gelassen, als wäre er nicht echt, sondern aus Perlmutter gemacht. Nur das Auge verriet, daß in seinen Adern Leben brodelte. Es starrte uns an, als wollte es sagen: „Ist es denn möglich, daß ihr nicht wißt, wer ich bin?"

Der arme Fisch hatte guten Grund, tief beleidigt zu sein. Im nächsten Augenblick begann der Bootsführer, mit einem Stein auf seinen Schädel einzuschlagen. Der Fisch erbebte in heftigen Zuckungen, die das Boot erschütterten und uns alle mit Meerwasser durchtränkten. Er sah ein wenig aus wie mein Bruder Lancelot, wenn er eine Elster erblickt.

Als der tückische Mensch den Fisch umbrachte, quoll hellrotes Blut aus dessen Kopf und durchnäßte meinen Rock. Nach ein paar Minuten hauchte das unglückliche Meerwesen sein Leben aus und ließ als Erbe ein ruiniertes Kostüm zurück.

„Er is' tot!" verkündete der Seemann grinsend, während er sich im Geiste die üppigen Fischmahlzeiten der nächsten Tage vorstellte, obwohl es mir unbegreiflich war, wie er einen Fisch essen konnte, der so viel Blut enthalten hatte. Ich war zu dem Entschluß gekommen, niemals wieder Fisch zu essen.

Wir ruderten weiter zu Halberts Dorf, das sich als ein Gewirr von Holz und rostigem Blech zum Meer hinunter erstreckte. Als es so im Tageslicht vor mir lag, war ich beeindruckt von der Freundlichkeit dieses Ortes und der stolzen Haltung seiner Bewohner. Die Hütten waren in kompliziertem Durcheinander eine über die andere getürmt.

Ganz plötzlich bemerkte ich, daß mein Hut davongeflogen war! Das Haar hing mir in salzigem Wirrwarr in den Nacken. Halbert lachte laut auf und meinte, ich sähe weit mehr wie ein Rasta aus als er selbst.

Nachdem wir uns von dem Bootsführer verabschiedet (und ihn bezahlt) hatten, begaben wir uns zu Halberts Haus, wo er mir ein Paar seiner abgeschnittenen Shorts und ein T-Shirt mit aufgedruckten Marihuanablättern lieh. Ich zog meine Schuhe aus, setzte mich draußen hin und sah Halbert zu, der mein Kostüm auf einem Waschbrett in dem Trog schrubbte, der in der Nähe der Tür stand. Eine Frau aus dem Haus, das über dem seinen schwebte, rief mich zu sich herauf, um mir ihr fünf Tage altes Baby zu zeigen. Ihr Mann saß in einer Ecke und betrachtete das Kind mit hingebungsvollen Blicken, und in seinen umnebelten Augen lag ein so rührseliger Ausdruck, daß ich mir das Lachen kaum verbeißen konnte.

Während das Kostüm zum Trocknen auf der Leine hing, gingen wir zum Mittagessen zu Halberts Mutter hinüber.

Seine Schwester, eine ausgesprochen verschüchterte junge Frau, und ihre beiden Kinder saßen vor dem Fernseher und blickten nicht auf, als wir eintraten.

Ich stand in der Küche und sah Halbert zu, wie er das Essen aufwärmte.

„Weißt du, Zinga, du bist zu weich. Du müßtest so sein wie ich, immer deinen eigenen Weg gehen. Niemand sagt mir, was ich zu tun habe, und ich habe vor niemandem Angst, ob Mann oder Frau. Weißt du, so wie du auf dem Boot geschrien hast! Mach das nie wieder. Du mußt immer stark sein – wie ich."

Meine Augen wurden trübe. Ich mag es nicht besonders, wenn man mir Vorträge hält, und außerdem hatte Halbert mich gebeten, Saft zu machen; so mühte ich mich mit einer Pampelmuse und einem Napf ab.

„Kannst du keinen Saft machen?" fragte er, entsetzt über meine ungeschickten Versuche. Dann nahm er mir die Pampelmuse aus der Hand, preßte den Saft heraus, fügte Wasser und Zucker hinzu und füllte das Ganze in einen Krug.

Die beiden kleinen Mädchen beobachteten uns mit großen Augen, als wir unser Mahl aus Reis und schwarzen Bohnen mit einer dicken Schicht Ketchup aßen. Niemand sagte etwas, außer Halbert, der mir erklärte, ich könne soviel Reis essen, wie ich wollte, weil er ihn gekocht habe.

Gerade als die Atmosphäre vollkommen frostig wurde, platzte – PENG! – eine gewaltige Mutter herein und baute sich, die Hände in die Hüften gestützt, finster vor uns auf. Sie begann in Patois auf

Halbert einzuschimpfen, während ich wie gebannt zum Fernseher blickte und so tat, als merkte ich nichts. Halbert erhaschte meinen Blick und lächelte mir schüchtern zu, was die Mutter nur noch mehr erboste. Nachdem ich das ein paar Minuten lang mitangehört hatte, erhob ich mich, um sie zu begrüßen, worauf sie mich mit einem verächtlichen Pah! abspeiste. Ich blickte an mir herunter: zerlumpte alte Shorts, Marihuanablätter auf der Brust, keine Schuhe an den schmutzigen Füßen – und dazu noch eine wilde, rastamäßige Mähne um den Kopf!

„Du und deine ver-dammten Rastafreunde!" sagte sie auf englisch.

„Ich bin kein Ras-"

„Raus mit dir und deinen Rastafreunden!"

Halbert gab sich Mühe, unerschrocken dreinzublicken, versagte aber kläglich wie ein ungezogener Schuljunge, der beim Malen unanständiger Bilder im Rektorat erwischt worden ist.

„Und wer hat gesagt", fuhr die Mutter fort, „daß du alles aufessen darfst, was ich gekocht habe?"

Als ich sah, daß der Drache auf den Tisch zu marschierte, erkannte ich, daß es Zeit zum Aufbruch war, und wir stolperten aus der Wohnung, gefolgt von der Mutter, die unter der Tür stehenblieb und mit der Pampelmusenschale herumfuchtelte, die ich auf dem Fußboden liegengelassen hatte.

„Sie hat nur Witze gemacht", beruhigte mich Halbert, während wir durch den Wald wanderten.

„Aber ja, das glaube ich gern." Ich nahm mir vor, niemals wieder einen Besuch bei der Mutter zu machen.

Der Wald wurde immer undurchdringlicher, je weiter wir gingen, und nach einer Weile entdeckten wir schillernd bunte Kolibris, die über dem Unterholz hin und her flatterten und über den wilden Blüten verweilten.

Halbert pflückte Früchte und Beeren von den Bäumen und zeigte mir, welche giftig und welche eßbar waren.

„Von dieser hier kann man nur die Samen essen, denn wenn du das Fruchtfleisch ißt, wirst du viel, viel krank. Von dieser darfst du nur das weiße Fleisch essen, denn von der Schale bekommst du Schaum vor dem Mund. Diese hier bringt dich um, wenn du auch nur eine Nadelspitze vom Saft nimmst, du darfst also nur die Schale essen. Sie dich vor!"

Überflüssig zu sagen, daß ich nicht davon probierte.

Bald kamen wir, inmitten des Waldes, an einen kristallklaren Teich mit einem plätschernden kleinen Wasserfall. Ich ließ mich auf einen Felsblock nieder und fragte mich, ob ich nicht vielleicht in den Garten Eden geraten war. Als ich mich nach Halbert umdrehte, stellte ich fest, daß es tatsächlich so *war*, denn er stand splitternackt wie Adam im Wasser. Ich wandte errötend den Blick ab, aber nicht so schnell, daß mir das gewaltige Ausmaß der Kraft entgangen wäre, über die Halbert verfügte – der Mann war ein ausgezeichneter Schwimmer.

„Komm rein, Zinga, Mann."

Aber keine Überredungskunst der Welt konnte mich in diesen Teich bringen. Was immer ich auch sein mag, ein Kind der Natur bin ich nicht.

„Komm her, Mann, warum denn so vornehm, vornehm und verlegen? Vergiß die falschen Sitten und Werte und nimm ein Bad. Schau, du bist ganz schmutzig."

Ich wäre liebend gern mit Adam in diesem kühlen blauen See geschwommen, aber mein Schamgefühl hinderte mich daran.

Auf dem Rückweg zu seinem Haus beklagte sich Halbert über Kopfschmerzen und sagte, er wolle sich hinlegen, worauf ich vorschlug, wir sollten uns am Abend um acht Uhr im Hotel treffen. Leider kam es nicht dazu.

Wir verabschiedeten uns liebevoll vor seinem Haus voneinander und standen dabei einer dicken alten Frau im Weg, die einen Stapel Tücher sehr elegant auf ihrem mit einem Schal umwickelten Kopf balancierte.

Im Hotel machten alle Anwesenden großes Aufhebens wegen der Wahl der Karnevalskönigin. Die falsche Königin hatte den Titel errungen, und die Trinker an der Bar waren nicht sonderlich glücklich darüber.

Ein kleiner, vierschrötiger und leutseliger Mann fragte mich mit sehr sanfter Stimme, welcher Kandidatin ich den Vorzug gegeben hätte. Ich erklärte, daß ich keine Ahnung von dem Ganzen hätte. Der Mann kicherte leise in sich hinein und fragte mich dann ruhig, ob ich etwas trinken wolle. Als ich verneinte, erkundigte er sich mit Flüsterstimme, ob ich Abbas kennen würde.

„Ja, er ist mein Bruder."

„Ein sehr netter Mann, ich habe ihn gestern kennengelernt. Wir sind zusammen ausgegangen, mit meiner Cousine Rita."

Das überraschte mich nicht sonderlich. In Roseau passierte nichts, ohne daß nicht wenige Minuten später jeder alles darüber wußte. Der Mann, Albert, hatte ein so schüchternes und liebenswürdiges Auftreten, daß ich seine Einladung in die berüchtigte Bienenstock-Bar annahm, als Halbert sich nicht blicken ließ. Mit gedämpftem Murmeln erzählte er mir alles über seine geschiedene Frau und seine Kinder, die er anbetete, und beschrieb in allen langweiligen Einzelheiten jede Sekunde seiner öden Reise nach New York. Unter Gähnen nickte ich immer wieder höflich und fragte mich, wie jemand so langweilig und immer noch am Leben sein konnte.

„Was machen Sie beruflich?"

Wir saßen im „Bienenstock", einem gemütlichen kleinen Nachtclub, der nur wenig mehr Gäste aufzuweisen hatte als Halberts Bar.

Albert nuschelte eine undeutliche Antwort.

„Wie bitte?"

„Kriminalbeamter."

„Wirklich?"

„Ja."

„Sie kennen wohl nicht zufällig einen Unhold in Menschengestalt namens Captain Hook?"

„Doch", kicherte er.

„Ist er so schlimm, wie man sagt?"

„Was meinen Sie denn?"

„Ich kenne den Kerl nicht."

„Doch, das tun Sie, schon seit einiger Zeit: ich bin Captain Hook, Captain Albert Hook."

Ich prallte zurück. Captain Hook zog den Kopf ein und kicherte leise in sich hinein, dann forderte er mich zum Tanzen auf. Wie konnten Halbert und seine Freunde nur vor diesem verschüchterten, zurückhaltenden Menschen in Todesangst leben? Als ich mich umblickte, stellte ich jedoch fest, daß die Tänzer in der Bar ihn mit ehrfürchtigem Respekt behandelten und ihn mit freien Getränken bedachten. Offensichtlich verfügte dieser Mann über verborgene Werte, aber warum verbarg er sie hinter einer so unvergleichlich langweiligen Fassade?

Roseau hatte eine Menge eleganter Nachtclubs zu bieten, und in jedem von ihnen waren damals, zu irgendeinem Zeitpunkt, Captain Hook und meine Person anzutreffen. Einen großen Teil des Abends verbrachten wir in der Bar, wo ich den endlosen Anekdoten des

Captains lauschte. Gegen vier Uhr morgens kehrte ich zum Hotel zurück.

„Ich werde Sie in einer Stunde abholen", verkündete Captain Hook, als wir am Eingangsportal standen. „Sie müssen sich den Hochzeitszug und all die Veranstaltungen ansehen, die ganz früh am Morgen beginnen. Sie sehen müde aus, aber trotzdem müssen Sie um fünf Uhr aufwachen. Ich habe wohl bemerkt, daß Sie den ganzen Abend über gegähnt haben."

Ich bat ihn um Entschuldigung und kehrte zur ersehnten Ruhe auf mein Zimmer zurück.

Es war kaum zu glauben, daß die Karnevalsmusik, die von draußen hereindrang, nicht in meinem Zimmer selbst erdröhnte, so laut war sie, aber nach wenigen Sekunden lullte mich der hämmernde Rhythmus in tiefen Schlaf.

Ein lautes Klopfen an der Tür riß mich aus meinen Träumen. Ein „Bang, bang, bang", das sich ausgezeichnet mit der Socamusik vermischte.

„Zenga!" ertönte Captain Hooks Stimme. „Kommen Sie heraus!" Ich warf einen Morgenmantel über und steckte den Kopf zur Tür hinaus. „Es ist jetzt halb sieben, und ich finde, ich sollte Ihnen sagen, daß Sie alle guten Darbietungen verpaßt haben. Die Hochzeit, die Theaterstücke und die Maskenumzüge."

„Danke, daß Sie mich geweckt haben, um mir das zu sagen. Tausendfach herzlichen Dank."

„Ist schon gut, keine Ursache. Bis später, ich seh Sie dann später, in Ordnung?"

„Fluch deiner Asche", dachte ich, als ich seiner gedrungenen Gestalt nachsah, wie sie die Treppe hinunter latschte.

Da ich nun schon einmal zu so früher Stunde wach war und der ganze Tag lastend vor mir lag, beschloß ich, mir das einzige Kariben-reservat in der Karibik anzusehen.

Die Fahrt dorthin in einem Ausflugsbus enthüllte recht deutlich, daß sich die Karibenstämme durch Heirat weitgehend mit den benachbarten Bevölkerungsgruppen vermischt haben. Wenn eine Frau aus der Gemeinschaft einen Fremden heiratet, wird sie nach karibischem Gesetz fortgeschickt; ein Mann jedoch darf seine Frau bei sich im Reservat behalten. In früheren Tagen waren die Kariben ein kriegerisches Volk, aber heute sind sie verständlicherweise eher verbittert.

Viele der etwa tausend Bewohner des Reservates leben in den traditionellen Hütten aus Blättern und Zweigen. Ihre ausgehöhlten Kanus, die aus dem Stamm eines Gummibaumes gefertigt werden, sind überall in Dominica zu bewundern. Ich kann mir nicht vorstellen, daß es eine demütigendere Erfahrung für einen Menschen geben kann, als über sich ergehen lassen zu müssen, daß gaffende Touristen in einem blankpolierten Bus an ihm vorüberfahren und auf alles, was er tut, lachend mit dem Finger zeigen.

„Sie wollten keine befestigte Straße durch ihr Reservat haben, sondern zogen es vor, in den Wäldern zu leben; aber wir haben trotzdem eine gebaut, und jetzt ist das Reservat eine der touristischen Hauptattraktionen von Dominica."

Der Busfahrer grinste, als wollte er sagen: „Damit haben wir ihren wunden Punkt getroffen!"

Karibische Männer und Frauen standen vor ihren ordentlichen kleinen Hütten und starrten uns haßerfüllt an.

„Die Kinder hier tun mir leid, es muß furchtbar sein, die größte Touristenattraktion Dominicas zu sein, wenn man im Grunde nichts weiter will, als in Ruhe zu spielen."

„Verschwenden Sie Ihr Mitleid nicht an die Leute hier. Sie tun nichts anderes, als sich zu betrinken und zu randalieren. Sie sind immer noch sehr wild, wissen Sie."

Wir hielten an einem Andenkenladen, wo alle in Begeisterung ausbrechen sollten über einige sehr teure Holzschnitzereien. Die Touristen, hauptsächlich Schweden und Engländer, waren beleidigend desinteressiert und versuchten den Verkäufer zu überreden, ihnen eine hölzerne Vase so gut wie umsonst zu überlassen.

„Nein", sagte der Karibe immer wieder und wurde von Sekunde zu Sekunde nervöser.

Auf der Fahrt durch Dominica ist man von der atemberaubenden Schönheit der Landschaft wie betäubt, hingerissen vor allem auch von den Flüssen, die zwischen üppigem grünem Laubwerk dahinströmen.

„Aber die Flüsse treten immer wieder über die Ufer, wissen Sie, und dann ertrinken die Menschen oder verlieren ihr Hab und Gut."

Der Busfahrer war ein freundlicher Bursche, der sein Obst und seinen Rumcocktail mit den Fahrgästen teilte. Die Windseite der Insel war bedauerlicherweise karg und grau. Wir saßen am Atlantik und sahen einer Gruppe von Wäscherinnen zu, die ihre Wäsche auf den Kieseln trockneten. Während ich auf das graubraune Wasser hinausstarrte, begann ich mir Sorgen um Halbert zu machen. Was war aus ihm geworden? Warum war er am vergangenen Abend nicht gekommen? Ich entschloß mich, ihm einen Höflichkeitsbesuch abzustatten, sobald ich wieder in Roseau war. Zumal er immer noch mein weißes Kostüm hatte.

Die Eingangstür zur Wohnung von Halberts Mutter stand einen Spaltbreit offen. Ich klopfte höflich an, und als keine Antwort kam, rief ich: „Hallo!" Ich hörte den Fernseher in der Wohnung dröhnen, und leise Stimmen drangen heraus, aber immer noch antwortete niemand. Ich klopfte noch einmal.

Ein paar Minuten später kam Halberts Nichte an die Tür und lispelte:

„Oma sagt, wenn du nicht sofort von ihrer Tür weggehst, holt sie die Polizei. Außerdem soll ich dir sagen, daß sie bewaffnet ist."

„Oh, vielen Dank für die Botschaft. Sag ihr einen schönen Gruß von mir."

Damit trabte ich die Steintreppe hinunter und strebte Halberts Wohnviertel zu. Ich hatte befürchtet, ich würde außerstande sein, Halberts Haus zu finden; aber darüber hätte ich mir keine Sorgen zu machen brauchen. Ich hatte die Eigentümlichkeiten eines Ortes wie Roseau vergessen. Die erste Person, bei der ich mich erkundigte, wußte haargenau, wer Halbert war, wo er wohnte und (hier hob sie verschwörerisch die Hand vor den Mund) daß ein Frauenkostüm vor dem Haus zum Trocknen hing.

Halbert antwortete nicht, als ich an seine hölzerne Tür hämmerte. Vielleicht hinderte ihn eine mütterlicherseits vererbte Phobie, auf Türklopfen zu antworten. Es fing an zu regnen, darum nahm ich mein Kostüm von der Leine und schickte mich eben an, zu gehen, als ein leiser Ruf aus dem Innern des Hauses drang.

„Halbert?"

„Errrrr."

Ich stieß die Tür auf und trat in das feuchte Dunkel. Halbert lag, mit einem Mantel zugedeckt, auf seinem behelfsmäßigen Bett und machte einen ausgesprochen matten Eindruck.

„Was ist um Himmels willen los mit dir?"

„Bin krank."

Als sich meine Augen an die Dunkelheit gewöhnt hatten, sah ich, daß sein Gesicht wirklich ein wenig grau wirkte und sein ganzer

Körper mit einer dünnen Schweißschicht bedeckt war. Er zitterte leise und bedachte mich mit einem überaus anklagenden Blick.

„Ich liege krank hier, und du amüsierst dich mit – Captain Hook."

„Woher hätte ich wissen sollen, daß du krank bist, und, wichtiger noch, woher weißt du, daß ich mit Captain Hook zusammen war?"

„Alle haben's mir erzählt. Ist das der Respekt, den du für einen Rastamann aufbringst?"

Schmutziggraue Schatten lagen unter seinen fahlen Augen. Er ließ sich auf das Lager zurückfallen und hustete schwer.

„Aber da ich nun schon einmal hier bin, möchtest du, daß ich dir etwas bringe?"

„Jetzt ist's schon spät und viel, viel dunkel draußen, sonst könntest du in den Wald gehen und mir ein paar Kräuter mitbringen, aber jetzt nicht mehr. Was ich gern hätte, ist, daß du bei mir bleibst und mir Gesellschaft leistest."

Und genau das tat ich auch. Nachdem ich ihm die Stirn mit einem regenfeuchten Lappen abgewischt hatte, setzte ich mich zu ihm in die Baracke und las ihm vor. Das einzige Buch, das er besaß, war eine Bibel; also las ich ihm Auszüge aus dem Alten Testament, wobei er mich immer wieder mit den Worten „Jah, Rastafari!" unterbrach.

Mir fiel auf, daß es außergewöhnlich still war in der Barackensiedlung. Selbst das Baby von oben gab keinen Laut von sich. Nur die Insekten machten sich bemerkbar und lärmten die ganze Nacht.

Halbert bewunderte meinen Davidstern und erklärte mir, daß er keineswegs ein jüdisches Symbol sei, sondern in Wahrheit das Rastazeichen, und darum sei er auch rechtmäßig sein Eigentum. Ein magerer Arm kam unter seinem Mantel hervor, und er berührte den Anhänger mit sanfter Hand.

„Du gibst es mir, eh?"

Etwas an Halbert hatte sich verändert. Vielleicht lag es daran, daß seine Sprache, wenn er nicht darauf achtete, den jamaikanischen Rasta-Einschlag verlor und die weiche französisierte Färbung der Dominicaner annahm. Frankreich und England hatten um die Vorherrschaft über Dominica gekämpft, bis Frankreich 1805 nach einer Abfindungszahlung von 12 000 Pfund die Insel an Großbritannien abgetreten und Roseau aus Boshaftigkeit dem Erdboden gleichgemacht hatte. Dennoch ist auch heute noch der französische Einfluß sehr deutlich zu spüren, besonders im Patois und in der katholischen Kirche.

Während ich auf dem feuchten Boden saß und Halbert auf dem Bett lag, faßten wir ein großes Zutrauen zueinander. Er erzählte mir von seinem Ehrgeiz, Seemann zu werden und nach Antigua umzusiedeln, wo er Touristen in Booten herumschippern würde. Ich erzählte ihm im Scherz, ich hätte ihn mit einer verborgenen Kamera fotografiert, als er im See badete, und würde das Bild nun auf der ersten Seite aller englischen Zeitungen veröffentlichen.

„Die Bildunterschrift wird lauten: ‚Dominica – die nackte Wahrheit!'"

Halbert schloß die Augen und bedeutete mir, daß er für seinen Teil nichts für solch ungehörige Scherze übrig hatte.

Die Nacht verrann.

Zu welchem Zeitpunkt ich einschlief, weiß ich nicht, aber mir schienen nur zwei Sekunden vergangen, als ich von einem Sonnenstrahl geweckt wurde, der mir hell ins Gesicht schien. Die Außenwelt war von einem ohrenbetäubenden Getöse erfüllt. Hühner gackerten, Hunde brüllten wie Löwen, und schlechtgelaunte Ziegen gaben die Art von Lauten von sich, die man am frühen Morgen in Roseau von schlechtgelaunten Ziegen hört. Ein Säugling schrie herzerweichend, und eine Frau zeterte in Patois. Sie zeterte unaufhörlich, stundenlang, klapperte mit Metallgegenständen und rasselte mit etwas, das wie eine Kette klang.

Halbert lag reglos da und starrte an die Decke. Sein Gesicht hatte einen wächsernen Farbton angenommen, und seine Brust ließ kein Zeichen einer Atembewegung erkennen. Vielleicht war er... ich spuckte dreimal in die Luft, um etwaige böse Geister abzuwehren, die möglicherweise meine Gedanken gehört hatten. Dann rüttelte ich ihn.

„Errrr."

„Halbert, Gott sei Dank, daß du noch lebst! Wie geht es dir?"

„Wer sagt, daß ich lebe?"

„Ich."

„Ein Glück, daß du mir das sagst, ich hätte es nämlich nie von allein gemerkt. Geh jetzt zu der Stelle im Wald, wo wir zum Baden waren, und pflück mir das Kraut."

„Welches Kraut?"

„Wenn du hinkommst, siehst du eine malvenfarbene Blume, die auf einem Baum wächst. Neben dem Baum siehst du eine kleine bläulich-grüne Pflanze. Du pflückst die Blätter der Pflanze, gehst rüber zu Mamis Haus, kochst sie ungefähr zwanzig Minuten und bringst sie mir dann, damit ich den Sud trinken kann."

„Bläulich-grün hast du gesagt."

„Eh-hng."

„Bei einem Malvenblütenbaum."

„Eh-hng."

„Geht es nicht auch mit einem Aspirin?"

„Aspirin? Ich habe nichts zu schaffen mit babylonischen Heilmitteln."

„Aber geht es nicht wenigstens für heute? Ich glaube, du darfst dich wirklich nicht darauf verlassen, daß ich die Pflanzen voneinander unterscheiden kann."

Genaugenommen war es nicht die Furcht, etwa nicht die richtige Pflanze zu finden, was mich beunruhigte. Das Kraut ausfindig zu machen, würde ein Kinderspiel sein. Nein, es war die Aufforderung, „rüber zu Mamis Haus" zu gehen, die mich zutiefst erschreckte. Denn ich hatte den Verdacht, daß jenes Kraut das reinste Teufelszeug war, und die Vorstellung, Marihuanablätter schwenkend ins Haus seiner Mutter zu tanzen, gefiel mir ganz und gar nicht.

„Das Kraut ist doch nicht zufällig Pot?"

„Nöööh."

Ich konnte ihn in diesem traurigen Zustand nicht im Stich lassen, also tat ich, was sich gehörte. Nachdem ich einen großen Becher mit Wasser neben sein Lager gestellt hatte, machte ich mich auf die Suche nach der geheimnisvollen Pflanze. Ich würde lügen, wenn ich behauptete, ich hätte mich nicht wie einer der Ritter aus alten Zeiten gefühlt, der heldenhaft in unbekannte Länder zieht, um den Zaubertrank für einen sterbenden Mann zu suchen.

Unterwegs kaufte ich in einem verwahrlosten Laden ein paar Gewürzpasteten, und mit diesem Tagesproviant in der Hand wanderte ich tief in den Wald hinein. Bäume mit Blüten in allen Farben des Regenbogens standen dicht an dicht in dem dunklen, feuchtwarmen Regenwald. Blau, Rot, Orange, leuchtend Violett, selbst Buntgemustert, aber Malvenblau konnte ich nirgends entdecken. Drei Stunden lang suchte ich, trank Wasser aus den kleinen Bächen, die sich zwischen den Ranken hindurchschlängelten, doch Malvenblüten erblickte ich nicht. Nach einiger Zeit ließ ich mich auf den aufgeworfenen Wurzeln eines uralten Baumes nieder und aß eine Pastete. Der liebe Halbert lag krank im Bett, und ich war unfähig, mehr zu tun, als fruchtlos herumzustreifen. Ich fluchte laut in alle vier Himmelsrichtungen.

„Wer schreit da so?" ertönte eine Stimme hinter dem Baum. Ich drehte mich um und sah eine alte Frau, die Zweige sammelte.

„Hat dich dein Mann sitzengelassen?"

„Nein, schlimmer. Einer meiner Freunde ist krank und hat mich gebeten, ihm Kräuter zu pflücken, aber ich kann die Pflanze, die er meint, nicht finden."

„Warum holt er keinen Arzt?"

„Er ist ein Rasta und traut den Ärzten nicht."

Die Frau schnaubte, als sie das Wort Rasta hörte, aber ich fuhr unbeirrt fort.

„Er sagt, man findet sie in der Nähe irgendwelcher Malvenblüten."

„Ich kenne sie. Aber wie kann er darauf hoffen, daß du sie findest, wenn es gar nicht die richtige Jahreszeit dafür ist? Komm, Schätzchen, ich zeige dir, wo du sie findest."

Wir schoben uns durch das dichte Pflanzengestrüpp, bis wir eine kleine Lichtung erreichten, auf der es von schillernden Kolibris wimmelte. Die Frau bückte sich und pflückte ein paar Blätter.

„Bring sie deinem Freund, aber koch sie zuerst."

Es waren dicke, faserige Blätter von matter Türkisfärbung.

„Vielen Dank, *Madame*, wie heißen sie?"

„Weiß nicht, wie sie auf englisch genannt werden."

Ich schenkte ihr eine Pastete, die sie mit breitem Lächeln annahm.

Es fiel mir nicht schwer, den Rückweg zu finden, denn es führte nur dieser eine Pfad durch den Dschungel, auf dem ich gekommen war.

Als ich das Haus der Mutter erreichte, stellte ich erleichtert fest, daß der weibliche Drache nicht zu Hause war, so daß mir die einfache Aufgabe blieb, mich mit der stillen Schwester auseinanderzusetzen. Ich zeigte ihr die Blätter, um sicherzugehen, daß es die richtigen waren, und sie nickte.

„Ihr Bruder ist krank."

„Ahhoh."

„Werden Sie ihn besuchen kommen?"

Sie schüttelte den Kopf, die Augen dabei fest auf den Fernseher geheftet. Sie sah sich einen von absurden Brutalitäten strotzenden amerikanischen Film an, in dem es um einen Mann ging, der Menschen aus ihren Autos zerrte und sie mit einem Fleischerbeil zerstückelte. Ihre zwei Kinder starrten mich unaufhörlich an, während ich den Sud kochte.

„Ich bin eine Hexe", flüsterte ich so leise, daß ihre Mutter es nicht hören konnte, „und wenn ich das hier gekocht habe, verwandelt ihr zwei euch in Frösche. Hah hah haaaah!"

„Äh, wir verwandeln uns überhaupt nicht in Frösche", gab das ältere Kind, eine blasse Siebenjährige, zurück, „weil die Pflanze, die du kochst, nämlich gut gegen Grippe und Erkältungen ist."

Die Fünfjährige sah mich mit ernster Miene an.

„Warum erzählst du Lügen?"

Solche Kinder haben die Gabe, einen Menschen aus der Fassung zu bringen, und so schaffte ich es, heißen Kräutersud über mich zu schütten, bevor ich ihn endlich in einen Krug füllte und aus dem Haus trug.

Halbert saß aufrecht im Bett und schlürfte Wasser. Sobald er mich erblickte, ließ er sich zurücksinken und gurgelte.

„Was hat dich so lange aufgehalten?"

„Du siehst schon viel besser aus, jetzt trink das, dann gehe ich."

„Du kannst nicht gehen! Wie kannst du mich allein lassen, wenn ich krank bin?" Er nahm einen großen Schluck von dem bitteren Gebräu und stieß einen schweren Seufzer aus.

„Also, ob du nun krank bist oder nicht, ich gehe mich jetzt irgendwo amüsieren. Ich bin im Urlaub, weißt du."

„Warum bist du so gemein?"

„Gemein! Nach allem, was ich get-"

„Lies mir vor."

Ich las ihm lange aus der Bibel vor. Er erklärte mir, daß er weder lesen noch schreiben könne, weil er vom zarten Alter von sechs Jahren an einen blinden Großvater habe versorgen müssen. Und ich erfuhr, daß Analphabetentum in der Karibik bei den Männern wesentlich verbreiteter ist als bei den Frauen.

„Du brauchst einen netten Mann", belehrte er mich, „jemanden, der dir schöne Sachen kaufen kann, zum Beispiel eine Ziege, ein paar Hühner und ein Boot."

Ach, wie lieb du bist, dachte ich. Eine Ziege, Hühner und ein Boot würden nicht allzu gut in Brixton ankommen, aber ich hatte nicht das Herz, es ihm zu sagen.

Nach einer Weile fiel er in Schlaf, und sein Atem ging in regelmäßigen Zügen. Er hatte aufgehört zu zittern, und ein gesunder Glanz war in seine Wangen zurückgekehrt. Ich war so gerührt beim Anblick dieses einsamen Adonis, daß ich das allergrößte Opfer brachte. Ich nahm meinen Davidstern ab und hängte ihn um seinen Hals, während er schlief. Dann schlich ich mich auf Zehenspitzen aus dem Haus und kehrte zu meinem Hotel zurück.

Captain Hook saß an der Bar.

„He, ich habe den ganzen Tag auf Sie gewartet. Kann ich Sie ein bißchen herumfahren?"

Ich willigte ein. Alles war mir recht, um von den Hotelangestellten fortzukommen, die bei meinem Erscheinen schockiert die Augenbrauen hochzogen. Es hatte sich herumgesprochen, daß ich die vergangene Nacht in Halberts Haus verbracht hatte, und nun folgten mir Gemurmel und Gekicher von der Empfangshalle bis zur Bar. Wie hätte ich die Reinheit und Unschuld unserer Zuneigung erklären sollen?

Captain Hook chauffierte mich zu einem überwältigend vornehmen Hotel, das weit außerhalb der Stadt lag. Ich hatte noch nie eine Vorliebe für vornehme Hotels. Diese Orte ohne Eigenheiten, an denen Musikgeplätscher aus dem Nichts zu ertönen scheint! Man weiß nicht, wo man ist; man könnte überall auf der Welt sein, besonders in Amerika.

Captain Hook verkündete, er habe Hunger. Wir saßen an einem glänzend polierten Tisch, und ich sah ihm zu, wie er sich durch die teuersten Gerichte der Speisekarte arbeitete. Während der ganzen Zeit erfuhr ich zähe Geschichten über Captain Hooks Leben und Liebschaften. Als die Rechnung kam, wischte sich Captain Hook mit einer Leinenserviette über das feiste kleine Gesicht und blickte in die andere Richtung. Ich kramte mißmutig mein Geld heraus.

Der weiße Hoteldirektor schrie einen dominicanischen Barmann ungeniert vor den Gästen an.

„Wenn ein Gentleman Cocktails bestellt, dann benutzt du den Shaker", fuhr er ihn an, „man rührt sie nicht mit der Gabel um! Ich habe dich als Cocktailkellner eingestellt, nicht als Kraftfahrzeugmechaniker, also mach deine Arbeit anständig oder überhaupt nicht! Verstanden, Mann?!"

Die Gäste, die sich offenbar beschwert hatten, lachten dem Direktor zu, der sie mit einem augenzwinkernden Blick bedachte. Der Barmann schlich sich fort, um den Shaker zu suchen.

„Gehen wir."

„Gleich. Gleich. Zuerst hätte ich gern ein paar von diesen Cocktails." Captain Hook eilte zur Bar und vertiefte sich in die Getränkekarte. Hatte er Halbert wirklich verprügelt?

„Was halten Sie von Rastas?"

„Rastas! Das sind schreckliche Leute! Sie machen nur Ärger hier, aber zum Glück tue ich mein Bestes, um sie zu eliminieren."

„Sie zu eliminieren?"

Captain Hook kicherte.

„Tut mir leid wegen der Cocktails, Captain Hook, aber ich gehe jetzt."

Captain Hook zog eine beleidigte Miene, aber ich blieb unerbittlich. Marcia hatte mir einmal von ihrem Selbstbehauptungs-Training erzählt: „Wenn", hatte sie gesagt, „du etwas willst, mit dem andere nicht einverstanden sind, dann entschuldigst du dich nicht, und du bittest auch nicht! Du blickst sie nur kalt an und sagst: ‚Dies oder jenes werde ich tun.' Und das wiederholst du immer wieder, ohne dich für irgend etwas zu entschuldigen." Diese Technik hatte immer gewirkt. Das heißt, bis ich sie an Captain Hook ausprobierte.

„Ich möchte jetzt gehen."

„Aber ich möchte zuerst Cocktails trinken."

„Ich möchte jetzt gehen."

„Aber ich will noch nicht gehen."

„Ich möchte gehen."

„Aber ich nicht."

So ging es lange, lange Zeit, und Captain Hook bestellte die Cocktails, während er sprach. Vielleicht hatte er an demselben Selbstbehauptungs-Kurs teilgenommen wie Marcia. Jedenfalls zog ich den kürzeren, und während mit meinen Travellerschecks vor den Gesichtern der Barmänner herumgewedelt wurde, schlürfte Captain Hook gelassen immer mehr klebrige rosarote und gelbe Getränke in sich hinein.

Als ich am nächsten Tag von meinem Balkon hinunterblickte, stellte ich fest, daß der Karneval vorüber war. Die Menschen holten im Regen die Flaggen und Girlanden herunter – ein wahrhaft trostloser Anblick.

Es war mein letzter Tag auf Dominica, und ich war entschlossen, mich zu amüsieren, oder besser gesagt, ich war entschlossen, Captain Hook um jeden Preis aus dem Weg zu gehen.

„Da sind Sie ja!" Ein Wagen hielt neben mir, und Captain Hook öffnete den Schlag. „Wo sollen wir frühstücken? Ich kenne ein sehr hübsches Hotel auf der anderen Seite der Stadt."

Ich starrte ihn mißmutig an. Und dann fiel mir ganz plötzlich Sammy ein. Ich wußte genau, wie dem Heureka-Mann vor all den Jahren zumute gewesen sein mußte. Sammy ist einer meiner Freunde, dessen Wortschatz nicht mehr als zwei Wörter umfaßt: „So" und „was". Die „So–was"-Methode funktioniert viel besser als jahrelanges Selbstbehauptungs-Training, hatte ich festgestellt, und ich irrte mich nicht.

„Wir fahren zu einem Hotel, wo man ein gutes amerikanisches Frühstück mit Steak und Pommes frites bekommt."

„So was", sagte ich und setzte mich in Richtung auf Halberts Haus in Bewegung.

„Steigen Sie ein, dann fahren wir gleich hin."

„So was."

„Was ist los? Wollen Sie nicht mitkommen?"

„So was."

Ich stieg in einen Minibus und ließ den gekränkten Captain hinter mir zurück. Danke, Sammy.

Halbert warf mir einen Blick zu, in dem sich Vorwurf und stille Ergebenheit mischten. Er saß auf dem Bett und sah blaß und müde aus. Um ihn herum schwirrten die Geräusche ausgelassenen Familienlebens durch die Luft. Ein paar junge Mädchen brachen in spitze, kichernde Schreie aus, als sie mir bis an Halberts Tür folgten.

„Ist es echtes Gold?" Halbert strich mit einem knochigen Finger über den Davidstern. Ich nickte. Er drehte sich zur Wand und blieb ein paar Sekunden lang reglos liegen, dann streckte er die Hand aus und öffnete eine Tüte mit seinen persönlichen Besitztümern.

„Nimm das." Damit händigte er mir eine Fotografie von sich selbst aus. „Und das, und das, und das."

Bald hielt ich einen ganzen Stapel von Schätzen aus seiner Plastiktüte in Händen. Eine Perlenkette, einen Armreif aus Messing und ein T-Shirt, von dem mir Haile Selassies Gesicht in Rot, Grün und Gold entgegenstarrte.

„Was kann ich dir sonst noch geben?"

„Eine Haarlocke."

„Ich könnte niemals auch nur ein einziges Haar von meinem Kopf abschneiden."

„Na schön, Halbert. Ich werde deine Geschenke in Ehren halten bis an mein Lebensende."

Halbert wandte sich ab und ließ sich auf sein Lager fallen.

„Was hast du gestern abend gemacht?"

„Ich bin schlafen gegangen."

„Ganz sicher, Zinga?"

„Klar."

„Du bist nicht irgendwo hingegangen, mit Captain Hook zum Beispiel?"

„Natürlich nicht!"

„Meine Schwester macht heute für dich Mittagessen. Du mußt um zwölf Uhr dort sein."

Ich wollte noch an diesem Tag aus Dominica abreisen, und mir war zumute, als müßte es mir das Herz brechen. Halbert zu verlassen, war eine qualvolle Vorstellung.

„Dir geht es also heute besser?"

„Eh-hng."

In dem Raum roch es nach Krankheit und dem bitteren Gebräu, das ich gekocht hatte.

„Halbert."

„Was?"

„Wußtest du, daß dieses Jahr ein Schaltjahr ist?"

„Ja, das wußte ich."

„Und wußtest du, daß in einem Schaltjahr die Frau dem Mann einen Heiratsantrag machen kann?"

„Aber der Mann muß ihn nicht annehmen, oder?"

Halbert sprang vom Bett auf und wich an die Wand zurück, die Augen vor Entsetzen gerötet.

„Nein, wenn er nicht will."

Halbert starrte mich an wie ein Spinnenmännchen, das im Netz gefangen sitzt, während seine Spinnengattin auf ihn zugekrochen kommt. Dann stieß er einen Seufzer aus, verharrte aber in seiner abwehrenden Haltung.

„Laß uns jetzt rüber zu meiner Mutter gehen, ich fühle mich hier nicht mehr recht wohl."

Um ihn zu beruhigen, erzählte ich ihm, daß ich in wenigen Stunden ein Schiff nach Guadeloupe nehmen würde.

„Also, wenn du mit Essen fertig bist, komme ich mit dir zum Hotel und trage deine Koffer zum Hafen."

Konnte es auf der ganzen Erde einen Menschen geben, der so wunderbar war wie Halbert? Ach, hätte ich doch für immer bei ihm bleiben oder ihn mitnehmen können, wohin es mich auch verschlug. Aber es sollte nicht sein.

Seine Schwester servierte mir einen großen Teller voll mit Hühnchen, Linsen, Reis und Kohl, alles mit einer dicken Schicht Ketchup überzogen. Halbert aß ein paar Linsen, und keiner sprach ein Wort.

Als wir im Begriff waren, zu gehen, kam die Mutter die Treppe herauf und versperrte uns den Ausgang.

„Du gehst hier nicht raus, bevor du dir die Locken abgeschnitten hast, mein Junge."

„Hör mal, Mami -"

„Du denkst, ich mache Witze. Ich mache keine Witze."

„Aber Mami, wenn ich meine Haare verliere, verliere ich meine Religion, und wenn ich meine Religion verliere, verliere ich mein Leben."

„Schneid sie ab!"

„Aber -"

„Louise, hol die Schere."

„Ja, Mami."

„Und Sie, wer immer Sie sein mögen" (das war an mich gerichtet), „Sie halten ihn fest!"

„Ganz bestimmt nicht!"

„Mami, laß mich in Ruhe!" Halbert wand sich aus ihrem Griff und wich zurück. Dann richtete er sich an der Treppe auf und intonierte: „Jah, Rastafari. Selassie I. König der Könige. Herr der Herren. Siegreicher Löwe im Stamme Juda. Der ewig Liebende. Der ewig Treue. Selassie I. Rastafari!"

Während die Nachbarn lachend zusammenliefen, knallte die Mutter in einem Anfall wütender Verlegenheit die Tür zu. Wir jagten die Treppe hinunter und über die Straße davon.

Die Zimmermädchen im Hotel hatten mir freundlicherweise erlaubt, meine Kleider in einem Metalleimer im Hinterhof zu waschen. Sie hatten herzlich gelacht und sich von ihren Pflichten weggeschlichen, um sich die verschrobene Touristin anzusehen, die ihre Wäsche eigenhändig mit einer Bürste schrubbte. Jetzt leuchteten die Kleider in der Sonne. Ich sammelte sie ein, und fort ging es zum Hafen.

Ich saß mit Halbert in einer baufälligen Baracke am Kai, wo wir klebrigen Zuckerrohrsirup tranken und Sandwiches mit Pökelfisch und Ketchup aßen. Alle anderen Reisenden waren Leute aus Guadeloupe, die sich in erstaunlich schnellem Französisch unterhielten.

Eine Frau wartete allein an der Bar und trank in höchst majestätischer Haltung Mineralwasser. Ihre riesigen mandelförmigen Augen waren in die Ferne gerichtet, und sie saß in so vollkommen regloser Haltung da, daß man sie ohne weiteres für eine Wachspuppe halten konnte. Ihre Haut, die die Farbe reifer Cashewnüsse hatte, schien zu glühen, als würde eine Bernsteinflamme darunter brennen. Selten bin ich einer Frau von so außergewöhnlicher Schönheit und Erhabenheit begegnet.

„He." Halbert stieß sie an und wischte sich einen Rest Ketchup von den Lippen. Dann sprach er lange in französischer Sprache auf die Frau ein, die von Zeit zu Zeit einen königlichen Blick zu mir herüberwarf.

„Was hat das alles zu bedeuten?" erkundigte ich mich mißmutig, als die Unterhaltung beendet war.

„Ich habe sie gebeten, in Guadeloupe auf dich aufzupassen, und sie hat es mir versprochen. Ich habe ihr erklärt, daß du viel zu vertrauensselig bist und nicht französisch sprichst, und sie hat gesagt, sie wird dafür sorgen, daß du in keine Schwierigkeiten gerätst."

„Was meinst du mit ‚viel zu vertrauensselig'?"

„Naja, du machst immer genau das, was irgendwelche Leute dir sagen, wie eine Verrückte. Sieh dir nur an, wie du gestern abend mit Captain Hook ausgegangen bist."

„Woher weißt du das?"

„*Er* hat's mir gesagt." Halbert deutete auf einen jungen Mann mit Nasenstickern und kurzgeschorenem Kraushaar. Ich war sicher, daß ich den Mann schon irgendwo gesehen hatte. War es Santo Domingo oder Haiti, oder beides?

„Also, sie hat gesagt, sie paßt viel auf dich auf, mach dir keine Sorgen."

Ich wechselte ein verlegenes Lächeln mit der Frau. Sie strich sich eine verirrte Strähne ihres dichten rötlichen Haares aus dem Gesicht und prostete mir zu.

„Sie ist sehr attraktiv, findest du nicht", murmelte ich.

„Sie ist eine *Sharbeen*."

„Was ist das?"

„Eine hellhäutige Schwarze mit rotem Haar. Komm, Zinga, gib mir deinen Koffer. Dein Boot fährt gleich ab."

Es war soweit. Ich mußte Halbert Lebewohl sagen, und vielleicht würde ich ihn niemals wiedersehen.

„Hör auf zu weinen und steig in das Boot, bevor es ohne dich abfährt. Du kannst doch jederzeit wiederkommen. Meine Mutter wäre *hocherfreut*, wenn du bei ihr wohnen würdest."

Ich konnte nichts erwidern.

„Eins noch, bevor du gehst. Bitte veröffentliche die Fotos nicht, die du von mir gemacht hast." Keine noch so ausführliche Erklärung konnte Halbert davon überzeugen, daß ich ihm einen so bösartigen Streich nicht gespielt hatte.

„Nimm das hier." Halbert schnitt sich mit einem Taschenmesser eine Haarlocke ab. „Behalt sie und vergiß mich nicht."

Ich stand an Deck im goldenen Sonnenschein, und wir nahmen zum letzten Mal Abschied voneinander. Als sich das Boot von der herrlichen Insel Dominica entfernte, war mir, als hätte meine Reise nun keine Bedeutung mehr für mich. Mein Glück lag zertrümmert am Fuße eines Abgrundes. Halbert wurde immer kleiner und kleiner, während wir dahintuckerten. Als ich ihm winkte, blies mir der Wind seine Haarlocke aus der Hand und ins Meer. Ein Omen, ein eindeutiges Omen. Kein Davidstern war jetzt mehr da, um mich zu beschützen, und Guadeloupe erwartete mich. Das ruhige blaue Meer funkelte unschuldig. Ich fuhr dem Unbekannten entgegen, und das winkende Pünktchen Halbert war nun nicht mehr zu sehen.

Hoch lebe Afrika!

*H*albert war für immer verschwunden. Das glitzernde Wasser verschwamm mit meinen Tränen.

Die Frau, die von Halbert überredet worden war, mich unter ihre Fittiche zu nehmen, war irgendwo unter Deck in ihrer Kabine. Ich sinnierte eine Weile darüber, ob ich mich zu ihr gesellen sollte oder nicht. Es war anzunehmen, daß sie Halbert aus reiner Höflichkeit versprochen hatte, mir unter die Arme zu greifen, und daß sie meine Anwesenheit als lästig empfinden würde. Ich hätte mir keine Gedanken darüber zu machen brauchen. Eine beringte Hand legte sich auf meinen Ellbogen.

„Bitte, Mademoiselle, wenn Sie wünschen, würde ich mich freuen, wenn Sie mir bei einem Gläschen Gesellschaft leisten."

Ich versuchte eine erfreute und wohlerzogene Miene aufzusetzen, aber mir war, als müßte mir das Herz brechen.

Das bergige Grün von Dominica erhob sich hinter der Reling des Schiffes — wenn man das überhaupt als Schiff bezeichnen konnte. Eine ausgesprochen schlampige Angelegenheit, wenn Sie mich fragen, mit knarrenden Planken und einem Gewirr alter Taue, die allen möglichen Schrott zusammenhielten.

„Würden Sie gern ein Glas Wein trinken?"

„Danke."

Es stand zwar keine Wolke am Himmel, aber was unsere Unterhaltung betraf, waren wir in schwerem Wetter. Sie sprach nur gebrochen

Englisch, und das mit leiser, sanfter Stimme. Erst als wir auf Namen zu sprechen kamen, entfaltete sie sich wie eine seltene Blüte im Sonnenlicht.

„Aber Sie haben einen Namen *de l'Afrique*, aus Afrika!“

„Ja.“

Ihre klaren Augen ruhten mit der ganzen Ehrfurcht eines Astronomen auf mir, der einen neuen Stern entdeckt hat.

„Sie sind aus *l'Afrique*?“

„Mein Vater, ja.“

„Sie *waren* in *l'Afrique*?“

„Ja.“

„Ahhhhhh!“ Sie drückte mir innig die Hand. „Dann sind wir wirkliche Schwestern, wahre Schwestern. Ich heiße Estelle Lekain, aber Sie müssen wissen, daß das, äh, äh, ist nicht mein richtiger Name. Mein richtiger Name stammt aus *l'Afrique*, wie Ihrer. Der einzige Unterschied zwischen Ihnen und mir, das ist, Sie kommen direkt, und ich, meine Familie kommt vor vielen Jahren mit einem Sklavenschiff auf diese Insel.“

„Naja, ich komme eigentlich nicht direkt aus Afrika, geboren bin ich in —“

„Sie sind die erste Ladiie aus *l'Afrique*, der ich je begegnet bin. Wissen Sie, wie man das Essen kocht und die echten Kleider macht?“

„Ja, aber man braucht die richtigen Zutaten und Stoffe und Sachen wie —“

„Würden Sie in mein *Appartement* kommen und mir zeigen, wie es geht, wenn es Ihnen, äh, äh, wie ist der Ausdruck?“

„Das würde ich sehr gern tun.“

Das Schiff hatte zu schwanken begonnen, und ich spürte das üppige Mittagessen jäh aufsteigen und wieder absacken.

„*L'Afrique* ist meine Heimat, aber es ist eine Heimat, von der ich nicht viel weiß.“ Sie plauderte munter weiter und stellte mir Fragen über Fragen nach allen Einzelheiten des Lebens und der Bräuche in Nigeria, vor allem der Haarmode und der Haute Couture.

Wenn ich mich auf den Schönheitsfleck an ihrer linken Schläfe konzentriere, sagte ich mir, kann ich mich vielleicht daran hindern, mich auf ihre Yves-St.-Laurent-Bluse zu übergeben.

„Ich habe ein *Oracle* gelesen, daß es Guadeloupe nicht lange auf dieser Welt geben wird. Der Vulkan von La Soufrière kann jeden Tag ausbrechen, und dann sterben die Menschen wie in Pompeji.“

In diesem Augenblick bahnte sich *mein* Ausbruch an. Ich jagte hinauf aufs Deck, gerade noch rechtzeitig, um zu sehen, wie Mittagessen, Zuckerrohrsaft und Ketchup-Sandwiches in hohem Bogen über Bord schossen. An die Reling geklammert, wurde ich von Kopf bis Fuß von einem gewaltigen Wasserschwall durchtränkt. Das Schiff hob sich immer höher und donnerte dann — *ka-bluusch!* — in den brodelnden Sargassostrudel hinunter. Die Gesichter meiner Mitpassagiere wirkten westindisch/afrikanisch, sonnenverbrannt und gegerbt von Luft und Meer. Sie sahen alle so seetüchtig aus und betrachteten mich mit verschmitzten Augen und schiefem Lächeln.

Als ich nach einiger Zeit einen Blick über die Reling wagte, sah ich, daß wir die dominicanischen Küstengewässer noch nicht verlassen hatten.

„Bienvenue à Guadeloupe, Madame", ertönte die Stimme eines feschen Matrosen.

Ich konnte mir keinen Reim darauf machen. Wie konnten wir in Guadeloupe angekommen sein, bevor wir Dominica verlassen hatten?

Ich taumelte nach unten und traf Estelle an, wie sie ihre Habseligkeiten mit flinken Fingern in einen eleganten beigen Koffer packte.

„Ach, da sind Sie ja, *mon amie.* Hat Ihnen die Überfahrt gefallen? Aufregend, *non?* Oh, Sie armes Äffchen. Sie haben noch nicht gelernt, eine gute Seefahrerin zu sein!"

Ich war von Kopf bis Fuß durchnäßt, und der Schreck der Überfahrt saß mir noch in den Gliedern.

„Kommen Sie, wir fahren zu meinem *Appartement,* dort können Sie sich umziehen."

Wir sammelten unser Gepäck ein und gingen von Bord. Ungläubig blickte ich mich um.

Der dominicanische Hafen war ein bunt zusammengewürfeltes Durcheinander von Baracken und Wellblech-Cafés gewesen. Die Menschen dort waren von ärmlichem Äußeren, die Straßen übersät mit Schlaglöchern und zerbeulten alten Autos und Lieferwagen. Hier dagegen befand ich mich in der „Ersten Welt". Untadelige Straßen, auf denen sich Menschen bewegten, die den „letzten Schrei" aus Paris trugen und nicht selten einen schneeweißen Fiffi an edelsteinbesetzter Leine spazierenführten. Die Straßen waren mit blitzenden Läden gesäumt, in denen alle Luxusgüter, die die westliche Welt zu bieten hat, verkauft wurden. Der Kulturschock machte mich ganz benommen. Nach einer Überfahrt von zwanzig Meilen war ich in Frankreich gelandet!

Estelle ließ mich in einer Konditorei warten, während sie ihren flotten kleinen Renault holte. Ich schlürfte einen *Café au lait*, einen Milchkaffee, knabberte an französischem Gebäck und fragte mich, während ich die hellhäutigen Menschen betrachtete, die vorüberschlenderten, ob ich nicht etwa träumte.

„Alloo!" Estelle erschien mit ihrem Wagen, und im Nu schnurrten wir durch die schmalen Straßen von Basse-Terre. Jedes Geschäft war ein Wunder von Kristallen, Schmuck, modischen Kleidern und Parfums.

Guadeloupe ist ein französisches Übersee-Département, aber es sah so aus, als wären die Leute auf einen Regierungswechsel versessen. Die Wände waren mit politischen Parolen wie „Schwarze zurück nach Afrika" bedeckt. Afrikanische Trachten mit Pariser Pfiff waren das Kleidungsgebot der Stunde, und die Rastas waren in äthiopische Designerpracht gehüllt. Es hatte ganz den Anschein, als würden die Menschen ihr afrikanisches Erbe um so eifriger betonen, je hellhäutiger sie waren.

Estelles Wohnung war unerträglich geschmackvoll eingerichtet. Reproduktionen von Renoirs und Monets gesellten sich subtil zu afrikanischen Kunstgegenständen, und eine ganze Wand war von Büchern, vor allem französischer Literatur, eingenommen.

„Mein Bruder ist im Augenblick nicht da, aber er wird bald zurückkommen. Er teilt sich das *Appartement* mit mir, aber wenn er kommt, müssen Sie freundlich zu ihm sein, weil ich glaube, er ist ein bißchen schüchtern, besonders mit Frauen, wissen Sie. Das hier ist sein Schlafzimmer, hier können Sie schlafen, bis er nach Hause kommt."

Sie öffnete die Tür, und eine Welle von Aftershave schwappte mir entgegen. Über dem breiten Plüschbett hingen Fotografien des schüchternen jungen Mannes in verschiedenen Posen; einige zeigten ihn auf Parties, umringt von Mädchen; andere am Strand, in Gesellschaft von Bikini-Schönheiten, die ihm den Rücken mit Sonnenmilch einrieben; aber den Ehrenplatz nahm ein Bild ein, auf dem er eine sinnenfreudige, üppige Frau auf den Knien hielt. Der Bruder war von dunklerer Hautfarbe als Estelle, und er hatte ein eckiges Gesicht mit einem prahlerischen, arrogant in die Höhe gezwirbelten Schnurrbart. Viele der Fotos zeigten ihn mit zurückgekämmtem, in ölige Wellen gelegtem Haar. Ich schätzte, daß er etwas jünger war als seine vierunddreißigjährige Schwester. Sein Gesichtsausdruck auf den großen Schwarzweiß-Aufnahmen erinnerte mich an die Comic-Casanovas aus den vierziger Jahren.

„Er wird Sie gern in seinem Zimmer schlafen lassen, solange er weg ist, also sorgen Sie sich nicht um seine Gefühle."

Auf die Gefahr hin, für egoistisch gehalten zu werden, muß ich sagen, daß es nicht seine Gefühle waren, um die ich mir Sorgen machte, sondern meine Sicherheit, sollte er in einer schwülen Nacht zurückkommen!

„Sein Name ist Henri, und er macht Musik in den Hotels, darum ist er oft unterwegs, aber ich weiß, daß er Sie sehr gern kennenlernen würde. Er interessiert sich für *l'Afrique*."

Bevor wir zum Essen ausgingen, flocht ich Estelle Rohrstöckchen in die Haare, was ihr überaus gut gefiel. Sie war, wie sie mir erzählte, Lehrerin, arbeitete aber seit ihrer Scheidung nur noch halbtags. Über dem Kaminsims hing eine Fotografie ihrer schwarzen Großmutter, die mich mit strengen Augen durchbohrte. Mit ihrem Dreißiger-Jahre-Strohhut schien die Großmutter der einzige Hinweis, daß wir uns auf den Westindischen Inseln befanden.

Estelle rief ein paar Freunde an und verabredete sich mit ihnen für den Abend zum Essen. Ich konnte nicht verstehen, was gesagt wurde, aber hin und wieder wandte sie sich mir mit einem liebevollen Lächeln zu und sagte: „...*l'Afrique*..."

Ich wäre dankbar, wenn mir jemand erklären könnte, warum die Franzosen die Kunst des Essens zur halben Religion erhoben haben. Wo eine englische Hausfrau ein paar Eier und eine Scheibe durchwachsenen Speck in eine Pfanne mit Fett haut, das Ganze auf einen Teller häuft und es ein Frühstück nennt, quirlen die Franzosen die Eier zu den schaumigsten Omelettes, schneiden den Schinken klein und machen kunstvolle Dinge damit und servieren das Werk dann auf einem mit Brot, Mineralwasser und Blumen beladenen Tisch. Das Mahl dauert stundenlang, und es ist von größter Wichtigkeit, daß die Gäste dabei flaschenweise Wein trinken und geistreich miteinander plaudern.

Ich hatte nicht erwartet, daß man sich in Guadeloupe in so hohem Maße für diesen Essens-Hokuspokus begeistern konnte, aber hier sollte ich mich irren. In dem gemütlichen kleinen Bistro mit Hafenblick, in dem Estelle und ihre kleine Gesellschaft auf Korbstühlen

Platz genommen hatten, bog sich ein unglücklicher Tisch stöhnend unter französisch angehauchten Köstlichkeiten aller Art. Obwohl nur die wenigsten ihrer Bekannten so gut Englisch sprachen, daß ich sie verstehen konnte, wurde mir bald klar, daß ich mich mitten unter der Intelligenzija von Guadeloupe befand. Merkwürdige Fetzen eines gezierten Geplauders wehten mir um die Ohren: *l'idéologie nègre* und *l'impérialisme de la France*, „die Ideologie der Schwarzen" und der „Imperialismus Frankreichs", um nur einige zu nennen.

Und dann, beim Lobster *à la couch chón chón*, platzte die Bombe. Estelle verkündete plötzlich ihren verblüfften Gästen:

„Ich habe ganz vergessen, euch zu erzählen, daß meine Freundin hier aus *l'Afrique* kommt."

Nach einem Augenblick atemlosen Schweigens wandten sich mir alle Köpfe erwartungsvoll zu. Dem in graue Tuniken gekleideten indischen Paar stand der Mund vor Erstaunen offen. Die guadeloupischen Dozenten ließen das Besteck klirrend auf die Teller fallen — eine unverzeihliche Sünde in den Augen der Wächter französischer Eßetikette. Der Rastafari-Schriftsteller nahm seine Goldrandbrille ab, setzte sie umständlich wieder auf und legte den Kopf in den Nacken, um mich eingehender zu betrachten. Was sollte ich tun? Ich grinste.

„Woher genau kommen Sie?" erkundigte sich der Schriftsteller in ehrfürchtiger Faszination.

„Ach, aus einem kleinen Dorf in der Nähe von Worthing."

„Worthing?" warf einer der Dozenten ein. „In welchem Teil von Afrika liegt Worthing?"

„Äh —" An dieser Stelle fing ich zufällig einen Blick meiner Gastgeberin auf, und in diesem einen vielsagenden Blick erkannte ich, daß es zu grausam sein würde, das Spiel nicht mitzuspielen.

„Nigeria", murmelte ich leise.

Von diesem Augenblick an konnte ich nichts mehr falsch machen. Sauce Béarnaise wurde von zuvorkommenden Händen auf meinen Teller gelöffelt, Sahne wurde mir verschwenderisch in den Tee gegossen, und mein Bleikristallglas war immer mit feinem rotem Bordeaux gefüllt. Mittlerweile hatte sich ein guter Teil der Aufmerksamkeit Estelle zugewandt, die vage andeutete, daß sie mich in Afrika kennengelernt habe und ich zahlreicher afrikanischer Sprachen mächtig sei.

Ich spürte, wie mir der Schweiß in Strömen über die Stirn lief. Selten hatte ich mich so unwohl gefühlt, abgesehen von dem einen

Mal, als ich im zarten Alter von vierzehn einem Mann im Zug erzählte, ich sei eine Löwenbändigerin. Zweieinhalb Stunden lang wurde ich von dem faszinierten Mann über die Feinheiten der Löwendressur ausgefragt, weil er selbst nämlich in einem Zoo mit diesen unwissenden Tieren arbeitete.

Estelle jedoch war hocherfreut über den Verlauf, den der Abend nahm, und während sie mich über den Rand ihres Glases hinweg anstrahlte, gab sie mit ihrer neuen Frisur an.

„Ja, du hast es vielleicht schon einmal gesehen, aber nicht von einer *echten* Afrikanerin frisiert!"

Wäre ich nur wieder in Dominica, dachte ich immer wieder, dort könnte ich mit Halbert am Strand sitzen und den Mond über dem Meer betrachten.

Während warme Windstöße durch die offenen Fenster hereinwehten, konzentrierte ich mich im Geiste auf meine bevorstehende Reise nach Martinique. Ah! Martinique. Dort würde irgend etwas Wunderbares passieren, das wußte ich genau. Der bloße Name beschwor Bilder der Schönheit und Rätselhaftigkeit herauf.

„Aber Martinique hat eine zu französische Kultur", sagte der Rasta und nippte an seinem Beaujolais. „Guadeloupe ist viel reicher in kultureller Hinsicht."

„Aber Martinique ist berühmter."

„Was heißt berühmter?"

„Nun ja, es hat Filme und Literatur und Napoléons Joséphine hervorgebracht."

„Aber meine liebe junge Dame, was ist mit *unseren* Filmen und *unserer* Literatur?"

„Ja natürlich, das heißt — äh —"

Ich zerbrach mir den Kopf auf der Suche nach irgend etwas Bemerkenswertem, das Guadeloupe je hervorgebracht hätte, aber es wollte mir beim besten Willen nichts einfallen. Aber ich war so dankbar, daß er aufgehört hatte, mich zu bitten, ich solle ihm Yoruba und Igbo beibringen, daß ich jedes andere Gesprächsthema freudig begrüßte. Jamaika drängte sich in meine Erinnerung; dort hatte ich allen versprochen, sie nach England zu holen, und hier saß ich nun und versprach, allen und jedem alle möglichen Raritäten zu schicken, sobald ich wieder „zu Hause" war. Insgeheim schwor ich mir, in Brixton einen Ausflug zum Markt zu machen und so viele afrikanische Kunstgegenstände zu kaufen, wie erforderlich waren. Nur der

Poststempel stellte ein kleines Problem dar, aber dieses Hindernis würde ich nehmen, wenn es soweit war.

Als wir in Estelles Wohnung zurückkehrten, war ihre strahlende Laune noch keineswegs verflogen. Sie plapperte und kicherte und flatterte umher wie ein schöner Vogel.

„Morgen fahre ich dich in Basse-Terre herum und zeige dir die Sehenswürdigkeiten. Wir sehen uns all die schönen Strände an, ja?"

Guadeloupe ist eine schmetterlingsförmige Insel, auf der Basse-Terre den linken und Grande-Terre den rechten Flügel bildet.

Basse-Terre erwies sich irgendwie als Enttäuschung, nach der überwältigenden Schönheit der anderen Inseln. Es ist voller Gestrüpp und unfruchtbar und erinnert an die langweiligeren Gegenden von Essex. Die Leute machten einen mißmutigen Eindruck, wie sie mit gebeugten Köpfen über die Straßen schlurften und von Zeit zu Zeit einmal finster aufblickten. Wein war der Hauptartikel in allen Supermärkten, und überall traf man auf schmucke kleine Weinhandlungen. Man konnte mühelos erkennen, daß man sich auf französischem Territorium befand.

„Es würde uns viel besser gehen, wenn wir nicht zu Frankreich gehörten. Nicht mit dem Geld, *naturellement*. Die Franzosen stecken viel Geld in das Land, und Guadeloupe produziert nicht sehr viel selbst, aber wenigstens hätten wir unseren Nationalstolz."

Wenn Guadeloupe wirklich nicht viel produzierte, dann mußte irgend jemand Unsummen Geldes in diese Insel stecken. Die Häuser, die Straßen und die Geschäfte waren durchweg in untadeligem Zustand.

Obwohl wir an zahlreiche Strände fuhren und ein aufwendiges Meeresaquarium besuchten, fand ich Basse-Terre irgendwie fade. Nur die Qualität des Essens ließ aufmerken und blieb im Gedächtnis haften. Köstlich zubereitete Langusten und andere Spezialitäten des Landes folgten auf ein ausgezeichnetes *hors d'œuvre* namens *beignets*, ein wohlschmeckender Blätterteig mit Fischfüllung. Alles andere erschien mir in Basse-Terre ziemlich steril. Selbst die Luft hatte die feuchte Schwüle der Tropen verloren, die Sonne schimmerte trübe hinter blaßgrauen Wolken und weigerte sich, dem gekräuselten, farblosen Meer ihren Glanz zu verleihen.

In Grande-Terre hoben sich jedoch am nächsten Tag meine Lebensgeister. Es bot einen unvergeßlichen Anblick. Wasserfälle rauschten in verzauberten Regenbögen inmitten verschlungener

Wälder und zwischen heißen Schwefelquellen herunter. Hibiskus, dunkelrote Bougainvillea und Flammenbäume wuchsen in üppiger Pracht, und Kolibris schwirrten von Blüte zu Blüte. Die Leute zogen in ihren Gärten aus rein ästhetischen Gründen Blumen, ein ungewohntes Bild auf den Westindischen Inseln, wo die Gärten sonst nur angelegt werden, um Gemüse anzupflanzen. Für Hochzeitsreisende ist Guadeloupe der ideale Ort. Mit seinen verlassenen Stränden und seiner Gebirgsschönheit ist es das romantischste Land der Welt. Aber vielleicht lag es daran, daß ich nicht Teil einer hochzeitlichen Zweisamkeit war, daß mich die Insel wenig anrührte.

Estelle überredete mich, am Abend ein echt afrikanisches Essen für fünfzehn ihrer Freunde zu kochen. Nach der überragenden guadeloupischen Kost, die ich genossen hatte, war ich sicher, daß alles, was ich auch kochen würde, dazu angetan war, die Party zu verderben; aber glücklicherweise ging alles glatt, zumindest was das Essen betraf. Nachdem sich die Gäste den Bauch mit *Foo Foo* und *Egusi*-Suppe vollgeschlagen hatten, saßen wir höflich lächelnd herum und unterhielten uns darüber, wie afrikanisch wir alle waren. Ich hätte mir keine Szenerie vorstellen können, die weniger afrikanisch war als eine Gruppe von Menschen, die nach französischer Mode gekleidet waren, gedämpfter klassischer Musik lauschten und dabei Wein tranken.

Estelle war ein wenig traurig, daß ihr Bruder noch immer nicht nach Hause gekommen war.

„Ich weiß nicht, was ihn aufhält. Aber vielleicht ist es gut, daß er nicht da ist, denn ich glaube, die Party würde ihn ein wenig nervös machen."

Jedesmal, wenn die Tür aufging, drehte ich mich erschrocken um, da ich fürchtete, es könnte der nervöse Bruder sein, der hier ein kurzes Gastspiel geben wollte.

Am Wochenende nahm mich Estelle, zum Dank dafür, daß ich afrikanisch war, mit zu einer Inselgruppe mit Namen Îles des Saintes, von der ich noch nie gehört hatte. Estelle, die gerade Ferien hatte, fand großen Spaß daran, mir ihr wunderbares Land zu zeigen.

Die Îles des Saintes, die Inseln der Heiligen, waren, wie sie mir erklärte, von französischen Siedlern aus der Bretagne bewohnt, die außerordentlich stolz auf ihre Kultur waren. Während der fünf Meilen weiten Überfahrt im Boot umtosten uns schäumende Wellen, aber inzwischen hatte ich mir meine Seemannsbeine erworben.

209

Estelle saß kerzengerade und ruhig da und erzählte mir von dem großartigen Champagner, den es auf der Insel gab. Urlaubsreisende aller Nationalitäten saßen dicht gedrängt in dem winzigen Segelschiff und verdrehten sich den Hals, um einen Blick auf meine atemberaubend schöne Begleiterin zu werfen. Ohne auf das Aufsehen, das sie erregte, zu achten, berichtete Estelle mit leiser Stimme von den fehlenden Handelsbeziehungen zwischen den karibischen Inseln und davon, daß sich die Bewohner der Karibik nicht mit denen der jeweils anderen Inseln verbunden fühlen, sondern mit den europäischen Ländern, die sie ja doch einst versklavt hatten.

„Selbst wenn wir die Unabhängigkeit erlangen, werden wir nicht, äh, frei sein von den, äh, äh —"

„Ketten?" schlug ich vor.

„*Oui, oui*, den Ketten."

Nachdem wir angelegt hatten, begaben wir uns geradewegs zum Hotel, doch hatte ich zuvor noch Gelegenheit, mir die Einheimischen genauer anzusehen. Wie sah es wohl in der Bretagne 1648 aus, als die ersten dieser Menschen sich auf der Insel niederließen? Die dicht verfilzten, blondgelockten Haarmähnen der Halbnackten, die durch die Straßen stampften, wehten in der Sonne. Die Leute hatten derbe dunkle Haut und hellblaue Augen. Zum ersten Mal, seit ich mich auf den Westindischen Inseln befand, sah ich Halbstarke, gefährlich dreinblickende junge Männer in merkwürdigen, fließenden Gewändern, die durch die schmalen Straßen zogen und disharmonische, urzeitliche Lieder grölten. Einige der Männer stießen unheimliche, fledermausartige Laute aus und zuckten und drehten sich in einem vorsintflutlichen Tanz.

Die Stadt war sehr schön angelegt mit ihren hübschen kleinen Plätzen, die von hohen, unter dem Gewicht der Kokosnüsse gebeugten Palmen gesäumt waren. Nach einem üppigen, champagnergetränkten Abendessen bestand Estelle darauf, einen Nachtclub zu besuchen. Ich wußte, daß wir einen schweren Fehler begingen. „Wenn diese alten Bretonen in einem Nachtclub losgelassen werden", sagte ich mir, „dann erleben wir vielleicht das Ende unserer Zivilisation."

Der Club lag am Rande der Stadt und bestand aus einem großen, offenen Platz. Wir kauerten uns in einer Ecke nieder, betäubt von einer schrillen, eigenartigen Flötenmusik, zu deren Klängen Männer und Frauen über das struppige Gras hüpften und sprangen. Barfüßig, zahnlückig vollführten sie geheimnisvolle Îles-des-Saintesanische Rituale. Bierflaschen wurden in der Luft geschwenkt, und die wilden Frauen warfen sich mit verzückten Schreien herum.

Weder Estelle noch ich wollten zugeben, daß wir nicht jede Sekunde dieses Abends genossen, aber glücklicherweise schützten wir zur gleichen Zeit Unwohlsein vor und entflohen endlich diesem Ort des Schreckens.

Als wir am nächsten Tag eine Rundfahrt mit dem Bus über die Insel unternahmen, hielten die Einheimischen inne, um unserem Fahrzeug nachzublicken. Einige hockten in den Türen der Häuser und schärften Werkzeuge aus der Eisenzeit. Kinder spielten mit riesigen Leguanen, von denen manche größer waren als die Kinder selbst, deren Spielzeug sie waren. Den Kindern haftete etwas Gnomenhaftes an mit ihren Stupsnasen, der tiefbraunen Haut und den blonden, rastaähnlichen Locken.

Zurück in Basse-Terre, erwartete uns eine Überraschung. Als Estelle den Schlüssel ins Schloß steckte, flog die Tür auf, und vor uns stand die lebensgroße Ausgabe des Bruders. Ein untersetzter, stämmiger Mann mit ölig gescheiteltem Haar und aufgezwirbeltem Schnurrbart. Langsam breitete sich ein Lächeln auf seinem Gesicht aus, und er zeigte eine Reihe gelber Zähne mit einer Lücke in der Mitte.

„Halloo, *bébé*."

Henri ergriff meine Hand und küßte sie ab, fast bis zum Ellbogen hinauf, bevor ich sie ihm entwinden konnte. Etwas an seinem übertrieben lüsternen Benehmen erschreckte mich zutiefst.

Estelle nahm ihn am Arm und führte ihn ins Wohnzimmer, wo sie eine lange Unterhaltung in französischer Sprache führten, immer wieder unterbrochen von Henri, der innehielt, um mir einen langen, schmachtenden Blick zuzuwerfen.

„Hoffentlich macht es Ihnen nichts aus, daß ich in Ihrem Zimmer geschlafen habe", sagte ich, seinem Blick ausweichend.

Henri flüsterte etwas mit sanfter Stimme und faßte wieder nach meiner feuchten Hand.

„Was hat er gesagt?" erkundigte ich mich bei Estelle.

„Er sagt, es ist kein *problème*. Er sagt, du sollst dort schlafen, und er schläft hier in diesem Zimmer auf dem Fußboden."

Henri warf mir einen Blick zu, in dem eine so ungebremste Fleischeslust lag, daß mich ein Schauder überlief. In diesem Augenblick kam ich zu dem Schluß, daß ich genug hatte von Guadeloupe.

Es mag wohl außergewöhnlich schön sein, aber schließlich geht die Schönheit doch nur unter die Haut, während die Angst, die ich vor dem Bruder empfand, mich ins tiefste Innere traf.

„Henri braucht heute nacht nun aber wirklich nicht auf sein Bett zu verzichten."

Als der Satz übersetzt war, begannen Henris Augen zu glitzern.

„Weil ich noch heute abend nach Martinique weiterfahre."

„Heute abend!"

„Ja, leider."

Henri setzte ein schmieriges Lächeln auf und weigerte sich, meine Hand loszulassen.

Standhaft lehnte ich all seine Angebote ab, mich zum Flughafen zu bringen. Meine kleine Tasche war bereits gepackt, und so rief ich ein Taxi.

Estelle war betrübt über meine Abreise und bat mich, ihr afrikanische Batikstoffe zu schicken, wenn ich „nach Hause" zurückkehrte.

„Du darfst dich nicht an der ruhigen, zurückhaltenden Art meines Bruders stören. Es macht ihm wirklich nichts aus, wenn du in seinem Zimmer schläfst."

„Nein, nein. Dein Bruder macht einen furchtbar netten Eindruck, es ist nur so, daß ich ein Flugzeug erreichen muß, und mir ist plötzlich eingefallen, daß es in zwei Minuten startet."

„In zwei Minuten! Dann hast du es schon verpaßt."

„Habe ich zwei Minuten gesagt? Ich meine in zwei Stunden."

„Ach so. Tja, es war schön, daß du hier warst. Du bist jederzeit willkommen. Vielleicht komme ich für eine Weile zu dir nach *l'Afrique?*"

„Ich werde dir die Adresse meiner Familie dort geben, und ich bin sicher, sie werden sich freuen, wenn du sie besuchst."

„Danke, danke", rief sie mit gebrochener Stimme. Das Taxi schoß davon, und sie winkte mir fröhlich nach, bis sie nicht mehr zu sehen war.

Vor elf Uhr morgens ging keine Maschine nach Martinique, aber ich verbrachte eine angenehme Nacht, zusammengerollt auf einer der Bänke in Guadeloupes ultramodernem Flughafengebäude.

Beim Gedanken an meinen überstürzten Aufbruch überrollte mich eine Welle des Schuldbewußtseins, doch dann gab ich mich der Vorfreude über meinen Aufenthalt auf Martinique hin und zitterte vor Vergnügen.

Knappe Flucht aus Fort-de-France

*S*o groß war meine freudige Erre-
gung darüber, wahrhaftig nach Martinique zu reisen, daß ich glatt
vergaß, mich vor dem Flug zu fürchten. Martinique! Die magische
Insel der Lieder, Filme und Bücher. Die Musik von Martinique ist
eine herrliche Mischung aus Jazz und lateinamerikanischen Klängen
mit einem ganz eigenen Reiz — jedenfalls die Musik der zwanziger
Jahre. Ich hatte keine Ahnung, welche weitreichenden Fortschritte
das moderne Martinique in punkto Musik gemacht hatte, war aber
außerordentlich begierig, es herauszufinden.

Tief unten konnte man diesige graue Berggipfel ausmachen. Das
Flugzeug senkte die Nase und rauschte lärmend in den Flughafen ein.
Ich war da. Ich war tatsächlich in dem Land angekommen, das zu
sehen ich mir leidenschaftlich gewünscht hatte, seit ich sieben gewor-
den war und eine Kurzgeschichte gelesen hatte, die die kreolische
Kindheit von Napoléons Joséphine zum Inhalt hatte.

Ein feuchter Wind schlug mir entgegen, als ich aus dem Flugzeug
stieg. In meiner Begeisterung begann ich, ein altes martiniquisches
Lied zu singen, das ich einmal gehört hatte: „La Belle Amélie". Ich
hatte keine Ahnung, wovon es handelte, aber ich sang es laut und
deutlich, blind für die niederträchtigen Blicke, mit denen ich bedacht
wurde. Alles war von einem magischen Glanz erfüllt, ich spürte es,
einem Glanz, der sagte: Etwas Besonderes und Wunderbares wird dir
hier widerfahren, etwas, das du all die Jahre entbehrt hast.

In der Abfertigungshalle angekommen, erlebte ich als erstes die Überraschung, daß die Ehre, einen Gepäckwagen benutzen zu dürfen, zehn Francs kostete. Überraschung Nummer zwei war die Entdeckung, wie unhöflich das Flughafenpersonal war. Sie grinsten unverhohlen angesichts meiner Unkenntnis des Französischen und weigerten sich, zu glauben, daß ich allein in das Land gekommen war und niemanden hatte, bei dem ich zu wohnen gedachte. Schließlich, nach vielen zornigen Blicken und einigem Auf-den-Tisch-Hauen, behauptete ich, ich würde eine Tante in Fort-de-France besuchen, und eilte aus dem Flughafengebäude, um nach einem Taxi Ausschau zu halten. Plötzlich fiel mir zu meinem Schrecken ein, daß ich nur noch fünf Francs besaß, und ich trabte zur nächsten Bank.

Eine mürrische Bankangestellte erklärte mir mit schmalen Lippen, daß sie meine Dollars, entsprechend einer Anweisung von oben, nicht wechseln würde.

„Na gut, nicht so schlimm, eh. Wissen Sie, wo ich meine Dollars wechseln kann, ich möchte nämlich ein Taxi in die Stadt nehmen?"

„Non."

„Aber —"

„Et vous", damit wandte sie sich dem nächsten Kunden zu, einem feisten amerikanischen Touristen.

Unerschrocken hielt ich ein Taxi an und bat den Fahrer, einen jungen Mann indischer Abstammung, mich zu einem netten, billigen Hotel zu bringen. Der Fahrer musterte mich von oben bis unten und nickte dann wortlos. Gerade als wir anfuhren, stürzte ein alter Mann zum Wagen und riß die Tür auf.

„L'hôpital", stöhnte er, drängte sich neben mich in den Fond und warf mir einen wütenden Blick zu. Ich wollte ihm sagen, daß, was immer ihm auch fehlen mochte, ich nicht schuld daran war; aber ich konnte es nicht auf französisch ausdrücken.

Martinique mit seinen großen weißen Häusern im Kolonialstil, die, hinter tiefroten Bougainvilleablüten verborgen, die Straßen säumten, schien noch wohlhabender zu sein als Guadeloupe. Die Menschen hier waren noch eleganter gekleidet als ihre Vettern in Guadeloupe, aber es fehlten die afrikanischen Gewänder, und die meisten Frauen trugen ihr Haar offen. Verschwunden waren die Holzbuden, in denen kandierte Kokosnüsse und Säfte verkauft wurden. Frankreich hatte diesmal gründlich in Westindien Einzug gehalten und eine breite Spur von Weinlokalen und Pâtisserien gelegt.

Das Krankenhaus war ein glänzendes Gebäude, umschwirrt von weißbekittelten Krankenschwestern und Ärzten, die Ruhe und Tüchtigkeit ausstrahlten.

Vor der Ambulanz, wohin uns der alte Mann dirigierte, stellte ich entsetzt fest, daß alle Welt ein gebrochenes Bein hatte. Ein kleines Mädchen mit einer Beinschiene humpelte mühsam, ein Junge saß traurig zusammengesunken in einem Rollstuhl, wieder ein anderer hüpfte fröhlich auf Krücken, und ein trübsinnig dreinblickender Mann mit völlig eingegipstem Bein wurde unter Schmerzen in einen Wagen geschoben. Das alles sagte einiges über die Autofahrer auf Martinique.

Der alte Mann kletterte mit trauriger Miene aus dem Taxi.

Sobald wir im Wagen allein waren, begann der Fahrer, mir von seinem Freund zu erzählen, der in London lebte. Es interessierte mich kein bißchen, und ich hätte gewünscht, daß er den Mund hielt, damit ich mir ungestört ein bißchen von Martinique ansehen konnte. Hier herrschte eine Atmosphäre von Kraft und Spannung, ganz anders als in dem verträumten, romantischen Guadeloupe. Fort-de-France, die Hauptstadt, mit seinen geraden, schachbrettartig angelegten Straßen und den kleinen kreolischen Häusern, war wesentlich anziehender als Guadeloupes Pointe-à-Pitre. Ich war nicht ganz sicher, ob mir die Vornehmheit und Eleganz gefielen, aber schließlich hatte ich der Stadt noch keine Chance gegeben.

Beim Anblick eines Bauwerks von überwältigender Schönheit im Zentrum von Fort-de-France stockte mir der Atem. Mit seinen goldenen, gedrehten Türmchen leuchtete das Gebäude in satten Blau- und Grüntönen wie ein indischer Tempel. Als das Taxi darauf zufuhr, konnte ich einen genaueren Blick darauf werfen und sah, daß es die Bibliothèque Schoelcher war. Jenseits der Straße schmiegte sich ein leuchtend grünes Meer zwischen anmutige Berge, und ein Hafen, in dem sich stattliche Segelboote drängten, funkelte in der Sonne.

Der Fahrer schwatzte unaufhörlich von Highgate oder irgendwo, aber ich hatte es längst aufgegeben, auch nur so zu tun, als würde ich ihm zuhören.

Fort-de-France war wirklich eine reizende Stadt.

„Hier ist ein Hotel. Nett und billig."

Wir hatten auf einer Promenade angehalten, die mit Andenkenläden und sich wiegenden Palmen gesäumt war. Der Fahrer deutete zu einer Pâtisserie hinüber, in der einige amerikanische Touristen lustlos herumsaßen.

„So, wollen Sie eine Rundfahrt über die Insel machen?"

„Ich weiß nicht, ich werde es mir überlegen."

„Ich fahre Sie."

„Wir werden sehen."

„Ich zeige Ihnen alles."

„Geben Sie mir Ihre Telefonnummer, dann rufe ich Sie an."

Er gab mir seine Nummer, dann sagte er: „Also, bis heute mittag. Wir gehen essen. Ich warte hier um eins auf Sie."

„Sie wollen mit mir zu Mittag essen?" Ich hatte eine schreckliche Vision, wie er über einem Teller mit irgend etwas Teurem saß und über seinen Freund in London sprach, während ich die Rechnung beglich.

„Nein, danke, ich esse nicht zu Mittag. Bis bald, auf Wiedersehen." Ich bezahlte ihn in Dollars und machte mich auf die Suche nach dem Hotel, das nicht zu existieren schien. Jeder, den ich fragte, schüttelte mürrisch den Kopf und ging weiter. Dann entdeckte ich zwischen zwei Läden eine schiefe Treppe, auf der ein Stapel Abfallkisten und jede Menge Müllbeutel standen, aus denen übelriechende Massen hervorquollen. Ein hübscher, braunhäutiger junger Mann mit grünen Augen kam die Stufen heruntergesprungen und warf mir einen fragenden Blick zu.

„*Esker une hôtel hier, Monsieur?*"

„*Oui, là-bas.*"

Ich bahnte mir einen Weg durch die Abfälle und kletterte mit wachsender Erschöpfung die steile Treppe hinauf. Ich hatte vergessen, daß mein Gepäck so schwer war.

Als ich den zweiten Treppenabsatz erreichte, trat mir eine winzige, hellhäutige Farbige entgegen, die sich ein Tuch um den Kopf gewickelt hatte, und fragte, was ich wollte.

„*Avez-vous une Zimmer in ça hôtel, Madame?*"

„*Ou-ou-i*", kam es langgezogen zurück, während ihre schwarzen, tiefliegenden Augen flink an mir auf und ab huschten.

„*Oh, merci boku.* Kann ich avez une Zimmer für zwei Tage?"

Ohne ihre scharfen, hurtigen Äuglein von mir abzuwenden, zog sie einen Stift und Papier hervor und schrieb „200 Francs" darauf.

„*Ça est 200 francs par nuit, pro Nacht?*"

„*Oui, deux cents par jour, zweihundert pro Tag.*"

Ein stolzer Preis, aber ich willigte klaglos ein. Ich war müde und hatte keine Zigaretten mehr, und es würde mir keine Zeit bleiben, ein Paket zu kaufen, wenn ich meine Zeit damit vertat, mich mit dieser Frau herumzustreiten, die mich ohnehin nicht verstehen konnte.

Mein Zimmer war ein verwahrloster Raum mit herunterhängenden Tapeten und morschen Dielen. Ich stellte mein Gepäck ab und stieß einen schweren Seufzer aus.

„Ts, ts, ts, Madame la Martinique", sagte ich laut zu mir selbst. „Da wirst du dich aber gewaltig anstrengen müssen, um das wiedergutzumachen."

Die Tür bewegte sich kaum merklich, und als ich mich umdrehte, stand die Concierge im Türrahmen, den Mund zu einem höhnischen Grinsen verzogen. Ich zuckte zusammen, und die Tür flog scheppernd ins Schloß.

Bei meinem Rundgang durch Fort-de-France fiel mir die vergnügte Lebhaftigkeit der Leute in der Stadt auf. Ich lief zurück zu der prachtvollen Bibliothek und an der weißen Marmorstatue der Kaiserin Joséphine vorüber. Dort wurde ich unsanft von einer Schar schnatternder Amerikaner beiseite gestoßen, die sich der Reihe nach aufstellten, um sich vor der erhabenen steinernen Gestalt Joséphines fotografieren zu lassen. Nachdem ich ein wenig Geld gewechselt hatte und über den Kunstgewerbemarkt geschlendert war und mich dabei über die Preise gewundert hatte, fühlte ich mich erhitzt, müde und niedergeschlagen und beschloß, mich zum Mittagessen in ein elegant wirkendes Straßencafé zu setzen.

Gäste und Kellner gleichermaßen musterten mich mit abschätzigen Blicken.

„*Une petite fromage sandwich, s'il vous plaît, Madame*", sagte ich in meinem reinsten, besten Französisch, „einen kleinen Käse-Sandwich..."

Die Kellnerin beäugte mich hochnäsig und nannte den Preis in so schnellem Französisch, daß ich nichts verstand.

„*Pardon, Madame?*"

Sie rasselte etwas herunter, das wie „*deux millions trois cents*" klang.

„*Je ne vous comprends pas!* Ich verstehe Sie nicht!"

Ein Ausdruck boshafter Freude huschte über ihr Gesicht, dann nahm sie mir das Portemonnaie aus der Hand, zupfte einen Hundertfrancschein heraus und gab mir etwa drei Francs Wechselgeld zurück.

„*Mais Madame! C'est une not so teuer*, ganz sicher?"

217

„*Oui, oui — et vous!*" Und schon bediente sie, mit einem flammenden Blick aus den Augenwinkeln in meine Richtung, zuvorkommend den nächsten Gast.

Was blieb mir übrig, als schweren Herzens und mit leichtem Geldbeutel aus dem Käse-Sandwich-Café hinauszustolpern.

Die Häuser in Fort-de-France erinnern mit ihren schmiedeeisernen, von Farnen und Blumen überquellenden Balkons an den Charme von New Orleans. In den eleganten Geschäften, die alles feilboten, was man in den Läden von Paris kaufen kann, drängten sich voller Begeisterung die amerikanischen Touristen. Obwohl die Gesichter der Menschen nicht so offen waren wie in Guadeloupe, war die Atmosphäre lebhaft und voller Schwung. Dennoch fühlte ich mich nicht wohl in meiner Haut. Die Leute schienen mich auf feindselige Weise anzustarren. Ich begann mich zu fragen, ob mein Kleid zerrissen war; aber nein, es war *meine Person*, der ihr Unmut galt. Als Schauspielerin erkennt man immer ohne weiteres, ob man ankommt oder nicht, sobald man die Bühne betritt. Ein ganz bestimmtes Gemurmel im Saal sagt dir, ob das Publikum mitgehen wird oder in bleiernes Schweigen gehüllt da sitzt, während du dich verzweifelt abmühst, die Leute zum Lachen zu bringen. In Martinique war mir klar, daß ich ein Flop sein würde. Ich fühlte mich unendlich deprimiert.

Um mich ein wenig aufzuheitern, brachte ich meine Filme zum Entwickeln; so konnte ich wenigstens die Bilder betrachten, die ich in Dominica von Halbert gemacht hatte, und in den Wogen wehmütiger Erinnerungen schwelgen. Ich hatte ihm bereits ein halbes Dutzend Mal geschrieben und dachte, daß es nett wäre, ihm die Fotos zu schicken, auf denen ich seine zeitlose Schönheit festgehalten hatte. Als ich den Laden betrat, um die Bilder abzuholen, leuchteten die Augen der jungen Verkäuferin in boshafter Schläue auf. Sie riß mir den Abholzettel aus der Hand und tippte die Summe in die Kasse — 100, 200 und 200 —

„*Cinq cents.*"

„*Cinq cents!* Das sind fünfzig Pfund!"

„*Oui*", gab sie lächelnd zurück.

„*Non, trop cher.*"

„*Eh bien — non photos — et vous —*"

Nun, das Ende vom Lied war, daß ich sie mitnahm. Was blieb mir anderes übrig? Die Abzüge waren zu allem Übel auch noch miserabel und hatten da, wo Halberts Gesicht hätte sein müssen, dunkle Schatten.

Im Hotel angelangt, schob ich mich an den Abfallhaufen vorbei und stieg die vier wackligen Treppen hinauf, die sich im Dunkel verloren. Plötzlich sah ich zwei schimmernde Lichtpunkte, die mir entgegenfunkelten. Es waren die Augen der Concierge, der Pförtnerin, die wie eine Spinne auf der Lauer lag.

„Zahlen Sie das Geld, *maintenant.*"

Ich gab ihr den gesamten Betrag und bat sie in tadellosem Sprachführer-Französisch um eine Quittung.

„*Moment*", murmelte sie, warf mir ein furchterregendes Lächeln zu und glitt in die Dunkelheit davon. Ein Schauder überlief mich.

Von meinem Fenster aus konnte ich den azurblauen Hafen überblicken. Während ich zusah, wie die Färbung des Himmels von Zuckergußrosa in dunkles Indigoblau überging, fühlte ich mich einsam und losgelöst, wie ein Geist. Gegen acht Uhr abends waren die Straßen, abgesehen von ein paar kleinen französischen Flitzern, wie leergefegt. Ich tröstete mich mit dem Gedanken, daß es sich in Fort-de-France für Frauen nicht gehörte, abends allein auszugehen. Mit dieser Entschuldigung machte ich mich daran, Briefe voller Selbstmitleid nach Hause zu schreiben, um anschließend ein gutes Buch zu lesen. Ein erprobtes und bewährtes Buch, das ich schon etliche Male gelesen hatte. Ich war überzeugt, daß ich eine neue Erfahrung, die sich vielleicht als enttäuschend erwiesen hätte, nicht hätte verkraften können. Sehr früh am Abend, während die Seevögel ihre klagenden Schreie hören ließen, fiel ich in einen unruhigen Schlaf.

Ich träumte, ich wäre Christoph Columbus und segelte im Jahre 1493 um die Insel herum, fürchtete mich aber so sehr vor ihren Bewohnern, daß ich nicht wagte, an Land zu gehen. Offensichtlich waren die Kariben, die sich auf der Insel niederließen, nachdem sie die friedlichen Arawaks ausgerottet hatten, so kriegerisch, daß die Europäer noch Jahrhunderte nach der Landung des Columbus nicht wagten, Martinique zu betreten. Wenn ich bedachte, wie die Augen der Concierge, glühenden Kohlen gleich, gefunkelt hatten, fragte ich mich, ob sich seither etwas verändert hatte.

Am nächsten Morgen war ich nicht glücklicher. Das Ungeziefer im Bett war in der Nacht unbarmherzig gegen mich gewesen, und als ich erwachte, juckte und brannte meine Haut am ganzen Körper. Als ich an der Concierge vorüberging, verstauchte ich mir den Knöchel an einem aufgeworfenen Dielenbrett. Aus den Schatten hallte leises, höhnisches Gelächter herüber.

Mir blieb nur, mich aus der gehässigen Stadt Fort-de-France davonzumachen und tief in das Herz des Landes zu reisen, wo ich seine eigentliche Seele entdecken würde.

In unmittelbarer Nähe des Hotels gab es ein Reisebüro, das ich verlegen betrat. Ich setzte mich einem dunkelhäutigen Angestellten gegenüber, der nach amerikanischer Mode gekleidet war.

„Excuse em moi —, entschuldigen Sie —"

Er scheuchte mich zurück, als sei ich eine Schmeißfliege, und wählte eine Telefonnummer. Eine halbe Stunde lang saß ich geduldig wartend vor ihm und betrachtete die Frankreich-Plakate, die an den Wänden hingen. Endlich legte er den Hörer auf und warf einen Blick auf seine Armbanduhr.

„Äh, excuse em moi —"

Er holte mit ausladender Geste ein Buch hervor und begann darin zu lesen, wobei er mir hier und da einen flüchtigen Seitenblick zuwarf und offensichtlich die Wirkung genoß, die sein schlechtes Benehmen auf mich hatte.

„Monsieur!"

„Oui." Er musterte mich unverschämt und tippte mit seinen langen Fingern auf das Buch.

„Je voudrais allons une tour de Martinique."

„Ich habe drei Jahre in New York gelebt, Lady, es ist also unnötig, daß Sie in diesem Französisch mit mir reden." Mit diesen Worten senkte er die Nase wieder in sein Buch.

„Oh, wenn es so ist, können Sie mir vielleicht sagen, wie ich eine Rundreise über die Insel unternehmen kann?"

„Was?"

„Ich möchte Ihr wunderschönes Land besichtigen", säuselte ich schmeichlerisch.

„Sie wollen eine Rundreise durch Martinique machen?"

„Ja."

Sein Mund verzog sich zu einer abfälligen Miene, als wollte er sagen: „Ein Jammer für Martinique".

„Können Sie mir sagen, was ich machen muß?"

„Was machen?"

„Um Martinique zu besichtigen."

„Warum sehen Sie mich an? Ich kann keine Rundreisen arrangieren."

„Aber ich dachte, das hier sei ein Reisebüro."

„Ist es auch."

„Dann —"

Mit einem tiefen Atemzug gab er mir zu verstehen, daß ich alles in ihm beleidigt hatte, was überhaupt zu beleidigen war.

„Es gibt keine Rundfahrten über die Insel. Und wenn es welche gibt, dann weiß ich nichts davon."

„Wissen Sie, wie ich es herausfinden könnte?"

„Nein."

Völlig besiegt verließ ich das Reisebüro und klammerte mich an den letzten Rest Würde, der mir noch blieb. Ich wandte mich nach links in eine kopfsteingepflasterte Straße, auf der ich dahinstolperte, blind für alles, was um mich herum vorging. Vor mir ragte die finstere viktorianische Kathedrale in die Höhe, aber ich bemerkte sie nicht. Ein paar Männer, die auf dem Gelände eines mächtigen Regierungsgebäudes herumlungerten, riefen mir auf französisch unanständige Bemerkungen nach. Ich fluchte wütend auf englisch zurück und schickte sie alle zum Glatzköpfigen Teufel von Kiew. Begeistert liefen sie mir nach, fuchtelten mit den Armen in der Luft und stießen in ungehörigster Weise Schmähungen aus.

Halbert hatte mich davor gewarnt. Er hatte gesagt, die Leute würden sich mir lächelnd nähern, und dabei hatte er ein abscheuliches Lächeln aufgesetzt: „Und wenn sie so lächeln, werden sie sagen — ‚Bonjour ma sœur, comment allez-vous? Guten Tag, meine Schwester, wie geht es Ihnen?' Und dann klauen sie dir dein ganzes Geld, und du bist geleimt!"

„Wenn mich irgend jemand so angrinst", hatte ich erwidert, „dann laufe ich so schnell davon, daß ihm keine Zeit bleibt, mir auch nur einen Penny zu klauen!"

Aber Halbert sollte leider recht behalten. Das hinterhältige Lächeln, das er imitiert hatte, war genau das Lächeln der Menschen von Martinique. Ach, hätte ich doch auf Halberts weise Worte gehört, als er mir sagte: „Fahr nicht allein nach Martinique, Mann. Awoah! Da geht's viel, viel rauh zu!"

Ach, Halbert, so klug, so unvergleichlich.

Ich hatte die Nebenstraßen von Fort-de-France durchstreift und benötigte jetzt dringend eine Stärkung. Eigentlich gegen meinen

Willen staunte ich über die große Zahl junger Männer, die in makelloser Kleidung an den Straßenecken herumlungerten und offensichtlich nichts weiter zu tun hatten, als müßig auf einem Bein herumzustehen und zuzusehen, wie das Leben an ihnen vorüberzog. Ein untersetzter, vierschrötiger Mann mit Bart, dunkler Sonnenbrille und einigen wenigen kostbaren Zähnen bedachte mich mit einem freundlichen Lächeln, das ich höchst gewinnend fand. Er fragte mich etwas in französischer Sprache, und als er merkte, daß ich ihn nicht verstand, zählte er die Worte sehr langsam an den Fingern ab: „*Où-all-ez-vous?*" Dann ließ er ein „*quatre-savah*" folgen. Irgendwie dachte er wohl, es würde mir helfen, ihn zu verstehen. Dem war nicht so, aber dennoch führten wir etwas Ähnliches wie eine Unterhaltung, ich mit meinem grauenvollen und er mit seinem aufgezählten Französisch.

Er erzählte mir, wie sehr er Paris liebte und daß er dort wohnen würde, wenn er es sich nur leisten könnte.

Dann gab er mir durch Gesten zu verstehen, daß er ein Hühnchen mit Pommes frites vertragen könnte, und dirigierte mich zu einem Schnellimbiß. Die Serviererin war so unhöflich, daß mir die Haare zu Berge standen; sie weigerte sich, mich zu bedienen, und warf mir ganz unsagbar giftige Blicke zu. Sie wickelte das Essen in fettiges Papier, warf es ungefähr in meine Richtung, lehnte sich auf die Theke und reckte mir dann mit einer gehässigen Grimasse und knirschenden Zähnen den Kopf entgegen. Ich wollte mich eben an meinen bärtigen Freund wenden, um ihn zu fragen, was mit der Frau los war, als ich feststellte, daß er verschwunden war. Ich lief auf die Straße hinaus, um nach ihm Ausschau zu halten. Er hatte sich hinter das Lokal verdrückt und schlang das Hühnchen hinunter, das ich ihm gekauft hatte.

Hatte er *Merci* gesagt? Hatte er mir auch nur ein Lächeln geschenkt?

Nichts. Keines freundlichen Wortes oder Blickes hatte er mich gewürdigt. Als er merkte, daß ich ihn aus der Ferne ansah, schoß er in ein dunkles Gäßchen davon — wie eine Kanalratte auf der Flucht vor einer räuberischen Katze.

Wie eine verlorene Seele im zeitlosen Hades trottete ich mit schleppendem Schritt zum Strand und ließ mich in einem stillen Winkel zwischen Schmutz und Kieselsteinen nieder. Ich warf einen Stein in das verdreckte Wasser und grübelte über die Ungerechtigkeiten des Lebens nach.

„*Une cigarette, s'il vous plaît*", bettelte ein kleiner ausgemergelter Weißer. Mechanisch reichte ich ihm eine Silk Cut. Eine lange Zeit saß ich so da und starrte wie ein einfältiger Heilbutt vor mich hin.

Als der Mann mich wieder ansprach, machte ich mir nicht die Mühe, sehr auf ihn einzugehen.

„Sie sind Amerikanerin?"

„Vielleicht, vielleicht auch nicht." Ich schnippte eine Kippe ins Meer. Wenn, so sagte ich mir, Martinique nicht nett zu mir ist, dann habe ich auch keinen Grund, nett zu ihm zu sein.

„Sie sprechen also Englisch?"

„Schon möglich."

„Sehen Sie sich die Arbeitslosen in diesem Land an. Fünfunddreißig Prozent der Einwohner haben keine Arbeit. Ich habe nichts. Kann ich zehn Francs haben?"

„Nein."

Mit einem Seufzer begab sich der arme dürre Kerl zu seinen Freunden zurück, und bald darauf trafen mich die unangenehmen Blicke der kleinen Gesellschaft. Mir war alles gleichgültig. Solange ich in Ruhe allein am Strand sitzen durfte, hatte ich das Gefühl, diesen trostlosen Zustand ertragen zu können.

„*„Hé, Madame! Madame!*"Ein uniformierter Mann, der ein bißchen wie ein Briefträger aussah, kam auf mich zugeeilt und sagte mir in deftiger Zeichensprache, ich solle mich fortscheren.

„Aber warum?"

„*Trop sale, ici*, viel zu schmutzig."

Mit einem langen Stock stieß mich der Strandwächter, oder wer immer er sein mochte, in den Rücken und schob mich fort.

Nicht einmal am Strand sitzen konnte ich, ohne von einem Wächter einen Tritt zu bekommen. Blieb mir noch irgendeine Hoffnung? Vollkommen abgestumpft, ein zynisches Lächeln um die Lippen, kehrte ich zum Hotel zurück. Die Zimmermädchen hatten meinen Raum, in dem es nach schaler Seife und Moder roch, nicht angerührt. Die Nacht senkte sich mit seltsamen, zirpenden Geräuschen herab.

„Martinique liegt außerhalb dieser Mauern", ließ sich eine kleine Stimme in meinem Kopf vernehmen. „Wie kannst du nur hier drinnen sitzen und es dir entgehen lassen?" Aber zu meiner Verwunderung stellte ich fest, daß ich genau das konnte, und zwar ohne weiteres.

Ein forsches Klopfen an meiner Tür riß mich aus meinen Träume-reien. Bevor ich Zeit hatte, zu sagen: „Laßt mich in Ruhe", trat die Concierge mit herausfordernd funkelnden Augen ein.

„Geben Sie mir das Geld, *maintenant*."

„Das Geld! Aber *Madame*. Ich habe bereits bezahlt!"

„*Non*." Sie hatte die Schultern hochgezogen, als wäre sie bestens gerüstet für den bevorstehenden Kampf und, schlimmer noch, wild entschlossen, ihn zu gewinnen.

„*Oui! Je payer vous* gestern."

„*Non*. Ich nichts bekommen. Geben Sie mir das Geld."

„Aber ich habe Ihnen sechshundert Francs gegeben!"

„*Non*. Sie schulden sechshundert Francs. Geben bitte."

Sie stand vor meinem Bett und musterte mich mit ihrem runzeli-gen Gesicht, und aus jeder ihrer Poren schlug mir tiefer, ehrlicher Haß entgegen.

„Wenn ich nicht augenblicklich Geld bekomme, rufe ich *la police*." Hier hieß es klug handeln.

„Habe ich nicht bezahlt?" Ich kratzte mir verblüfft den Kopf. „Ich dachte, ich hätte es getan! Wie seltsam. Nun ja, im Augenblick habe ich leider kein Geld. Kann ich es Ihnen morgen geben?"

Die Concierge suchte in meiner Miene nach einer Spur von Hinterlist, doch dann nickte sie, offensichtlich zufriedengestellt, und schlich sich leise aus dem Zimmer. Ich ließ mich wieder auf meinem Platz am Fenster nieder und starrte hinaus, unsicher, was ich jetzt tun sollte. Am nächsten Morgen würde die Concierge auf ihr Geld warten, das Geld, das sie schon bekommen hatte, und mir blieb nichts anderes übrig, als sie ein zweites Mal zu bezahlen. Die ganze Nacht zerbrach ich mir den Kopf darüber, was zu tun war, aber mir fiel nichts ein. Das dunkle Gespinst der Verzweiflung hatte sich zusammengezogen.

Als ich am nächsten Morgen erwachte, war mein Kopf so klar wie der karibische Himmel. Das einzige, was ich tun konnte, war, in Windeseile aus Martinique zu verschwinden. Ich stopfte alles Geld, das ich besaß, in meine kleine Handtasche, lief zum Reisebüro und erkundigte mich nach Flügen nach Saint Lucia.

Der Mann, den ich schon wegen der Rundreisen gefragt hatte, erklärte mir schadenfroh, daß ich kein Flugzeug nach St. Lucia bekommen würde. Er fügte zwar nicht wirklich hinzu: „nicht einmal für Geld", aber er hatte so einen gewissen Blick in den Augen.

„Hören Sie, Mister." Ich war nicht in der Stimmung, nachgiebig zu sein. „Ich will nach Saint Lucia fliegen, und ich will heute fliegen, und wenn Sie nicht in der Lage sind, mir einen Flug zu buchen, dann lassen Sie mich bitte mit jemandem reden, der kompetenter ist als Sie." Ich hatte meiner Stimme einen ruhigen und beherrschten Klang geben wollen, aber ich fürchte, die letzten Worte brachen in einem schrillen Schrei hervor. Doch es erfüllte seinen Zweck. Mir wurde ein Platz im Flugzeug für sieben Uhr abends bestellt. Als ich, ein Ticket nach Saint Lucia fest in meiner schweißnassen Hand, das Reisebüro verließ, brachte der Angestellte sogar ein Lächeln zustande, das einigermaßen echt wirkte.

Um mir die Zeit bis zum Abflug zu vertreiben, entschloß ich mich zu einer Fahrt nach Trois Ilets, der Geburtsstätte von Joséphine. Trois Ilets ist ein kleiner Ort südlich von Fort-de-France. Um dorthin zu gelangen, muß man eine Fähre vom Pier aus nehmen, und weil die Fähre immer Verspätung hat, ist man gezwungen, lange Zeit zwischen Horden von Touristen aus aller Welt zu sitzen und zu warten.

Es hatte sich bereits fest in meinem Kopf eingeprägt, daß mich, ebenso wie die Einwohner von Martinique, auch die Touristen nicht mochten; daher setzte ich mich etwas abseits nieder und vertiefte mich in eine Zeitung.

„Im Reiseführer steht", verkündete ein Amerikaner in mittleren Jahren mit sehr lauter Stimme, „daß die einheimischen Frauen sich geschmackvoll kleiden, aber sieh dir nur an, wie die dort drüben angezogen ist! Roter Rock und rosa Bluse! Was den Geschmack betrifft, könnten diese Leute einiges von uns Amerikanern lernen!" Dabei deutete er mit seinem Wurstfinger auf mich.

Ich las beharrlich weiter in meiner Zeitung.

„Aber viele der Mädchen hier sind sehr hübsch", entgegnete seine Frau liebenswürdig. „Obwohl", fuhr sie mit einem kühlen Blick auf mich fort, „es natürlich immer Ausnahmen gibt."

Ich raschelte nachdrücklich mit der Zeitung.

Als die Fähre endlich kam, hatte ich jedes Interesse an Trois Ilets verloren. Einzig und allein die schreienden Touristen, die jedesmal ein entsetzliches Getöse veranstalteten, wenn das Schiff hin und her geworfen wurde, hielten mich davon ab, ins Meer zu springen. Ich lachte lauthals, als wir alle von einem Sprühregen durchnäßt wurden, und ein paar erschrockene junge Mädchen kreischten auf wie Todesfeen. Je lauter die Touristen schrien, um so komischer fand ich es. Ich verstand plötzlich, warum die Leute immer über mich lachten, wenn ich in Panik geriet: Es scheint sehr amüsant zu sein.

In Trois Ilets angekommen, wußte ich nicht recht, was ich tun sollte. Also wanderte ich Richtung La Pagerie, wo Joséphine geboren wurde. Nicht für Geld und gute Worte konnte ich den Ort finden; so setzte ich mich auf eine Bank vor einer Reihe kleiner Läden und betrachtete all die gutaussehenden jungen Männer, die vorüberschlenderten. Die Männer von Martinique sind ungefähr die hübschesten, die ich je zu Gesicht bekommen habe; aber diejenigen, die herkamen und sich mit mir unterhalten wollten, wurden so frustriert durch mein schlechtes Französisch, daß sie im Nu wieder das Weite suchten.

Trois Ilets ist ein geschäftiges kleines Städtchen voller kreolischer Restaurants, Bars und Hotels, und es hat einen herrlichen, palmengesäumten Sandstrand. Vermutlich ist es ganz und gar bezaubernd, aber ich machte mir viel zu viele Sorgen wegen der Concierge, um es wirklich genießen zu können. Höchstwahrscheinlich hatte dieses Scheusal mein Gepäck beiseite geschafft und das Zimmer einem anderen unglücklichen Touristen vermietet. Ich beschloß auf der Stelle, zum Hotel zurückzukehren und einen Fluchtplan zu entwerfen.

Da die Fähre zurück nach Fort-de-France erst in einer Stunde ablegen würde, betrat ich eine Bar und bestellte ein Bier, um mich damit in die Nähe der Anlegestelle zu setzen und auf das Schiff zu warten. Die Frau, die mich bediente, tat dies mit unverhohlenem Widerwillen; sie schlurfte übertrieben langsam herbei und knallte die Bierflasche vor mich hin. Als ich in das Glas blickte, das sie mir gegeben hatte, sah ich, daß ein dicker Schmutzfilm darin klebte, auf dem sich Schwärme schwarzer Fliegen niedergelassen hatten.

„Kann ich bitte ein anderes Glas haben?"

Die Frau verstand mich nicht und sah mich ausdruckslos an.

„Glas — sehen Sie."

Ich hielt ihr das Glas vors Gesicht, aber sie weigerte sich entschieden, hineinzusehen, und eine Weile später hatten sich etwa fünf Frauen hinter der Bar versammelt und starrten mich mit kalten Augen an, während ich mich abmühte, ihnen auf französisch zu erklären, daß ich ein anderes Glas haben wollte.

„*Une autre tasse*", sagte eine von ihnen schließlich, „*pourquoi*, warum?"

„Parce que dieses Glas ist très sale."

„Très sale!" kam es im Chor zurück, und sie griffen in ihrer Wut nach Bierflaschen.

Ich wich langsam zurück und hoffte, daß sie mich nicht verprügeln würden. Ich konnte immer noch über das Geländer ins Meer springen, entschied ich, wenn sie versuchten, mir komisch zu kommen.

„Très sale", riefen sie noch einmal und sahen mich finster an.

Fluch über euer Diaphragma, beschimpfte ich sie im Geiste, warum seid ihr alle so hochnäsig?

Eine der Frauen knallte mir mit solcher Wucht ein neues Glas auf den Tisch, daß es um ein Haar zerbrochen wäre. Ich gab mir alle Mühe, meinen Blick so gehässig zu machen wie sie den ihren, aber bei all den Jahren der Übung, die sie mir voraus hatte, trug sie mühelos den Sieg davon.

Komm schon, Fähre, flehte ich, wenn du nicht in den nächsten zwei Sekunden kommst, reißen mich diese Hyänenweiber in Stücke.

Eine Ewigkeit lang hatte ich böse Blicke ausgeteilt und empfangen, als endlich die Fähre einlief.

Als ich zum Hotel eilte, bemerkte ich undeutlich eine geschniegelte Gestalt in einem affigen Cab-Calloway-Anzug, die an einem Zeitungsstand lehnte und genüßlich eine Zigarette rauchte. Bei näherem Hinsehen stellte ich fest, daß der Mann das Haar in einer öligen Tolle zurückgestrichen und in der Mitte gleichmäßig gescheitelt hatte. Nein, das konnte doch nicht...

„Ah! Ma chérie! Comment allez-vous? Wie gät es Ihnen, hm?" Es war Henri, Estelles „schüchterner" Bruder.

Ich nickte ihm flüchtig zu und stürzte hastig in eine Seitenstraße. Wie eine Wahnsinnige rannte ich an Läden und hübsch gestrichenen Häusern vorbei, bis ich den Stadtrand erreicht hatte. Bald gelangte ich an ein kleines Flüßchen, wo Männer und Frauen mit krausen Strohhüten damit beschäftigt waren, Körbe voller Fische aus kleinen Booten ans Ufer zu tragen. Hinter ihnen stiegen die diesigen Berge auf. Die Sonne lugte schräg zwischen den Gipfeln hervor und tauchte die Arbeitenden, die im Gleichklang sangen, während sie sich die Körbe geschickt zuwarfen, in einen goldenen Schein. Das gefiel mir schon eher. Ein Martinique, wie ich es nie richtig kennenlernen würde. Nicht die blitzende, trügerische Fassade von Fort-de-France, sondern ein weiches, sanftes Martinique. Ich betrat ein kleines Lokal, wo eine lebhafte, hellhäutige Frau augenblicklich begann, in munterem Französisch auf mich einzureden. Nachdem sie mich aufgeklärt hatte, welche Sorte Cola ich trinken sollte, setzte sie sich zu mir an den Tisch und erzählte mir nüchtern von ihrem Leben. Der erste Mensch in Martinique, der natürlich und freundlich war. Ich mochte sie so sehr, daß ich mich am liebsten an ihrer Schulter ausgeweint hätte.

Ein alter Mann in zerlumpten Kleidern und mit einem großen Strohhut kam hereingestampft und gab der Frau einen riesigen Krebs.

Sie wollte mir den Krebs, der in ein Einkaufsnetz gewickelt war, zeigen; doch da ich entsetzt davor zurückschauderte, legte sie ihn lachend hinter die Theke und kehrte dann an meinen Tisch zurück, um mir in allen Einzelheiten zu erklären, wie der Krebs zubereitet wurde. Der Krebs, erklärte sie mir in leicht verständlichem Französisch, sei nicht tot, sondern schlafe nur — „und morgen mache ich ein Festessen — kommen Sie doch auch". Morgen würde ich weit fort sein, aber ich hätte alles darum gegeben, ihrer Einladung folgen zu können.

Im nächsten Augenblick kam ein Trupp Fischer hereinmarschiert, und die Männer lachten und plauderten gutgelaunt miteinander. Sie fanden es außerordentlich lustig, daß ich kein Französisch verstand, obwohl sie mir das auch nicht recht glaubten und weiterhin sehr schnell auf mich einredeten. Ich lachte immer an der richtigen Stelle, und zum ersten Mal, seit ich in Martinique war, fühlte ich mich wohl. So müßte es immer sein, dachte ich. In diesem kleinen Lokal sitzen, umgeben von Krebsen und Fischgemälden an den Wänden, in einer heimeligen, verrauchten Atmosphäre, mit Fischern lachen und mit dieser temperamentvollen Frau plaudern. Vielleicht war dies das wahre Martinique, und die feindselige Kälte von Fort-de-France war nur Tünche.

Wir saßen lange zusammen, bis schließlich die Dämmerung hereinbrach.

Als mir bewußt wurde, daß es beinahe sechs Uhr sein mußte, eilte ich aus dem Lokal, winkte diesen wunderbaren Menschen traurig zum Abschied und kehrte zum Hotel zurück.

Mir war immer noch nichts zu meinem Fluchtplan eingefallen. Ich wußte, daß ich unmöglich mit meinem Gepäck hinausschleichen konnte, ohne daß mich die Concierge sah, mich anhielt, ihr Geld verlangte und die Polizei rief, wenn ich nicht bezahlte. Und was, wenn sie behauptete, ich schulde ihr das Geld für zwei – oder gar drei Wochen? Die schrecklichen Möglichkeiten waren unerschöpflich.

Während ich mich an den Abfällen vorbeidrückte, blickte ich mich hastig um, ob Henri sich noch irgendwo in der Nähe herumtrieb, und da er nicht zu sehen war, stürmte ich die Treppe hinauf.

„Geben Sie mir jetzt das Geld."

Die Concierge saß in ihrem dunklen Winkel auf dem zweiten Treppenabsatz.

„Mein Sohn, er wird böse. Er mag Leute nicht, die versuchen, äh – äh –"

„Eine alte Frau zu belügen und betrügen", donnerte mir eine männliche Stimme entgegen.

Aus der Dunkelheit trat ein Berg von einem Mann hervor, mindestens zwei Meter groß in seinen Strümpfen; er trug ein schwarzes Barett, eine lederne Motorradkluft und eine schmale schwarze Brille. Etwas blitzte in dem Dämmerlicht gefährlich metallisch auf.

„Aber selbstverständlich zahle ich Ihnen das Geld. Ich flitze nur eben in mein Zimmer und hole es." Damit stürzte ich in mein Zimmer, verschloß die Tür und blieb in der Mitte des Raumes stehen. Plötzlich begann alles vor meinen Augen zu kreisen, und einen Augenblick lang dachte ich, jemand hätte das Bett auf den Kopf gestellt. Einige Sekunden später, als ich mich wieder gefaßt hatte, stolperte ich zum Fenster und riß es auf, in der trügerischen Hoffnung, die frische Luft würde mein Gehirn klar machen. Ich ließ meine verkrampften Kinnbacken sich wieder entspannen, streckte den Kopf aus dem Fenster und verfiel in eine Art Trance.

Autos hupten, das Meer rauschte, und jemand rief „Halloo, halloo, halloo", aber kein Laut von draußen konnte mich aus dem Koma wecken, in das ich versunken war.

Ein kleiner Kieselstein, der genau über meiner rechten Augenbraue aufprallte, riß mich ins Bewußtsein zurück. Ich blickte auf die Straße hinunter und sah Henri mit seiner stattlichen Figur, der mir aufgeregt zuwinkte.

„Halloo, halloo! Ça va, ma chère?"

„Henri, was tun Sie denn hier?"

„Ich mache Musik in der Bar! Kommen Sie herunter und trinken Sie etwas mit mir? Ich habe noch drei Stunden Zeit, bevor ich anfange."

Es war jetzt zehn nach sechs, und mein Flugzeug startete in fünfzig Minuten. Henris Gesicht schimmerte wie flüssiges Gold im Sonnenlicht.

„Ja, ich komme herunter, aber wissen Sie was? Sie könnten mir einen Gefallen tun!"

„*Mais oui!*"

„Ich ziehe aus dem Hotel aus, und ich habe schweres Gepäck hinunterzutragen. Wenn ich die Sachen aus dem Fenster werfe, würden Sie dann darauf aufpassen, bis ich unten bin?"

„Aber selbstverständlich!"

„Phantastisch — fangen Sie!" Damit sauste ein Koffer auf die Straße hinunter und landete ein paar Meter vor Henris Füßen.

„Ich bin in einer Sekunde unten."

Ich nahm meine Handtasche, warf noch einen kurzen Blick auf all die Trostlosigkeit, verließ das Zimmer und schlich vorsichtig die Treppe hinunter.

„*Eh! Madame!*"

Zwei finstere Gestalten lauerten in den Schatten.

„Oh, hallo, ich habe Sie schon gesucht. Ich dachte, Sie hätten das Geld lieber in bar, darum laufe ich nur schnell zu einer Wechselstube."

„*Bureau de change?*"

„*Oui.*"

Der Sohn schwieg abwartend und wechselte fragende Blicke mit seiner Mutter. Die Augen der Mutter wanderten zu meinen Händen hinunter, und sie stellte mit offenkundiger Befriedigung fest, daß ich kein Gepäck bei mir hatte. Sie nickte ihrem Sohn zu, der daraufhin den Kopf in den Nacken legte, als wolle er damit sein Einverständnis bekunden. Ich polterte die Treppe hinunter wie ein gewaltiges Rhinozeros. Bei Henri angelangt, der anzüglich grinsend seine Schnurrbartspitzen zwirbelte, riß ich meinen Koffer an mich und winkte einem vorüberfahrenden Taxi.

„Zum Flughafen!"

„Aber, Madame! Sie gehen nicht etwas trinken mit mir?"

„Darauf können Sie Gift nehmen!"

„Was? Ich verstehe Sie nicht." Langsam setzte sich das Taxi in Bewegung.

„Aber, Madame! Da stehen zwei Leute am Hotel und rufen Sie."

Der Taxifahrer ging vom Gas.

Als ich mich umdrehte, sah ich mit wachsendem Entsetzen, daß die Concierge und ihr Sohn, mit geballten Fäusten in der Luft herumfuchtelnd, auf das Taxi zugerannt kamen.

„Geben Sie Gas!" schrie ich.

„Soll ich anhalten?" gab der Schwachkopf von einem Fahrer zurück.

„Nein! Schnell! Fahren Sie!"

„Oh, mein Gott!"

Mit einem Satz schoß das Taxi vorwärts, und als ich erkannte, daß wir wahr und wahrhaftig aus der Gefahrenzone waren, drehte ich mich um und winkte den drei wütenden Menschen noch einmal fröhlich zu.

Wie anmutig und schön Fort-de-France wirkte, als ich es verließ. Vielleicht hatte ich der Stadt keine echte Chance gegeben. Wie dem auch sei, ich kann nicht behaupten, daß es mir leid tat, ihr den Rücken zu kehren.

Als ich nach einer Weile wieder alle fünf Sinne beisammen hatte, fragte ich den Fahrer, ob Martinique seiner Ansicht nach bald die Unabhängigkeit erlangen würde.

„Natürlich, und zwar sehr bald. Wir sind nicht glücklich hier unter den Franzosen. Es gibt so viele Vorurteile in diesem Land. Wenn man weiß oder hellhäutig ist, bekommt man die besten Jobs, aber wenn man schwarz ist wie ich, hat man nichts."

„Aber finanziell wäre Martinique schlechter dran, wenn es kein französisches Département mehr wäre."

„Geld! Was ist Geld? Ich spucke auf das Geld! Was wir brauchen, ist unsere eigene Flagge!"

Was für ein Kollektivgeist! Für mich ist die Flagge Englands vollkommen gleichgültig. Sie interessiert mich nicht die Bohne. Der Union Jack ist ohnehin zum Symbol der Nationalisten geworden, und da ich ohnehin im eigentlichen Sinne des Wortes nicht Engländerin sein darf, kommt es mir ziemlich merkwürdig vor, wenn eine Flagge so heftige Gefühle aufrührt.

Ich war einigermaßen überrascht, als der Fahrer ein sehr hohes Trinkgeld verlangte. Ich erinnerte ihn daran, daß er auf Geld spucke, aber es nützte nichts. Mein Flugzeug sollte in einer Viertelstunde starten, aber ich konnte immer noch keine Entspannung finden. Was, wenn die Concierge und der Sohn und Henri mir in einem anderen Taxi gefolgt waren und plötzlich am Flughafen auftauchten? Aber

231

glücklicherweise müssen sie die ganze Sache als aussichtslos abge-
schrieben haben.

Ich ging an Bord der Maschine und ließ mich dankbar in meinen
Sitz fallen.

Saint Lucia, hier komme ich.

Das Land, in dem die Junkies leben

*A*ls ich aus dem Fenster des winzigen Flugzeuges spähte, das sich schaukelnd von Martinique entfernte, stellte ich fest, daß diese Insel sogar von oben einen ausgesprochen übellaunigen Eindruck machte. Quengelige Berge stießen mit spitzen Ellbogen greinende Flüsse aus dem Weg, und die ganze Insel war in ein dunkles, satanisches Grau getaucht. Sonst winkte ich einem Land, das ich verließ, gern noch einmal insgeheim zum Abschied oder warf ihm eine verstohlene Kußhand zu, aber nicht so bei Martinique. Abgesehen davon: noch hatte die zehnsitzige Maschine nicht zum Landeanflug auf Saint Lucia angesetzt, so daß ich mich betend an meinem Kruzifix festhielt.

„Wie hat Ihnen Martinique gefallen?"

Ich drehte mich in meinem Sitz um und erblickte eine überwältigend schöne Frau hinter mir, die einen extravaganten Federhut und ein lose fallendes Seidenkostüm trug.

„Martinique war interessant", war meine vorsichtige Antwort.

„Also, ich versichere Ihnen, meine Liebe, Saint Lucia wird Ihnen nicht halb so gut gefallen. Ich muß es wissen, ich bin nämlich aus Saint Lucia, aber ich fahre einmal im Monat zum Einkaufen nach Martinique. Dort gibt es keine schmutzigen Marktplätze wie bei uns, und die Leute in Martinique ziehen sich hübsch und ordentlich an. In Saint Lucia dagegen, du meine Güte! Dort sieht man nicht wenige in Lumpen herumlaufen. Es ist widerlich!"

„Nun, ich nehme an, Saint Lucia ist sehr viel ärmer."

„Und wenn schon, das ist keine Entschuldigung dafür, schmutzig und verwahrlost auszusehen. Wie lange bleiben Sie in Saint Lucia, wenn ich fragen darf?"

„Ungefähr zehn Tage."

„Und wo?"

„Ich kann mich nicht an den Namen des Hotels erinnern, ich glaube, es ist in La Toc – oder so ähnlich."

„La Toc!" In den Augen der Dame leuchtete tiefe Bewunderung für mich auf. „La Toc ist das beste Hotel auf der Insel! Es ist sehr hübsch und sauber, und es wohnt kein Lumpengesindel dort, sondern nur anständige Leute."

Mir sank der Mut. Ich hatte gehofft, daß das Hotel, in dem ich ein Zimmer gebucht hatte, eines von der gemütlichen, gammeligen Sieben-Pfund-pro-Nacht-Sorte sein würde.

Die Frau, mit der ich mich unterhielt, hatte einen hübschen Akzent mit langgezogenen, französisch gefärbten Vokalen.

Die Engländer waren 1605 die ersten Europäer, die sich auf der Insel niederließen; 1635 rückten die Franzosen nach, als die Briten von den Kariben vertrieben worden waren. Dann stritten die Franzosen und die Briten fast zweihundert Jahre lang um die Vorherrschaft über Saint Lucia, und nachdem das Land vierzehnmal den Besitzer gewechselt hatte, gewannen die Briten schließlich im Jahre 1814, nach der Ausrottung der Kariben, endgültig die Herrschaft. Die feinen Gesichtszüge der Kariben sind jedoch immer noch in der gutaussehenden Bevölkerung von Saint Lucia, wo viele der schwarzen Bewohner karibische Vorfahren haben, zu erkennen.

Kurz, bevor wir Saint Lucia erreichten, erklärte meine Freundin aus der Reihe hinter mir, daß ich jederzeit in ihrem Haus willkommen sein würde.

„Dort ist das Hotel La Toc." Sie deutete auf ein ausladendes Bauwerk, das sich zwischen Berge und Meer schmiegte.

Ich begann zu lachen.

„Oh nein, da wohne ich nicht. Ich wohne in einem kleinen Hotel in der La-Toc-Straße."

„Oh! Sie müssen das . . .", hier zog sie die rotgeschminkten Lippen herunter, als wären die Worte zu furchtbar, um sie auszusprechen, „Mini Trop Hotel meinen."

„Ja, das ist es."

„Ähch! Das ist ganz und gar kein nettes Hotel. Ich dachte, Sie wohnen in dem großen."

„Aber nein. Wann würde es Ihnen also passen, daß ich bei Ihnen vorbeikomme?"

Sie starrte auf das gewaltige Hotel hinunter, in dem ich nicht wohnen würde.

„Nun, ich habe in der nächsten Zeit sehr viel zu tun." Indem sie eine Hochglanz-Frauenzeitschrift zur Hand nahm, deutete sie an, daß unsere Freundschaft ein jähes Ende gefunden hatte.

Sanft landeten wir auf dem Flughafen von Castries.

Eine herrlich kühle Brise wehte mir ins Gesicht, als ich aus dem kleinen Flughafengebäude auf die breite, staubige Straße hinaustrat. Ein freundlicher Taxifahrer hielt an und lud, unter unaufhörlichem Geplauder, höflich mein Gepäck in den Wagen. Ah! Das gefiel mir schon besser! Es lag etwas wunderbar Mildes in der Luft. Die Leute bewegten sich zwanglos und gemächlich, und selten war ein Gesicht zu sehen, in dem nicht ein freundlicher Ausdruck stand. Die Frauen sahen mit ihren offenen Haaren und den bescheidenen Kleidern erfrischend schön aus. Aber die Armut war nicht zu übersehen. Wellblechhütten waren in den Randbezirken von Castries errichtet worden, und obwohl Händler an ihren Behelfsständen am Straßenrand Zuckerrohr, Orangen, Bananen und grüne Kokosnüsse verkauften, war das allgemeine Bild von einer stillen Nüchternheit geprägt.

Castries selbst ist eine Stadt bar jeglichen Charmes. Die meisten älteren Gebäude sind durch die zahlreichen Erdbeben und Wirbelstürme zerstört worden. 1948 wütete eine furchtbare Feuersbrunst in der Hauptstadt und machte vier Fünftel der alten Holzhäuser dem Erdboden gleich. Infolgedessen ist Castries eine recht häßliche Stadt, die vorwiegend aus grauen Betongebäuden besteht.

Mein Hotel war ein ausgedehntes Flachdachgebäude, das oberhalb eines steilen Hanges lag. Ein kleiner, buckliger alter Mann kam mir entgegen, um mich zu begrüßen, aber seine Miene wurde ein wenig lang, als er mich dann sah.

„Sind Sie sicher, daß Sie hier gebucht haben? Es war eine englische Dame, die angerufen hat."

„Ich bin aus England."

„Oh!" Er wirkte nicht allzu überzeugt.

Während ich meinen Koffer auspackte, drangen laute amerikanische Stimmen aus dem Nachbarzimmer herüber, offensichtlich war das Hotel ausgebucht. Es war schon spät am Nachmittag; daher empfahl es sich, bald einen Rundgang durch die Stadt zu machen, bevor die Sonne unterging, was sie in der Karibik sehr schnell tut, so daß der Himmel sich innerhalb von Sekunden schwarz färbt.

Am Fuße der Anhöhe, auf der mein Hotel gelegen war, gab es ein windschiefes Ladenlokal mit einem großen Tisch davor, an dem redselig junge Männer und Frauen saßen, Bier tranken und mit gesetzter Miene Domino spielten. Wie anders war das alles in Jamaika, wo das Dominospiel stets von lautem Gejauchze und Gekreisch begleitet ist und die Dominosteine mit wahrer Herkuleskraft auf den Tisch geschmettert werden. Ich hätte mich der fröhlichen kleinen Gesellschaft gern angeschlossen, aber mir fehlte der Mut. Statt dessen lief ich eine Meile weit in die Stadt hinein, vorüber an einem Hafen, in dem die Fischerboote schaukelten. Aus dem Meer ragte ein Berg auf, dessen Hänge mit Backsteinhäusern und Baracken gesprenkelt waren. Vor den Häusern saßen Frauen, die ihre Kinder in Blechwannen badeten und sich gegenseitig die Haare flochten, und ein paar Männer in abgeschnittenen Shorts, die dröhnender jamaikanischer Radiomusik lauschten.

Da ich nicht wußte, wie ich allein und ohne Auto auf der Insel herumkommen sollte, entschloß ich mich widerstrebend, eine Rundfahrt mitzumachen und so die Sehenswürdigkeiten zu besichtigen. Die Frauen im Fremdenverkehrsamt waren überaus freundlich, sprachen mit angenehmer Stimme und lächelten schüchtern. Die Feder kann die Freude nicht beschreiben, die ich empfand, als ich endlich wieder ein echtes Lächeln sah. Nach Martinique hatte ich fast zu glauben begonnen, daß ein Mensch nur dann zu lächeln imstande ist, wenn er Zeuge einer furchtbaren Katastrophe wird.

Das einzige reizvolle Bauwerk in Castries ist die Kathedrale. Ihre Innenwände sind mit den schönsten Bibelszenen bemalt, in denen die dargestellten Personen ausnahmslos afrikanischer Herkunft sind (was meiner Ansicht nach auch stimmt). Auf einem großen Schild vor der Kathedrale steht zu lesen: „Betreten Sie das Haus Gottes nur, wenn Sie sittsam gekleidet sind." Sittsamkeit in allen Dingen ist das Gebot der Stunde in Saint Lucia. Demütige Andächtige saßen mit Rosenkränzen in der Hand in den Bänken und murmelten leise Gebete vor sich hin.

Es gibt nicht viele gute Kneipen in Castries, was mich meines gewohnten Vergnügens beraubte, stundenlang wie angewurzelt irgendwo an einem kleinen Tisch zu sitzen und Tee zu trinken. Das einzige Eßlokal, das ich finden konnte, war ein düsteres kleines Räumchen in einer Seitenstraße der Stadt, wo eine indischstämmige Frau in mittleren Jahren Gegrilltes servierte. Als ich einen kräftigen Bissen nahm, kroch ein glänzender schwarzer Käfer aus den tiefsten Winkeln des Fleisches und krabbelte eilig an meinem Kinn herunter. Ich strich mit behutsamen Fingern über den schwarzen Rücken des Käfers, so glücklich war ich über seinen Anblick. Der Käfer sagte mir, daß ich mich nicht mehr in Martinique befand; daher erfreute ich mich an ihm und hätte ihn am liebsten als Andenken in einer Streichholzschachtel aufbewahrt. Den Rest des Bratens verzehrte ich mit großem Genuß.

Ich bat zwei junge Männer, mich in ihrem Auto ein Stück zum Hotel mitzunehmen, und sie weigerten sich, auch nur einen Penny für ihre Mühen anzunehmen. Saint Lucia ist ein Land der jungen Menschen; die Geburtenrate steigt rasant an, und fast jeder scheint unter dreißig zu sein.

Als ich an der Bar unterhalb meines Hotels vorüberkam, riß sich ein schmal gebauter Mann mit freundlichem, jungenhaftem Gesicht von seinem Dominospiel los und kam auf mich zugelaufen.

„*Excusez-moi, Mademoiselle* – "

„Es tut mir leid, aber ich spreche weder Französisch noch Patois."

„Oh, *bitte*, entschuldigen Sie, ich dachte, Sie wären Französin."

„Französin?"

„Ja. Wissen Sie, mein Vater ist Franzose, darum spreche ich die Sprache."

„Ihr Vater ist Franzose?"

„Ja."

„Reiner Franzose?"

„Ja." Er wischte sich die Schweißperlen von der Stirn und schlug nach einer Mücke, die sich auf seinem sorgfältig gebügelten Hemd niedergelassen hatte. Mir fiel auf, daß seine Lippen zitterten, und mir wurde klar, daß seine Nerven so sehr angespannt waren, daß er fast körperlichen Schmerz empfand. Wenn ich den armen Kerl so nervös mache, dachte ich, dann ist es das beste, ich lasse ihn allein, damit er „abkühlen" kann, wie es in Jamaika heißt.

„Entschuldigen Sie", sagte er leise. Ich wandte mich um und sah, daß er nervös auf der Unterlippe kaute. „Möchten Sie morgen zum Grillen kommen? Wir treffen uns hier."

„Das ist sehr nett von Ihnen."

„Es wird alle möglichen Fische geben. Mein Bruder fängt sie. Wenn Sie gegen halb zwei kommen, würde ich mich sehr freuen. Ich heiße Lionel, und Sie sind Miss – "

„Zenga."

„Ich freue mich, Sie kennenzulernen, Miss Zenga." Damit küßte er mir die Hand.

Dann wandte er sich hastig ab, und weg war er. Ich war angesichts seiner dunklen Hautfarbe erstaunt, daß er einen französischen Vater haben sollte; aber mittlerweile war meine eigene Haut so schwarz geworden, daß ich manchmal meine Gliedmaßen betrachtete und nicht als die meinen erkannte. Beim Frühstück am nächsten Morgen saß eine Gruppe von Amerikanern an einem großen Tisch, an dem die Hotelbesitzerin selbst bediente; sie war eine füllige ältere Dame, die sich einen blumigen Schal straff um den Kopf geschlungen hatte. Sie entfaltete einen gewaltigen Wirbel und eilte, beladen mit tropischen Früchten, heißem Buttertoast und allen erdenklichen Köstlichkeiten, nach denen die Amerikaner verlangten, lächelnd zwischen Küche und Speisesaal hin und her. Schnaufend und mit vollen wippenden Backen gab sie strenge Befehle an ihre Töchter aus, die um die Amerikaner herumflatterten und ihnen die Kaffeetassen füllten und Sahne eingossen. Ich saß an einem kleinen Tisch am Rande des Saals und hob jedesmal zögernd die Hand, wenn eine der Kellnerinnen vorüberhastete. Die jungen Mädchen beachteten mich überhaupt nicht, während die alte Dame ein knappes „Moment" rief, sobald sich unsere Blicke kreuzten.

Nach einer Weile landete klirrend ein gesprungener Teller mit einem altbackenen Stück Brot und einer Scheibe Preßschinken, gekrönt mit Marmelade und Butter, auf meinem Tisch und ließ mich erschrocken zusammenfahren.

„Danke", sagte ich, indem ich von meinem Buch aufblickte.

„He, sind Sie aus England?" Ein munteres amerikanisches Mädchen vom Nachbartisch zog ihren Stuhl zu mir herüber und schob ihr Gesicht ganz nah an meines. Sie schien nur noch aus Sommersprossen und Zähnen zu bestehen.

„Ja."

„Hei. Mein Name ist Evelyn, ich komme aus Washington, D.C. Wir sind Christen und möchten das Wort Gottes mit Ihnen teilen."

„Oh. Ah."

„Was lesen Sie da für ein Buch?"

„Gogol."

„Ja? Also, ich les' was viel Besseres." Damit zog sie eine Bibel hervor.

„Ah."

„Wollen Sie Ihr Buch gegen das Buch Gottes tauschen?"

„Ich – äh –" Glücklicherweise wurde ich von der Kellnerin gerettet, die eine Metallkanne mit dampfendem Tee vor mich hinknallte.

Das Grillfest in der Bar von Lionels Bruder erwies sich in der Tat als ein äußerst erfreuliches Ereignis. Lionels kleine Nichten und Neffen rannten lachend und scherzend umher und ließen darauf schließen, daß die künftige Generation auf Saint Lucia eine wesentlich frechere Bande sein wird als die gegenwärtige. Ich wurde mit Schwestern, Brüdern und Meg, der Katze, bekanntgemacht. Unter einem Mandelbaum sitzend, einen Pappteller mit köstlichem Papageifisch auf dem Schoß, plauderte ich mit Lionel über sein Leben und seine Träume. Er war ein einundzwanzigjähriger, im Augenblick arbeitsloser Matrose, der aber schon auf vielen Handelsschiffen gefahren war.

„Und da habe ich auch Jamaikaner kennengelernt. Das sind wirklich üble Kerle, finden Sie nicht?"

„Nein, mein Schwager ist Jamaikaner, und seine ganze Familie ist wunderbar."

„Tut mir wirklich leid. Ich wollte nicht sagen, daß sie *alle* übel sind, nur die – äh – die üblen Kerle. Sie haben eine furchtbare Ausdrucksweise, Miss Zenga, wirklich."

„Was für eine furchtbare Ausdrucksweise?"

Eine kühle Brise wehte vom Meer herein, und eine Schiffssirene heulte trostlos auf. Lionel errötete.

„Naja, wissen Sie, so was wie" – mit Flüsterstimme nahe an meinem Ohr – „Fluchen!"

„Niemals! Das glaube ich Ihnen nicht!"

„Doch, das tun Sie! Ehrlich! Wenn ich Sie erst einmal besser kenne, erzähle ich Ihnen etwas wirklich Schreckliches, das ich von einem Jamaikaner gehört habe."

Ein dreijähriges Kind kam zu mir gestolpert und riß mir die Flasche Chilisauce aus der Hand.

„Wenn du noch mehr Chilisauce nimmst, verhau' ich dich!"

„Chantelle!" sagte Lionel mit einem ängstlichen Stirnrunzeln. „Sei nicht unhöflich zu Miss Zenga!"

„Aber der liebe Gott wird sie dafür bestrafen, daß sie diese Ohrringe trägt!" Lionel begann erst zu lachen, als er sah, daß ich grinste, doch den anderen Leuten in der Bar war die Sache so entsetzlich peinlich, daß sie das Mädchen wegzerrten und bestraften. Doch sie kam unbeirrt zurückgehüpft wie ein Gummiball und rief mir Schimpfworte in Patois zu. Ich wußte sofort, daß wir bald Busenfreundinnen sein würden, und ich behielt recht. Nichts erfreut das Herz so sehr wie ein freches Kind. Lionel holte mir einen Korb mit Früchten, die er auf dem Markt für mich gekauft hatte, Mangos, Bananen, Orangen, kandierte Kokosnuß und süße Tamarindenhülsen.

„Bitte, nehmen Sie es als Zeichen meiner Dankbarkeit, Miss Zenga."

„Aber Master Lionel? Wofür sollten Sie dankbar sein?"

„Für Ihre Gesellschaft." Tiefe Röte stieg ihm in die Wangen, und sein Blick wanderte zu den Bergen hinauf. Ich kaufte ihm jede Menge Bier und Zigaretten und hoffte, damit seiner Schüchternheit abhelfen zu können, doch es schien alles nichts zu nützen. Ich sah ihn mir an, so klein und verschwitzt und schüchtern, und dachte an meinen Halbert, so draufgängerisch, groß und selbstbewußt – Saint Lucia mit seiner stillen, sanften Schönheit und Dominica mit seinen Urwäldern und seiner schwülen Intensität.

Plötzlich fühlte ich mich so sehr zu Hause, als wäre dies der Ort meiner Bestimmung. Die weißen Schiffe, die in der Sonne glänzten; die Kinder, die in den Fischerhütten an der Hafenpromenade ein und aus liefen; und die alten Frauen, die vor den Türen saßen, die geflochtenen Haare unter verblichenen Tüchern verborgen: das alles wirkte so vertraut und anheimelnd, daß es mir fast vorkam, als wäre ich in dieser Umgebung aufgewachsen.

Bei Nacht ist Castries fast völlig ausgestorben. Nur wenige Menschen halten sich in den Straßen auf, nur eine Handvoll Kneipen sind geöffnet, und die haben keine Gäste.

Lionel schlug vor, ins Kentucky Fried Chicken zu gehen, und ich bin wirklich froh, daß wir es taten. Es ist *der* Treffpunkt in Castries, nur daß es hier ein *Langsam*-Imbiß war, in dem sich die Menschen gesittet und in ordentlichen Warteschlangen bis hinaus auf die Straße drängten.

Während wir vor unserem geschmacklosen Mahl saßen, unterhielt ich mich leise mit Lionel über die „Junkies", oder Drogenabhängigen, die wir auf dem Weg zum Stadtzentrum gesehen hatten. Anscheinend gab es eine wahre Plage von Süchtigen, die eine Droge namens „Rock" nahmen, die den Benutzer vollkommen ausrasten läßt. Einige junge Männer hatten auf einer Mauer gesessen und die Vorübergehenden mit wüsten Beschimpfungen verfolgt, sich gelegentlich gegenseitig herumgestoßen und sich dabei in heftigen Krämpfen gewunden. Niemand hatte von ihnen Notiz genommen, und Lionels Anstandsgefühl hatte es ihm verboten, näher auf sie einzugehen.

Ich setzte eben an, Lionel zu der großen Zahl seiner Freunde zu beglückwünschen und mein Erstaunen darüber auszudrücken, daß ihn in Castries jeder beim Namen kannte, als sich ein Rasta mit rollenden Augen an unseren Tisch lümmelte und mir ein Hühnchenstück aus der Hand riß.

„*Bitte sehr*, bedien dich ruhig."

Er starrte mich aus Augen an, die so gerötet und wahnsinnig waren, daß ich den Blick abwenden mußte. In Lumpen gekleidet, eine schmutzige Wollmütze tief in die Stirn gezogen, begann er, französisch auf mich einzureden.

„Ich bin keine Französin."

„Wenn man hier von Französisch spricht, meint man Martinique, Dummchen. Woher kommst du?"

„England."

„England! He! Was dagegen, daß ich deine Fritten aufesse?"

„Tu dir keinen Zwang an."

„Wir wollten gerade gehen", sagte Lionel steif.

„So, aus London – was ist zur Zeit los dort?"

„Naja, es ist groß, und es gibt viele Geschäfte und so."

„Nein! Ich meine, wie ist die Stimmung?"

„Ganz gut, nehme ich an. Wie's mit der Stimmung so geht."

„Hexenkessel, was? Brixton. Die Straßenschlachten."

„Jep, ich lebe in Brixton."

„Kommen Sie, Miss Zenga, gehen wir!"

„He! Du lebst in Brixton! Was hast du getan während der Straßenschlachten?"

„Die Flammen von meinem Schlafzimmerfenster aus beobachtet."

„Mann! Ich gehe nach Addis Abeba. Zurück nach Äthiopien. Mein Name ist Zion. Ich und ich bin Rastafari."

„Mein Name ist Zenga. Ich und ich bin hungrig, weil du und du mir alles weggegessen – "

„He!" Seine Augen traten so weit aus den Höhlen, daß ich die schreckliche Befürchtung hatte, sie würden herausfallen. „Zenga! Afrikanischer Name? Was bedeutet er?"

„Ich warte draußen auf Sie."

„Nein, Lionel, bleiben Sie!"

„Ich und ich will nach Äthiopien, aber zuerst will ich Babylon sehen. Frankreich, Deutschland, England, Spanien, Babylon."

„Warum sagst du Babylon dazu?"

„Wie kannst du so fragen, Schwester? Du hast keine Ahnung. In Babylon herrscht die reine Sünde, und in England – "

Lionel machte Anstalten, hinauszugehen. Ich hätte mich für mein Leben gern stundenlang mit Zion unterhalten und trennte mich nur sehr widerwillig.

„Gib mir einen Dollar – oder zwei", sagte Zion, als wir draußen in der schwülen Nacht standen.

Ich gab ihm zwei Dollar.

„Zenga, Mann", und wir ließen die Fäuste sehr zart aneinanderprallen.

Auf dem Rückweg zum Hotel belehrte mich Lionel sehr schulmeisterlich darüber, daß ich mich nicht mit solchen Leuten einlassen dürfe.

Als wir am Stadtrand angelangt waren und die grölenden Junkies hinter uns gelassen hatten, drang aus den Hütten ein lebhaftes Gewirr von Reggae, Gelächter und Gesprächsfetzen. Alle, denen wir begegneten, riefen Lionel freundliche Grußworte zu. Zirpende Grillen lieferten ein endloses Hintergrundgeräusch.

„Tuuwii tuuwiit!"

„Das sind Zikaden. Wenn du eine Zikade im Haus hast, geht's dir die ganze Nacht schlecht. Du kannst sie niemals finden, aber du kannst sie hören."

Obwohl es schon spät am Abend war, ging Lionel mit mir zum Krankenhaus, um die Fréundin seines Bruders zu besuchen, die an Ruhr litt. Das Hospital war wunderbar sauber und ordentlich, und die fröhlichen, teilnahmsvollen Schwestern gingen in ihrem Eifer so weit, den Patienten vorzulesen. Desungeachtet schoben sie Lionel und mich ohne viel Federlesens aus dem Weg und scheuchten uns im Nu wieder auf die Straße hinaus.

Am nächsten Tag fand die erste Rundfahrt statt. Ein Minibus holte mich am Hotel ab; und als der Fahrer mich sah, schimpfte er augenblicklich los, ich hätte unten am Berg warten sollen.

„Wie kommen Sie darauf, zu erwarten, daß ich mit allen anderen Fahrgästen den ganzen Weg hier hoch komme?"

Gehässige Blicke trafen mich aus der Gruppe englischer Touristen.

Saint Lucia ist von so erlesener Schönheit, daß man sich ganz wie im Traum fühlt. Die Reisebegleiterin, eine Indianerin namens Margaret, begann mit gespreizter Stimme zu erzählen, wie lange eine Bananenstaude braucht, bis sie Früchte trägt, aber irgendwann hört man auf zuzuhören, wie bei allen diesen Rundfahrten, und sieht nur noch aus dem Fenster, um den Ausblick zu bewundern.

Wir machten eine Tour durch den Regenwald, und mir war jede einzelne Sekunde des langen Fußmarsches zuwider. Wir stapften einen langen, morastigen Pfad hinunter, zu beiden Seiten von dichtem Dschungel bedrängt. Hin und wieder blieb Margaret stehen und hielt mit ihrer unangenehmen Bühnenstimme einen Vortrag über den einen oder anderen Baum. Ich konnte nicht in die Höhe blicken, nur nach unten, aus Furcht, in dem glucksenden Matsch auszurutschen. Die Reiseleiterin verwickelte mich in eine krampfhafte Unterhaltung und erzählte mir, daß sie Verwandte in Wembley hatte.

„Ich habe gehört, in Wembley ist es ordentlich und sauber, und es gibt keine unangenehmen Jamaikaner, die immer nur Ärger machen. Sie rufen den Schwarzen in England Schimpfworte nach, stimmt das?"

„Sind Sie je einem Jamaikaner begegnet?"

„Oh nein, noch nie!" Dann warf sie mir einen nachdenklichen Seitenblick zu und kicherte nervös. Ich glaube, ihr war plötzlich der Gedanke gekommen, daß ich Jamaikanerin war, und die Vorstellung amüsierte sie zutiefst.

Ich hörte ein Flattern über mir, und als ich auflickte, sah ich einen der Grünen Papageien von Saint Lucia, der seine gewaltigen Schwingen ausbreitete. Es war zwar ein herrlicher Vogel, aber auch er konnte mich nicht aus meinem Trübsinn reißen. Jeder weiß, daß der Regenwald die Heimat der Talipots ist, und so wurde die Wanderung eine alptraumhafte Erfahrung für mich!

Lionel saß unter dem Mandelbaum in der Bar seines Bruders, als ich zurückkam.

„Kommen Sie zum Abendessen, Miss Zenga, wenn Sie Lust haben, und dann gehen wir ins Kino."

Während wir uns durch das Dickicht einen Weg zu seiner kleinen Hütte bahnten, erklärte mir Lionel alle Bäume, die wir sahen.

„Das ist Tamarinde, das ist Eukalyptus, das ist Mango, und das –", hier berührte er eine kleine, farnartige Pflanze, deren Blätter sich augenblicklich zusammenrollten, „ist Springkraut."

Als wir sein hübsches, grünes Häuschen erreicht hatten, war ich Expertin in bezug auf die Pflanzenwelt von Saint Lucia.

Lionel teilte sich das obere Stockwerk des Hauses mit seiner Schwester und seinem Bruder, und im unteren wohnten seine beiden Vettern mit ihren Frauen. Das Haus war zwar sehr ärmlich, aber sauber und ordentlich, und überall stieß man auf Madonnen und andere katholische Devotionalien.

„Christina!" rief Lionel zaghaft.

„Jaa", drang eine Stimme aus dem Nachbarzimmer, das mit einem kunstvollen Spitzenvorhang abgeteilt war.

„Ich möchte dir meine liebe Freundin Zenga vorstellen."

Eine große, herrisch wirkende Frau trat durch den Vorhang und schüttelte mir in geschäftsmäßiger Manier die Hand.

„Hallo, Miss Zenga, freut mich, Sie kennenzulernen."

„Freut mich auch, Sie kennenzulernen, Miss Christina. Kommen Sie heute abend mit ins Kino?" fragte ich, weil mir gerade nichts Besseres einfiel.

„Wohin?"

„Ins Kino, wissen Sie, einen Film ansehen."

„Ins Kino! Aber ich bin doch gläubige Christin! Ich würde nie an einen solchen Ort gehen! Der einzige Film, den ich mir ansehe, ist der, den sie sonntags in meiner Kirche zeigen. Sie müssen einmal mitkommen."

„Sehr gern. Welcher Kirche gehören Sie an?"

„Der Pfingstkirche, und der Film, der gezeigt wird, heißt *Flammen der Hölle*."

„Mmmm, ja. Klingt wirklich gut! Lionel – wollen Sie am Sonntag mitkommen?"

„Nein."

„Lionel ist kein gläubiger Christ, auch wenn er Katholik ist; aber Sie kommen doch, oder nicht?"

„Nur, wenn Lionel mitkommen kann."

„Ich gehe nicht mit."

„Er geht nie irgendwohin, wo es anständig zugeht; aber ich hoffe, ich sehe *Sie* am Sonntag in der Kirche. Lionel wird Ihnen die Adresse geben."

Ich nickte, worauf die Schwester den Spitzenvorhang schwungvoll wieder zuzog und in ihrem Zimmer verschwand.

Auf dem kleinen Plastiktisch war ein Baumwolltuch über irgend etwas gebreitet, das traumhaft verführerisch roch. Leider waren Lionel und ich im Umgang miteinander so höflich, daß es keiner von uns fertigbrachte, das Wort Essen zu erwähnen. Irgendwie hätte es einen zu gewöhnlichen Eindruck gemacht. Jedesmal, wenn Lionel husten mußte, verließ er das Zimmer mit einem verlegenen „entschuldigen Sie bitte". Nach einer Weile trat Lionels Bruder ein, nicht ohne vorher angeklopft zu haben, und enthüllte die Speisen. Ein wahres Festmahl! Makkaroni, pikant gebratenes Huhn, Kartoffeln und weiße Bohnen mit Schweineschwänzchen.

„Bitte, bedienen Sie sich, Miss Zenga, nehmen Sie, soviel Sie wollen."

„Das sieht köstlich aus", sagte ich schmachtend. „Wer ist der Meisterkoch?"

„Ich", erwiderte der Bruder und senkte verschämt den Kopf.

Wenn mich jemand auffordert, mich zu bedienen, dann nehme ich ihn beim Wort. Nachdem ich meinen Teller zu schwindelnder Höhe vollgehäuft hatte, ging ich laut schmatzend und Knochen nagend zu einer Attacke der Gefräßigkeit über. Als ich mich umwandte, um mit einem Glas Fruchtsaft dem Koch zuzuprosten, sah ich, daß Lionel sein Essen nicht angerührt hatte, sondern, gemeinsam mit seinem Bruder, mich mit weit aufgerissenen Augen anstarrte. Ich hatte einen großen Fehler gemacht. In Saint Lucia sollte eine „Dame" ihre Gefühle, sei es nun Gier oder sonst etwas, nicht offen zeigen; und so beendete ich meine Mahlzeit so gesittet wie möglich und erkundigte mich sogar nach dem Badezimmer, um mir die Hände zu waschen und meine Gastgeber zu beeindrucken.

„Das Badezimmer!" rief Lionel erschrocken aus.

„Das Badezimmer!" keuchte sein Bruder, und die beiden sahen sich mit vor Verwirrung offenstehenden Mündern an.

„Miss Zenga", flüsterte Lionel schließlich und zog mich beiseite. „Ich muß Ihnen etwas sagen. Ich hoffe, Sie werden es verstehen. Wissen Sie – ach, es ist mir ja so peinlich."

„Aber natürlich werde ich es verstehen, mein lieber Master Lionel."

„Also", seine Augen wurden feucht vor Nervosität, „wissen Sie, die Sache ist die, daß wir überhaupt kein Badezimmer haben. Nur eine Sickergrube und einen Wasserhahn im Hof. Miss Zenga – bitte, sagen Sie etwas. Sind Sie wirklich so schockiert?"

„Lionel. Wenn Sie sehen würden, wie ich in London lebe, wären Sie es, der schockiert ist. Das einzige Gefühl, das ich Ihnen gegenüber hege, ist Freundschaft. Jetzt zeigen Sie mir bitte, wo der Wasserhahn ist, und hören Sie auf, so albern zu sein."

Lionel wurde fast ohnmächtig vor Freude darüber, daß mich das Fehlen eines richtigen Badezimmers nicht mit Abscheu erfüllte. So begeistert war er, daß sein Appetit zurückkehrte und er ein paar Bissen zu sich nahm.

Dann tupfte er sich mit einer Serviette geziert die Mundwinkel ab und bekreuzigte sich und dankte dem Herrn.

„*Sa ces tout*, Miss Zenga, *un nous allez.*"

„Wie bitte?"

„Oh, verzeihen Sie, ich sagte, das war alles, lassen Sie uns gehen."

Ich sah ihn voller Bewunderung an. Zweisprachige Menschen flößen mir stets beträchtliche Ehrfurcht ein, und die meisten Bewohner der Karibik beherrschen zwei Sprachen, die offizielle und die des „Volkes". Das Patois in Saint Lucia, häufig auch Patwa geschrieben, klingt wie Französisch, hat aber eine stark westafrikanische Färbung. Das „R" wird niemals ausgesprochen, so daß aus Zigaretten beispielsweise „Zigawetten" werden.

Nachdem wir uns ausgiebig die Hände geschüttelt und höfliche Abschiedsworte mit der Familie ausgetauscht hatten, wanderte ich mit Lionel den pechschwarzen Hang hinunter. Mütter, die ihre Kinder stillten und leise im Dunkel miteinander plauderten, riefen Lionel „*Sa ou fait*" zu, als wir vorübergingen. Nach einem Spaziergang von ungefähr einer Meile waren wir am Kino angelangt. Vor dem Eingang standen die Menschen mit ordentlich vor dem Körper verschränkten Händen Schlange. An diesem Abend zeigte man den Film *Der Fluch der Mumie*.

„Möchten Sie während des Films etwas Süßes essen, Miss Zenga?"

„Oh ja, eine gute Idee –" KRACH! Ein Stein zischte mit Lichtgeschwindigkeit an meinem Kopf vorbei, knallte in eine Schaufensterscheibe neben dem Kino und zerschmetterte sie in tausend Stücke.

Alles schrie und rannte in Deckung. Im nächsten Augenblick folgte ein zweiter Stein, und hätte ich mich nicht geduckt, so wäre ich nicht mehr am Leben, um Ihnen diese Geschichte zu erzählen. Immer mehr Steine flogen uns um die Ohren, und bald schien es, als hätte sich ganz Castries in eine gewaltige Lawine verwandelt. Zwei Junkies waren in eine blutige Auseinandersetzung verwickelt. Der eine war mit einer tödlich aussehenden Keule bewaffnet, die er in Richtung auf den Kopf des anderen Junkies schwenkte, der seinerseits mit roher Gewalt große Steine schleuderte. Gellende Patois-Flüche erfüllten die Luft.

Lionel steuerte mich zu einem anderen Kino, in dem ein unvorstellbar langweiliger Film über einen Mann und eine Frau gezeigt wurde, die nach Griechenland reisen und sich dort zu irgendwelchen öden Seitensprüngen versteigen. Lionel bestand darauf, oben auf der Empore zu sitzen, damit wir uns nicht unter die Halbstarken im Parkett zu mischen brauchten.

„Ja", witzelte ich, „es ist nicht gut, sich mit den Prolos einzulassen."

„Was sind Prolos?"

„Pöbel."

„Was für ein herrliches Wort! Prolos. Schreiben Sie es mir auf, damit ich es mir merke. Wie recht Sie haben! Man soll sich nie mit Leuten wie diesen abgeben. Manche Menschen wissen wirklich nicht, was sich gehört, nicht wahr? Sie lassen ihre Kinder auf der Straße spielen und führen üble Reden."

Die „Prolos" unten lärmten und grölten aus purer Langeweile. Immer wenn das Geschrei zu laut wurde, leuchtete eine Schrift auf der Leinwand auf: „Ruhe bitte", aber niemand nahm auch nur die geringste Notiz davon. Weil er an einem Anfall übertriebenen Anstandsgefühls litt, weigerte sich Lionel, sich zu der Junkie-Schlägerei zu äußern, und das Thema wurde nie wieder erwähnt.

Nach dem Kino schlug Lionel vor, wir sollten nach Gros Islets fahren, einem verschlafenen Fischernest im Norden der Insel.

Wir drängten uns in einen Minibus, in dem ein sehr melodischer Calypso aus dem Lautsprecher dröhnte. Außerhalb des Busses war nichts zu erkennen, nur hin und wieder schimmerte ein Fluß, auf den das Mondlicht fiel.

Gros Islets, das tagsüber in verträumte Ruhe getaucht ist, wird am Abend zu einer Stätte lärmenden Trubels, und die Grillbuden, an denen Rindfleisch-, Lamm- und Langustenspieße verkauft werden,

247

stehen dann dicht an dicht. Socamusik und Gelächter erfüllte die Luft, und Einheimische wie Touristen schwirrten wie Wespenschwärme durch die Straßen.

Ich trank mit Lionel in einer coolen Bar namens Psychedelic Garden, einem Rasta-Treffpunkt. Hier saßen völlig bedröhnte Rastafaris mit ihren weißen Freundinnen herum und wurden von stieläugigen weißen Touristen bestaunt.

„Warum sind die Rastas so beliebt bei den weißen Frauen?" wollte Lionel wissen.

„Es ist wie mit dem Gedicht von Mary und dem kleinen Lamm. Rastas mögen eben weiße Frauen, weißt du."

„Aber warum mögen sie sich gegenseitig?"

„Ich weiß es nicht. Warum wirst du nicht Rasta und probierst es selbst aus?"

„Ich! Meine liebe Miss Zenga, daß ich nicht lache!" Lionel schlug die Hand vors Gesicht und kicherte aufgeregt.

Ganz gegen meinen Willen schleppte mich Lionel in ein Lokal, das von Touristen aller Nationalitäten besucht wurde, vorwiegend von Deutschen. Lebhafte Calypsoklänge erfüllten die Luft, aber „Schwofen" war für Lionel und mich tabu. Jedesmal wenn wir uns beim Tanzen zufällig berührten, zuckte Lionel zurück und murmelte: „Ich bitte um Verzeihung!"

„Lionel", sagte ich einige Stunden später, „gehen wir, es ist fast vier Uhr morgens. Ihnen machen diese langen Nächte nichts aus, Sie sind jung, aber ich komme in die Jahre und kann dieses Tempo nicht mehr mithalten."

„In die Jahre! Wie alt sind Sie?"

„So um die Mitte zwanzig."

„Mitte zwanzig! Meine Güte! Man wird eben *wirklich* älter, was? Tut mir leid, daß ich Sie so lange aufgehalten habe!"

Das war natürlich die falsche Antwort, aber einem gutaussehenden Einundzwanzigjährigen kann man alles verzeihen.

Als wir uns zwischen den ausgelassenen Grüppchen auf den Straßen hindurchschlängelten, blieb ich beim Anblick einiger englischer Touristen stehen und lachte. Während die Menschen von Saint Lucia mit natürlicher Anmut und Leichtigkeit tanzten, wanden sich die Engländer in fieberhaften Zuckungen. Eine Frau hätte in ihrer grotesken Besessenheit um ein Haar einen Getränkestand umgeworfen.

„Sie dürfen sie nicht auslachen, Miss Zenga, das ist sehr unhöflich. Wissen Sie, Sie sind eine afrikanischstämmige Engländerin, darum tanzen Sie wie die Westinder."

„Lustig, daß Sie das sagen; Sie nämlich auch."

„Vielen Dank."

So genossen wir, während wir in einem Minibus Richtung Castries zurück schaukelten, die Freude, uns gegenseitig immer neue Komplimente zu machen.

„Hätten Sie Lust, mich morgen auf einer Inselrundfahrt zu begleiten, Master Lionel?" Ich hatte mich während der vorangegangenen Fahrt unerträglich einsam gefühlt und war sicher, daß Lionels zauberhafte Persönlichkeit das ideale Gegenmittel gegen die schlimme Arroganz der Touristen sein würde.

„Oh, Miss Zenga, meinen Sie das wirklich ernst? Wollen Sie ehrlich, daß ich mitkomme?"

„Ich hole Sie morgen früh um sieben vor ihrem Haus ab."

„Oh, Miss Zenga, ich würde Ihnen so gern danken, aber meine Zunge kann die Freude nicht ausdrücken, die Sie mir gemacht haben."

Die Schwefelquellen im Süden der Insel werden als der einzige Drive-in-Vulkan der Welt angepriesen. Als unser Trupp, bestehend aus Lionel, mir und einigen englischen und amerikanischen Touristen, darauf zustrebte, wurde der Schwefelgeruch eindeutig abscheulich. Ein junger Reisebegleiter beklagte sich darüber, daß sein Geruchssinn, nachdem er einige Monate dort gearbeitet hatte, stark eingeschränkt war.

„Selbst wenn mein Essen anbrennt, sitze ich ruhig und gemütlich da und rieche nichts."

Über der ganzen Gegend lag ein Hauch von Hades. Aus großen Kratern stieg brodelnd und gurgelnd bedrohliche Hitze auf. Dort hatten die karibischen Indianer in alten Zeiten ihre Menschenopfer gebracht. Und bis zum heutigen Tag fallen immer wieder Menschen in die Krater und finden einen vorzeitigen Tod. Ein schrecklicherer Anblick hat sich mir nie geboten.

Wir zogen weiter. Als wir uns den Diamantfällen näherten, durchschritten wir das Tor zum Himmel. Ein Wasserfall plätscherte in einer schattigen, von duftenden roten und violetten Blumen überwucherten Grotte. Reine, vollkommene Schönheit hat etwas fast Unerträgliches, so überwältigend ist die Kraft ihrer Ausstrahlung.

Beim Mittagessen in einem vornehmen Hotel scharten sich die Touristen eng zusammen und weigerten sich, mir und Lionel Platz zu machen. Eine Engländerin in mittleren Jahren stellte scheinbar gedankenlos ihre Handtasche auf den Stuhl, auf den ich mich gerade setzen wollte, und ein Amerikaner in der üblichen amerikanischen Uniform aus weißer Kappe, Buschhemd und Shorts erklärte Lionel mit einem Lächeln, daß der Platz bereits besetzt sei, den er gerade einnehmen wollte. Also setzten wir uns weit weg von den Weißen an einen Tisch mit den Fremdenführern und Reiseveranstaltern und begnügten uns mit einem sehr viel schlechteren Essen als die übrigen Touristen.

„Ich wollte einmal einen Engländer heiraten", erzählte eine Reisebegleiterin und lachte zwischen zwei großen Mundvoll Reis und Bohnen.

„Aber dann beschloß ich, es nicht zu tun, weil unsere Kultur zu unterschiedlich war."

„Das hätte doch nichts ausgemacht. Wahre Liebe überwindet alle Hindernisse."

„Nicht in diesem Fall. Ich meine, der Mann war nicht einmal ein Farbiger!"

„In England", konnte ich mich nicht enthalten, einzuwerfen, „wird das Wort ‚farbig' als beleidigend empfunden."

„Aber ich *bin* farbig! Ich bin nicht schwarz."

Lionel verschluckte sich vor lauter Nervosität an seinem Essen, und das Thema wurde fallengelassen.

Die Rundfahrt dauerte den ganzen Tag und führte uns durch malerische Fischerdörfer und gemütliche kleine Städtchen mit Holzhäusern im Kolonialstil. Schulkinder indianischer und afrikanischer Abstammung starrten die Touristen an, als seien sie Wesen von einem anderen Stern.

Als wir durch ein sehr hübsches Dörfchen schlenderten, in dessen Hafen viele buntbemalte Fischerboote lagen, kam ein piekfein gekleideter, hochgewachsener Mann auf mich zu und fragte, ob ich die Touristen schon über die Korallen informiert hätte.

„Was ist mit den Korallen?"

„Daß es 5000 Dollar Strafe kostet, wenn Sie sie außer Landes bringen. Ich habe Korallen zu verkaufen, und ich möchte sie an diese Leute verkaufen."

„Aber warum hätte *ich* sie informieren sollen?"

„Sie *sind* doch die Reisebegleiterin, oder nicht?"

„Natürlich nicht! Ich bin als Touristin hier."

„Was! Schämen Sie sich nicht, eine Touristenrundfahrt zu machen? Eine schwarze Frau wie Sie! Sie sollten sich die wahre Kultur von Saint Lucia ansehen und nicht mit Ausflugsbussen herumfahren."

„Nun, mein Freund hier *ist* aus Saint Lucia, und er fährt auch mit Ausflugsbussen herum."

Die Augen des Mannes schauten uns unter schweren Lidern verächtlich an.

„Sie sollten sich schämen!" Damit war er verschwunden.

„Oh, Miss Zenga, der Mann verkauft illegal Korallen. Glauben Sie, wir sollten die Polizei benachrichtigen?"

Ich schüttelte den Kopf. Lionel eilte zu einer Gruppe leutseliger Amerikaner und warnte sie eindringlich vor den Gefahren, die ein Korallenkauf mit sich bringen würde. Lachend legten sie ihm die Arme um die Schultern und ließen ihn wissen, daß sie im Leben nie auch nur eine Koralle anrühren würden. Lionel atmete erleichtert auf.

„Wie schrecklich, wenn jemand in Schwierigkeiten käme!"

An diesem Abend saß ich mit Lionel auf der Veranda vor seinem Haus, und wir tranken selbstgebrautes Ingwerbier. Sein Bruder hatte mir gezeigt und beigebracht, was man von der Küche von Saint Lucia wissen muß – von Würstchen-Chow-meyn bis zu gesalzenem Fisch und Knödeln –, und nun erholten wir uns von der üppigen Mahlzeit, die ich für die elfköpfige Familie gekocht hatte. Glühwürmchen blitzten hier und dort auf, und der Mond warf einen silbrigen Schein auf das Wasser des Hafens. Christinas Gospelmusik vermischte sich mit den dröhnenden Reggae-Rhythmen der Brüder im Untergeschoß. Chantelle, Lionels dreijährige Nichte, übte sich in aufreizenden Posen vor einem Spiegel.

„Eine Menge Freunde habe ich, Miss. Weil ich nämlich so hübsch anzusehen bin, weißt du."

„Ja, Chantelle, du bist wunderschön."

„Monsieur! Das weiß ich doch!"

„Wie ist es in England?" fragte Lionel unverhofft.

„Die Leute sind spöttisch, sie spotten über alles und jedes. Und sie hören erst auf, zu spotten, wenn du am Boden zerstört bist. Wovon du auch reden magst, nichts ist ihnen heilig, mit allem wird Spott getrieben."

„Würden Sie mich verspotten?"

„Aber selbstver*ständlich*!"

„Verspotten die Leute Sie?"

„Ununterbrochen, ohne auch nur Luft zu holen."

„Oh je. Das ist nicht sehr nett. Das ist überhaupt nicht sehr nett! Warum tun sie das?"

„Vielleicht hat das trübe Wetter etwas damit zu tun, aber wahrscheinlicher ist es, daß Reichtum immer Mißgunst und Bosheit erzeugt. Aber ich glaube, es ist besser, wenn wir diese Unterhaltung jetzt beenden, denn zum ersten Mal in meinem Leben entwickle ich alle Symptome einer Englanditis."

An Englanditis zu erkranken, ist eine ernste Angelegenheit, besonders wenn man zufälligerweise in diesem Lande lebt.

Am Sonntag ging ich zur Kirche, um mich von den bitteren und bösen Gefühlen zu reinigen, die in meinem Herzen schwärten.

Katholische Gottesdienste rühren mich ganz besonders an, wegen der vielen feierlichen Handlungen, die damit verbunden sind. Die Gemälde in der Kathedrale wirkten während der Messe nur noch prachtvoller. Es gab keine freien Sitzplätze mehr. Hunderte von Menschen standen im hinteren Teil der Kathedrale und drängten sich draußen vor dem Portal. Die Andächtigen, die in feierliches Schwarz gekleidet waren, hielten die Köpfe ehrfürchtig gesenkt, und viele der Frauen hatten die Gesichter mit Spitzenschleiern verhüllt.

Ich dachte eben darüber nach, wie gläubig die Menschen von Saint Lucia doch sind, als ein alter Mann, der im hinteren Teil des Gotteshauses neben mir stand, mich ansprach und sich nach meinem Namen und Alter erkundigte und fragte, ob ich am Abend mit ihm ausgehen und Rum trinken würde.

„Ssch. Ich möchte die Messe hören."

„Aber Sie haben sexy Beine!"

„Was fällt Ihnen ein!"

„Zieren Sie sich nicht! Lassen Sie uns gehen, die Messe ist langweilig. Kommen Sie mit zu mir, da habe ich etwas Nettes für Sie."

Ich drängte mich nach vorn und bemühte mich, wieder eine fromme Miene aufzusetzen. Merkwürdig, daß der erste Mensch, der mir in Saint Lucia unsittliche Anträge machte, dies ausgerechnet in der Kirche tat, aber so ist es nun einmal.

Von seinem Vater, einem griesgrämigen alten Martiniquaner, erhielt Lionel die Erlaubnis, mit mir in seinem kleinen Fischerboot eine Tour um die Insel zu machen. In der darauffolgenden Woche segelten wir jeden Tag einmal um die Insel, warfen Anker in idyllischen, abgelegenen Buchten und schwammen zwischen Schwärmen von leuchtend bunten Fischen. Mensch und Natur in vollendeter Harmonie.

Bei einer dieser Gelegenheiten ankerten wir in der Nähe eines Berghanges und stiegen den Pfad hinauf, der durch ein Gewirr von Schlingpflanzen, Guaven und Bananenstauden (die hier Feigenbäume genannt wurden) verlief.

Ein bedrückendes graues Gebäude ragte vor uns auf, und ich bemerkte, daß auf einer Seite des Gemäuers hinter unüberwindlichen Eisengittern Männer standen, die zu uns herüberstarrten. Die meisten von ihnen gaben ein wirres Geschrei von sich, aber ein Mann, der einen Hut wie in Martinique trug, betrachtete die Welt mit den traurigsten Augen, die ich je gesehen habe.

„Miss, Miss", brüllte einer der Männer, „geben Sie mir einen Dollar für Kuchen!"

„Geben Sie ihm nichts", flüsterte Lionel, „das ist die Nervenheilanstalt, und wenn Sie einem dieser Männer etwas geben, sind Sie Ihr ganzes Geld los."

Wir wanderten hinüber zum Frauentrakt, wo die weiblichen Patienten in wirrem Gedränge saßen. Ein paar Jungen standen vor den Gittern und boten ihnen etwas zu essen und Dosengetränke an.

Wieder am Männerflügel angelangt, hörte ich einen Mann etwas in Patois rufen.

„He, he! Sprichst du nicht mit meinesgleichen, Antoinette?" Ich wandte mich zu ihm um und sah einen verwahrlosten Mann in einem verschmutzten weißen Anzug vor mir.

„Natürlich spreche ich mit Ihnen."

„Französisch?"

„Nein, Anglais."

„Nein, nein, du bist Französin. Du bist Antoinette!"

Als der Mann die Arme durch das Eisengitter nach mir ausstreckte und mit heiserer Stimme etwas in Patois schrie, wich ich zurück; doch er setzte sein Gebrüll fort, bis wir uns ein gutes Stück auf der gewundenen Straße entfernt hatten.

„Was hat er gesagt, Lionel?"

„Er hat gesagt, Sie wären seine verwitwete Frau aus Pointe-à-Pitre in Guadeloupe."

„Seine Witwe?" Ich bekam eine Gänsehaut.

„Die meisten Patienten haben eine Zeitlang in England gelebt; und der Sie angesprochen hat, ist ein sehr intelligenter Mann und hat früher einmal im Buckingham Palast gearbeitet. Aber jetzt hat er vollkommen den Verstand verloren."

England mit seinen leeren Verheißungen von Reichtum und Glück muß einen Außenseiter sehr schnell in den hellen Wahnsinn treiben.

Am Vortag meiner Abreise wurde die Tante von Lionels Schwägerin krank, so daß niemand da war, tagsüber im Laden zu arbeiten. Ich erbot mich, es zu übernehmen, nachdem ich erfahren hatte, daß es sich nur darum handelte, Sandwiches zu machen, Flaschenbier und Konservenmahlzeiten zu verkaufen. Der Laden war eine kleine Baracke, die auf halber Höhe an einem Hang lag und die Fischerhäuschen im Hafen überblickte.

Weltverdrossene Fischer kamen herein, stellten sich an den Tresen, tranken Bier und rauchten. Immer wenn jemand hereinkam, der einen besonders ärmlichen Eindruck machte, bezahlte ich ihm etwas zu essen und zu trinken, und so nahm der lange Tag seinen Lauf. Einen großen Teil der Zeit verbrachte ich damit, vor dem Laden auf einem Stein im Schatten zu sitzen, ins Leere zu starren und mich dabei ungemein karibisch zu fühlen. Von Zeit zu Zeit spielte ich mit den Männern Karten und verlor in beängstigendem Tempo Geld bei einem Spiel, das „Jagt die getupfte Dame" hieß. Ich schaffte es einfach nicht, die Regeln zu begreifen. Im wesentlichen schien es darum zu gehen, daß ich einen Haufen Geld hinlegte, worauf die Männer ein paar Karten ablegten, mein Geld nahmen und zu gleichen Teilen einstrichen. Ein höchst nervenaufreibendes Spiel, das ich hoffentlich nie wieder spielen werde.

An unserem letzten gemeinsamen Abend zog ich mit Lionel zum Abschiedstrunk durch ein paar Lokale der Stadt.

Mir war aufgefallen, daß ich, obwohl ich nun schon seit einigen Wochen in der Karibik war, noch bei weitem nicht genug Rum getrunken hatte. Wie es in dem alten Lied heißt:

Rum, Rum, mehr Rum für die Feste.
Rum für die Hochzeits- und Trauergäste.
Rum für Freunde, wer immer's auch sei,
Rum für die Feinde – nimm dir gleich zwei.

Ich gab mir alle Mühe, Lionel dieses fröhliche Liedchen beizubringen, während wir den langen Weg zu unserem Lokal in einem Stadtviertel namens Fulasha zurücklegten.

Lionel bestellte etwas zu trinken, und ich saß an einem Tisch und streichelte eine weiche, getigerte Katze, die leise in meinem Schoß schnurrte.

Kurze Zeit später setzte sich Lionel mit einem selbstgefälligen Lächeln zu mir.

„Bitte sehr, Miss, eine gute Flasche Whisky, die Sie aufmuntert und Ihr Herz erfreut, bevor Sie zu dieser Trinidad-Insel fliegen, von der Lionel mir erzählt hat", sagte der Barmann, indem er die Flasche und Gläser auf den Tisch stellte.

„Whisky!"

„Äh häh! Lionel wußte, daß Sie sich freuen würden."

Es sind Augenblicke wie diese, in denen man sich wünscht, wieder ein Kind zu sein ... und dann könnte man in einen gewaltigen Wutanfall ausbrechen, ohne für wahnsinnig gehalten zu werden.

„Aber Lionel", flüsterte ich mit erstickter Stimme, „Sie *wußten* doch, daß ich Rum wollte."

Lionel grinste. „Ja, aber ich dachte, da Sie so fein sind, ziehen Sie Whisky vor. Ist es nicht das, was alle feinen Leute trinken?"

Augenblicklich besänftigt, nahm ich einen Schluck. Niemand hatte mich je zuvor als fein bezeichnet, und ich genoß die Erfahrung.

Zwei Männer am Nebentisch knüpften ein Gespräch mit uns an, und Lionel begann ihnen in leidenschaftlichem Patois von seiner Katze Meg zu erzählen. Der Barmann warf ein, er schätze die Liebe einer guten Katze über alles.

„Ich hab' das Tier vom Kätzchen zur Frau großgezogen, und sie hat mich bisher nie enttäuscht!"

Schon bald erzählte jeder der Anwesenden eine Geschichte über eine Katze, die er einmal gekannt und geliebt hatte, und ein Mann ließ sich sogar auf alle viere nieder und demonstrierte anschaulich, wie seine Katze in der Abenddämmerung mit der Stoffpuppe seiner Tochter zu spielen pflegte.

„Mir sind Hunde lieber", bemerkte ich voller Unschuld und versuchte so, mich in die Unterhaltung zu mischen. Der Barmann erstarrte. Die beiden Männer am Nebentisch zwinkerten ungläubig. Lionel kicherte nervös. Selbst die getigerte Katze auf meinem Schoß hörte auf zu schnurren. Eine Zehntelsekunde später nahm der

Barmann den Faden seiner Erzählung, wie er seine Katze verlassen am Strand gefunden hatte, wieder auf, und meine unpassende Bemerkung wurde großzügig übergangen.

Während ich zusah, wie sie mit den Armen gestikulierten und die Katzengeschichte des jeweils nächsten Erzählers akzentuierten, fragte ich mich, welches Gesprächsthema ich wohl bei ihnen vermuten würde, wenn ich sie nicht hören könnte. In England wäre es zweifellos der Sport gewesen. In Jamaika hätte ein solcher Redeschwall nur der Klatsch über die Frau sein können, die am anderen Ende der Straße wohnte. In Martinique hätte sich eine so lebhafte, angeregte Unterhaltung gewiß um Massenmorde oder ähnliches gedreht, aber im milden, verträumten Saint Lucia ging es um Katzen. Dieses Land überschwemmte mein Herz mit einer wunderbaren Wärme. Wie angenehm das Leben wäre, könnte ich bis zum Ende meiner Tage hier bleiben.

Für einen Augenblick war mir fast danach zumute, meine Zukunft in Saint Lucia dadurch zu sichern, daß ich Lionel bat, mich zu heiraten, aber ich hatte das ungute Gefühl, daß er, im Gegensatz zu Halbert, eingewilligt hätte ...

„Ich verkaufe Andenken, Miss. Bleiben Sie einen Augenblick da sitzen, dann bringe ich sie Ihnen heraus", sagte der Barmann und verschwand eilig in einem Hinterzimmer. Einige Minuten später kehrte er mit einem Tablett zurück, auf dem ein ganzer Satz geschnitzter Vögel saß. Sie waren kunstvoll aus Kokosnußschalen gefertigt und mit einem raffinierten Federkleid aus Kokosfasern versehen.

„Ja, das ist sehr schön. Haben Sie sie selbst gemacht?"

„Ja."

„Lieber Himmel, Sie sind ja ein Genie! Leider habe ich überhaupt kein Geld, um welche zu kaufen."

„Das ist kein Problem. Nehmen Sie, was Sie wollen, und schicken Sie das Geld, wenn Sie nach Trinidad kommen."

Was für ein blindes Vertrauen! Wenn zu viele Touristen nach Saint Lucia kommen und dieses Vertrauen ausnützen, was sicher geschehen wird, dann werden ehrliche Seelen wie dieser Barmann auf tragische Weise verdorben werden.

Ich nahm drei Vögel, schrieb mir die Adresse des Mannes auf, und dann verabschiedeten wir uns mit einem Händedruck. Auf dem Heimweg pflückte Lionel eine lange braune Schote von einem Baum und begann sie zu schütteln und erzeugte so einen rhythmischen Schlag, der klang wie von einer Maraca.

„Es wird Shack-shack genannt. Als Kinder hatten wir Shack-shack-Bands, und die Musik, die wir gemacht haben, würde Ihnen sicher gut gefallen."

Der Mond warf einen silbernen Schein über sein liebenswertes, kindliches Gesicht. Ich sah Lionel, der sich als wahres Geschenk Gottes für mich erwiesen hatte, in diesem Augenblick zum letzten Mal. Ich mußte gegen Tränen ankämpfen.

Lionel schenkte mir das Shack-shack, und ich gab ihm zwei der Kokosnußvögel dafür, dann drückte er mir einen schamhaften Kuß auf die Wange und schlängelte sich zwischen den Bäumen hindurch zu seiner kleinen grünen Hütte droben im Wald.

Keiner der Schwarzen unter den Einwohnern der Insel war ursprünglich freiwillig nach Saint Lucia gekommen, und doch hat sich aus der Sklaverei eine hochkultivierte Zivilisation entwickelt. Die Kirchenkunst, die Musik und der Tanz und die sanfte, liebevolle Lebensweise der Menschen haben zusammen eines der wohltuendsten Gemeinwesen dieser Erde geschaffen.

Am nächsten Morgen ließ ich die Scheibe Preßschinken mitsamt Marmelade und Butter unangetastet. Mein Flugzeug ging schon am frühen Vormittag, und die Tränen, die mir in der Kehle saßen, machten das Schlucken zu einer schwierigen Angelegenheit.

Als das Taxi endlich kam, warf ich mein Gepäck hinein, und schon holperten wir klappernd den steilen Hang hinunter.

Am Fuße des Berges saß Lionel unter einem blühenden Mandelbaum und winkte aufgeregt, als mein Taxi um die Kurve bog und sich dann auf der staubigen Straße entfernte.

Leb wohl, Saint Lucia, himmlisches Saint Lucia mit deiner heiteren Ruhe und deinen freundlichen, wenn auch ein wenig pedantischen Menschen. Saint Lucia, ich werde jede Erinnerung an dich in tiefer Zärtlichkeit genießen, denn du bist wahrhaftig die Königin der Westindischen Inseln.

Trinidad

Bacchantische Tanten

*T*antchen Süß, bei der ich in Trinidad wohnen sollte, hatte mir nur drei Dinge über ihr Heimatland erzählt. Zum einen, daß hier Taranteln in Bananen leben und daraus hervorspringen, wenn du gerade anfängst, sie zu schälen; zum anderen, daß Vampir-Fledermäuse sich in den hiesigen Kinos niederlassen und dir während des Films das Blut aussaugen; und ihre dritte Perle der Weisheit war, daß die meisten Häuser hier von einer Largabless heimgesucht würden, einem weiblichen Vampir, der durch das Fenster geflogen komme und dich im Schlaf anfalle. Eine Largabless, hatte sie mir erzählt, kann man immer daran erkennen, daß ihre Füße verkehrtherum stehen, so daß man sie nicht mit einem gewöhnlichen Wald- und Wiesenvampir verwechseln kann. All diese Dinge hatte mir Tantchen Süß erzählt, als ich sechs Jahre alt war, und ich hatte sie seither nicht mehr gesehen. Seit damals hegte ich eine abgrundtiefe Angst vor Trinidad, eine Angst, die nur unwesentlich zerstreut wurde durch das Geplauder eines gutmütigen Engländers im Flugzeug, der mich wissen ließ, Trinidad sei seine zweite Heimat und, mit seinen begeisterten Worten gesprochen, ein „ganz wunderbares Land".

Die erste Zwischenstation war das braune alte Barbados, das aus der Luft unfruchtbar und struppig wirkte. Die nächste Station, St. Vincent, war wesentlich reizvoller. Geheimnisvolle Berge erhoben sich aus den Nebelschwaden, und die wenigen Häuser, die aus dem

259

Flugzeug zu erkennen waren, sahen angenehm altmodisch, wenn auch traurig und verwunschen aus.

Hier hättest du bleiben sollen, schienen mir die Berge von St. Vincent zuzuflüstern, aber du hast deine Chance verpaßt.

Grenada, unsere letzte Zwischenlandung, bot, zumindest vom Flughafen aus, einen traurigen Anblick. Amerikanische Kampfflugzeuge standen dicht an dicht auf dem heißen Asphalt. Wie bösartig sie aussahen, wie offensichtlich zum Töten geschaffen mit ihren spitzen Nasen und scharfwinkeligen Umrissen!

Und dann flogen wir über eine wuchtige Insel, über deren dichten Regenwäldern der Dunst wie Nebelschwaden hing. Betongebäude schimmerten grau und in verwaschenem Weiß in der Mittagssonne. Spielzeugautos kurvten zwischen den Häuserblocks hin und her. Das war Trinidad, mein Ziel, die Heimat von Tantchen Süß.

Wir waren zwar nicht eigentlich verwandt, doch war Tantchen Süß schon eine Freundin der Familie gewesen, bevor ich überhaupt geboren war. Ihr letzter Besuch in England lag zwanzig Jahre zurück; damals kam sie zur Hochzeit ihres jüngeren Bruders. Sie war in dem kleinen Dorf in Sussex, wo wir damals lebten, in unserem Haus zu Gast, und ich erinnere mich, daß sie ihre gesamte Zeit damit zubrachte, mir und meinen Schwestern die Haare zu flechten. Ein stechender Schmerz überzieht noch immer meine Kopfhaut, wenn ich an diese qualvollen Frisierstunden auch nur denke. Sie klemmte sich dazu immer meinen Kopf fest zwischen die Knie und riß und drehte mit unerbittlichen Fingern an meinen Haarsträhnen. In mittelalterlicher Zeit mag die Phantasie wohl oft krankhaft gewesen sein, aber es ist doch interessant, festzustellen, daß keine der damaligen Foltern sich mit den Schrecken der Flechtkünste von Tantchen Süß messen konnte.

Kaum war ich aus dem Flugzeug gestiegen, da war mein ganzer Körper auch schon in Schweiß gebadet. Alles schien zu zerfließen. Mein Kleid hing schlaff herunter, meine Haare klebten am Kopf, und selbst mein Strohhut machte schlapp, als wollte er mir sagen, daß er die Hitze nicht ertragen konnte.

Es war Anfang März, und die Luftfeuchtigkeit in Trinidad war extrem hoch. Würde ich diese Feuchtigkeit zwei Wochen lang einatmen können?

Als ich am Schalter des Paßbeamten anlangte, fühlte ich mich vollkommen aufgelöst.

„Willkommen in Trinidad. Willkommen in Trinidad. Willkommen in Trinidad", wiederholte der Beamte mechanisch, an die anderen Touristen gewandt, die vor mir nacheinander durch die Kontrolle gingen.

„Willkommen daheim", sagte er zu mir.

„Ich komme nicht aus Trinidad", entgegnete ich.

„Dann sind Sie Touristin?"

„So ist es."

„Na, wenn das so ist, willkommen daheim, Miss Tourist."

Ich werde Trinidad nicht verstehen, dachte ich, als ich diese Bemerkung hörte. In manchen Ländern, die man bereist, braucht man nur durch den Zoll zu gehen, und schon sagt man sich: „A-ha, ich kann dieses Land begreifen", aber andere Orte, wie die Dominikanische Republik und Trinidad beispielsweise, verblüffen den Kopf und verwirren die Seele.

Als ich aus dem Flughafengebäude hinaustrat, war mein Verstand von der drückenden Atmosphäre derartig gelähmt, daß ich kaum wußte, in welchem Land ich mich befand und wie ich hierher gekommen war. Ich wußte nur, daß ich ein Taxi zu Tantchen Süß nehmen und mich, wenn ich bei Tantchen Süß angekommen war, mit einem kalten Tuch auf der Stirn in einen abgedunkelten Raum legen mußte.

Das Taxi, ein blauer amerikanischer Straßenkreuzer, fuhr an endlosen Zuckerrohrfeldern entlang. Der Fahrer war von dem Schlag, den ich aus London so gut kannte. Er redete ununterbrochen. Mit seiner Lispelstimme erzählte er mir von jedem Engländer und Amerikaner, der je die Sitze seines Wagens beehrt hatte.

„ . . .und dann war da ein farbiges Mädchen aus Miami, die sah genauso aus wie Sie" – er warf mir einen Blick aus den Augenwinkeln zu – „nur schlank" – er sah mir voll ins Gesicht – „und hübsch."

Meine Kleider klebten unangenehm am Körper.

Auf der einen Seite der breiten Straße ragten dunkle, geheimnisvolle Berge auf. Auf der anderen Seite waren mit Flitter und bunten Lichtern geschmückte Obststände aufgebaut, an denen Kokosnüsse, aufgeblähte Melonen, Bananen und Mandarinen feilgeboten wurden. Müde Inder saßen hinter den Waren und warteten, warteten, warteten bis in alle Ewigkeit.

Es läßt sich nicht verschweigen – Port of Spain ist wirklich alles andere als ein Ölgemälde. Anfangs hält man die unbeschreibliche

Häßlichkeit seiner Betonmassen für eine bloße Fata Morgana, aber wenn man dann tiefer in das Herz der Hauptstadt eindringt, wird die Abscheulichkeit im leichten Hitzeflimmer nur allzu greifbare Wirklichkeit. Doch die Heiterkeit und Lebensfreude der Bevölkerung machen die architektonischen Verfehlungen mehr als wett.

Während die Leute in Saint Lucia sich fast wie Astronauten im Zeitlupentempo bewegen, schreiten die Bewohner von Trinidad mit forschem Schritt aus, die Schultern gestrafft, die Brust weit herausgedrückt. Überall hört man Calypsomusik, süße Stimmen und komplizierte Rhythmen dröhnen aus Autos und Häusern, Männer und Frauen kleiden sich mit einer Raffinesse, wie man sie auf den anderen Inseln nicht findet, und viele der indischen Frauen benutzen Make-up in solchen Mengen, daß nur ihre dominicanischen Schwestern mithalten können.

Im Stadtzentrum von Port of Spain gerieten wir in einen abgasverhangenen Verkehrsstau. Triste, schmutzbedeckte Schuppen lehnten sich an elegante Bürogebäude. Eine Meute von Straßenkötern machte sich über eine Mülltonne her und kippte ihren stinkenden Inhalt über ein nacktes Kleinkind, das schlafend in der Sonne lag. Plötzlich ging es weiter, und wir bewegten uns ruckweise vorwärts, bis wir einen schattigen Vorort erreicht hatten, der an Port of Spain angrenzt.

Wir hielten vor einem eleganten Einfamilienhaus mit schmiedeeisernem Tor und strahlend weißen Säulen.

„Da geh' ich nicht mit Ihrem Gepäck rein, Miss, weil's in so einem Haus immer einen Hund gibt, und ich hab' schreckliche Angst."

Ich nahm meinen Koffer, blieb vor dem verschlossenen Tor stehen und wußte nicht recht, was ich tun sollte.

„Bist du's, Kindchen?" Eine alte Dame streckte ihren Kopf durch die Gitter des Fensters heraus und sah mich mit gespitzten Lippen an.

„Tantchen Süß? Bist du es wirklich?"

„Red nicht solchen Quatsch, Mädchen. Klar bin ich's. Was denkst du denn, wer ich bin? Ambrose! Ambrose! Komm her! Laß die Frau ins Haus, los doch. Sie sieht krank aus."

Die Haustür flog auf, und heraus trat ein magerer, hohlwangiger junger Mann mit gehetztem Blick und wehleidiger Miene und kam auf mich zu.

„Siebzig Dollar", flüsterte der Taxifahrer, während seine Augen zu dem jungen Mann hinüberhuschten. Ich zahlte umgerechnet neun

Pfund und sah voller Verwunderung, mit welcher Geschwindigkeit der Fahrer in seinen Wagen sprang und davonbrauste.

„Hallo, Zenga. Schön, dich zu sehen. Ich heiße Ambrose. Ich bin der Neffe von Tantchen Süß."

„Dann sind wir Vettern."

Ambrose setzte ein mattes Lächeln auf und trug mein Gepäck ins Haus.

Das Wohnzimmer war ein einziger, schwindelerregender Plüschwahn. Auf roten Veloursböden leuchteten Orientteppiche in einer Vielzahl berauschender Farben. Rechtwinklig aneinandergestellte Sofas waren mit dicken Samtstoffen bezogen, und überall im Raum drängten sich Holztische und Regale, die mit verschnörkelten Nippes überladen waren. Gemälde und afrikanische Schnitzereien nahmen jeden Zentimeter der Wände ein.

Im Fernsehen sprach ein Inder (mit Dhoti und dicker Brille) in höchster Lautstärke über den Rückgang der Ölpreise. Aus dem Radio dröhnte David Rudders „Bacchanal Woman", der beliebteste Calypso-Hit von ganz Trinidad. Der Lärm war so allgegenwärtig, daß man unmöglich hören konnte, was gesprochen wurde.

Zwei alte Damen saßen auf dem Sofa. Eine lächelte mir liebenswürdig entgegen, die andere zog die Mundwinkel herunter und durchbohrte mich mit einem höchst mißbilligenden Blick. Welche der beiden war Tantchen Süß? Die mürrische ergriff das Wort.

„Ich bin's, Kindchen. Na, kriegt die Tante keinen Kuß?"

„Tantchen Süß! Wie schön, dich zu sehen! Vielen, vielen Dank, daß ich bei dir wohnen darf, ich wüßte wirklich nicht, was ich ohne dich anfangen würde!"

„Ah bah! Was sind das für Umstände? Hast dich nicht verändert, was, du mit deinen verdammten Flausen, ay yi yi yi yi! Huuuuu! He heee!" Damit warf sie den Kopf in den Nacken und ließ ein schrilles Gelächter ertönen, das in einem lauten Rülpser endete.

„Komm jetzt in dein Zimmer, es wartet schon. Ich trage dein Gepäck."

„Aber nein, Tantchen Süß, ich trage es selbst."

Klatsch! Eine schwielige Hand donnerte auf meinen Arm nieder . . .

„Ich dachte, ich hab' dir gesagt, du sollst mir nicht mit solchen Albernheiten kommen! Jetzt laß mich das verdammte Ding in dein Zimmer tragen, Kindchen, und hör auf mit dem Geschrei."

Hilflos lächelte ich der anderen alten Dame zu, die mein Lächeln schüchtern erwiderte.

„Kennst du meine Cousine Maudy? Maudy, das ist – äh – die Nichte, von der ich dir erzählt habe, die für einige Zeit hier wohnt."

„Wie geht's?" fragte Maudy, indem sie kichernd den Kopf einzog. „Dein Hut ist sehr hübsch."

„Was soll das heißen, ihr Hut ist hübsch! Setz dem Kind nicht noch mehr Flausen in den Kopf, als sie schon hat! Komm jetzt mit in dein Zimmer und pack deinen Kram aus."

Ich folgte der wiegenden Gestalt von Tantchen Süß in ein gemütliches Zimmer, das mit dunklen Mahagonimöbeln und einer aus kongolesischem Teakholz geschnitzten Kommode ausgestattet war.

„Pack jetzt aus und fühl dich ganz wie zu Hause."

„Tantchen Süß, ich hab' dir ein paar Sachen mitgebracht."

„Dann gib sie her."

„Unterröcke, ein Nachthemd und ein Paar Schuhe." Die Schuhe hatte ich in London gekauft, und ich war besonders stolz darauf.

Tantchen Süß nahm die Mitbringsel zur Hand und bedachte mich mit einem säuerlichen Lächeln.

„Ist das alles? Die Unterröcke sind passabel, das Nachthemd hat viel zu viel Spitze für eine alte Frau wie mich, und die Schuhe – oje! Die passen mir nie im Leben! Was hast du sonst noch?"

„Einen aus Kokosnußschale geschnitzten Vogel."

Ich trennte mich wehmütig von dem Vogel. Er war als besonderes Mitbringsel für meinen Schwager bestimmt gewesen.

„Ein Vogel. Ja, das geht. Also, pack jetzt aus und komm dann essen. Wuups!" Damit rülpste sie so laut, daß ich, hätte ich nicht die Quelle dieses abscheulichen Geräusches mit eigenen Augen gesehen, überzeugt gewesen wäre, das Brüllen eines Löwen vernommen zu haben.

Zehn Minuten später saß ich am Tisch und aß weichgekochtes Rindercurry mit Reis und Bohnen. Ambrose, der das Essen gekocht hatte, war zur Arbeit gegangen.

„Er arbeitet hart, weißt du. Von halb sieben bis neun Uhr abends schuftet der Junge. Morgens im Krankenhaus und abends im Restaurant."

„Abends im Restaurant", echote Maudy.

„Nie kommt er zur Ruhe. Der Junge ist ein Energiebündel!"

„Energiebündel!"

Verglichen mit den faden Speisen der anderen Inseln, war das Essen sehr scharf gewürzt.

Maudy sabberte über ihrem Teller, nagte mit zahnlosen Kiefern an den Knochen und spuckte den Knorpel auf den Teller zurück. Ich wandte diskret den Blick ab.

„Und wie geht's deiner Familie? He heeh! Ich erinnere mich an deinen Onkel, diesen häßlichen, fetten Kerl! Das war einer, und wie der reden konnte! Der Mann schiebt dir Scheiße in den Mund, nennt es Zucker und erwartet, daß du's schluckst! Afrikanische Männer sind verrückt."

„Ich mag meinen Onkel zufällig sehr gern."

„Was! Diesen verdammten strohköpfigen Nigger? Guck nicht so schockiert, Herzchen. Ich sag' ja nicht, du wärst ein Nigger. Du bist eine Negerin, und das ist was völlig anderes. Ein Neger gehört zu einer bestimmten Rasse, aber dein Onkel, also der war ein Nigger, hast du mich verstanden, Kindchen? Und was für ein blöder Nigger-knabe der war."

„Tantchen Süß. Ich hasse den Begriff Neger, und ich verabscheue das Wort Nigger, also nimm sie bitte nicht in den Mund."

Tantchen Süß warf den Kopf in den Nacken und lachte so laut, daß sie sich an ihrem Curry verschluckte.

„Eh heeh! Ay yi yi! Was ist das denn für ein verdammter Quatsch! Hast du das Kind gehört, Maudy! Heh heeeh! Sie sagt, sie *verabscheut* das Wort Neger. Was glaubst du denn, was du bist? Gehörst du zu den hirnlosen Niggern, die sich für weiß halten?"

„Die sich für weiß halten!" wiederholte Maudy.

„Nein, ich würde mich als Schwarze bezeichnen."

„Schwarz! Huuuuh! Du bist eine rothäutige Negerin, also tu nicht so, als wärst du was anderes. Du bist genauso schlimm wie mein Cousin. Der hat 'ne Inderin geheiratet, die sich für was Besseres hält, nur weil sie lange glatte Haare und senfgelbe Haut hat. Und jetzt denkt mein Cousin, er wär' auch was Besseres, weil er das Indermäd-chen geheiratet hat. Dabei wissen sie nicht, daß sie nix anderes ist als ein verdammtes, aufdringliches Kuliweib."

„Kuliweib", kicherte Maudy.

„Hör bitte auf, so zu reden!"

„Heh heeh! Wohl verrückt – heh! – Moment! – Hör mal! Da draußen geht's hoch her. Komm schnell, Herzblatt! Laß uns Erbsen pflücken gehen, damit wir sehen, was los ist."

Sie nahm meine Hand und zog mich in den Garten hinaus. Auf der anderen Straßenseite schimpfte eine junge Frau auf einen Mann ein, der aussah, als wäre er ihr Vater. Wegen des dichten Blattwerks im Garten war es unmöglich, sie deutlich zu erkennen, aber die Flüche hallten laut und vernehmlich über die Straße. Tantchen Süß stellte sich auf die Zehenspitzen, um das Spektakel zu beobachten, und pflückte geistesabwesend Erbsen, mit spitzen Fingern.

„Guck dir das verrückte Weibstück an, wie sie schreit und tobt! Das Mädchen hat weder Benehmen noch Erziehung. So benimmt sie sich schon, seit sie ein Kind ist. Wenn ich ihre Mutter wär', würde ich sie grün und blau prügeln. Aber der Vater ist genauso schlimm. Macht sich an jede Frau ran, die er sieht. Die ganze Familie taugt nichts." In diesem Moment fiel der Blick der jungen Frau, die die Straße heruntergestürmt kam, auf uns. „Hallo, Schätzchen. Wie nett, dich zu sehen. So eine angenehme Überraschung! Wie geht es dir? Was macht dein Vater? Hat uns schon lange nicht mehr besucht."

„Tag, Mrs. Foster. Wie geht's?"

„Ausgezeichnet, Schätzchen!"

Das Mädchen stampfte verdrossen die Straße hinunter.

„Aufdringliche Schlampe! Sieh dir an, wie sie uns nachspioniert! Die Frau leidet an Glotzitis."

„An was?"

„Sie mischt sich ständig in die Angelegenheiten anderer Leute ein und macht nichts als Ärger. Sie müßte eigentlich wissen, daß das dem Affen Feuer unterm Hintern macht."

Ich schlenderte durch den Garten, bewunderte die vielen verschiedenen Obst- und Gemüsesorten, die von den Bäumen herabhingen, und pflückte hier eine Mango, da eine Limone.

„Weil du nun schon mal draußen bist, kannst du gleich die Erbsen für mich pflücken, Kindchen."

„Wie mache ich das bloß?" Mir drehte sich immer noch der Kopf: von der Hitze, von dem Flug und dem Kulturschock. Nach dem feinfühligen Saint Lucia, wo die Leute das Zimmer verließen, wenn sie husten wollten, empfand ich die deftige Ausdrucksweise von Tantchen Süß als ziemlich erschütternd.

„Pflück sie einfach ab. Alles – tout bagai."

„Tout bagai! Das ist kreolisch."

„Red keinen Blödsinn und pflück das verdammte Zeug endlich, Kindchen. Kreol mich am Arsch."

Beim Erbsenpflücken lief mir der Schweiß in Strömen herunter. Meine Arme schmerzten, als ich mich reckte, um die störrischen Schoten von den obersten Zweigen zu holen. Die Sonne brannte erbarmungslos auf mich nieder, und ich fragte mich, wie es gewesen sein muß, ein Sklave zu sein und vom Morgen bis zum Abend in dieser Weise zu arbeiten und dabei täglich nicht mehr als eine Schale Maismehl zum Essen zu haben. Aber das Sklavenleben muß noch schrecklicher gewesen sein, als die Phantasie des heutigen Menschen es sich ausmalen kann. Nach einiger Zeit, als jeder Muskel in meinem Körper bereits schmerzte, raffte ich die Erbsen zusammen und trug sie ins Haus.

Tantchen Süß aß ein indisches Gebäck namens Barfi. Radio und Fernseher liefen noch mit voller Lautstärke und verbreiteten einen ohrenbetäubenden Lärm. Maudy saß in einem bequemen Stuhl und lächelte mir freundlich entgegen.

„Sieh mal, da kommt sie ja", wandte sie sich an Tantchen Süß. Tantchen Süß musterte mich von oben bis unten und sagte: „Na, steh nicht so dumm rum. Geh in die Küche und pul die Dinger aus."

„Ja, Tantchen Süß."

„Und wenn du damit fertig bist, kommst du wieder her und reibst mir das Bein mit Franzbranntwein ein, und dann muß Maudys Haar noch aufgewickelt werden."

„Aber Tantchen Süß, ich würde gern ausgehen und mir Port of Spain ansehen."

„Warum willst du da hin?"

„Um es mir anzusehen."

„Was ansehen?"

„Menschen, Geschäfte, Straßen und sowas."

Tantchen Süß sah mich mit offenem Mund an, als wäre ich ein Exemplar einer seltenen Tierart.

„Port of Spain ist viel zu gefährlich für eine junge Frau allein. Wenn du hingehen willst, dann mit mir, verstanden, Kindchen?"

„Aber ich –"

„Ich hab' gesagt, du gehst nicht allein! Das Tor ist abgeschlossen, und nur ich habe den Schlüssel, also geht niemand nirgends hin, wenn ich der Meinung bin, daß er da nichts zu suchen hat. An deiner Stelle würde ich also in die Küche zurückgehen, die Erbsen auspulen, wieder herkommen, mir das Bein mit Franzbranntwein einreiben und Maudys verfluchte Haare aufwickeln, bevor ich sauer werde!"

„Ja, Tantchen Süß."

O-oh, dachte ich, während ich mich lustlos mit den Erbsen abgab. Ich bin eine Gefangene hier, ein Vogel im goldenen Käfig. Mein Herz und meine Schläfen begannen zu hämmern.

Die ersten fünf Tage über tat ich nichts weiter, als mir amerikanische Serien im Fernsehen anzusehen und dabei Radio zu hören. Mein Haß auf den Fernseher war so groß, daß ich ihn am liebsten zertrümmert hätte. Jedesmal, wenn ich den Vorschlag machte, irgendwohin auszugehen, sagte Tantchen Süß: „Ja, ja, gleich. Laß mich nur noch ein paar Kleinigkeiten erledigen", und dann machte sie es sich vor diesem schwachsinnigen Fernseher gemütlich.

Die Morgengebete dauerten über eine Stunde. Nach langen Lesungen aus der Bibel schüttete Tantchen Süß Wasser in den Hof, um böse Geister zu vertreiben, ein westafrikanischer Brauch, den mein Vater oftmals ausgeübt hatte. Ein weiterer westafrikanischer Zug, den sich Tantchen Süß bewahrt hatte, war ihre Methode, scharfe Speisen zuzubereiten. Sie schmolz einen Teelöffel braunen Zuckers im Fett, bevor sie das Fleisch hinzufügte, und es war wirklich ausgesprochen köstlich. Während der langen Tage, die ich eingeschlossen im Haus verbrachte, lernte ich *Rôti, Balpawri*, in Saubohnen gekochte Schweineschwänzchen und unzählige andere karibische und indische Köstlichkeiten zuzubereiten. Aber ich war frustriert. Vielleicht würde ich Trinidad nie zu sehen bekommen, und meine Reise neigte sich rasch dem Ende entgegen.

Wann immer ich den Wunsch äußerte, auszugehen, erfuhr ich, daß es „zu heiß" oder „zu gefährlich" sei, oder sie sagte: „Warum willst du ausgehen? Da siehst du nichts als einen Haufen alter Nigger in einem Haufen alter Häuser!" Also saß ich im Schaukelstuhl auf der Veranda, bemüht, sowohl den Fernseher als auch das Radio zu ignorieren, und wünschte und wünschte, ohne recht zu wissen, was ich mir wünschte.

Ambrose, der Neffe, kam allabendlich müde und ausgelaugt nach Hause. Nachdem er die Wäsche gewaschen, die Küche geputzt, Tantchen Süß die Schultern massiert und für alle süßen Tee bereitet hatte, sackte er vor dem Fernseher zusammen und schlief ein. Sehr vorsichtig schaltete ich dann, wenn alle Familienmitglieder schliefen, den Fernsehapparat aus, aber unvermeidlich riß Tantchen Süß die Augen auf und verlangte unter viel Hallo, daß der Ton wieder voll aufgedreht wurde.

Sich mit Ambrose zu unterhalten, war ein schwieriges Unterfangen, weil er kaum ein Wort von dem verstand, was ich sagte, obwohl ich verdammt nicht weiß, warum, denn der Trinidad-Akzent unterscheidet sich nicht wesentlich vom Normalenglisch. Während Tantchen Süß schlief, gab ich ihm immer sehr deutlich zu verstehen, daß er mit mir ausgehen sollte. Jeden Abend war es dasselbe, und der ritualisierte Verlauf unseres Gesprächs war folgendermaßen:

Ich: Äh, Ambrose – kennst du irgendwelche Nachtlokale?

Ambrose: Waa?

Ich: (Wiederholung des Obigen.)

Ambrose: Waa?

Ich: (Wiederholung des Obigen.)

Ambrose: Ich verstehe nicht.

Ich: Gibt es irgendein Nachtlokal hier in der Gegend, wo ich hingehen könnte?

Ambrose: Waa?

Und so machten wir weiter bis tief in die Nacht, bis einer von uns beschloß, zu Bett zu gehen.

Eines schwülen Morgens, nachdem wir unser Frühstück aus Käse und Kokosbrot beendet hatten, fragte ich Tantchen Süß wie gewöhnlich, ob wir zusammen in die Stadt gehen würden. Es war eine bedeutungslose Frage, ohne große Gefühlsregung oder Erwartung gestellt. Tatsächlich fragte ich sie inzwischen mehr aus Gewohnheit als aus irgendeinem anderen Grund; aber an diesem Morgen rülpste sie vernehmlich, spuckte in ihren Teller und sagte:

„Himmel, Kindchen. Du hast mich gerade daran erinnert. Ich muß heute zur Bank. Komm, gehen wir.“

„Gehen wir“, sagte Maudy.

„Oh ho, nein, Maudy. Du nicht. Mit dir gibt es zuviel verdammten Ärger. Ich geh’ mit Miss Soundso allein. Du bleibst hier, mein Herzchen.“

Mir war ganz schwindelig vor Aufregung. Eine Aufregung, die aus dem Wissen geboren war, daß ich ein Haus der tausend Geräusche verlassen und forschend bis tief in das Herz einer pulsierenden Hauptstadt eindringen würde.

Tantchen Süß brauchte unerträglich lange, um sich stadtfein zu machen. Ihr Haar mußte aufgeflochten und gekämmt werden, ihr Kleid mußte gebügelt und Maudys Mittagessen gekocht und auf einem Messingtablett bereitgestellt werden. Tantchen Süß mochte eine Zunge haben wie sengendes Feuer, aber ihr Herz war aus reinem Gold. Ihr Leben war dem Bestreben gewidmet, Maudy alle erdenklichen Annehmlichkeiten zu erhalten.

Es war ein schwüler, bedeckter Tag. Jeder, der uns auf der baumbestandenen Straße begegnete, erkundigte sich nach dem Befinden von Tantchen Süß und wünschte uns beiden höflich einen guten Tag. Es dauerte sehr lange, bis der Bus kam, aber Tantchen Süß vertrieb uns die Zeit, indem sie über jeden Bekannten, der vorüberging, lästerte und mir erzählte, wer was zu wem gesagt hatte und warum.

Als wir endlich in Port of Spain anlangten, waren wir erschöpft.

„Laß uns irgendwo hingehen und etwas trinken, Tantchen Süß."

„Red keinen Blödsinn, Kindchen. Warum Geld für Getränke verschwenden, wenn es tadelloses Wasser zu Hause gibt? Wir bleiben nicht lange hier, weißt du."

Die Menschen in Port of Spain sind ein buntgemischtes Völkchen, von zerlumpt bis superelegant, und viele Bettler versuchten ihr Glück bei reichen indischen Damen, die vorüberstolzierten, ohne sie mehr als eines Blickes zu würdigen. Black Muslims in langen weißen Gewändern und mit kleinen Kappen auf dem Kopf verkauften in verwinkelten Gäßchen Parfümöle und Schmuck, und vor beklagenswert leeren Geschäften waren winzige Verkaufsstände aufgebaut worden. Ein unangenehmer Räuchergestank kräuselte sich um viele der Buden, aus denen dicke Inder nach Kunden Ausschau hielten. Indische Musik wehte aus schmalen Durchgängen. An zahlreichen Ständen verkauften alte Männer Darstellungen von Hanuman, dem Affengott der Hindus, und an diesen Verschlägen wehte zu Ehren des Gottes eine rote Fahne. Ein Pandit hinter seinem Stand starrte mich boshaft an. Er hatte seine Blöße nur mit einem Dhoti bedeckt, und auf seiner Stirn, seinen Armen und an seinem Hals waren die Zeichen seiner Kaste zu erkennen.

Die Häßlichkeit von Port of Spain spottete jeder Beschreibung. Nur diejenigen unter ihnen, die schon einmal an einem heißen Sommertag einen Spaziergang unter der (überschneidungsfreien) Hammersmith-Kreuzung gemacht haben, können sich die betonierte Scheußlichkeit dieser Stadt vorstellen. Ein einziger Platz im Stadtzentrum, auf dem eine gotische Kathedrale aus der Regentschaftszeit eine kleine Parkanlage überschaut, machte einen halbwegs vernünftigen Eindruck.

Ungeachtet dessen verfügte die Stadt über einen beträchtlichen Reiz und eine lebhafte Ausstrahlung, die auf die zielgerichtete Energie ihrer Bewohner zurückzuführen ist.

Tantchen Süß hatte ihre Einkaufstasche wie eine Keule in der Hand und strebte geradewegs auf ein eindrucksvolles Bankgebäude zu, ohne sich nach rechts oder links umzublicken.

Bei einer schmuddeligen Ansammlung von Holzbaracken unmittelbar vor dem Bankgebäude gab es ein überaus interessantes Angebot an Saris, Schmuck und Schnitzereien.

„Hei“, sagte ein großer, gutaussehender Mann, indem er hinter einem der Verschläge hervortrat.

„Ha-*llo*“, entgegnete ich und blieb wie angewurzelt stehen.

Ein harter Schlag brannte auf meinem Handgelenk.

„Nimm die Augen von den Männern!“ kreischte Tantchen Süß.

Mit einem verlegenen Kichern wandte ich mich zu dem Mann um, und KLATSCH, landete ein zweiter Hieb mitten auf meinem Hinterkopf.

„Halt deine Augen geradeaus auf die Straße, sonst bekommst du noch Prügel von mir, Kindchen!“

Die Welt schien in Demütigung zu versinken, als hinter meinem Rücken ein vielstimmiges Gelächter ertönte.

„So ist’s recht, Mädel! Tu du nur, was deine Mama sagt!“

„Ja, Mama, bring deiner Tochter ein paar Manieren bei, heh heh!“

Jedem anderen als Tantchen Süß hätte ich gehörig meine Meinung gesagt, aber in Tantchens Gegenwart empfindet man nichts als Feigheit.

In der Bank drängten sich Menschen aus allen sozialen Schichten.

Trinidad, das in den Siebzigern durch den Ölboom zu Reichtum gekommen war, ist heute aufgrund des Ölpreisverfalls buchstäblich verarmt. Vor zehn Jahren hatte man mir gesagt, daß Menschen, die zuvor von der Landwirtschaft gelebt hatten, sich Autos zulegten, ihre Farmen verkauften und in die Großstadt umsiedelten. Heute sind die, die durch das Öl reich geworden waren, so gut wie mittellos.

„Siehst du, Kindchen, ich krieg’ einen Haufen Geld von der Bank für die Hypothek von meiner Nichte und meinem Neffen in New York. Seitdem ich nicht mehr Oberschwester im Krankenhaus bin, krieg’ ich einen hübschen Haufen Geld, he!“ Damit kratzte sich Tantchen Süß lachend den Bauch. Die Leute in der Warteschlange drehten sich um und tauschten lächelnd Höflichkeiten aus. Eine junge Frau machte eine Bemerkung darüber, wie verblüffend die Ähnlichkeit zwischen Tantchen Süß und mir sei.

„Äußerlich vielleicht, aber nicht im Temperament. Das Mädchen hier ist faul und verwöhnt."

„Tantchen Süß, bitte!"

„Ist doch wahr! Warum verzieht dich deine Mutter denn so?"

Die junge Frau lächelte nachsichtig. Ich trat von einem Fuß auf den anderen und heftete den Blick auf den hübschen jungen indischen Bankangestellten.

„Sehen Sie, wie sie hinter den Männern her ist. Was würden *Sie* machen, wenn Sie so eine Nichte hätten?"

Die junge Frau dachte eine Weile angestrengt nach. „Ich glaube, ich würde sie einsperren."

„Äh häh! Kluge Frau. Genau das mache ich auch! Wuuuh!"

Ich tat so, als hätte ich nichts gehört, und munterte mich damit auf, daß ich den perfekten Mord plante. Das einzige Problem, das sich mir stellte, bestand darin, ob ich ihn auf der Stelle begehen sollte oder erst, wenn ich wieder zu Hause war.

Auf dem Heimweg kamen wir an hochherrschaftlichen Villen vorüber, die den Savanah überblickten. Häuser, gegen die die Paläste in Haitis Pétionville geradezu wie Baracken gewirkt hätten. Die märchenhafte Pracht dieser Gebäude wurde von Patrouillen bewaffneter Wächter gesichert, die strenge Uniformen trugen.

„Woher haben diese Leute soviel Geld?"

„Woher soll ich das wissen? Gestohlen wahrscheinlich."

Niemand, der in den geräumigen Bus stieg, entging der messerscharfen Zunge von Tantchen Süß.

„Guck dir die Frau dort an! He! Sieh dir ihre Perücke an. Sieht aus wie ein dürrer Palmwedel. Und siehst du das Gesicht von dem Inder da? Erinnert mich an das Zeug, das einem am frühen Morgen aus dem Hals kommt. Oi yoi yoi! Und die Schuhe dieses Mädchens. Schau doch! Schau! 'n Hut wie 'ne Königin, aber Schuhe wie ein Bettelweib, wuuh!"

Ich sah aus dem Fenster und überging die Bemerkung; Bemerkungen, die um so erbärmlicher waren, als alle Fahrgäste Tantchen Süß und mich höflich grüßten, wenn sie in den Bus stiegen.

Radio und Fernseher wurden voll aufgedreht, kaum daß wir wieder zu Hause waren, und es gab kein Entkommen. In die Wände waren vorsorglich Löcher gebohrt worden, damit man den höllischen Lärm bis in den hintersten Winkel hören konnte. Gelegentlich plärrte Trinidad Bill, David Rudder, Sparrow oder ein anderer Calypsosänger, den ich mochte, aus dem Radio; er wurde aber unvermeidlich von Schüssen oder Schreien aus dem Fernseher übertönt. So war ich im Haus gefangen, saß im Wohnzimmer und konnte mich, hypnotisiert von den brutalen Szenen auf dem Bildschirm, nicht einmal meinen Träumen hingeben.

Am nächsten Morgen rüttelte mich Tantchen Süß heftig aus meinem süßen Schlaf.

„Beweg dich, Kindchen. Hat dich das erschreckt, was gestern nacht passiert ist?"

„Was ist passiert?"

„Hast du's nicht gehört?"

„Was?"

„Das Erdbeben."

„Du machst wohl Witze!"

„Das ganze Haus hat gezittert, Teller und Tassen sind zerbrochen, alle Alarmanlagen sind gleichzeitig losgegangen, alle Hunde im Hof sind wahnsinnig geworden und haben sich die Kehle aus dem Hals gebellt, und du sagst mir, ich mache Witze. Warum bist du nicht aufgewacht?"

Weil, sagte ich zu mir selbst, was immer auch in der letzten Nacht passiert sein mag, es vermutlich ein verdammtes Stück leiser war als der Radau hier im Haus. Aber das sagte ich nicht. Statt dessen fragte ich, wie gewöhnlich:

„Kann ich heute ausgehen?"

„Ich geh' ein andermal mit dir aus, Herzchen."

So saß ich den ganzen heißen Tag im Haus, aß *Rôtis* und trank Guinness und fragte mich, was ich in meinem früheren Leben wohl falsch gemacht hatte.

Ambrose kam an diesem Abend überraschend früh nach Hause. Sobald seine klapperdürre Gestalt in der Tür auftauchte, bat ich ihn, mich mit seinem Auto in die Stadt zu fahren, damit ich mir eine Zeitung kaufen konnte. Zeitungen waren die einzige englische Annehmlichkeit, die ich vermißte. Genau gesagt, *gierte* ich nach einer Zeitung. Was in England vor sich ging, darüber konnte ich nur rätseln. War Margaret Thatcher immer noch Premierministerin? Hatte die Königin abgedankt? Hatte das Erdbeben London ebenso getroffen wie Port of Spain?

„Tantchen Süß", flüsterte Ambrose schüchtern, „sie sagt, sie will eine Zeitung kaufen gehen."

„Wozu brauchst du denn eine Zeitung, Herzchen?"

„Um sie zu lesen", erklärte ich mit zusammengebissenen Zähnen.

Tantchen Süß kam mit teigverklebten Händen aus der Küche. „Wie willst du zu dem Geschäft kommen?"

„Geht es, daß Ambrose mich hinfährt?"

Ambrose erbebte unter ihrem Blick.

„Was soll das heißen" (mit hoher, affektierter Stimme) „,geht es, daß Ambrose mich fährt'! Woi! Ambrose hat seinen eigenen Kopf, oder nicht? Warum fragst du nicht Ambrose? Schließlich kaufst du nur eine Zeitung, da wirst du nicht länger weg sein als fünf Minuten – stimmt's?"

„Nein, natürlich nicht, Tantchen Süß."

„Gut, dann bewegt euren Hintern von meiner Tür und kauft mir auf dem Rückweg einen Pfefferminzlikör."

Nachdem Tantchen Süß klirrend das Tor aufgeschlossen und mit einem Schlüssel von ihrem schweren Bund wieder hinter uns verschlossen hatte, gingen Ambrose und ich mit ernster Miene zum Wagen.

Sobald wir angefahren waren, bat ich Ambrose, mit mir tanzen zu gehen.

„Tanzen? Wie meinst du das, tanzen?"

„Na, du weißt schon, eben – tanzen."

„Aber wohin willst du gehen?"

„In ein Lokal, in dem getanzt wird."

„Wirklich?"

„Wirklich."

„Aber ich kenne kein Lokal, in dem – Moment mal! Eine Freundin aus dem Krankenhaus, in dem ich arbeite, eine Krankenschwester, sie geht gern in solche Lokale. Vielleicht könntest du sie treffen, dann könnt ihr zusammen gehen."

„Oh, Ambrose, du wärest für den Rest meines Lebens mein Freund, wenn du mich mit ihr bekanntmachen würdest. Ich betrachte dich jetzt schon als meinen Lieblingscousin. Wo wohnt sie?"

„Ooooh, sehr weit weg. In einem Ort namens Arima."

„Arima! Was für ein hübscher Name. Ich schwöre und gelobe, daß ich, sollte ich je ein Mädchen zur Welt bringen, ihm den Namen Arima geben werde, und ich werde ihr in zukünftigen Jahren erzählen, daß sie diesen Namen erhalten hat, weil ein wunderbarer Cousin mich in einer aufregend heißen Nacht in Trinidad in diese Stadt gefahren hat."

„Waa?"

„Du fährst mich nach Arima zu deiner Freundin."

„Wirklich?"

„Natürlich."

„Wann?"

„Jetzt."

„Aber Tantchen Süß hat gesagt, wir dürfen nicht lange wegbleiben."

„Nein, das hat sie nicht. Sie hat gesagt, wir können so lange bleiben, wie es uns gefällt, die ganze Nacht, wenn wir wollen. Erinnerst du dich nicht?"

„Na-a-ja-a."

„Na, dann wollen wir mal."

„Ja, wenn du sicher bist, daß Tantchen Süß gesagt hat, wir können . . ."

Auf dem Weg ins lockende Arima fuhren wir an leuchtend weißen, mit gedrehten Säulen und kunstvoll durchbrochenem Mauerwerk verzierten Hindutempeln vorüber. Wie ein Gefangener, der zum ersten Mal seit dreißig Jahren das Sonnenlicht erblickt, konnte ich vor Aufregung über meine wiedergewonnene Freiheit kaum an mich halten.

„Dort ist die Passage. Es ist wirklich ein sehr hübsches Einkaufszentrum."

„Ja, worauf wartest du dann? Laß uns hineingehen und uns ein wenig umsehen."

„Aber Tantchen Süß hat gesagt –"

„Tantchen Süß ist ausgegangen. Sie sagte, sie würde erst um fünf Uhr morgens nach Hause kommen."

Ich schlug alle Vorsicht in den Wind. *Che sarà, sarà* war das Motto dieses Abends.

In der Passage waren die Kostüme des Karnevals vom vergangenen Monat ausgestellt. Ich fühlte mich wie in Aladins Schatzhöhle, als ich die prachtvollen Gewänder betrachtete. Jeder Stich, jede Ziermünze war mit unübertroffenem Können und größter Sorgfalt genäht. Sie waren unvorstellbar in ihrer ausgeklügelten Kompliziertheit.

Ambroses Stimmung hob sich beim Anblick der Kostüme, und er erzählte mir, wieviel Spaß es ihm gemacht hatte, den Karneval im Fernsehen zu verfolgen.

„Ich mußte die ganze Zeit arbeiten, darum konnte ich nicht hingehen."

In Trinidad ist es nach Einbruch der Dunkelheit auf dem Lande unheimlich. Die Berge sind einfach zu gewaltig, und die von dichten Nebelschwaden umwogten Mangrovensümpfe bieten im Mondenschein einen furchterregenden Anblick. Mannshohe Wurzeln krümmen sich in gespenstischen Formen über dem Boden. Die Mangrovenbäume wachen über das Wasser, an dem sie ruhen, und werfen unheimliche Schatten.

Es wurde unerträglich stickig und schwül, und selbst bei ganz heruntergekurbelten Wagenfenstern war die Luft zum Schneiden. Hinter uns schrumpfte Port of Spain bald zu einer Ansammlung von Lichtpunkten zusammen.

Nach einer guten Strecke Weges erreichten wir eine Gruppe verwahrloster Hütten, die sich am Straßenrand zusammendrängten.

„Sieh dir das Ghetto dort an." Ambrose wandte sich rasch ab und seufzte angesichts des traurigen Schauspiels, das die Siedlung bot.

Unvermittelt befanden wir uns in einer strahlenden, lebensprühenden Stadt, die vorwiegend von sehr armen Indern bewohnt war. Rum-Bars, lärmendes Hindi, Calypsomusik und blinkende Neonlichter prägten eine Welt heftigster Dekadenz. In den Straßen drängten sich Menschen, die in Gruppen auf und ab flanierten und dabei Kokosmilch aus klobigen Schalen tranken. Barfüßige Kinder rannten in den Bars ein und aus, spielten lärmende, übermütige Spiele und wälzten und rollten sich im Staub. Heruntergekommene alte muslimische Männer und Frauen hockten auf der Erde, und wenn sie lachten, schimmerten ihre schwarzen Zähne im Schein der roten und grünen Blinklichter. El Dorado war der Name der Stadt, die romantische, verlorene Stadt des Goldes.

Unsere nächste Station war ein Ort namens Aruka. Manch einer würde vielleicht sagen, daß es einer Stadt mit einem so wohlklingenden Namen nicht ansteht, so langweilig und ruhig zu sein, aber so ist das Leben nun einmal. Lediglich eine Kirche außerhalb der Stadt versprach so etwas wie Faszination. Lautes Trommeln und mehrstimmige Lieder hallten aus dem Holzhaus und zerrissen die Stille der schwülen Nacht. Es war eine Shango-Kirche, in deren Zeremonien sich viele Rituale westafrikanischer Religionen mit denen des Christentums verbinden. Die Gläubigen bewegten sich in krampfhaften Zuckungen; vielleicht waren sie von einem der zwölf Obas besessen, die dem obersten Gott Shango zur Seite stehen. Mit einem flüchtigen Blick ins Innere der Kirche (Ambrose weigerte sich, mich hineingehen zu lassen) konnte ich erkennen, daß die Gläubigen weiße Gewänder trugen und sich bunte Ketten um Hals und Taille geschlungen hatten.

„Nichts als Dummheit an einem solchen Ort. Wir halten in Aruka kurz an, wenn du nichts dagegen hast, ich habe nämlich so eine Ahnung, daß meine Freundin heute abend bei ihrem Freund geblieben ist. Ihr Freund wohnt hier in diesem Haus."

Das Haus war eine gespenstische Villa, die zurückgesetzt in einem weitläufigen, überwucherten Garten stand. Ambrose parkte seinen Wagen und schritt unerschrocken durch das tropische Dickicht. Über der Tür des massiven Hauses spannte sich ein schwärzliches Gespinst von mehr als einem halben Meter Durchmesser, in dem ES leben mußte. Zum Glück war das Untier nicht zu Hause.

Ein verträumter Hindu öffnete die Tür einen Spalt, und als er Ambroses vertrautes Gesicht erblickte, hieß er uns mit einem Gähnen willkommen.

„Ambrose, geht's Ihnen gut? Dipak sitzt im Wohnzimmer und sieht sich an, wie sich die Amerikaner in dem verdammten Fernseher gegenseitig umbringen."

„Danke, Mr. Puri. Ist Rhada hier?"

„Oh ja, sie ist da. Sitzt auf dem Schoß meines Sohnes. Ha, ha, ha!"

„Das ist meine Cousine Zenga."

„Zenga, Mann. Freut mich, Sie kennenzulernen. Geht's Ihnen gut?"

„Sehr gut, danke, und Ihnen?"

„He, sowas! Das Mädchen ist ja Ausländerin! Eh he! Na, kommen Sie herein und machen Sie sich's gemütlich, mögen Sie *Rôti* und Brotfrucht?"

„Ja, gern."

Wir wanderten gemächlich durch das alte Kolonialhaus. Überall wimmelte es von verstaubten Büchern; in den Korridoren, in der Küche, in allen Räumen reihten sie sich auf wackeligen Regalen. Es waren etliche Hinditexte darunter, aber zumeist handelte es sich um französische, russische und englische Literatur. Als wir endlich im

Wohnzimmer anlangten, sahen wir uns einem berückend schönen Paar auf einem persischen Diwan gegenüber. Das Mädchen lag hingegossen auf dem Schoß des jungen Mannes und blickte zu ihm auf wie eine Passionsblüte, die sich dem Mond zuwendet. Der junge Mann saß mit herunterhängendem Unterkiefer schlaff in sich zusammengesunken da und sah fern.

Als sie uns sah, flog uns das Mädchen wie ein Vogel entgegen und schüttelte uns begeistert die Hände.

„Ambrose, Mann. Wie schön, dich zu sehen! Ist das die Cousine, von der du uns erzählt hast? Hallo, hallo. Ich heiße Rhada, und das ist Dipak, mein Verlobter."

Dipak löste für den Bruchteil einer Sekunde den Blick vom Fernseher und gab dann einen unverständlichen Laut von sich. Es hätte ein „Hallo" oder „Wie geht's?" sein können, klang aber eher wie „Da ist die Tür".

Rhada strich ihr langes schwarzes Haar zurück und bot uns unter lebhaftem Geplauder Sorbet und Portugals an, ein sehr süßes Orangengetränk.

„Hier, nehmt auch von dem indischen Gebäck, aber paßt auf, daß ihr nicht alles über eure Kleider krümelt, wuups! Also, Ambrose, gehen wir heute abend mit deiner Cousine aus! Zuerst gehen wir chinesisch essen und dann in eine Disco. Ich *liebe* Discos. Ich tanze für mein Leben gern, stimmt's, Dipak?"

Dipak bohrte sich geziert in der Nase.

„Dipak ist auch versessen aufs Tanzen. Also, machen wir uns fertig. Zenga, was hast du an? Hosen? Sehr gut, Mann. Dann lasse ich einfach meine Jeans an. Dipak, Mann, komm schon, häng nich' rum und laß uns gehen."

„Nöh."

„Was? Was soll das heißen, nein!" Rhada kicherte aufreizend und trippelte zu ihm hinüber.

„Komm, Liebling. Bitte, komm mit."

„Siehst du nicht, daß ich fernsehe, Mann?"

„Ach, *bitte*, komm mit, Schatz."

„Nöh. Ich will fernsehen."

Rhadas Augen füllten sich mit Tränen.

„Dipak", sagte ich streng. „Komm jetzt."

Die Augen bis zum letzten Augenblick auf den Fernseher geheftet, marschierte Dipak wortlos aus dem Zimmer.

„Auf Wiedersehen, Mr. Puri!" riefen wir im Chor, als wir das Haus verließen. Mr. Puri kam aus der Küche gerannt, hatte ein angegilbtes Manuskript bei sich und schüttelte uns herzlich die Hand.

„Und daß du mir ja auf meinen Sohn aufpaßt! He heeh!" Rhadas Wangen färbten sich rot vor Freude.

„Aber, Papa, du weißt doch, daß ich das immer tue."

Und nach einem raschen Lauf durch den verwilderten Garten sprangen wir in den Wagen und fuhren in die Nacht davon. In Trinidad sind die Insektengeräusche ganz eindeutig ohrenbetäubend laut. Glühwürmchen leuchteten im Scheinwerferlicht auf. Rhada plauderte ununterbrochen vor sich hin. Ich hätte sie gern gefragt, warum sie einen walisischen Akzent hatte, aber irgendwie schien mir die Frage doch zu persönlich. Hätte sie das Wort „Boyo" statt „Mann" gebraucht, so hätte ich ohne weiteres angenommen, daß sie direkt aus Holyhead stammte.

Illuminierte Moscheen und Tempel flogen an uns vorbei.

„Sind sie nicht wunderschön? Ist Trinidad nicht ein herrliches Fleckchen?" sprudelte Rhada hervor. Wir pflichteten ihr alle bei; das heißt, alle mit Ausnahme von Dipak, der kerzengerade im Fond des Wagens saß und weder nach rechts noch nach links blickte.

„Zenga", wandte sich Ambrose an mich, „möchtest du ein paar Bananen haben?"

„Nein", flüsterte ich leise und hoffte, daß Dipak und Rhada mich nicht hören würden. „Hier gibt es nämlich Spinnen in den Bananen."

„In Trinidad gibt es keine Spinnen in den Bananen. Warum, haben sie in London Spinnen in den Bananen?"

Ich mußte so laut lachen, daß ich seine Frage nicht beantworten konnte.

„Sag schon, sag schon?" hörte ich ihn fragen, offensichtlich sehr besorgt um das Wohl der Londoner.

Nie habe ich mein Glück deutlicher empfunden als in jener glitzernden Nacht in Trinidad. Das chinesische Essen war von Kennerhänden bereitet und entlockte sogar Dipaks Lippen ein mattes Lächeln. Der Nachtclub war, wenn auch aufgrund einer übereifrigen Klimaanlage eisig kalt, genau so, wie man sich einen Nachtclub in Trinidad erträumt. Wild und ausgelassen drehten sich die Tänzer zu den Klängen eines hemmungslosen Calypso. Rhada schüttelte ihren elfenhaften Körper und blitzte Dipak mit großen Augen an, worauf ein finsterer Schatten über seine Alabaster-Stirn huschte und er den Blick abwandte. Ambrose stand an der Bar und trank Coca-Cola, und hin und wieder wippte er mit dem Fuß im Rhythmus der Musik. Ich eroberte die Tanzfläche zusammen mit einem adretten Mann chinesischer Abstammung und „schwofte" in die Nacht hinein.

„Sie kommen also aus Großbritannien. Wie heißt doch gleich der britische Außenminister?"

„Ich weiß es nicht."

„Nun ja, er kommt jedenfalls morgen zu einer Sitzung nach Port of Spain."

„Ach, wirklich?"

„Ja, zu Gesprächen über die Ölkrise der OPEC. Er wird sich darum bemühen, die Ausfuhren auf ein kontrollierbares Maß zu beschränken."

„Wie nett." An dieser Stelle zog ich mich unter einem Vorwand zurück, denn ich sehnte mich nach einer behaglicheren Unterhaltung nach dem Motto „Gefällt es Ihnen hier in diesem Lokal?" In Trinidad haben zu viele Menschen zu viel Geisteskraft, wie ich an diesem Abend feststellen mußte.

Von den Rassenschranken, die angeblich in Trinidad existieren, war dagegen nichts zu merken. Zwar mögen die Zeitungen über die Gefährlichkeit des rassischen Gleichgewichts lamentieren, aber soweit ich erkennen konnte, war ein Miteinander von Schwarzen, Chinesen und Indern in Trinidad ein vertrauterer Anblick als irgendwo sonst auf der Welt.

Als es Zeit zum Aufbruch war, erbot sich Ambrose, uns alle nach Hause zu bringen. Unglücklicherweise schlief ich auf der Heimfahrt ein; so entging mir leider der Radau von El Dorado, der Stadt, in die ich mich auf der Stelle verliebt hatte. Als wir zu Hause ankamen, war es vier Uhr morgens.

„Ssch, faß den Hund nicht an. Wenn er Tantchen Süß weckt, sind wir geliefert!"

Langsam und vorsichtig schloß Ambrose das schmiedeeiserne Tor auf und schlich dann auf Zehenspitzen zur Haustür. Als er eben den Schlüssel ins Schloß stecken wollte, flog die Tür mit einem Ruck auf und traf Ambrose schmerzhaft an der Nase.

Im Rahmen stand Tantchen Süß, die Arme vor der Brust verschränkt.

„Was meint ihr wohl, wie spät es ist?"

„Em, äh – das heißt, ahem –"

„Halb fünf Uhr morgens! Ihr hattet nicht einmal den Anstand, mir zu sagen, wohin ihr geht!"

„Ich – äh –"

„Kommt jetzt ins Haus und macht euch auf eine Abreibung gefaßt!"

„Tantchen Süß", stammelte ich, während sie Ambrose und mich bei den Ohren ins Haus zerrte, „es war nicht meine Schuld!"

„Was! Tantchen Süß! Es war *ihre* Schuld, ehrlich! Sie hat es von mir verlangt."

„Nein, das stimmt nicht, Tantchen Süß. Ich habe Ambrose *angefleht*, mich nach Hause zu bringen, aber er bestand darauf, in eine Diskothek zu gehen. *Ich* wollte überhaupt nicht. Wozu sollte *ich* in eine Diskothek gehen wollen?"

„Sie lügt! Sie lügt! Tantchen Süß, es war ihre Idee, du mußt mir glauben!"

Tantchen Süß löste die verknotete Gürtelschnur von ihrem Morgenmantel.

„Glaubt ihr, ich will dumme Ausreden hören? Denkt ihr, es interessiert mich, wessen Idee es war? Ich weiß nur, daß ihr bis Gott weiß wann ausgegangen seid und ich mir Sorgen um euch gemacht habe. Ambrose, streck deine Hand aus."

Ich ergriff die Flucht, rannte in mein Schlafzimmer und schob das Bett vor die Tür. Es mochte kein weiser Schritt sein, da ich die Folter nur auf den nächsten Tag verschob, aber es war die einzige Möglichkeit der geknoteten Schnur zu entgehen. Vielleicht bediente sich Tantchen Süß am nächsten Morgen einer weniger schmerzhaften, nur fast-tödlichen Waffe.

Früh morgens, bevor einer der anderen aufgewacht war, machte ich Frühstück für die Familie, stellte Krüge mit frisch gepreßtem Orangensaft auf den Tisch und räumte die Küche auf. Dann packte ich den Rest der Andenken aus, die ich für Freunde in England gekauft hatte, und legte sie als Versöhnungsgabe auf den Tisch.

Tantchen Süß kam aus ihrem Schlafzimmer und musterte die Sammlung auf dem Tisch mit hochmütiger Verachtung.

Es brauchte mehr als drei Stunden der Entschuldigungen, bevor sie endlich die Schnur wieder um ihre Taille band und ein säuerliches „Wenn es nur nicht nochmal vorkommt" herausbrachte. Ich war erlöst.

„Wo ist hier die nächste Kirche?" erkundigte ich mich beim Frühstück, das in nahezu vollkommenem Schweigen eingenommen wurde. Ambrose war noch nicht aufgestanden.

„Was für eine willst du? Katholisch, protestantisch, hinduistisch, muslimisch – oder die Irren?"

Ich unterdrückte das Bedürfnis, „die Irren" zu sagen, und fragte sie, welche die nächstgelegene sei.

„Die methodistische."

„Könntest du mir sagen, wo sie ist?"

„Wozu?"

„Damit ich hingehen kann."

„Willst du mir weismachen, daß du an Gott glaubst?" Tantchen Süß verschluckte sich an ihrem Toast und schüttelte sich vor Lachen.

„Schon gut, ich sage es dir. Aber wenn du zurückkommst, will ich nichts von deinen Albernheiten hören. Und wenn ich rauskriege, daß du statt dessen in einem Nachtclub warst, dann kommst du nicht so ungeschoren davon wie das letzte Mal, verstanden?"

„Ja, Tantchen Süß."

„Also, du gehst einfach die Straße runter, an dem dreckigen alten Haus an der Ecke vorbei. Mr. Bakers Haus. Oi! Der Mann hat einen völlig verwahrlosten Garten. Ich habe immer gedacht, mein Garten wäre ungepflegt, aber das ist nichts gegen Mr. Bakers Garten. Oi yoi yoi! Jedenfalls, am Ende der Straße siehst du die Kirche." Tantchens Augen wanderten an meinem Kleid auf und ab.

„Du willst doch hoffentlich nicht in dem zerknitterten alten Kleid gehen. Zieh es aus, dann bügele ich es dir, Kindchen."

Und so machte ich mich viel später, nachdem Tantchen Süß das Bügelbrett aufgestellt und mein Kleid gebügelt hatte, auf die Suche nach der Kirche.

Sonntagvormittag in Trinidad; in den Straßen dröhnte die Musik, und die Leute saßen vor den Bars und tranken Rum. Dann drang ein anderes Geräusch an meine stets gespitzten Ohren, das Geräusch klagender Gebete. Ich folgte dem Geheul, bis ich an einer Kirche anlangte, die zwischen zwei Geschäften lag und über deren Eingang ein Schild verkündete, daß es sich um die Spirituelle Baptisten-Gemeinde handelte.

Im Innern des Gebäudes schmetterte mich der Weihrauchgeruch beinahe in die nächste Bank, die im hinteren Teil des Raumes stand. Der Saal war voller Menschen in langen weißen Gewändern; die

Frauen trugen mächtige weiße Turbane. In der Mitte der Kirche befand sich eine geweihte Säule, an der weiße Kerzen, Wasserschalen und ein großes Becken mit Olivenöl standen.

„Gehen Sie Ihre Hände in Öl eintauchen", flüsterte mir eine vierschrötige Frau mit unterdrückter Stimme zu. „Sie haben schon den halben Gottesdienst versäumt."

Eine Predigerin, die von Weihrauchschwaden umwogt unter einem hölzernen Kruzifix stand, las aus der Bibel vor. Dann begann sie, den Text mit reiner, vor Leidenschaft bebender Stimme zu singen. Ein Jammern und Stöhnen erhob sich in der Gemeinde, und ein Säugling fing an zu schreien.

„Lobet den Herrn! Oh, lobet ihn! Jeee-sus, oh Jeee-sus!"

„Ich sah den Blitz aufleuchten
Und hörte den Donner grollen,
Ich spürte Sünden blitzesschnell,
Erobern wollten sie meine Seele.
Ich hörte die Stimme Jesu, die mir befahl, zu kämpfen.
Er versprach, mich nie zu verlassen,
Nie mich zu lassen allein."

Die Gläubigen fielen mit lauter Stimme in den Gospelsong ein, den die Diakonissin angestimmt hatte.

Ein Mann in weiß-blauem Gewand erhob sich und forderte all die Problembeladenen, alle, die krank waren oder vom rechten Weg abgekommen waren, auf, nach vorn zu kommen, um den Segen zu empfangen.

Sieben Frauen traten vor den Altar und knieten auf einem schmalen blauen Teppichstreifen nieder.

„Nie mich zu lassen allein! Niemals, nein niemals!" sangen die sich wiegenden Menschen mit immer lauter werdender Stimme.

Drei Kirchenälteste legten den Knienden die Hände auf die Stirn und sprachen Gebete, zuerst leise, doch von Minute zu Minute immer lauter werdend, bis sie den Lärmpegel der Singenden erreicht hatten.

Zwei Frauen traten aus dem Seitenteil der Kirche nach vorn und reichten den feierlich dreinblickenden Ältesten Seile, die diese den Frauen, die zu ihren Füßen knieten, um die Taille schlangen.

„Hinaus, Dämonen! Hinaus, Satan! Verlaßt den Körper und den Geist dieser unserer Schwestern, die hier im Staub der Wildnis liegen. Verlaßt den Körper und den Geist dieser Schwestern!"

Der Gesang hatte sich jetzt in Geschrei verwandelt. Ein junges Mädchen, das vor mir stand, wand sich in wilden Zuckungen, und ihre Augen waren so zum Himmel verdreht, daß nur noch das Weiße darin zu sehen war. Eine nach der anderen fielen die Frauen, die vor den Ältesten knieten, wild keuchend und zuckend in Ohnmacht. Die heiligen Ältesten schlugen leicht mit den Seilen auf sie ein und sangen: „Hinaus, Dämonen, hinaus, Dämonen!"

Bald kam es mir so vor, als sei die ganze Gemeinde besessen. Einige schrien in höchsten Tönen, andere tanzten mit verdrehten Augen, fuchtelten wild in der Luft herum und sprachen in „fremden Zungen".

Nach etwa einer halben Stunde hoben die Ältesten die bewußtlosen Schwestern sacht vom Boden auf und träufelten ihnen Öl auf die Schläfen. Vorsichtig drehten sie die halbtoten Frauen dann zweimal siebenfach auf der Stelle, erst in der einen, dann in der anderen Richtung.

Ein junger Mann mit tranceumschleiertem Blick faßte mich an den Händen und begann mit mir zu tanzen, während er in einer westafrikanisch anmutenden Sprache Gott anrief.

Und dann legte sich der ganze Aufruhr wie auf ein geheimes Zeichen, und die Diakonissin forderte uns auf, uns an den Händen zu fassen und zu beten.

Die Gebete wurden laut gesprochen, was ein wildes Stimmengewirr zur Folge hatte.

„Amen", schloß die Diakonissin, und wie durch einen Zauber war die Messe zu Ende.

„Na, wie geht's denn so? Ich hab' Sie noch nie hier gesehen, aber ich freue mich, Sie kennenzulernen."

Die junge Frau, die mich mit so munterer Stimme ansprach, war dieselbe, die sich wenige Minuten zuvor in qualvollen Zuckungen auf dem Boden gewälzt und dann das Bewußtsein verloren hatte.

In der Kirche herrschte jetzt eine Atmosphäre spaßhafter Jovialität, und es war keine Spur mehr von Trancezuständen und Besessenheit zu erkennen. Nach kurzer Unterhaltung mit einigen der Gemeindemitgliedern trat ich, ein wenig erschüttert durch das eindrucksvolle Erlebnis, den Rückweg zu Tantchen Süß an.

„Du bist also zur Irren-Kirche gegangen, was? Wie hat dir das ganze Halleluja-Geschrei gefallen? Heh heeh! Oi!"

Tantchen Süß fand meine Beschreibung des Gottesdienstes zum Schreien komisch.

„Wenn die Shango-Leute in mein Krankenhaus kamen, als ich mich noch nicht zur Ruhe gesetzt hatte, stellten sie sich an die Betten meiner Patienten und trommelten und schrien ‚Hu, hu, hu!‘ Dann bin ich einfach zu ihnen hingegangen und hab' gesagt: ‚Schluß jetzt mit dem Quatsch, ich hab' Kranke hier auf der Station, also macht, daß ihr wegkommt, bevor ich einem von euch eine Abreibung verpasse!‘ Du siehst, ich hatte keine Zeit für solchen Blödsinn!" Und dann rülpste Tantchen Süß in gutgelaunter Boshaftigkeit.

„Wie dem auch sei, wir haben keine Zeit, faul rumzusitzen und zu schwatzen. Das Mittagessen muß gekocht und Limonen müssen gepflückt werden, bevor wir zum Strand runter fahren."

„Zum Strand!"

„Äff mich nicht nach, Mädchen. Geh in die Küche und schäl die Kartoffeln, koch Kallalu und Okra und brat das Hähnchen. Du kannst auch ein paar Kekse aufbacken. Ambrose! Am-brose! Beweg augenblicklich deinen Hintern und komm hierher."

Ambrose sah ein wenig mitgenommen aus, als er hereingetrottet kam.

„Geh in den Garten, Jungchen, und pflück die Limonen, aber schnell. Du weißt, daß du keine Schläge vertragen kannst!"

Schnell wie der Blitz schoß Ambrose in den Garten hinaus.

Das Essen für Tantchen Süß zu kochen, dauerte immer dreimal so lange, wie es eigentlich nötig gewesen wäre. Tantchen Süß saß auf einem Küchenstuhl, beobachtete jeden meiner Schritte genau und kritisierte mich zwischen Rülpsern.

„Was? So dick schält man die Kartoffeln nicht! Bringt man euch in England nichts über den Wert der Nahrungsmittel bei? Du hast nicht annähernd genug Öl in die Pfanne getan, Kindchen. Gieß ein bißchen mehr rein – nein! Nicht so viel! Willst du, daß wir alle am Herzinfarkt sterben? Und womit würzt du das Fleisch? Hast wohl noch nie was von Angostura-Bitter gehört! Doch, hast du? Warum gibst du dann nicht ein bißchen rein? Paß auf! Sieh nur, du verbrennst doch das ganze Gemüse, herrje!"

Endlich war jedoch das Essen gekocht, die Limonen waren gepflückt, Ambrose hatte Maudys Badeanzug gefunden (der die ganze

Zeit über in der Schublade gelegen hatte), und nachdem wir das Mittagessen im Kofferraum verstaut hatten, fuhren wir mit Ziel Maracas Bay los.

Die Schönheit Trinidads erschließt sich dem Betrachter nicht sofort. Die Regenwälder sind zu dicht, die Flüsse zu breit, und die Berge sind so übermäßig groß, daß sie den Menschen mit ihrer grün-schwarzen, unheilvollen Ausstrahlung erschlagen. Man empfindet Angst und wird sich der Tatsache bewußt, daß wir nur ein Körnchen Staub sind angesichts der Größe der Natur. Wenn man aber einige Stunden lang über schmale Wege gefahren ist und auf zerbrechlichen Brücken reißende Ströme überquert hat, vollzieht sich im Herzen eines jeden ein Wandel. Die undurchdringlichen Wälder flößen ehrfürchtiges Staunen ein und rühren an die Seele, und man erliegt hoffnungslos ihrem lebendigen Zauber. Papageien überfliegen die Wege, die man entlangfährt, und die Geräusche tropischen Lebens sind niemals weit. Ein heißer Wind bläst dir durch die heruntergekurbelten Wagenfenster ins Gesicht.

Aus den am Straßenrand errichteten Wellblechbaracken kamen Kinder gelaufen und beschatteten die Augen mit der flachen Hand, um dem vorüberfahrenden Auto fröhlich nachzublicken. Gegen Mittag war der Wald in strömenden Sonnenschein getaucht. Der Dschungel war, von außen betrachtet, überwältigend schön mit seinen leuchtend grünen und gelben Vögeln, die mit schriller Stimme schnatterten, aber, wie Tantchen Süß so zutreffend sagte: „Für alles Geld der Wall Street würde ich keinen Fuß in den Busch setzen!"

Es war eine Freude, Maracas Bay zu betrachten. Trinidads be-rühmtester Strand war ein Garten voller Palmen, Blumen und Kolibris, die im Sonnenlicht flatterten und von den wächsernen weißen Blüten, die sich in der Umgebung des Strandes der Erde zuneigten, aufschwirrten und in metallischen Rot- und Blautönen blitzten und schimmerten.

Kaum hatte Ambrose den Wagen im Sand geparkt, da streifte ich mir auch schon einen Badeanzug über und sprang in das kühle Naß. Im Meer wimmelte es von Badenden und Schwimmern aller Farb-schattierungen, mit Ausnahme von Weiß. Es gibt nur sehr wenige Touristen in Trinidad, was, meiner Ansicht nach, zum Teil auch den ungebrochenen Zauber der Insel ausmacht. Aus den Radios dröhnte Calypsomusik, und Familien spielten Ball und lachten in der Hitze und Schönheit des Tages.

Nachdem ich mich ungefähr eine Stunde lang mit „Hundepaddeln" vergnügt hatte, trabte ich zurück zu Tantchen Süß, um mich zu erkundigen, warum sie und die übrige Gesellschaft den Wagen nicht verlassen hatten. Die drei saßen in dem ofenheißen Auto, verzehrten das Mittagessen, das wir am Morgen zurechtgemacht hatten, und gossen sich hin und wieder gesüßten Orangensaft in ihre Gläser.

„Was soll das heißen: ‚Warum seid ihr nicht mit ins Meer gekommen?'? Hä? Was soll das heißen, Kind? Wir sind dir doch gleichgültig! Du springst einfach aus dem Wagen wie ein Chinese und läßt uns hier sitzen wie ein paar verdammte Kulis! Was ist das denn für ein Benehmen?"

„A-a-aber Tantchen Süß! Ich dachte, ihr kommt auch ins Wasser. Wie könnte ich das Baden genießen, wenn ihr alle hier sitzenbleibt?"

„Jetzt komm mir bloß nicht so, Kind. Paß in Zukunft auf, was du tust. Du mit deinen abscheulichen Manieren!"

Ich wandte mich an Ambrose, moralische Unterstützung suchend. Aber er drehte den Kopf weg. Er war immer noch wütend, weil er für den Streich des Vorabends geschlagen worden war.

„Jetzt iß deinen Imbiß und sieh zu, daß er dir den Kiefer verklebt, damit wir uns dein Geschwätz nicht mehr anzuhören brauchen."

Nach dem Mittagessen fragte ich mit meiner höflichsten „Schüler-und-Rektor"-Stimme, ob ich aussteigen und mich sonnen dürfe.

„Was? Wieso fragst du *mich*? Bin ich deine Mutter?"

Auf der Heimfahrt fand ich die Landschaft noch beeindruckender als zuvor, nur bewunderte ich mittlerweile jede Palme, jede Schlingpflanze und sogar die roten und grünen Fliegen, die über den geheimnisvollen, lilienbewachsenen Teichen tanzten.

Am Montagmorgen log ich.

„Tantchen Süß", sagte ich beiläufig, während ich ihre harten kleinen Füße mit Olivenöl massierte.

„Ja, Herzblatt."

„Einer meiner ehemaligen Lehrer lebt in San Fernando, und mir ist gerade eingefallen, daß er mich bat, ihn zu besuchen, wenn ich nach Trinidad komme. Er sagte, er möchte ein paar Biochemie-Probleme mit mir besprechen."

„Was ist das wieder für ein Blödsinn?"

„Lehrer – San Fernando – Biochem –"

„Und wie willst du nach San Fernando kommen?"

„Bus."

„Was für ein Bus?"

„Irgendein Bus, der nach San Fernando fährt."

„Glaubst du, du findest allein nach San Fernando?"

„Na ja, es ist ziemlich wichtig, weißt du. Ich hatte mir nämlich überlegt, ob ich Biophysik studiere, und dieser Lehrer – derjenige, der in San Fernando lebt – ist der einzige, der mir ein paar Ratschläge geben kann."

„Ich dachte, du hättest Chemie gesagt."

„Chemie?"

„Zuerst hast du gesagt, es wäre Chemie, und jetzt sagst du Physik."

„Genau. Ich habe dir ja gesagt, daß ich in Naturwissenschaften schwach bin! Ich weiß nicht einmal den Unterschied zwischen Chemie und Physik, aber zum Glück kann mir Mr. Wiss-Ennschaft auf die Sprünge helfen. Ich habe ihm gesagt, daß ich ihn heute besuche."

„Hältst du mich für blöd?"

„Ja – ich meine, nein!"

„Dann sag mir, warum du wirklich nach San Fernando willst?"

„Ehrlich, ich *habe* einen alten Lehrer, der dort wohnt, und ich möchte ihn einfach gern besuchen, das ist alles."

„Na schön. Wenn du darauf bestehst. Nimm den Bus nach Port of Spain, dann gehst du zum Busbahnhof und fragst nach dem Bus nach San Fernando. Aber achte darauf, daß du spätestens um vier wieder da bist."

„Ja, Tantchen Süß. Danke, Tantchen Süß. Vergelt's Gott, Tantchen Süß!"

„Um vier bist du da, verstanden, Kindchen?"

Ich wanderte durch die überirdische Schönheit des Botanischen Gartens nach Port of Spain. Dort angekommen, erkundigte ich mich bei einem kleinen Inder nach dem Weg zum Busbahnhof.

„Wenn Sie nach San Fernando wollen", entgegnete er mit walisischem Akzent, „nehmen Sie am besten ein Großraumtaxi. Ich fahre auch dorthin." So fuhren wir durch die heruntergekommenen Straßen von Port of Spain, vorbei an fast menschenleeren Geschäften, in denen lächerlich teure Waren angeboten wurden.

Ein Großraumtaxi ist ein schmucker Bus, der dann losfährt, wenn er genügend Fahrgäste hat. Was den öffentlichen Nahverkehr betrifft, nimmt Trinidad eine führende Stellung in Westindien ein.

„Ich springe nur kurz aus dem Taxi und hole etwas zu trinken und ein paar Doubles. Möchten Sie auch welche?"

„Das ist sehr freundlich von Ihnen", antwortete ich meinem Begleiter mit dem walisischen Akzent. „Was sind Doubles können Sie mir das verraten?"

„Doubles sind so etwas wie *Rôtis* mit Gemüse. Ich hole Ihnen welche, dann können Sie es probieren. Wollen Sie auch etwas zu trinken?"

„Danke."

Er sprang aus dem Bus und kehrte wenige Minuten später mit glühend heißen „Doubles", scharfen Pickles, und zwei Dosen eisgekühlter Limonade zurück.

„Vielen Dank, wieviel bin ich Ihnen schuldig?"

„Mir schuldig?"

„Wieviel hat es gekostet?"

„Nein, nein, vergessen Sie's. Ist schon gut, Mann, das hab' ich spendiert."

„Aber ich bestehe darauf."

„Nein, nein, nein."

Ganz sicher gab es eine solch selbstlose Gastfreundlichkeit nirgends sonst als in Trinidad. Jeder, der in den Bus einstieg, rief: „Guten Morgen, allerseits!", worauf die Antwort lautete: „Morgen!"

Auf dem Weg nach San Fernando, der zweitgrößten Stadt der Insel, kamen wir an ausgedehnten Zuckerrohrfeldern vorüber. Am Rande der Stadt erhoben sich Holzhütten auf Pfählen hoch über den Boden, vermutlich, um die Termiten fernzuhalten. Die winkeligen, verstaubten Sträßchen in den Randbezirken von San Fernando waren vielversprechend. Obwohl von großer Armut geprägt, waren sie außerordentlich malerisch.

Im Stadtzentrum zeigte mir mein Freund eine belebte Markthalle; und während ich ein Grüppchen alter Frauen beobachtete, die um den Preis frischen Thymians schacherten, verlor ich ihn irgendwie aus den Augen. So sehr ich auch nach ihm Ausschau hielt, ich konnte ihn nicht wiederfinden.

Es gab so viele indische Geschäfte, daß ich immer wieder vergaß, wo ich war, und mich entweder in Indien oder in einem sommerlichen Southall wähnte. Als mich die Verkäufer in den Sariläden mit walisischem Akzent ansprachen, wurde meine Verwirrung noch größer.

Nachdem ich mich in den Geschäften umgesehen und ein paar herrliche indische Bilder als Andenken erstanden hatte, wußte ich nicht recht, was ich tun sollte, denn ich hatte keinerlei Kenntnis von San Fernando.

Als ich ziellos an einer Gruppe junger Schwarzer vorüberschlenderte, hörte ich, wie mir einer von ihnen etwas nachrief. Ich drehte mich um und erblickte einen zierlichen, feingliedrigen Mann, der mir auf den Fersen folgte. Er trug eine spitz zulaufende Mütze und abgeschnittene Shorts und hielt zwei kleine Gitarren in den Armen. Seine Augen waren groß und durchdringend, und sein Lächeln hätte eine Maus dazu gebracht, eine Katze zu umarmen. Ich konnte auf seinen Zuruf nicht antworten. Ich schämte mich plötzlich meines englischen Akzents und fand die Vorstellung unerträglich, daß er mich sprechen hörte. Manchmal hat man das Bedürfnis, sein Gesicht vor der Welt zu verbergen, und dann wieder stellt man sein Licht unter den Scheffel. An diesem Tag wollte ich meine Stimme verheimlichen.

„Sprichst du nicht mir mir?"

Ich schüttelte den Kopf.

„Ich heiße Petruchio, könntest du mir deinen Namen nicht in Zeichensprache verraten?" Ich schüttelte den Kopf.

Wir kamen an einem Kleiderladen vorüber.

„Ich muß hier rein. Wohin gehst du?"

Ich deutete auf eine Anhöhe.

„So, so. Du gehst also da hinauf, und ich geh' hier rein. Auf Wiedersehen, Miss Sprachlos."

Ich winkte und stieg den Hügel hinauf, aber nur um auf ein Schild zu treffen, auf dem stand: „Kein Zutritt". Also trat ich, verschwitzt und unbehaglich, den Rückweg an. Ein Mann kam aus einem Geschäft und wäre um ein Haar mit mir zusammengestoßen.

„He, Sprachlos! Du bist's! Du hast deine Geschäfte da oben wohl schnell erledigt."

Ich nickte.

„Kommst du mit mir zur Musikhandlung? Ich will ein paar Saiten für meine Gitarre kaufen."

Ihm durch Zeichen zu bedeuten, daß ich nur fünf Minuten Zeit hatte, mit ihm zu kommen, schien mir ein allzu schwieriges Unterfangen, und so war ich gezwungen, zu sprechen.

„Du bist nicht von hier!"

„Nein.“

„Mach dir nichts draus. Du solltest es dir nicht so zu Herzen nehmen. Komm mit in den Laden und hilf mir, die Dinger zu kaufen.“

Wir liefen also die Straße hinunter und betraten einen Laden, der einem ausgesprochen mürrischen Inder gehörte.

„Hier, halten Sie mal meine Gitarren“, sagte Petruchio, indem er dem Ladenbesitzer seine Instrumente in die Hand drückte. Der Mann sah mißtrauisch drein und warf, während er unbeholfen die Gitarren mit beiden Händen hielt, Petruchio einen giftigen Blick zu. Petruchio nahm eine prachtvoll schimmernde Gitarre von einem Ständer und begann, darauf zu klimpern und dazu einen improvisierten Calypso zu singen:

> „Als ich durch San Fernando lief und dem Müßiggang frönte,
> Sah ich etwas Seltsames, das mich abdröhnte.
> Wer anders durch die Hauptstraße geht
> als Miss Sprachlos (zum Inder), die hier vor Ihnen steht.
>
> Sie redet kein Wort.
> Kann den Mund nicht aufmachen.
> Die Frau kann nicht singen, die Frau kann nicht lachen,
> Sie kann nichts weiter als schweigen ...“

Die letzte Zeile war zu unanständig, um sie hier wiederzugeben, aber sie reimte sich tadellos auf „schweigen“ beziehungsweise natürlich auf „close“, denn auf Englisch lautete sein Lied wie folgt:

> "Walking through San Fernando feeling very amused,
> I saw a strange sight that made me feel unenthused.
> Down through the High Street who should appear
> But Miss No-Talk (to Indian) the gal who standing right here.
>
> She don't say a word.
> She don't breathe a thing.
> The woman can't laugh and the woman can't sing,
> All she can do is keep her teeth close ...“

Dann sang er ein zweites Lied, einen weichen Calypso, dessen Text ich vergessen habe. Die ganze Zeit über stand der griesgrämige Ladenbesitzer mit den zwei Gitarren im Arm da und runzelte finster die Stirn.

„Das war's!"

Ich applaudierte begeistert.

„Danke, daß ich Ihre Gitarre benutzen durfte, Mann", sagte Petruchio, indem er das Instrument auf den Ständer zurückstellte und dem verbissenen Kaufmann seine eigenen Gitarren mit einer Verbeugung aus der Hand nahm. „Hoffentlich verkaufen Sie die bald." Und ohne ein weiteres Wort verließ er den Laden.

„Was ist mit den Saiten?"

„Die Saiten können warten, Sprachlos, nicht aber ein Besuch mit dir am Strand. Komm, wir machen einen hübschen langen Spaziergang."

Auf dem Weg zum Strand erzählte mir Petruchio ein paar Witze, die so unanständig waren, daß es mir die Schamröte ins Gesicht trieb. Ich lachte und lachte und lachte, und während ich nicht aufhören konnte, zu lachen, fiel mir auf, daß ich schon lange nicht mehr so herzhaft und ausdauernd gelacht hatte.

„Womit verdienst du deinen Lebensunterhalt?" fragte ich, bevor ich wieder anfing, über den Witz mit dem Bräutigam und dem Korkenzieher zu lachen.

„Ich bin ein professioneller Straßengänger."

„Wie bitte?"

„Ich laufe den ganzen Tag auf der Straße rum, nichts anderes."

„Wirst du dafür bezahlt?"

„Wer sollte mich dafür bezahlen, daß ich rumlaufe?"

„Dann bist du also ein Amateur-Straßengänger!" „Ja! Genau das bin ich! Ein Amateur-Straßengänger! Aber ich spiele auch Calypso, weißt du. Spiele den ganzen Tag, wo immer, wann immer."

In San Fernando herrscht eine wesentlich freundlichere Atmosphäre als in Port of Spain. Altmodische Sträßchen winden sich zu einem sehr reizvollen Strand hinunter. Auf dem Weg zum Markt für Kunsthandwerk, der nicht weit vom Meer entfernt ist, unterhielten wir uns über die Ursprünge des Calypso.

„Die Rhythmen des Calypso sind afrikanisch und wurden von den Sklaven entwickelt, sind aber beeinflußt von der spanischen Musik Venezuelas. Um die Dinge noch weiter zu komplizieren, drückt sich auch die Musik der Engländer, der Iren und der Franzosen im Calypso aus; du darfst nicht vergessen, Sprachlos, daß im neunzehnten Jahrhundert in Trinidad nur Französisch und französisches Patois gesprochen wurde."

„Was bedeutet das Wort Calypso?" Ich hoffte, ihn nach seiner Klugschwätzerei mit dieser Frage in Verlegenheit zu bringen.

„Calypso? Da treten wir in ein weites Diskussionsfeld ein. Manche behaupten, es komme von dem Hausa-Wort *kaiso*, was soviel heißt wie „oh!" Andere meinen, es stamme von dem spanischen Wort *caliso*, was „Volkslied" bedeutet; und wieder andere Gelehrte erklären, daß es von dem französischen Wort *carrousseaux* stamme, das soviel bedeutet wie . . ."

„Schon gut, schon gut."

„Was soviel bedeutet wie Feier, Fest. Aber der Calypso kann von allem handeln, von Liebe, Sex, Humor, Arbeit, Politik."

„Politik! Nur darum ging es in den Calypsos, die auf Dominica zur Wahl des Karnevalskönigs gesungen wurden."

„Ist doch klar, daß es darin um Politik geht! In der ganzen Welt hört man diese Calypsos, und es ist wichtig für den Sänger, daß er seine politischen Ansichten herüberbringt."

Am Strand beobachteten wir ein paar kleine Jungen, die von winzigen Styroporbooten aus nach Aalen fischten. Wenn sie eines der unglücklichen Wesen gefangen hatten, banden sie ihm eine Schnur um den Leib und schmetterten den Kopf des Tieres auf einen Felsen. Die Kinder verrichteten ihr Werk mit heiterem Gleichmut, nicht unter Freudengeschrei, wie es die Kinder in England getan hätten, und auch nicht mit furchtsamer Zaghaftigkeit. Aale zu töten gehörte für diese Jungen zum täglichen Leben, Gefühle waren dabei überflüssig.

Überall waren schaukelnde Fischerboote zu sehen, und am Strand lagen Netze in wirren Haufen; aber wenn auch die Szenerie ausgesprochen idyllisch wirkte, war nichts von der verschlafenen Ruhe zu spüren, die in Saint Lucia herrschte. In Trinidad hörte man vielmehr ausgelassenes Gelächter, gelegentlich vielleicht unterbrochen vom wütenden Schimpfen einer älteren Dame.

Schon bald saß ich mit Petruchio in einer Bar. Er bestellte Puncheon Rum, einen Cocktail, von dem dir die Schädeldecke hochgeht und Feuer aus dem Hirn schießt.

„Warum trinkst du das Zeug?"

„Um anzugeben. Es schmeckt mir eigentlich nicht, aber ich weiß, daß es dich beeindruckt."

„Das tut es ganz und gar nicht."

Über unseren Köpfen drehte sich sehr langsam ein Ventilator und schuf eine angenehme Brise. Petruchio erzählte davon, wie er während des Karnevals „Pfannen" (in einer Steel Band) spielt, und sang wieder ein paar Calypsos, die eine beträchtliche Menschenmenge anzogen. Er hatte wirklich eine sehr wohlklingende Stimme.

„Bei uns wurde im letzten Jahr in Nottingham während des Karnevals ein Mann erstochen", bemerkte ich.

„Na ja, was kannst du von England schon erwarten? Unser Karneval ist immer friedlich, aber in England gibt es zu viele Menschen wie dich, da muß es an Karneval ja Ärger geben."

„Was, bitte, willst du damit sagen?"

„Menschen von europäisch-afrikanischer Herkunft sind ein blutrünstiger Schlag, weißt du!"

„Wie kannst du es wagen!" rief ich erbost und widerstand nur mit Mühe der Versuchung, ihm einen Schwinger zu verpassen.

„War nur ein Witz. Hör mal, ich fühl' mich so mies, wenn ich dich alle Getränke bezahlen lasse. Ich habe das Gefühl, daß du mich entmannst."

„Ist schon gut, eh."

„Aber wenn du dauernd für mich bezahlst, könntest du versuchen, mich zu küssen, und das würde mir Angst machen."

Eine Gruppe von Indern, die unser Gespräch mitangehört hatten, brach in hämisches Gelächter aus. Einer von ihnen hieb mit der Faust auf den Tisch, er war ganz entkräftet von seinem Heiterkeitsausbruch. Ich warf einen Blick auf seine Armbanduhr. Es war fast drei.

„Lieber Himmel!" Ich sprang auf und schickte mich an, das verrauchte Lokal fluchtartig zu verlassen.

„Was ist los?"

„Ich bin zu spät! Ich muß um vier Uhr zurück sein! Meine Tante zieht mir die Haut bei lebendigem Leib ab!"

„Ruf sie doch an und erklär es ihr."

„Das könnte man vielleicht bei einer normalen Tante tun, aber nicht bei Tantchen Süß!"

„Na gut, gehen wir. Ich zeige dir, wo du ein Taxi nach Port of Spain bekommst."

„Vergelt's Gott, Petruchio."

Wir standen vor dem Taxi und warteten, bis es sich so weit füllte, daß sich die Fahrt für den Chauffeur lohnte.

„Ich würde dich gern wiedersehen, Sprachlos."

Petruchios Augen schimmerten gelb im Sonnenlicht.

„Ich würde dich auch gern wiedersehen, aber ich fürchte, das wird nicht möglich sein."

„Warum?"

„Ich habe eine Tante . . ."

„Sag nichts mehr. Aber könnte ich nicht als dein Vater anrufen?"

„Nein." Mir kam eine Idee. „Aber du könntest sagen, du wärst mein Lehrer aus London."

„Also gut."

Ich rutschte auf der Bank zur Seite, um einem Mann Platz zu machen. Er drehte sich um und bedachte mich mit einem trunkenen Grinsen, dann drängte er sich aus dem Wagen und stand schwankend auf der Straße.

„Ist der Mann betrunken?"

Petruchio kicherte. „Nöh. Das ist Heidi Cock. Der Mann ist verrückt."

„Heidi? Ist das nicht ein Mädchenname?"

Heidi Cock starrte kichernd zwei Frauen nach, die im Wagen Platz nahmen.

„Siehst du? Ziemlich verrückt, was? Weißt du, warum er Heidi Cock genannt wird?"

„Nein."

„Weil der Mann es einmal mit seiner Schwester trieb, und als sie die Eltern heimkommen hörten, schrie die Schwester . . . oh, verdammt!"

Mir stieg die Schamröte ins Gesicht, und das Taxi setzte sich in Bewegung.

„Ich ruf' dich bald an, Sprachlos!" versprach Petruchio, der neben dem Taxi herrannte. Ich blickte starr geradeaus und hoffte, daß niemand die anstößige Bemerkung gehört hatte.

„Hat der Mann Sie schockiert?" fragte der Fahrer, indem er mir den Rauch seiner Zigarette ins Gesicht blies.

Ich nickte.

„So ist das Leben nun mal, stimmt's nicht? Sehr unanständig und sehr lustig."

Was habe ich bloß falsch gemacht? überlegte ich.

Einige Tage später zerriß das scharfe und klare Schrillen des Telefons unseren Geräuschteppich aus kubanischer Tanzmusik und einer amerikanischen Quizsendung.

Tantchen Süß schlurfte zum Apparat und sagte: „Häh? Wer? Ja? Wirklich? Sehr interessant? Das habe ich gar nicht gewußt? Oh ja, Bildung ist eine wunderbare Sache, äh äh, das weiß ich. Mr. wie? Gut, ich sage es ihr. Herzchen", flüsterte sie, indem sie die Sprechmuschel mit der Hand zuhielt, „da ist ein Universitätsdozent für dich am Apparat, ein Mr. Duff-Duff-Smythe aus Oxford in England."

„Wirklich?" Ich war bemüht, eine ernste Miene zu wahren.

„Ja. Er belehrt mich über Politik und Rechtsprechung."

„Ach ja, das muß der Lehrer sein, von dem ich dir erzählt habe."

In den Augen von Tantchen Süß glänzte tiefe Bewunderung, als sie mir den Hörer reichte.

„Hallo, Sprachlos, hast du Lust, heute abend mit mir sumpfen zu gehen?"

„Ja, Mr. Duff-Duff – äh hm –"

„Smythe. Ganz in deiner Nähe gibt es ein Steel-Band-Konzert. Ich dachte, da könnten wir uns einen schönen Abend machen. Was hältst du davon?"

„Das wäre nett, Mr. Duff-Duff-Smythe."

„Was hat er gesagt?" Tantchen Süß hielt ihr Ohr dicht an den Hörer. Ich wich ein Stückchen zur Seite.

„Ich würde sehr gern heute abend zu dem Vortrag mitgehen, Sir. Wo sollen wir uns treffen?"

„Erzählt er dir was über die neuen Gesetze?" erkundigte sich Tantchen Süß mit lautem Bühnenflüstern.

„Soll ich dich nicht abholen kommen?"

„Ich glaube, es ist besser, wir treffen uns im Botanischen Garten vor dem Zoo."

„Um wieviel Uhr?"

„Um sieben."

„Schön. Hab' ich dir den mit dem Priester und dem Rosenkranz schon erzählt?"

„Was hat er gesagt?"

„Er spricht über Philosophie, Tantchen Süß."

„Also, da war mal ein Priester, ja, und der nahm die Beichte ab, und –"

„Ja, Mr. Duff-Duff-Smythe, um sieben Uhr dann."

„Und er zog seinen Rosenkranz heraus –"

„Auf Wiedersehen, Mr. Duff-Duff-Smythe."

Ich knallte hastig den Hörer auf.

„Das war aber ein reizender Mann. Die einzige Art Mann, mit der ich dir erlaube, dich abzugeben. Ich bin froh, daß du dich mit ihm triffst."

So froh war Tantchen Süß, daß sie mich allein zum Zoo gehen ließ. Nach einem vergnügten Rundgang, bei dem ich Tayra-Marder und Krokodile im Spiel beobachten konnte, machte ich einen Streifzug durch den Botanischen Garten. Ein gewaltiger Banjanbaum spendete wohltuenden Schatten.

Um sieben Uhr, lange nachdem sich die Dunkelheit herabgesenkt hatte, stand ich vor dem Zoo und wartete auf Petruchio. Indische Männer riefen mir Zoten nach, pfiffen und zwinkerten mir lüstern zu, etwas, das sich in London nicht hätte ereignen können. Nachdem ich eine Stunde lang gewartet hatte, tauchte Petruchio endlich auf, schlug mir auf die Schulter und redete ununterbrochen, bis wir den Festplatz erreichten.

Als wir ankamen, hatte das Konzert schon begonnen, und die temperamentvollen, komplizierten Rumba-Rhythmen der Steel Band klangen ebenso erfrischend und gekonnt wie die Musik irgendeiner anderen Band, die ich in meinem Leben gehört habe. Eine Frau spielte sogar einen Solopart auf ihrem Blechdeckel und erzeugte einen Swing, der des virtuosesten Jazz würdig war.

Bis in die vierziger Jahre hinein war es der Arbeiterklasse in Trinidad verboten, in Steel Bands zu spielen oder überhaupt irgendwelche Schlaginstrumente zu benutzen. Harte Strafen wurden von den Gerichten gegen jeden verhängt, der dabei erwischt wurde, daß er in seinem Hinterhof Steel-Musik machte. Heute ist Steel die Nationalmusik von Trinidad, eine Musik, die vor allem deswegen erstand, weil den Sklaven alle anderen Musikinstrumente genommen wurden. Bambusstöcke und Mülltonnendeckel dienten als vielseitige Instrumente für Maskenumzüge. Inzwischen treten Steel Bands in Kirchen und Konzertsälen auf, und ihre Musik entwickelt sich zu einer der angesehensten Formen der Kunst in der Karibik.

Mir fiel auf, daß an diesem Abend nur Menschen afrikanischer Herkunft der Musik lauschten.

„Das liegt daran", erklärte Petruchio salbungsvoll, „daß wir Schwarzen die einzigen Inselbewohner sind, die Trinidad als ihre wahre Heimat betrachten. Inder, Europäer und Chinesen richten den

Blick auf ihre Mutterländer, aber die Afrikaner wurden während der Sklaverei derartig entwurzelt, indem ihre Musik, ihre Sprache, ihre Religion und alle anderen Seiten ihrer Kultur ausgemerzt wurden, daß wir uns nur auf Trinidad als geistige Heimat beziehen können, und darum haben wir eine reiche Eingeborenenkultur hervorgebracht, um die uns die ganze Welt beneidet. Nicht aus freien Stücken, sondern gezwungenermaßen."

„Petruchio, du bist so klug, meine Tante hatte vollkommen recht. Worüber hast du mit ihr gesprochen? Über Rechtsprechung oder Politik oder dergleichen?"

„Ich habe ihr von Einsteins Theorie der Relativität erzählt. Aber wie wär's mit noch einem Glas Rum? Morgen zeige ich dir den Pitch Lake."

„Aber meine Tante –"

„Sag deiner Tante, ach, sag ihr, du gehst zu einem Vortrag über Asphaltivität."

Genau das tat ich auch, und am nächsten Tag traf ich mich mit Petruchio in San Fernando, und wir nahmen einen Bus zum Asphalt-See.

Der Pitch Lake im Südwesten der Insel birgt das größte natürliche Asphaltvorkommen der Welt. Sir Walter Raleigh entdeckte ihn als erster Europäer und benutzte den Asphalt, 1595, um seine Schiffe zu kalfatern.

Widerstrebend willigte Petruchio ein, einen Führer zu mieten, der uns um den stinkenden See von klebrigem schwarzem Teer herumführte, der einen Geruch wie nach faulen Eiern verströmte.

Diese stinkende Bitumenfläche hatte nichts Aufregendes zu bieten, höchstens warf sich die Frage auf, ob man das zähe Zeug je wieder von den Schuhsohlen entfernen konnte oder nicht.

Als wir unseren Rundgang um den See beendet hatten, den Petruchio mit dem Hinweis auf den Schaden abkürzte, den sein Geruchssinn erlitt, fuhren wir mit dem Bus nach San Fernando zurück.

„Dich kenne ich!" erklärte ein vertrottelt wirkender Mann, der vor einem Krankenhaus stand.

Petruchio hielt den Atem an, dann umarmte er den Fremden ungestüm.

„Will! Will, Mann, wie geht's dir? Schön, dich zu sehen! Das ist meine Freundin Sprachlos."

„Schön, Sprachlos. Hallo, Petruchio, ich geh' ins Krankenhaus, meinen Vetter besuchen. Er is' ziemlich krank. Wollt ihr mitkommen?"

„Klar, Mann, aber sicher! Sprachlos, das ist mein guter Freund Will. Wir haben in Point Fortin zusammen geangelt, als wir klein waren."

Als wir die Treppe des düsteren Krankenhauses hinaufstürmten, erkundigte sich Will allen Ernstes, ob man in London Pistolen kaufen könne.

„Nein. Warum fragst du?"

„Weil ich eine Pistole haben will. Ich will sie sofort haben, aber hier kann man keine kaufen."

„Wozu brauchst du eine Pistole?"

„Damit ich einen Haufen Leute umbringen kann."

Ich zuckte entsetzt zurück.

Die Stationen des Krankenhauses in San Fernando waren abscheulich und trostlos. Männer in abgeschnittenen Shorts und T-Shirts lagen, an den Tropf angeschlossen, in verwahrlosten Betten. Ein paar Schwestern saßen lachend und scherzend in einem Vorzimmer beieinander, und die einzigen, die von den Kranken Notiz zu nehmen schienen, waren einige Frauen der Pfingstgemeinde, die von Bett zu Bett pilgerten und mit schriller Stimme beteten. Die Männer wälzten sich von einer Seite auf die andere und versuchten, den Klängen der Bettrandpredigten zu entrinnen: Manche gingen sogar so weit, sich ihr Kissen über den Kopf zu ziehen, aber die Frauen redeten unbeirrt weiter.

Ein graugesichtiger Mann, der sich mit geschlossenen Augen im Bett wand, schrie gequält auf, als sich eine der Pfingstschwestern seinem Lager näherte.

„Lassen Sie ihn in Ruhe, Schwester. Das ist mein Cousin, wissen Sie."

Die Frau nickte verständnisvoll und zog weiter zum nächsten Bett.

„Hallo, Cuz. Geht's dir gut? Das is' Petruchio, erinnerst du dich an ihn?"

Der Cousin nickte gequält, ohne die Augen zu öffnen.

„Und das hier is' Sprachlos, meine zukünftige Frau. Schau her, wie ich sie liebe."

Ich setzte zu einem Protestgemurmel an, wurde aber von Petruchios Rippenstoß rasch zum Schweigen gebracht.

„Laß ihn träumen, Schwester", sagte er leise.

Will und sein Cousin unterhielten sich eine Zeitlang in gebrochenem Französisch, und ich saß schweigend dabei. Petruchio hatte sich verdrückt. Als er zurückkam, vertrieb Will eine Stechmücke von seinem feisten Arm und sagte:

„Also, Petruchio und Sprachlos, gehen wir. Ich hab' ein Auto, wir könnten eine Fahrt über die Insel machen. Habt ihr Lust, mit mir nach Carnage und Diego Martin zu fahren?"

Petruchio nickte, worauf wir das bedrückende Krankenhaus fluchtartig verließen und in das wartende Auto sprangen.

Jede neue Insel, die ich kennenlernte, erschien mir noch schöner als die vorangegangene. Trinidad jedoch beansprucht für sich den Titel einer „Kaiserin Westindiens", so zauberhaft ist diese Insel. Die Schönheit ihrer Berge, Häfen und kleinen Fischerdörfer ist ohnegleichen.

„Du solltest an einem Freitagabend zum Besäufnis in eines dieser Dörfer kommen! Dann trinken die Fischer Rum und ziehen mit leichten Mädchen herum. Sie sind ziemliche Sexprotze, weißt du."

„Wie kannst du so etwas sagen! Mein Vater ist ein Fischer! Er gibt sich nicht mit dieser Sorte Frauen ab, von der du sprichst!" Wills Augen hatten sich mit Tränen gefüllt.

„Schon gut, Will, beruhige dich! Ich hab' nur einen Witz gemacht."

„Ich mag solche Witze nicht."

Ich hätte ihn fast gefragt, ob seine Bitte nach einer Pistole ein Witz gewesen war, hielt es dann aber doch für das beste, mir diese Frage für ein andermal aufzuheben.

„Laßt uns eine gute Freundin von mir besuchen, die in Diego Martin wohnt. Eine sehr nette Dame. Meine Mutter hat früher für sie gekocht, und sie empfängt mich immer wie einen Sohn in ihrem Haus. Ich sage euch, die Frau ist zuckersüß."

Die Dame wohnte in einem eleganten Vorort, dessen Straßen mit modernen Bungalows, Palmen und Brotfruchtbäumen gesäumt waren. Als wir über die gepflegte Auffahrt zum Haus gingen, sprang uns ein geifernder elsässischer Schäferhund wie aus dem Schlund der Hölle entgegen und riß Will zu Boden. Gemeinsam mit Petruchio versuchte ich, den armen Mann zu retten, der schrie und sich verzweifelt wehrte, während ihn der Schäferhund zu Boden drückte und ihm ins Gesicht knurrte.

„Was geht da vor? Wer ist da draußen?"

Eine indische Frau mit einem angstvollen Ausdruck in den sinnlichen Gesichtszügen stand in der Tür und hielt eine Bratpfanne in der Hand.

„Madam! Helfen Sie meinem Freund. Ihr Hund hat ihn angefallen!"

„Was! Ach, du armer Kerl! Es ist schon in Ordnung, keine Angst, ich rette dich. Wein doch nicht!"

Liebevoll zerrte sie den Satansköter von Will weg und schickte ihn zurück ins Haus.

„So, du armes Kerlchen, mach dir nichts draus, komm herein und trink ein bißchen Milch."

Will blies erleichtert seine runden Backen auf, und weder Petruchio noch ich hatten das Herz, ihm zu sagen, daß die mitleidigen Worte an den Hund gerichtet waren.

„Also, was wollt ihr?" erkundigte sich die Frau, die eben aus dem Bungalow zurückkehrte, mit schroffer Stimme.

„Mrs. Khadda! Erinnern Sie sich nicht an mich? Will! Vitas Sohn."
„Wer?"

„Will. Meine Mutter hat früher für Sie gekocht."

„Ich habe keine Ahnung, wovon Sie reden, aber an Ihrer Stelle würde ich von meiner Tür weggehen, bevor ich die anderen Hunde herauslasse."

„Aber, Mrs. Khadda!"

„Soll das vielleicht ein Witz sein?"

Ich lief mit Petruchio zum Wagen zurück; Will folgte uns nach einigen weiteren verzweifelten Einwänden und rieb sich im Gehen mit schmerzverzerrtem Gesicht den feisten Schenkel.

„Die Frau ist eine Katastrophe", murmelte er, während er den Wagen anließ. „Eine böse, unhöfliche Person. Wohin?"

„Zurück nach Port of Spain. Meine Tante –"

„Mach dir keine Sorgen wegen ihr, Sprachlos. Ich hab sie angerufen und ihr alles erklärt", gluckste Petruchio.

„Was hast du getan?"

„Sie angerufen und ihr erklärt, daß du erst spät zurückkommst."
„Wann? Wie?"

„Während ihr im Krankenhaus saßt und in eurem gebrochenen Französisch geredet habt, von dem ich kein Wort verstehen konnte, hab' ich mir die Zeit und die Freiheit genommen, deine Tante anzurufen. Wir hatten eine nette, lange Unterhaltung."

„Petruchio! Was hast du ihr gesagt?"

„Stell keine neugierigen Fragen."

„Du hast wohl auch eine Tante, ja? Ich ebenfalls", bemerkte Will trübsinnig. „Meine Tante steckt voller Aberglauben. Sie geht nur rückwärts durch Türen, aus Angst, sonst einen bösen Geist mit sich zu ziehen. Wenn man vorwärts durch die Tür geht, folgen sie einem ins Haus, behauptet sie. Sie ist verrückt."

Als wir nach Port of Spain zurückkehrten, überzog sich der Himmel bereits mit Dunkelheit, doch der Horizont wurde von Myriaden flackernder Feuer erleuchtet.

Bevor wir das große Art-Deco-Kino in Port of Spain betraten, hielt ich die Zeit für gekommen, die Entscheidende Frage zu stellen. Jetzt oder nie. Es war gar nicht leicht, den richtigen Zeitpunkt zu finden, um diese lebenswichtige Information zu bekommen; die Tat mußte vollbracht werden, während wir im Foyer Popcorn kauften.

„Äh – Petruchio?"

„Was ist, Sprachlos?"

„Bevor ich den Fuß in das Kino setze, muß ich eine lebenswichtige Frage stellen."

„Spuck es aus, bevor du daran erstickst!"

„Habt ihr – wie soll ich es sagen? Habt ihr Vampirfledermäuse in euren Kinos?"

Petruchio kaute mit nachdenklicher Miene auf einem karamelüberzogenen Popcorn.

„Vampirfledermäuse? Nein, ihr etwa?"

„Was, wir?"

„Habt ihr Vampirfledermäuse?"

„Nein."

„Aha", sagte Petruchio, womit eigentlich alles gesagt war.

Der Film war höchst vergnüglich und wurde es dadurch noch mehr, daß Petruchio einer von den Menschen war, die sich von einer begriffsstutzigen Person nicht gestört fühlen, die alle fünf Minuten fragt: „Was ist los?" Die meisten anderen würden sagen: „Kannst du dir nicht den Film ansehen und den Mund halten?" Aber der gute Petruchio erklärte mir gewissenhaft, warum das Mädchen schon wieder einen Zusammenbruch hatte und daß jenes Ding in ihrem Schlafzimmer lediglich ein Traumgebilde war. Eine gute, aufrechte Bastion der Geselligkeit, dieser Petruchio, und einer der wenigen unter meinen Freunden, die es aushalten, sich einen ganzen Film mit mir zusammen anzusehen, ohne nach der Hälfte der Vorstellung hinauszustürmen.

Will tat sich dadurch ruhmreich hervor, daß er drei Tüten geröstete Nüsse, vier Stangen Eiskrem und unermeßliche Mengen Hot Dogs essen und dabei laut schnarchen konnte. Wir verließen das Kino als rundum zufriedenes Dreiergespann.

„Wo warst du?" erkundigte sich Tantchen Süß, als ich nach Hause kam.

„Hat dich mein – mein Professor nicht angerufen und es erklärt, oder nicht?"

„Professor, daß ich nicht lache!"

„Aber ich dachte, er hätte gesagt, daß –"

„Ein Polizist hat angerufen und gesagt, daß du in betrunkenem und verwirrtem Zustand auf dem Marktplatz von San Fernando aufgegriffen wurdest. Und daß du vor Gericht gebracht und ins Gefängnis gehen würdest."

Ich klammerte mich an die schmiedeeisernen Gitterstäbe, und mein Herz raste ungefähr sechzehnmal so schnell wie gewöhnlich. Die wunderschöne indische Tänzerin im Fernsehen sah plötzlich aus wie Kali die Zerstörerin, so groß war meine Bestürzung.

„Ein Polizist . . ." war alles, was ich herausbrachte. Ich umklammerte mein Kruzifix und begann zu beten.

„Also, warum bist du nicht eingesperrt?"

Das einzige, was mir an diesem dramatischen Wendepunkt der Erzählung in den Sinn kam, war, so zu tun, als müßte ich sterben. Ich fuhr mir mit den Händen an die Kehle, warf mich zu Boden, wand mich in Todeskrämpfen und stammelte: „Die Tabletten! Die Tabletten!"

„Steh auf, du kartoffelgesichtiger Tolpatsch! Ich hab' nur einen Witz gemacht! Oi yoi yoi! He heeeeh! Wouu! Wie sich das Kind fürchtet und am Boden wälzt wie ein Mungo vor der Schlange. Woi! Was! Hast du etwas so Schlimmes zu verbergen? Glaubst du, du dürftest je wieder einen von deinen Riesenlatschen in mein Haus setzen, wenn mich ein Polizist angerufen hätte? Ho hi hi!"

Ich setzte mich auf und versuchte, die ganze Angelegenheit als seichten Scherz abzutun, wobei ich ein affektiertes Lächeln aufsetzte, von dem ich hoffte, daß es lustig und amüsiert wirkte. Die Welt, die zuvor ihr Innerstes nach außen gestülpt hatte, begann sich langsam wieder zu finden, und Kali die Zerstörerin, die sich vorher im

Fernsehen an einem Menschenopfer ergötzt hatte, wurde wieder zu der wunderschönen indischen Tänzerin.

„Iß eine Kleinigkeit, Schätzchen, und ruh dich aus. Dein Lehrer hat gesagt, du wärst heute den ganzen Tag bei einer Irangate-Sitzung gewesen, und ich nehme an, daß es dich sehr angestrengt hat. Worum“, erkundigte sie sich, während sie mir einen Teller mit kaltem Ziegengulasch vorsetzte, „genau geht es eigentlich in dieser Irangate-Sache?“

„Na ja, Reagan hat gesagt, daß er irgend etwas an die Contras verkauft hat.“

„Aber das ist doch Nicaragua. Was hat das denn nun mit dem Iran zu tun?“

„Die Contras im Iran.“

„Stell dich nicht blöd, sonst tanzen dir die Leute auf der Nase herum. Erklär mir die Sache jetzt ernsthaft.“

„Ein anderes Mal, Tantchen Süß. Ich bin jetzt müde, wenn du nichts dagegen hast.“

„Schon gut, schon gut, Schätzchen. Nach dem ganzen Rumgesitze in stickigen Räumen und dem vielen Zuhören denke ich, daß dir das Hirn bald die Schädeldecke sprengt.“

„Genau, Tantchen Süß. Und danke für das Essen, es schmeckt köstlich. Morgen ist mein letzter Tag, und ich möchte dir zum Dank etwas Gutes tun.“

„Was ist das für ein Blödsinn?“

„Ich möchte mit dir einen Ausflug zum Vogelschutzgebiet und in die Mangrovensümpfe machen.“

„Mit wem fährst du?“

„Einem Reiseunternehmen.“

„Inder oder Neger?“

„Was macht das für einen Unterschied?“

„Inder oder Neger?“

„Was für eine Rolle spielt das? Was sie auch sind – bluten sie nicht, wenn du sie stichst? Sind es nicht Mitmenschen und Brüder?“

„Inder oder Neger?“

„Inder.“

„Eh eh! Das gibt Ärger! Sie werden dich übers Ohr hauen, weißt du!“

„Bitte, komm mit. Du und Maudy.“

„Du verschwendest dein gutes Geld, aber ich komme trotzdem

mit, nur um diesen indischen Gaunern gehörig die Meinung zu geigen! Betrügen arme unwissende Touristen wie dich. Hah!"

Die ganze Nacht warf ich mich ruhelos im Bett hin und her. Würde Petruchio, der uns auf diesem Ausflug begleiten sollte, sich so steif und vertrottelt benehmen, wie es einem Mann anstand, von dem man glaubt, daß er in den stehenden Gewässern der geistigen Verklärung untergetaucht ist? Teuflische Gedanken gingen mir durch den Kopf: Gedanken daran, daß Petruchio dem Tantchen einige seiner gesalzeneren Witze erzählte. Als mich der Schlaf schließlich überkam, träumte ich von Tantchen Süß, die sich den Gürtel löste und Petruchio, nachdem sie ihm zwölf Hiebe auf den Rücken verpaßt hatte, in den Sumpf stieß.

Das Sonnenlicht strömte zum Fenster herein, der Tag war angebrochen. Obwohl ich jetzt schon seit vielen Wochen in der Karibik war, dachte ich immer noch jeden Morgen: „Was für ein herrlicher Tag!" Man trennt sich schwer von alten Gewohnheiten.

„Wann kommt der Professor, Herzblatt?"

„Um zwölf."

„Bring lieber das Haus in Ordnung für den Mann! Lauf zum Markt und kauf ein paar Blumen und Kuchen und sowas."

„Er sagt, ein bißchen Unordnung stört ihn nicht."

„Dann mach dich selbst wenigstens ein bißchen zurecht, Kindchen! Komm, ich flechte dir die Haare."

„Ich habe Kopfschmerzen!"

„Red keinen Quatsch!" Und bevor ich das Wort „Kamm" herausbringen konnte, steckte mein Kopf schon zwischen zwei fleischigen Knien fest, und verkrümmte Finger zogen und rissen an meiner krönenden Pracht. Als Erwachsene wußte ich jedoch die Wirkung zu würdigen, die diese stundenlange Folter mit sich brachte. Mein Kopf verwandelte sich in ein kunstvolles Spitzenfiligran, durchaus der Erscheinungen würdig, die in alten Tagen die Menschen blendeten.

Punkt zwölf hallte ein Klopfen durch das Haus. Meine Nackenhaare richteten sich auf. Tantchen Süß sah sich eine australische Kitschserie an und blickte weder rechts noch links. Das Klopfen hörte nicht auf. Nachdem schließlich Tantchen Süß geschrien hatte: „Mach die verdammte Tür auf, Kindchen! Du weißt doch, daß es für dich ist!", sprang ich aus dem Schaukelstuhl und riß die Tür auf.

Vor mir stand ein aufgeblasener kleiner Mann, der einen Cordanzug und eine Melone trug. Sein Gesichtsausdruck war so unvorstellbar gewichtig, daß ich ihn, wäre das leise Zwinkern nicht gewesen, nicht als Petruchio erkannt hätte.

„Miss Longmore. Einen schönen guten Tag."

„Mr. Duff-Duff-Smythe! Kommen Sie doch bitte herein, ich möchte Ihnen meine Tante vorstellen."

Petruchio ging ins Wohnzimmer, wobei er die Knie auf höchst merkwürdige Weise anhob. Hätte er für die Rolle des Spiderman vorgesprochen, er hätte sie im Handumdrehen bekommen.

„Mrs. Foster! Es ist mir ein Vergnügen! Ich habe es als notwendig erachtet, Ihre Bekanntschaft zu machen. Also *wirklich*! Was haben Sie hier für ein reizendes kleines Heim! Was hat Wittgenstein doch gleich über das Heim gesagt? ,Das Heim gestattet es dir, zu denken – aber niemals, nachdenklich zu sein.' Ha, ha, ha. Wie wahr, wie außerordentlich wahr." Petruchio stakste mit spitzen Knien zu Tantchen Süß hinüber und küßte ihr die Hand.

Ich war so eingehend damit beschäftigt, Petruchio durch allerlei Grimassen zu verstehen zu geben, er solle es nicht übertreiben, daß mir vollkommen entging, wie Tantchen Süß dieses umwerfende Schauspiel der Aufschneiderei aufnahm. Als ich endlich den Mut aufbrachte, ihr ins Gesicht zu sehen, erkannte ich, daß sich in ihren Zügen eine erstaunliche Veränderung vollzogen hatte. Das alte Tantchen Süß, das Tantchen Süß, vor dem ausgewachsene Männer zaghaft zitterten, war verschwunden, und an ihre Stelle war ein Tantchen Süß getreten, das sich von jeder Gans am Straßenrand ins Bockshorn hätte jagen lassen. Ihre Augen hatten sich ein wenig aus den Höhlen befreit und starrten Petruchio groß an, wobei ihre Lippen das idiotischste Lächeln des Jahres zuwege brachten. Sie zupfte an ihrem Rock herum, hielt den Kopf gesenkt und den Blick auf den Teppich geheftet und war so vollkommen um Worte verlegen wie eine Landpomeranze in Gegenwart ihres Verehrers. Tantchen Süß war zu völliger Unscheinbarkeit zusammengeschrumpft. Petruchio war gelungen, was vorher noch kein anderer geschafft hatte.

„Also, Mr. Duff-Duff-Smythe", begann ich, um das schon ewig während Schweigen zu brechen, „meine Tante und ich, wir möchten Ihnen danken, daß Sie uns begleiten wollen. Das Reiseunternehmen müßte gleich hier sein, und wenn meine andere Tante fertig angezogen ist, können wir aufbrechen."

Petruchios feingezeichnete Augenbrauen zuckten verächtlich in die Höhe.

„Meine liebe junge Dame. Ich finde ein so unsinniges Geschwätz höchst unangenehm für das gelehrte Ohr. Warum", wandte er sich an Tantchen Süß, „sollte die Zunge einer Frau endlose Genugtuung im Einfachen finden? Im Trivialen? Der Zustand des Schweigens ist ein Schatz, der behütet, nicht entweiht werden sollte!"

Tantchen Süß fand ihre zuvor verlorengegangene Sprache rasch wieder.

„Halt jetzt den Mund Kind, sonst setzt es was, daß dir Hören und Sehen vergeht!"

„Ja, Tantchen Süß!"

„Ah hah! Das sehe ich gern! Strenge Maßregelung der vorlauten Jugend! Großartig, großartig! Bohr den Dolch in die blutende Wunde, wie der Barde zu singen pflegte, was! War es Plato, der davon sprach, wie ratsam es ist, seine Nichten zu verprügeln?"

„Petru – äh, Mr. Duff-Duff-Smythe, kann ich ein Wort unter vier Augen über hm – die gestrige Konferenz mit Ihnen wechseln, gleich, wenn's geht?"

Petruchio mußte etwas Gefährliches in meinen Augen wahrgenommen haben, denn einen Augenblick lang war seine unverschämte Großspurigkeit erschüttert.

„Gewiß doch, Miss Longmore."

Ich führte ihn auf die Veranda hinaus und bohrte meinen Fingernagel scharf in den kräftigen Muskel seines Oberarmes.

„Jetzt hör mir mal zu, Muskopf. Du solltest in dieser Sache eigentlich auf meiner Seite sein."

„Reg dich wieder ab, Sprachlos! Ich bin das, was ich nach deinen Worten sein soll: ein gebildeter Universitätsprofessor, und so sind sie eben! Ein einziger Haufen von Nichtsnutzen, alle miteinander. Wenn ich anfange, *nett* zu sein, fliegt die ganze Sache himmelhoch auf. Welche Professoren sind denn nett? Bist du je einem begegnet? Na also, dann halt den Mund und überlaß die verfluchte Angelegenheit mir."

„Willst du Blut sehen? Gib meiner Tante noch einen Zentimeter nach, dann kannst du es erleben. Also halt dich ein bißchen mehr zurück mit deinen Lügen. Und im übrigen, wofür soll diese Art zu gehen gut sein?"

„Laufen sie nicht alle so?"

„Nein, aber jetzt ist es zu spät. Jetzt geh wieder hinein und sei ein bißchen freundlicher, besonders mir gegenüber. Aber um ein ange-

307

nehmeres Thema anzuschneiden: die Wittgenstein-Geschichte war sehr gut."

Wir stießen wieder zu Tantchen Süß und Maudy. Letztere saß in ihrem besten Sonntagsstaat am Tisch, ihr Kopf war mit einem großen weißen Hut gekrönt, der so mit Blumen eingedeckt war, daß es aussah, als wäre Kew Gardens auf eine der Wissenschaft bis dato unbekannte Weise auf ihr Haupt versetzt worden.

„Das ist ein Universitätsprofessor!" erklärte Tantchen Süß. Wenn ich mich nicht irre, waren dies die einzigen Worte, die von einem von uns gesprochen wurden, bis uns der Reisebegleiter in seinem glänzenden roten Auto abholte.

Nachdem Petruchio keine weiteren Philosophennamen mehr einfielen, lehnten wir uns zurück und hörten dem Fahrer zu, der uns erzählte, daß seine Freundin für *The Bomb* schrieb, ein trinidadisches Skandalblatt, das vorwiegend die Regierung unter Beschuß nahm. Er war ein überaus charmanter junger Mann, der unsere ganze Gesellschaft zu einer Bootsfahrt einlud, die eine Woche später stattfinden sollte.

„Meine Freundin wird für alle kochen! Kommen Sie doch mit! Wir freuen uns auf Sie . . ."

Ich wartete darauf, daß Tantchen Süß ihm, wie sie versprochen hatte, die Meinung geigte, aber natürlich wartete ich darauf ganz vergebens.

Als wir im Vogelschutzgebiet angelangt waren – ein paar Meilen außerhalb der Stadt –, ließ uns der Reisebegleiter am Flußufer aussteigen, wo wir uns niedersetzten und auf das Boot warteten, mit dem wir durch die Mangrovensümpfe fahren sollten.

Ein paar indische Jungen, die um einen Holztisch saßen und lärmend mit einem Kartenspiel beschäftigt waren, spielten beim Anblick von Petruchios Melone verrückt.

„Lieber Himmel!" rief einer von ihnen aus, und bald darauf veranstaltete die kleine Gesellschaft eine spöttische Maskerade; die Jungen setzten sich lachend in Pose und riefen ihre Freunde herüber, sich ihrem übersprudelnden Vergnügen anzuschließen.

Petruchio genoß jede Sekunde, schrie ihnen aber mit drohender Stimme zu, daß er sie „auf der Schwelle ihres eigenen Clubs auspeitschen" würde.

Die Jungen brüllten zurück, klatschten sich auf die Schenkel und gaben lärmend obszöne Kommentare in Hindi ab.

„Beachten Sie die Kerle nicht, das sind Rüpel, wissen Sie. Woher sollen Sie es besser wissen?" Tantchen Süß verzog den Mund und warf ihnen einen so bösen Blick zu, daß die Jungen zurückwichen und sich anständig betrugen. Niemand kann dem entsetzlichen Blick von Tantchen Süß widerstehen.

Nur drei Touristen bestiegen mit uns das Boot. Zwei kichernde französische Mädchen und ein Amerikaner mit spitz zulaufender Kappe, der aus Georgia stammte. Mit anderen Touristen gemeinsam einen Ausflug zu unternehmen, ist ein bißchen wie der Besuch einer Abendschule. Man hat das Gefühl, daß von einem verlangt wird, man solle innerhalb sehr kurzer Zeit Busenfreundschaften schließen, aber genaugenommen spricht keiner mit dem anderen. Der Amerikaner blickte sehr niedergeschlagen drein, so als nähre er einen geheimen Kummer.

Ein schweigsamer Inder bediente geübt die Ruder des langen Holzbootes, mit dem wir ruhig und wie in einem Traum über das Wasser glitten.

Ich betrachtete diesen Ausflug mit einer Begeisterung, als wäre er ein Diamant, dessen Glanz nie vergehen würde. Ein unheimlicher Nebel wogte um die prachtvollen Mangrovenbäume, deren knorrige Wurzeln hoch über die Ufer ragten. Es gab Fische im Überfluß in diesen Gewässern, und in einer langen seichten Bucht hockten in Weidenbooten hie und da Fischer, Männer und Frauen, und angelten. Wir glitten durch das geheimnisvolle grüne Wasser, und die Bäume bildeten ein Labyrinth von Alleen wie ein verzweigter Kaninchenbau. Das flüssige Licht schimmerte auf den Bäumen, ein purpurnes Licht, das diamantene Funken im Wald um uns her aufsprühen ließ. Der Mensch kann sich nicht früher einen Begriff vom Paradiese machen, als wenn sein Auge Trinidad erblickt.

Plötzlich näherten wir uns einem funkelnden Teich, über den scharlachrote Ibisse hinflogen. Der Ibis ist ein langbeiniger Stelzvogel mit schwarzem, gebogenem Schnabel. Seine wunderbare Färbung ist unmöglich zu beschreiben: es ist wie eine Flamme wilden Rots. Sie schwebten durch die Weite des Himmels und landeten weit entfernt auf den Schlammbänken des Sumpfes, immer auf der Suche nach ihrem Mahl aus Winkerkrabben. Schneeweiße Silberreiher folgten der Spur der Ibisse, angestrengt mit den Flügeln schlagend. Unberührt von dem erhabenen Schauspiel saß unser Reisebegleiter im Heck des Bootes und las in einem Buch.

Dann fuhren wir durch den mittlerweile in Orange getauchten Sumpf zurück, und unsere Reise durch den Himmel war leider schon zu Ende.

Als Petruchio, die Melone zwischen den schlanken Fingern, aus dem Boot kletterte, erblickte ihn ein am Ufer dahinwandernder Mann und brach in schallendes Gelächter aus.

„He! Petruchio! Warum hast du dich denn wie ein Clown gekleidet, Mann?"

Mir blieb das Herz stehen.

Petruchio musterte den Fremden mit kühlem Blick.

„Ich muß doch sehr *bitten*, junger Mann."

„Komm mir nicht mit solchen Albernheiten, Mann! Gehst du zu einem Kostümball, oder was?"

Ich eilte voraus und zog Tantchen Süß und Maudy mit mir und hoffte inständig, daß sie nichts bemerkt hatten.

„Petruchio, Mann! Ich bin's! Ivan."

„Ich fürchte, ich habe keine Ahnung, wovon Sie reden. Mit diesen Worten schloß Petruchio zu uns auf und begann einen langen Vortrag über den Mangel an Erziehung zu halten, der unter der müßiggängerischen Jugend so verbreitet sei.

„Auf Wiedersehen, Mr. Duff-Duff-Smythe", säuselte Tantchen Süß, während wir an einem Taxistand warteten. „Bitte, kommen Sie mich wieder einmal besuchen. Es war eine solche Freude, Sie kennenzulernen. Ich wünsche nur, ich könnte Zenga überreden, einen so ehrenwerten Mann wie Sie zu heiraten."

„Es wäre wahrhaftig sehr lobenswert, wenn Ihre Nichte einen so ehrenwerten Mann wie mich heiraten würde. Das Problem bestünde aber darin, einen so ehrenwerten Mann wie mich zu überreden, Ihre Nichte zu heiraten."

„Wie wahr, wie wahr. Ich bin ja so froh, daß ich nicht ihre Mutter bin."

„Ich ebenfalls, Mrs. Foster. Einen guten Tag Ihnen allen noch, und wir werden in Verbindung bleiben. Dir auch einen guten Tag, Zenga. Könnten wir uns heut abend zu einem Gespräch über die ‚nationalistische Marginalität dimensionaler Faktoren' treffen?"

„Liebend gern, Mr. Duff-Duff-Smythe!" Ich dachte an die Party, die Petruchio zweifellos im Sinn hatte. Meine letzte Nacht in Trinidad würde ein einziger Wirbel von Rum, berauschender Musik und ungetrübter Freude sein.

„Nein, Herr Professor, das Mädchen muß morgen sehr früh aufstehen, und sie muß sich richtig ausschlafen. Setzen Sie ihr nicht zu viele Flausen in den Kopf, sonst machen Sie· sie noch ganz verrückt."

Ich wechselte einen verzweifelten Blick mit Petruchio. Zwei Opfer einer gewalttätigen, von Tanten beherrschten Gesellschaft.

Wir trennten uns in einem Zustand ungemilderten Grams. Petruchio tippte elegant an den Rand seiner Melone, ging mit spitzen Knien auf ein Taxi zu und schwebte auf und davon, nachdem er mit einem letzten Schwung seiner Spitzenkrawatte in den Wagen gestiegen war. Den zwei Männern, die im Fond des Wagens saßen, stockte bei seinem Anblick der Atem; dann sah ich, wie sie unter ausgelassenem Gelächter abwechselnd Petruchios Hut ausprobierten. Glücklicherweise hatte Tantchen Süß nichts von dieser heiteren Maskerade bemerkt.

„Da siehst du, was für ein netter Mann das ist! Immer bereit, ein unterentwickeltes Hirn wie deines zu fördern."

„Ja, Tantchen Süß."

„Unterentwickeltes Hirn wie deines zu fördern."

„Ja, Tante Maudy."

Wenn sie nicht die letzten Worte wiederholte, die gesprochen wurden, geriet Tante Mauds Gegenwart nur allzu leicht in Vergessenheit.

Zu Hause angelangt, bestand ich darauf, Tantchen Süß ein Guinness, ihr Lieblingsgetränk, zu besorgen. In der schwülen Hitze der Straße draußen beschloß ich, einen schnellen Abstecher in den Botanischen Garten zu machen und mich ein letztes Mal an seiner Schönheit zu erfreuen. Als ich die überwältigende Pracht seiner reichen Vegetation vor mir sah, spürte ich im Herzen einen Stich und einen nagenden Schmerz, der mir sonst immer sagte, daß ich zuviel gegessen hatte, mir an diesem Tag aber signalisierte, daß ich es nicht ertragen konnte, Westindien zu verlassen, diese lebenssprühenden Inseln, auf denen ich mich mittlerweile so sehr zu Hause fühlte, viel mehr zu Hause als in den englischen Wohnsiedlungen, wo die Menschen in herzzerreißender Eintönigkeit ihr spöttisches Lächeln zur Schau stellen. Und ich kehrte nun in jenes Land zurück, von dem ich wußte, daß es mir so fremd vorkommen würde. Ich schlang die Arme um eine farnähnliche Palme und betete, daß die Zeit stillstehen möge; daß ich diesen Baum für immer im Licht des tropischen

Abends umarmen und niemals alt werden würde, und daß ich nie mehr einen einzigen Tropfen Eisregen auf meinem Gesicht spüren müßte.

Es war ein kristallklarer, in grenzenloser Poesie schwebender Augenblick; er wurde unsanft zerrissen von der hohen Stimme eines Inders, der rief: „Wollen Sie was Hübsches, Großes zu halten haben, Miss? Dann lassen Sie den Baum fahren, Mann, ich geb' Ihnen was sehr viel Angenehmeres!"

Zu tief beleidigt, um etwas zu entgegnen, löste ich mich von der edlen Palme und machte mich auf den Heimweg zu Tantchen Süß. Dieser ehrfurchtslose Mensch hatte einen meiner erhabensten Augenblicke zunichte gemacht; er war die groteske Parodie des Mannes bei Porlock, der Coleridges unsterbliche Sitzung stört.

Zu Hause traf ich Tantchen Süß in höchst merkwürdiger Pose auf der Veranda sitzend an. Sie kauerte zusammengesunken in einem Korbsessel, die Hände aufwärts gedreht im Schoß. Auf den Handflächen türmten sich große Mengen Salz, das auf ihren Rock herunterrieselte. „Irgend etwas", sagte ich mir, „liegt hier in der Luft."

„Ein Täßchen Tee, Tantchen Süß?"

„Später, später, Zuckerpüppchen."

„Ist alles in Ordnung?"

„Ich erwarte einen Mann, der mir einen Haufen Geld schuldet. Und wenn er kommt, wird er versuchen, mich mit Obeah zu behexen, aber mit dem Salz in der Hand kann mir kein Obeah was anhaben. Geh mir jetzt aus dem Weg."

Ich überlegte, ob ich Tantchen Süß daran erinnern sollte, daß sie mich wegen meiner, wie sie es nannte, abergläubischen Art ausgelacht hatte, tat es dann aber nicht, weil Obeah eben eine Tatsache ist und kein Aberglaube.

Statt dessen eilte ich in die Küche und schüttete mir selbst ein Häufchen Salz in die Hände (nicht ohne vorsorglich ein wenig davon über die linke Schulter zu werfen), denn schließlich ist es immer das beste, auf Nummer Sicher zu gehen.

Soweit ich weiß, tauchte der Schuldner nie auf. Ich schlief sehr früh ein, während ich noch undeutlich überlegte, wie ich mit dem Leben fertigwerden sollte, wenn ich kein Tantchen Süß mehr hatte, die mir sagte, was zu tun war.

Ambrose sollte mich am nächsten Morgen zu unchristlicher Stunde, nämlich um vier Uhr früh, zum Flughafen fahren. Er redete immer noch nicht mit mir und verständigte sich mit mir ausschließlich über Tantchen Süß.

„Ist sie fertig mit Packen, Tantchen?"

Leider muß gesagt werden, daß Tantchen Süß ihrerseits nicht mit Ambrose sprach, weil er am Abend zuvor erst um halb elf Uhr nach Hause gekommen war.

„Fertig mit Packen, Herzchen? Wenn ja, sag Ambrose Bescheid, daß du aufbruchbereit bist." Und mit unterdrückter Stimme fügte sie hinzu: „Halb elf, ein starkes Stück! Hältst du es für anständig, die ganze Nacht wegzubleiben? Nennst du das eine gute Erziehung?"

Obwohl es mich drängte, Ambrose zu sagen, daß er mit seinen dreiunddreißig Jahren eigentlich längst hätte gelernt haben müssen, zu erkennen, wohin er gehörte, und Alter und Rang zu respektieren, verbiß ich mir die Bemerkung; immerhin war es vier Uhr morgens, und der bedauernswerte Mann mußte mich chauffieren.

Der Abschied von Tantchen Süß fiel mir nicht leicht. Als es endlich an der Zeit war, sie, vielleicht für immer, zu verlassen, vergoß ich eine hemmungslose Flut von Tränen.

„Laß den Quatsch, Kindchen, sonst hau ich dir den Buckel blau. Pack die Sandwiches ein, die ich für dich gemacht habe, und vergiß nicht, den Kuchen mitzunehmen, der ist für den Flug. Richte deiner Mutter einen schönen Gruß aus und sag ihr, sie soll dich nicht so bald wieder hierher schicken. Deine schwierige Art bereitet mir zu viele verdammte Kopfschmerzen. Benimm dich auf der Heimreise, hast du mich verstanden, Kindchen?"

„Ja, Tantchen Süß."

„Jetzt hau schon ab und denk dran: komm nicht allzu bald wieder."

Wir umarmten uns herzlich, dann blieb sie auf der Veranda stehen und beobachtete Ambrose und mich mit scharfem Blick, während wir das Gepäck in den Wagen luden und davonfuhren.

Die letzten Worte, die ich Tantchen Süß mir aus vollem Halse nachschrein hörte, waren: „Und vergiß nicht, dich von diesem verdammten scharwenzelnden Niggerkerl fernzuhalten!"

Dann waren wir auf der Straße, schon auf der Abreise aus einem Land, das ich begonnen hatte, als mein eigenes zu betrachten.

„Ambrose", sagte ich, als wir am Flughafen ankamen. Ambrose wandte sein Gesicht ab und schickte sich an, ohne ein Wort des Abschieds davonzufahren; da verlockte ich ihn mit einem kleinen Päckchen zum Bleiben.

„Was is' das?"

„Ein Geschenk für dich."

Ambrose warf mir einen zutiefst mißtrauischen Blick zu, dann wickelte er das Päckchen aus und fand darin die indischen Bilder, die ich in San Fernando gekauft hatte.

„Wozu sollen die gut sein?"

„Als Versöhnungsgabe und Abschiedsgeschenk zugleich."

„Aber das ist indisches Zeug. Ich bin Neger, was soll ich also mit indischen Bildern? Glaubst du, ich schäme mich meiner eigenen Rasse?"

„Ambrose! Tu mir einen Gefallen! Du redest ja schon wie Tantchen Süß."

„Und was ist daran so schlimm? Tantchen Süß ist eine sehr gute Frau, die anderen Menschen hilft und immer nur schuftet."

„Da hast du recht. Die Frau weiß nicht, was das Wort ,Müdigkeit' bedeutet."

„Ich auch nicht. Aber ich kenne auch nur wenige lange Wörter."

„Auf Wiedersehen, Ambrose, und vielen Dank."

„Wiedersehen, Cousine. Bis irgendwann einmal – vielleicht."

Ambrose machte auf dem Absatz kehrt und drängte sich durch ein munteres Grüppchen deutscher Touristen.

Der letzte Vorhang war über meine karibischen Abenteuer gefallen. Ich würde liebend gern berichten, daß ich auf dem Flughafen irgend etwas Aufregendes erlebte, aber leider war es nicht so.

„Warum sind Sie in die Karibik gefahren?" erkundigte sich ein älterer Engländer im Flugzeug. „Um sich selbst zu finden?"

Mich selbst zu finden! Ich hatte mich vollkommen verloren. Auf jeder Insel war ich eine andere Person: „Etwas Besseres" in Jamaika, „Mestizo" in der Dominikanischen Republik, „Mulattin" in Haiti, „Schwarze" in Dominica und Saint Lucia, „Mulâtre" in Martinique und Guadeloupe, und in Trinidad war ich nichts anderes als ein „rothäutiger Nigger". So ist das Leben, und so ist eben diese schlimme Fixierung auf die Rassenunterschiede, ein Erbe aus der Kolonialzeit, das die Karibik von oben bis unten, von hinten bis vorn brutalisiert.

Nein, ich habe bestimmt nicht zu mir selbst gefunden, aber ich habe unendlich viel gelernt, vor allem aber: über diejenigen zu lachen, die von einer karibischen Kultur sprechen, als würde es auf den Westindischen Inseln nur eine einzige, allgemeingültige Kultur geben. Jede Insel hat ihre ganz eigene Religion, Sprache und Lebensweise, die von Europa, Asien und Afrika hervorgebracht wurde.

Ich habe nur neun Inseln besucht, etwa ein Sechstel der karibischen Länder, und jede Insel unterschied sich ganz und gar von den anderen. Das einzige, was alle Inseln gemein haben, ist ihre vollkommene, natürliche Schönheit und vielleicht die Worte „kein Problem", die unaufhörlich auf Spanisch, Französisch oder Englisch wiederholt werden, je nachdem, wo man sich gerade befindet.

Aber von Little Mannies Jamaika bis zu Lionels sanftem Saint Lucia, von den Tap-Taps bis Trinidad herrscht Heiterkeit und eine solide Lust am Leben.

Wie sagt doch der Dichter? „Es gibt keinen Ort, wo ich lieber wär', als in der glitzernden Karibik":

> There's no place I would rather be
> Than in the jewelled Caribbee.

Chronik der karibischen Inseln

etwa 500 vor Christus – Sibonis, nomadisierende Jäger vom Festland, siedeln sich an.

etwa 400 vor Christus – Arawaks, friedliche Bauern vom Festland, siedeln sich an.

1000 – Kariben, kriegerische Jäger, kommen vom Festland herüber.

1492–1504 – Columbus geht auf allen größeren Inseln an Land.

1506 – Der Papst teilt Spanien die Westindischen Inseln zu, Portugal erhält Brasilien und Westafrika.

Spanien teilt das Land in große Besitzungen auf, die Arawaks sind wie Viehherden in dem Handel inbegriffen; sie sterben alle innerhalb der nächsten dreißig Jahre bei Massakern, an Unterernährung, Überarbeitung oder Krankheiten. Die kleinen Inseln sind von Kariben bewohnt, daher gibt es dort keine spanischen Niederlassungen.

Die großen Inseln werden von den Spaniern als Hafenplätze und zur Versorgung ihrer Schiffe benutzt, mit denen sie nach Südamerika unterwegs sind, um Gold und Silber zu holen. Viehhaltung wird eingeführt für die Herstellung von Pökelfleisch für Jamaika, Kuba und Haiti.

1505 – Die ersten afrikanischen Sklaven werden auf die Westindischen Inseln gebracht.

ab 1517 – Portugal organisiert einen regelmäßigen Sklavennachschub von Westafrika. Der Papst erteilt Portugal das Monopol für dieses Geschäft.

1562 – Der erste britische Sklavenhändler (Hawkins).

ab 1560 – Flotten von Schatzschiffen laufen, in Konvois von Südamerika kommend, einen Hafen auf jeder Insel an und setzen dann ihre Fahrt nach Spanien fort. Von dort kehren sie mit neuen Vorräten in die Kolonien zurück. Britische, holländische und französische Piraten rauben spanische Schatzschiffe und Festungen aus. Auf fast allen Inseln haben die Piraten ihre Schlupfwinkel. Nach 1600 Niedergang der Macht Spaniens.

1622–28 – Franzosen, Engländer und Holländer lassen sich auf den Kleinen Antillen nieder. Die Kariben werden, gewöhnlich im Schlaf in ihren Hängematten, niedergemetzelt. Auf allen größeren Inseln gibt es Piratenstädte. Die meisten Siedler leben von Piraterie, einige wenige pflanzen auf kleinen Farmen Tabak für den Export an. Im sechzehnten, siebzehnten und achtzehnten Jahrhundert tragen die Europäer Kriege um den Besitz der Inseln aus. Die jeweiligen Machthaber übernehmen die Siedler französischer, holländischer, englischer und anderer Herkunft, die von dem Machtwechsel kaum berührt werden. Holländer, Franzosen, Engländer und Dänen beteiligen sich am Sklavenhandel.

1650 – Holländische Kaufleute befürworten Zuckerrohrplantagen auf Barbados.

1655 – Cromwell schickt die britische Flotte gegen Spanien aus und erobert Jamaika.

ab 1680 – Barbados und Jamaika werden in Parzellen aufgeteilt und an im Ausland lebende Großgrundbesitzer vergeben, die ihre Güter von weißen Aufsehern verwalten lassen: der Zucker tritt an die Stelle von Gold und Piraterie.

1680 – Barbados wird zum führenden Zuckerproduzenten. Die Inseln werden von Europa aus regiert. In lokalen Versammlungen der weißen Verwalter werden lokale Regelungen für die Sklaverei getroffen. Der einzige Wunsch der Weißen ist es, sich Reichtümer anzueignen und nach Europa zurückzukehren. Die Kinder der Aufseher und Sklaven werden freigegeben und in Europa erzogen; eine Kaste hellhäutiger freier Bürger entsteht.

1692 – Port Royal auf Jamaika, führende britische Piratenfestung, versinkt nach einem Erdbeben im Meer.
Kingston wird erbaut.

1697 – Spanien tritt Haiti an Frankreich ab.

1713 – Friede von Utrecht: Großbritannien verpflichtet sich, die Piraterie zu bekämpfen, anstatt sie zu begünstigen. Die Briten erhalten das Monopol für den Sklavennachschub in die spanischen Kolonien.

1720 – Jamaika ist zum führenden Zuckerproduzenten geworden.

um 1737 – Das System der Galeonenkonvois wird abgeschafft.

1730 – Liverpool löst Bristol und London als Zentrum des Sklavenhandels ab.

um 1780 – Jährlich werden auf in Liverpool gebauten Schiffen 30.000 Sklaven nach Westindien deportiert. Dreieckshandel: nach Westafrika mit Baumwolle, Gewehren, Gin etc., nach Westindien mit Sklaven, nach Liverpool mit Zucker.

von 1500–1807 – 4,5 Millionen Sklaven werden nach Westindien verkauft. 1,5 Millionen sind am Ende dieser Zeitspanne am Leben.

um 1780 – Haiti wird zum führenden Zuckerproduzenten.

1791 – Die haitische Revolution bricht in der Folge der Französischen Revolution aus.

1797 – Spanien tritt Trinidad an England ab.

1807 – Das britische Parlament untersagt den Sklavenhandel.

1838 – Das britische Parlament setzt der Sklaverei in den britischen Kolonien ein Ende.

1848 – Die Franzosen schaffen die Sklaverei in ihren Kolonien ab.

1876 – In Puerto Rico wird die Sklaverei abgeschafft.

1886 – In Kuba wird die Sklaverei abgeschafft.

1838–65 – Jamaika wird von einer weißen Inselversammlung regiert. Viele Sklaven werden zu Kleinbauern und Händlern, die sich selbst ernähren. Der Zucker Jamaikas verliert wegen der Konkurrenz Kubas und wegen der Zuckerrübe an Bedeutung.

1844 – Die Krone rekrutiert Vertragsarbeiter von Kalkutta und Madras für die Zuckerrohrplantagen Trinidads.
Die Arbeiter werden in Baracken untergebracht und erhalten wöchentlich 5 Shilling Lohn.
Ehemalige Sklaven siedeln in die Städte um; nach und nach erwerben Ostinder Landbesitz.

1865 – Die Inseln werden Kronkolonien. Bananen, Aluminium, Bauxit in Jamaika. Asphalt in Trinidad.

1915–34 – Die Vereinigten Staaten halten Haiti besetzt.

1946 – Guadeloupe und Martinique werden zu Überseedépartements von Frankreich.

1958 – Das britische Parlament gesteht der Westindischen Föderation die Selbstverwaltung zu.

1959 – Kubanische Revolution.

1962 – Die Westindische Föderation entläßt Jamaika, Trinidad etc. in die Unabhängigkeit.

EIN AUFREGENDES LEBEN

Irgendwann im Leben träumen die meisten von uns, die Koffer
zu packen und aufzubrechen zu einer Reise rund um die Erde.
Die Engländerin Trudy Culross beließ es nicht bei diesem
Traum, sie verwirklichte ihn, als ihre Ehe mit Rui zerbrochen
und schmerzhaft zu Ende gegangen war. »Hinter Kairo wird es
besser« ist ihre eigene, außergewöhnliche Geschichte, die
Geschichte einer ganz auf sich gestellten Frau, deren Suche nach
einem neuen Leben, einer neuen Identität zu einer höchst
gefährlichen Reise wurde.

Trudy Culross
Hinter Kairo wird es besser
416 Seiten mit 1 Karte
ISBN 3 522 60790 2

EDITION ERDMANN

Für den Schutzumschlag wurde das Photo
„Abendstimmung in der Karibik/Virgin Islands"
verwendet (mit freundlicher Genehmigung von Bildagentur Schuster,
6370 Oberursel) sowie ein Porträt Zenga Longmores von Mayotte Magnus.

CIP-Titelaufnahme der Deutschen Bibliothek
Longmore, Zenga:
Und morgen dann auf Trinidad: eine beschwingte Reise durch
die Karibik/Zenga Longmore. Dt. von Waltraud Götting. –
Stuttgart: Ed. Erdmann in K. Thienemanns Verl., 1990
Einheitssacht.: Tap-taps to Trinidad <dt.>
ISBN 3-522-60820-8
© 1989 by Zenga Longmore.
Originalausgabe: Zenga Longmore, Tap-Taps to Trinidad. A Caribbean Journey.
Hodder & Stoughton, London – Sidney – Auckland – Toronto 1989.
© 1990 by Edition Erdmann in K. Thienemanns Verlag, Stuttgart – Wien.
Alle Rechte vorbehalten. Printed in Germany.
Aus dem Englischen ins Deutsche übertragen von Waltraud Götting.
Umschlag: Reichert Buchgestaltung in Stuttgart.
Satz: Steffen Hahn, Kornwestheim.
Reproduktion: Die Repro, Tamm.
Druck und Bindung: Spiegel Buch, Ulm.
Verlagsnummer 6082
5 4 3 2 1